国家社会科学基金一般项目"中国神话活态传承形式与民族文化记忆研究"
（项目编号：15BZW185）
武汉科技大学国家民委中华民族共同体研究基地成果。

中国神话活态叙事形式研究

向柏松 著

STUDY ON THE LIVING NARRATIVE
FORM OF CHINESE MYTHOLOGY

中国社会科学出版社

图书在版编目(CIP)数据

中国神话活态叙事形式研究/向柏松著. —北京：中国社会科学出版社，2024.3
ISBN 978 - 7 - 5227 - 2965 - 7

Ⅰ.①中…　Ⅱ.①向…　Ⅲ.①神话—研究—中国　Ⅳ.①B932.2

中国国家版本馆 CIP 数据核字(2024)第 035373 号

出 版 人	赵剑英	
责任编辑	郭晓鸿	
特约编辑	杜若佳	
责任校对	师敏革	
责任印制	戴　宽	

出　　版	中国社会科学出版社	
社　　址	北京鼓楼西大街甲 158 号	
邮　　编	100720	
网　　址	http://www.csspw.cn	
发 行 部	010 - 84083685	
门 市 部	010 - 84029450	
经　　销	新华书店及其他书店	
印　　刷	北京明恒达印务有限公司	
装　　订	廊坊市广阳区广增装订厂	
版　　次	2024 年 3 月第 1 版	
印　　次	2024 年 3 月第 1 次印刷	
开　　本	710×1000　1/16	
印　　张	22	
插　　页	2	
字　　数	319 千字	
定　　价	129.00 元	

凡购买中国社会科学出版社图书，如有质量问题请与本社营销中心联系调换
电话：010 - 84083683
版权所有　侵权必究

目 录

绪论 …………………………………………………………（1）

第一章　中国神话口头叙事 ………………………………（38）
　一　中国神话口头叙事的延展性 …………………………（38）
　二　中国神话口头叙事的地域性 …………………………（53）
　三　中国神话口头叙事的多样性 …………………………（60）

第二章　中国神话仪式叙事 ………………………………（71）
　一　中国神话仪式叙事中的古老神话 ……………………（71）
　二　中国神话生活仪式叙事 ………………………………（94）
　三　中国神话祭祀仪式叙事 ………………………………（116）

第三章　中国神话图像叙事 ………………………………（131）
　一　中国神话图像叙事的概念与内容 ……………………（131）
　二　神话图像叙事的模式 …………………………………（140）
　三　神话图像叙事的实用功能 ……………………………（145）

第四章　中国神话景观叙事 ………………………………（152）
　一　中国神话景观叙事概念与要素 ………………………（152）
　二　神话景观叙事的类型 …………………………………（160）

三　神话景观叙事的特点 …………………………………（170）

第五章　中国神话活态叙事史略 ………………………………（200）
　　一　创世神话 ………………………………………………（202）
　　二　帝王谱系神话 …………………………………………（224）
　　三　宗教性神话 ……………………………………………（233）
　　四　俗神神话 ………………………………………………（249）

第六章　中国神话活态叙事形式民族文化记忆的功能 …………（273）
　　一　始祖神话记忆建构中华民族共有
　　　　精神家园的功能 ………………………………………（273）
　　二　龙神话记忆建构中华民族共同体象征性
　　　　符号的功能 ……………………………………………（296）
　　三　体系神话记忆传承各民族远古历史文化的功能 ……（316）
　　四　神话历史人物记忆传承中华民族精神的功能 ………（328）

参考文献 …………………………………………………………（342）

后记 ………………………………………………………………（347）

绪　　论

　　神话的活态叙事是指区别于典籍记载的神话的民众生活叙事,与民众的生产劳作、衣食住行、婚丧嫁娶、节日习俗、民间信仰、民间文艺等直接相关。神话的活态叙事既是区别于典籍语言文字叙事的一种存在,但又离不开典籍记载;神话的活态叙事有历史与现实之分,历史上存在过的神话的活态叙事,能为后人知晓,必须通过典籍的记载。至于神话现实的活态叙事,当然是指神话以鲜活的样态展现在世人面前的当下叙事状态。其实,我们今天所知晓的相当一部分神话是来自典籍,但它们曾经有过活态叙事的形式,因为神话终究不是写下来供人阅读的,它本来就是实际生活的组成部分,因此,我们关于神话活态叙事形式的研究,涉及的范围其实相当广泛。

　　本书以中国神话古今活态叙事形式为研究对象,探讨神话的活态叙事形式及其所发挥的民族文化记忆功能,从而进一步完善中国活态神话的理论,为建立中国特色的神话学添砖加瓦;并通过这种研究,揭示中国神话活态叙事形式在维系民族根脉、文化传统方面所起到的重要作用。

　　要研究中国神话活态叙事形式,首先要面对的是神话概念的问题。中外神话的概念历来众说纷纭,这一方面是因为研究者的学科不同,不同学科从解决自己学科问题的目的出发,会有不同的研究视角,以至于作出不同的解释;另一方面则是因为人们对神话本身有不同的理解。每一个神话研究的学者,毫无疑问首先得对神话作出自己的解释。

有了这种解释,后面的论述才能顺利展开。绪论部分论述三个问题:一是神话概念;二是中国神话的特点;三是神话的活态叙事与形式。

一 神话概念

神话作为一个学科术语,来自国外,最先是从日语转译而来,而日语中的"神话"又是来自英语;英语 myth 一词,源自古希腊语 mythos,本义为神祇与英雄的传说与故事。随着神话学的发展,关于神话的解释越来越多,其定义可谓五花八门、数不胜数。然而不管有多少种说法,古希腊语"神话"的概念的基本意义,却始终没有被覆盖,这说明尽管有层出不穷的神话概念研究,人们研究的基本对象并没有发生转移。大部分研究都是根据国家、地域、民族、学科的不同对神话的基本概念所作的调整,有的调整幅度大一些,就有可能超越研究对象而成为跨学科或其他学科的研究对象了。

马克思关于神话的产生说过两段著名的话:神话是早期人类"用想象和借助想象以征服自然力,支配自然力,把自然力加以形象化;因而,随着这些自然力之实际上被支配,神话也就消失了。"又说:神话是"通过人民的幻想用一种不自觉的艺术方式加工过的自然和社会形式本身"[①]。马克思揭示了神话产生的条件,揭示了神话的产生与其他文艺作品创作的本质区别,至今对我们仍有深刻的启发意义与指导意义。

(一) 狭义神话概念的局限性

神话概念在 20 世纪初引进中国。一个世纪以来,中国的学者对神话的概念作了孜孜不倦的探索。1903 年,蒋观云在《新民丛报》上发表《神话历史养成之人物》一文,最早将神话的概念引进中国学术

[①] 《马克思恩格斯选集》第 2 卷,人民出版社 2012 年版,第 711 页。

界。其后，夏曾佑《中国历史教科书》（1905）、王国维《屈子文学之精神》（1906）、鲁迅《破恶声论》（1908）等均借鉴了西方神话学的观点来探讨中国神话。周作人翻译了《希腊神话》《希腊的神与英雄》等，并自己写有《神话与传说》《神话的辩护》《习俗与神话》等系列文章。茅盾将中国神话放置于世界神话范围内，试图揭示它们的共同性，主要有《中国神话研究》《中国神话研究 ABC》等著作。顾颉刚采用历史学的研究方法在其《古史辨》中对于上古神话资料和神话人物都进行了仔细的发掘，提出了上古帝王神话层累说的见解，产生长时间的影响。谢六逸《神话学 ABC》、林惠祥《神话论》、黄石《神话研究》都是这一时期神话研究的重要著作。

早期神话研究者将神话产生的时间限定于原始社会，即认为神话是人类童年时代的产物，大致相当于旧石器时期晚期至整个新石器时期到奴隶社会初期。这是长期左右神话学界的观念。鲁迅《神话与传说》："昔者初民，见天地万物，变异不常，其诸现象，又出于人力所能以上，则自造众说以解释之。凡此解释，今谓之神话。"[1] 鲁迅认为神话是初民解释超出人力之上的自然现象的产物。茅盾《中国神话的保存与修改》："原始人因有强烈的好奇与原始迷信，发动了创造神话的冲动：……神话既创造后，就依附着原始信仰的宗教仪式而保存下来，且时时有自然的修改和增饰。"[2] 茅盾认为神话产生后在流传中虽然不断地被加工和增饰，但其雏形却产生于原始社会，是原始信仰的产物。此后，持此类观点的人类络绎不绝。其间，虽有顾颉刚提出上古历史累积说对神话的概念有所冲击，但未能从根本改变人们的观念。

将神话的产生时间限定于原始时代的神话概念，我们称之为狭义的神话概念。根据狭义概念，我国的神话仅指早期典籍所记载的神话，比如：《尚书》、《山海经》及诸子散文、历史散文以及两汉魏晋等时代典籍所载神话，或称之为中国古代神话。这些典籍记载的神话向来

---

[1] 鲁迅：《神话与传说》，见马倡仪选编《中国神话学百年文论选》（上册），陕西师范大学出版社 2018 年版，第 27 页。

[2] 茅盾：《中国神话研究初探》，世纪出版集团、上海古籍出版社 2011 年版，第 15 页。

以零碎、短小、不成体系著称。蒋观云《神话历史养成之人物》："中国神话，……最简枯而乏崇大高秀、庄严灵异之故。"① 认为中国神话简单，缺乏崇高与庄严的格调。鲁迅指出："中国神话之所以仅存零星者，说者谓有二故：一者华土之民，先居黄河流域，颇乏天惠，其生也勤，故重实际而黜玄想，不更能集古传以成大文。二者孔子出，以修身齐家治国平天下等实用为教，不欲言鬼神，太古荒唐之说，俱为儒者所不道，故其后不特无所光大，而又有散亡。"② 这是说学术界认为中国没有留下成体系的神话，主要原因在于中国人勤劳务实、儒者不语怪力乱神。这种基于先秦典籍记载而做出的对中国神话的判断，虽然可以理解为对中国神话特征的客观解释，但也不乏贬义的成分，因为不成体系的神话终究含有发育、发展不够成熟的意思。因此，用童年时代的产物来解读中国神话，就只能对中国神话产生偏见。事实上，继先秦之后的典籍也有大量神话的记载，一部分是先秦神话的发展；一部分则完全是后来的创造。

女娲与伏羲在先秦本为三皇中的两皇，汉代以前都是作为独立的神出现的，而在汉代二神才成为夫妻神，说明伏羲女娲夫妻神话是在汉代才产生的。汉代开始出现伏羲女娲交尾状图像叙事，讲述伏羲女娲结合繁衍人类故事。由汉至唐，出现了为数众多的伏羲女娲图像，这说明在先秦独立的女娲、伏羲神话基础上发展起来的伏羲女娲交尾神话，绝不可能是原始时代的产物。

西王母神话也是从汉代开始才得以发展完善起来的。在《山海经》中，西王母是一个半人半兽的形象，或者说是以人为主体而有较多兽元素的形象：

《山海经·大荒西经》："昆仑之丘。有神，人面虎身，有文有尾，皆白，处之。其下有弱水之渊环之，其外有炎火之山，投物辄然。有

---

① 蒋观云：《神话历史养成之人物》，《新民丛报·谈丛》，见马昌仪选编《中国神话学百年文论选》（上册），陕西师范大学出版社2018年版，第1页。
② 鲁迅：《神话与传说》，见马昌仪选编《中国神话学百年文论选》（上册），陕西师范大学出版社2018年版，第29页。

人戴胜，虎齿，有豹尾，穴处，名曰西王母。"①

《山海经·西山经》："又西三百五十里，曰玉山，是西王母所居也。西王母其状如人，豹尾虎齿而善啸，蓬发戴胜，是司天之厉及五残。"②

在《山海经》记载中，西王母是一个人形的有虎齿、豹尾的丑陋的神灵，戴着头饰，住在昆仑山或玉山，那是中国人信仰中的仙境，她的神职是司天之厉及五残，是个凶神。但是《穆天子传》有穆天子会见西王母，西王母"为天子谣"的记载。穆天子不远万里来见西王母，西王母为穆天子而歌。说明春秋战国时代，西王母已演化成能歌善舞的妇人，已非丑陋的半人半兽形象了。不过，西王母的完整形象与故事却是在汉代才开始形成的。汉代以降，西王母逐渐变成一个美丽的善神，她住在仙境，掌管着长生不死之药，造福于人类。其他神话故事或神话图像都有她的形象出现，她位列道教众女仙班之首，她代表着长生不死，是世人向往的仙境的象征性符号，所以深受人们喜爱。

从先秦《山海经》西王母的简单记载，到《穆天子传》中西王母与穆天子的故事，再到汉代《汉武帝内传》中西王母与汉武帝相见的描写，西王母形象经历了半人半兽的主刑罚灾疫之神到握有长生不死之药的寿神，再到位列仙班之首的两汉时期的最高尊神的演变。这种演变反映了时代信仰风气的变化，特别是两汉时期追求长生成仙风气的盛行，将西王母的造神运动推向高潮，西王母神话也应运迅速发展。同时随着东汉末年人们信仰的逐渐转移，西王母的造神运动也就逐渐消歇，西王母神话的发展，也就基本定格在了东汉末年。

中国大部分感生神话是在汉魏晋南北朝时期特别是两汉时期出现的。感生神话中的很大一部分讲述的是帝王神圣诞生的故事，这类神话在先秦典籍的记载为数甚少，目前所看到的资料仅有三例，如简狄吞卵生契、姜嫄履大人迹生后稷、上海博物馆藏战国竹简《子羔》载大禹诞生。大量的感生神话见诸两汉时期出现的纬书中。两汉出现了

---

① 袁珂译注：《山海经全译》，贵州人民出版社1991年版，第300页。
② 袁珂译注：《山海经全译》，贵州人民出版社1991年版，第38页。

一种带有神秘色彩的书籍，称为"纬书"。吕思勉指出："我国神话，存于谶纬中者最多。"① 纬书与从汉代开始的独尊儒术的政治局面有着紧密的联系，它借助于阴阳灾异、神仙方术来解释儒家经典，使其神秘化、神圣化，并最终为君权神授服务。为增添君王与圣人的神圣光彩，纬书记载了大量帝王与圣人的感生神话，宣扬他们神秘的出生，从而达到为政治服务的目的。两汉纬书数量甚多，汉以后屡遭毁禁，仅余断章残篇散见于其他典籍之中。明代初年，人们才开始辑录这些散见的纬书。1964年，有日本学者安居香山与中村璋八合编的《纬书集成》。后又经过修订，于20世纪70—90年代陆续出版了《重修纬书集成》六卷八册，后又有上海古籍出版社《纬书集成》出版。纬书是两汉特定的政治形势的产物，所载感生神话，也应该大部分产生于这个时代。纬书中的感生神话可以分为两大类，一大类是帝王感生神话；一大类是圣人感生神话。

汉魏晋南北朝时期是中国神话发展创造的第二个高峰时期，先秦原始神话在这一时期得到了延伸发展，如嫦娥神话、西王母神话、伏羲女娲神话等之外，还有精怪神话、不死神话等；同时由于佛道盛行于世，又产生了大量与佛道有关的新神话，学界称之为道教神话、佛教神话。

中国神话，典籍所载，主要见诸《尚书》《吕氏春秋》《山海经》《周礼》《礼记》《左传》《列子》《庄子》《楚辞》《诗经》《国语》《吕氏春秋》《楚帛书》《淮南子》《史记》《穆天子传》《水经注》《纬书集成》及其他正史、野史、笔记等。其中以《山海经》记载神话最为集中，以至于袁珂称其为神话的渊薮。然而，典籍所载中国神话毕竟数量有限，且多为只言片语、零碎不全。20世纪80年代三套集成所搜集到的神话资料与21世纪非物质文化遗产抢救工作调查资料表明：中国为数众多的神话，其中特别是少数民族神话，主要是依靠口头传承，自原始时代始经数千年而盛传不衰，远非典籍记载神话所能相比。

---

① 吕思勉：《吕著史学与史籍》，华东师范大学出版社2002年版，第233页。

(二) 广义神话概念的局限性

由上述可见，将神话产生的时段仅仅局限于原始社会，完全不符合中国神话的实际情况。所以，1983年3月，袁珂先生在《民间文学论坛》上撰文《从狭义神话到广义神话》，提出了广义神话概念，拓展了神话产生的时间范围。1984年，在同一刊物再发文《再论广义神话》，认为神话的产生不仅仅局限于原始社会，而是贯穿于人类社会的始终。他指出：神话"一是经历的时间较长，从原始社会贯穿到整个阶级社会，直到前不久，还有新的神话产生。二是涉及的方面广，从天文地理、历史、医药、民俗、宗教、动物学、植物学、地质学、海洋学、气象学、文学、艺术里，都可以见到神话的踪影"[①]。广义神话概念打破了狭义神话的界限。在广义神话概念中，神话产生的时段不再被限定于原始社会，而是延伸到了整个人类社会。广义神话概念一经提出，立刻得到了一部分学者的赞同。广义神话概念得到人们支持的原因主要有两点。其一，神话既然是生产力水平低下，人类不能支配和战胜自然力的产物，那么，进入文明社会后，人类在支配和战胜自然力方面虽然有所发展，但这种支配和战胜对特定阶段的人们来说总是有限的，因此，产生神话的基础仍然存在，人们仍然会出于支配和战胜自然的愿望而制造神话。其二，广义神话将中国历史上出现的所有带有神话色彩的故事都纳入了神话范围，不仅包括原始神话，还包括幻想色彩浓郁的历代传说、仙话、鬼话、奇闻逸事等，这就彻底否定了过去一直成为国内外共识的中国神话贫乏的定论，深受一部分学者追捧，并认为这些庞杂的对象就是"具有中国特色的中国神话"。

广义神话与狭义神话概念都存在明显的局限性。狭义神话概念将神话的产生限定于原始社会，显然不符合神话的实际情况，尤其是不符合中国神话的实际情况，因为进入文明时代后产生的相当多的一部

[①] 袁珂：《再论广义神话》，《民间文学论坛》1984年第3期。

分神灵故事，与原始社会的神话并无本质的区别，其产生的基础都与不能战胜和支配自然有关，其故事都是人们以不自觉的艺术加工形式创造出来的产物，都包含原始思维的万物有灵和相似律的观念。中国汉代产生的大量感生故事就是明证，它们都体现了原始思维的特征，表现了人们对远古帝王和后世帝王神圣出身的信仰。特别是中国的神话有其自身的特点：中国产生于原始社会的神话，相当一部分最初只是只言片语的故事雏形，进入文明社会后才逐渐发展、重组为较为完整的故事。如再生型洪水神话，就是由原始的洪水神话、水生神话、兄妹婚神话、葫芦生人神话等叠合发展而成的，远非原始时代所能完成。又如水生型创世神话，原本为水生天地万物和人类的原始故事，后来发展为女子水中沐浴或饮水怀孕生子的神话，后者显然已不是原始时代的产物，直到明代《西游记》中的女儿国故事还在传承这一发展了的神话。狭义神话的概念已经不能承载神话尤其是中国神话的实体。

广义神话概念的提出，拓展了人们考察神话的视域，为人们认识中国神话的全貌提供了新思路。但是，广义神话将神话的领域任意扩大，混淆了神话与传说、民间故事、幻想小说等的界限，不仅取消了与之混杂的文学体裁，也取消了神话自身。广义神话所赖以存在的依据，也有其偏颇之处。其一，将自然力永未完全被支配当作神话不断产生的基础，没能分清原始社会与文明社会的界限。在原始社会，人类普遍信奉万物有灵论，认为种种自然现象的背后都有超自然的神力存在。进入文明社会后，逐渐形成了有神论者和无神论者，两者对于尚未被征服的自然力的态度是截然不同的。有学者指出："把人类直至现在尚未穷尽的自然奥秘和尚未支配的自然力作为神话产生的基础，这是有神论者、宗教信仰者所持的态度。……但作为无神论者并不认为这些尚未穷尽的自然奥秘和尚未绝对支配的自然力是由神控制的，不过把它们视为尚未认识的事物并一方面对其进行科学假想、推理和探究，一方面对其进行艺术的想象和幻想。因此，对于无神论者来说，尚未穷尽的自然奥秘和尚未绝对支配的自然力，并不是神话产生的基础，只是科幻小说产生的基础。"① 广义神话的偏颇在于以自然力尚未完全被支配为依据，将所有带有神话色彩的故事都算作了神话，忽视了有神论者和无神论者的性质完全不同的创造的区别。其二，广义神话所圈定的庞杂的对象不仅不能有助于否定中国神话贫乏论，而且相反起到了彻底解构中国神话的作用。所谓中国特色的神话，是一堆各种故事的集合体，完全失去了神话的科学范畴，对这样的所谓神话的研究也就失去与国际神话学比较与对话的基础。

（三）以神灵为中心的神话概念

尽管广义神话概念存在较大缺陷，但我们不能据此而否定其对神话视野的拓展，更不能据此而回到狭义神话的原点。近年来，借助于广义神话的广阔视野，人们试图从新的视角来重新审视神话。比如，从神圣叙事的角度来界定神话，或从民间信仰的角度来界定神话等，这些研究对于揭示神话真相，都获得了有效的进展。笔者认为，从神灵信仰的角度来界定神话，能够比较接近神话的真相。神灵信仰是在广大民众中自发产生并自然传播的神灵崇拜，包含信仰对象、观念、仪式三个基本要素。神话是人们不能完全支配自然力的产物，必然包含对不可战胜的自然力的崇拜，即神灵崇拜，可见神话是建立在民间信仰基础上的，是民间信仰的载体。据此，可以对神话作如下界定：神话是人民大众在原始思维的支配下，出于对神灵的信仰，以不自觉的艺术加工形式创作出的神圣叙事，多与神灵信仰仪式相伴相随，主要产生于原始社会，进入文明时代后继续发展并时有新神话的产生。这个定义，既不脱离国际神话话语体系，又比较符合中国神话的实际情况。下面结合中国神话的具体情况来加以阐释。

其一，神话是以神灵信仰为核心的神圣叙事。神灵信仰的对象是具有超自然、超人神力的神，他们的形象或是兽，或是半人半兽，或

---

① 姚周辉、金克建：《当代神话论质疑》，《云南师范大学学报》1999年第5期。

是人，但都是想象与幻想的产物。人们崇拜这些神灵，或是因为他们发挥了超凡的神力，创造了伟大的业绩或是给人类带来了巨大的破坏；或是因为他们显现了一种异质的存在。有的神灵开天辟地，创造天地万物与人类；有的神灵或为部落联盟首领的象征，往往被奉为始祖神或民族神，能够召唤飞禽走兽、能够呼风唤雨，进行神灵之间的征战；还有的神灵能够发明与人类衣食住行相关的物质文化，又能发明与人类社会相关的政治体制、哲学思想、习俗礼仪等；有少数神灵能够给世界带来巨大的破坏：撞断天柱，造成大地倾斜，发动洪水，几使人类毁灭；当然更多的神灵是给人们带来福祉，保佑世人平安、富裕、长寿、不断进取、子嗣绵绵；也有少数神灵只给人们带来灾祸；此外，还有数不清的神灵鬼怪，使我们的生活充满神奇浪漫。上述神灵，就是中国神话叙述的对象。

其二，神话是人民群众的集体创作。神话从形成伊始，即奠定了其集体创作的性质。原始人在集体举行神灵崇拜的仪式时，创作了与这种集体仪式融为一体的叙事——神话。进入文明时代之后，神话的集体性并未发生改变，只有民间信仰的神灵才会成为神话叙述的对象。神话的集体性构成了神话与纯粹的宗教故事的根本区别。宗教故事是个别宗教人士所为，而神话则是集体的创造，非一人一时一地之所为。但是宗教故事与神话又不是绝然分开的。宗教故事本为个人之所作，但是一旦走出庙宇，进入民间，为民众口口相传，则具备了集体性，就转化为神话。佛经的许多故事传入民间，经世人口口相传，带上了世俗的特点，便转化为神话。道教的情况更为复杂，其神灵大部分来自本土神话，虽经道教涵化，仍然难以脱胎换骨，神话色彩依然鲜明，更何况经道教涵化的神话又返回民间，为民众传承，就更加难以区分了，所以只要不是严格贴上道教标签的神话，比如三清尊神、三官大帝之类，大部分道教故事可以列入神话的范畴。神话的集体性还可以将其与个人编造的活神仙、活仙姑之类的迷信谣言相区别，因为这些谣言虽然可能会一时蒙骗一方群众，但是毕竟缺乏长久的群众性基础，终究会暴露其坑蒙拐骗的本来面目。这些谣言当然与神话毫无关涉。

其三，神话主要产生原始时代，部分产生于文明时代。原始时代，人们征服自然的能力十分低下，对自然顶礼膜拜，万物有灵观念盛行，这是神话产生的肥沃土壤，所以大部分神话产生在这一时期；进入文明时代后，人们征服自然的能力不断提高，神灵信仰逐渐淡化，特别是无神论影响日盛，产生神话的生态环境发生改变，所以一般不可能大规模地产生神话。但是，由于进入文明社会后，万物有灵观念等原始思维并没有完全消失，同时又有人为宗教的影响，还会产生一部分新的神话。在特别的时期，由于原始思维遇上合适的政治文化氛围，甚至会产生较多的神话，汉代产生了大量感生神话即是典型的案例。

二　中国神话的特点

中国神话是一种与西方神话存在文化异质差异的存在，它一开始就形成了自己独特的个性。中国神话从叙事学角度分析，具有非叙事性特征；就神话内容而言，是以神灵信仰为核心；从表现形式上看，具有多样性的特点。

（一）非叙事性

在中西一部分神话学者看来，中国典籍所载古代神话的根本特点在于零碎、残缺、不成体系。学界对这一特点的成因有多种解释。其中最主要的解释即是认为受儒家"不语怪力乱神"思想的影响，中国原本固有的体系神话没有被完整记录下来，或是在流传的过程中逐渐散佚了。还有人甚至认为中国原本就没有系统神话可言，所以不见诸典籍。关于后一种看法，已经被近几十年中国活态神话的研究彻底否定了。其实，探讨中国典籍所载古代神话零碎、残缺、不成体系的原因，不能仅局限于神话外部的探讨，还必须从神话的内部去寻找原因。唯物辩证法认为：外因只是事物变化的条件，内因才是事物变化的依据。因此，中国典籍记载古代神话零碎不成体系的特征，应该是由中国古代神话本身内在性质所决定的。

中国典籍所载古代神话零碎不成体系的特征，主要表现为没有完整的故事情节甚或没有故事情节，这是与西方神话迥异之处，但我们不能就此判断孰优孰劣。缺少故事情节或无故事情节，正是中国神话的特殊形态。美国学者浦安迪指出："中西神话的一个重要分水岭在于希腊神话可归入'叙述性'的原型，而中国神话则属于'非叙述性'的原型。前者以时间性（temporal）为构架的原则，后者以空间化（spatial）为经营的中心，旨趣有很大的不同。"① "非叙述性"可谓对中国典籍记载神话属性的深刻揭示，有利于我们对中国早期神话内涵与外延的准确把握。《山海经》作为典籍记载神话的最具代表性作品，充分表现了中国古代神话"非叙述性"特征，我们可以从如下几个方面来分析。

其一，中国上古典籍所载一部分神话，虽然带有叙事性，即讲述一个故事，但也只有简略的叙事，如《山海经》所载部分神话。简略的叙事即是神话情节简单不完整，缺少具体叙述，多是概括式说明，或是"罗列一个事件"。诚如美国学者浦安迪所言："中国的神话确实很少叙事。中国神话与其说是在讲述一个事件，还不如说是在罗列一个事件。当希腊神话告诉你普罗米修斯如何盗火、怎样受难的动态的故事的时候，中国神话只会向你展示夸父'入日'渴死这样一幅简单的静态图案。"荷马史诗"里的阿克利斯之'怒'可以占据几十页的篇幅，而《淮南子》里共工'怒而触不周之山'，仅有'天柱折地维绝'等寥寥数语十字。"② 实际上，中国上古神话的非叙事性即是缺少叙事的完整要素，即所谓时间、地点、开端、起因、发展、高潮、结束等，并没有完整地出现在叙事中。因此，中国上古神话叙事，与其说是叙事，不如说只是对事件的交代。上古典籍所记带有叙事性的神话如精卫填海、后羿射日、刑天舞干戚、夸父追日、女娲造人、嫦娥奔月、共工怒触不周山等，都只有寥寥数语，仿佛是故事的情节简介，

---

① ［美］浦安迪：《中国叙事学》，北京大学出版社2018年版，第47—48页。
② ［美］浦安迪：《中国叙事学》，北京大学出版社2018年版，第51页。

或故事梗概说明。

精卫填海神话见于《山海经·北山经》："又北二百里，曰发鸠之山，其上多柘木。有鸟焉，其状如乌，文首、白喙、赤足，名曰精卫，其鸣自詨。是炎帝之少女，名曰女娃。女娃游于东海，溺而不返，故为精卫。常衔西山之木石，以堙于东海。漳水出焉，东流注于河。"①再往北二百里，是座发鸠山，山上生长着茂密的柘树。山中有一种禽鸟，形状像一般的乌鸦，却长着花脑袋、白嘴巴、红足爪，名称精卫，它发出的叫声就是自身名称的读音。精卫鸟原是炎帝的小女儿，名叫女娃。女娃到东海游玩。淹死在东海里没有返回，就变成了精卫鸟，常常衔着西山的树枝和石子，用来填塞东海。漳水从这座山发源，向东流入黄河。精卫化鸟的形象记载较为详细，至于精卫淹死与填海之事只是概括说明。

后羿射日神话并不见于今本《山海经》，但古本有记载。唐·成玄英《庄子·秋水》疏引《山海经》："羿射九日，落为沃焦。"②宋·类书《锦绣万花谷》前集卷一引《山海经》云："尧时十日并出，尧使羿射九日，落沃焦。"③从其他典籍所引《山海经》可见，《山海经》原本有后羿射日神话记载，只是后来散佚了。《淮南子·本经训》可能是以《山海经》为蓝本，并参考其他记载，对后羿射日神话做了综合："逮至尧之时，十日并出，焦禾稼，杀草木，而民无所食。猰貐、凿齿、九婴、大风、封豨、修蛇皆为民害。尧乃使羿诛凿齿于畴华之野，杀九婴于凶水之上，缴大风于青丘之泽，上射十日而下杀猰貐，断修蛇于洞庭，擒封豨于桑林。"④由文可见，即使是综合的文本，也仍然是故事情节简单的介绍。

刑天舞干戚神话始见于《山海经·海外西经》："刑天与帝至此争

---

① 袁珂译注：《山海经全译》，贵州人民出版社1991年版，第81页。
② （晋）郭象注，（唐）成玄英疏：《庄子注疏》，中华书局2011年版，第306页。
③ （宋）佚名辑：《锦绣万花谷》，广陵书社2008年版，第27页。
④ （西汉）刘安等著，许匡一译注：《淮南子译注》上，贵州人民出版社1993年版，第423—424页。

神，帝断其首，葬之常羊之山，乃以乳为目，以脐为口，操干戚以舞。"① 神话本为刑天与帝争夺地位的故事，却只有一句交代，多言及刑天战败后的形象。

夸父追日神话在《山海经》中有两个版本。其一曰夸父逐日，近日时渴死。《山海经·海外北经》："夸父与日逐走，入日。渴，欲得饮，饮于河、渭，河、渭不足，北饮大泽。未至，道渴而死。弃其杖，化为邓林。"② 其二曰夸父逐日，被应龙杀死。《山海经·大荒北经》："大荒之中，有山名曰成都载天。有人，珥两黄蛇，把两黄蛇，名曰夸父。后土生信，信生夸父。夸父不量力，欲追日景，逮之于禺谷。将饮河而不足也，将走大泽，未至，死于此。应龙已杀蚩尤，又杀夸父，乃去南方处之，故南方多雨。"③ 两种记载，同样情节简单，但是关于夸父的死因却有两种，有人说原本是两个夸父，如果只是一个夸父，就显得非常矛盾。深入分析，其实并不矛盾。夸父是渴死的，渴死是因为无水；而应龙本是掌管雨水的神灵，正是因为应龙控制了水，导致夸父无水，最终渴死。所以两种说法其实是统一的，神话其实暗示了应龙击败了夸父。两种夸父追日故事的记载，都只有简略交代，并无具体叙述，以至于产生歧义。

女娲造人神话，《山海经》并没有明确记载，但是有女娲形象的记载。《山海经·大荒西经》载："有神十人，名曰女娲之肠，化为神，处栗广之野，横道而处。"郭璞注："或作女娲之腹。"又云："女娲，古神女而帝者，人面蛇身，一日中七十变，其腹化为此神。"④ 丁山认为其"显然又是孕毓人类的寓言"。⑤ 有文献说汉代应劭《风俗通义》记载了女娲造人神话，然今可见是书并无此记载，可能是散佚了。女娲造人神话见于《太平御览·卷七十八·皇王部三》"女娲氏"

---

① 袁珂译注：《山海经全译》，贵州人民出版社1991年版，第203页。
② 袁珂译注：《山海经全译》，贵州人民出版社1991年版，第214页。
③ 袁珂译注：《山海经全译》，贵州人民出版社1991年版，第318页。
④ 袁珂校注：《山海经校注》，北京联合出版公司2022年版，第314页。
⑤ 丁山：《中国古代宗教与神话考》，上海世纪出版股份有限公司、上海书店出版社2011年版，第255页。

条引东汉·应劭《风俗通义》："俗说天地开辟，未有人民。女娲抟黄土作人，剧务力不暇供，乃引绳于絚泥中，举以为人。故富贵者，黄土人也；贫贱凡庸者，絚人也。"① 由记载可见，女娲造人神话在传承过程中已经融入了社会变迁所带来的新的文化因子，抟黄土造人是原始社会陶器时期制陶技术的反映；而所造之人有富贵贫贱之分，则分明打上了人类等级社会的烙印。神话在发展过程中虽然融入了新时期的文化因子，但是神话形态仍然没有发生大的改变，仍然只是简略叙事，或者说仍是非叙事形态。

嫦娥奔月最早见于《归藏》。《归藏》为商代至战国时的典籍，已佚，其残文可见江陵王家台秦简与清·马国翰辑《归藏》等文献。马氏辑《归藏》比较可靠，是书记嫦娥奔月神话说："昔常娥以不死之药奔月。"该文下有注引《太平御览》卷九百八十四《汉书艺文志考》："昔常娥以西王母不死之药，服之，遂奔月，为月精。"② 常娥，即嫦娥。嫦娥奔月记载简单粗略：嫦娥服食西王母不死之药，奔月，随即化为月精。只有事件交代，没有叙事。

上述上古神话共同特点是虽然故事情节简略，但是对于神的形象及其信仰观念的说明往往用墨较多，与故事情节的简略形成鲜明对比。充分体现了中国上古神话"非叙述、重本体、善图案"的特点。③ 为什么会形成这种特点呢？这与中国的神话原本是产生于神灵崇拜有关，更注重崇拜对象具体形象，以便实施顶礼膜拜。

其二，中国上古神话非叙事性还表现在注重动物神、人物神的形象描写与神性说明，而忽略情节叙述，情节可以一带而过，如前所述，甚至没有情节，因为神话要突出的是人们崇拜的对象及其功能。《山海经》中的神大多数只有形象描述与功能说明，可以称之为图像神话，所以《山海经》古本原是有图像的。《山海经》图像神话中的神包括：动物、植物、无生物、人物的神话。为了突出其神性，这些神

---

① （宋）李昉等：《太平御览》第一册，中华书局1960年版，第364页。
② （清）马国翰辑，郑同校：《归藏》，华龄出版社2016年版，第16页。
③ ［美］浦安迪：《中国叙事学》，北京大学出版社2018年版，第51页。

往往与现实生活中的事物有所不同；就动物而言，往往由两种以上的动物聚合而成，当然这种聚合又往往是以其中的一种动物为主，其他动物为辅的。人神则是动物与人的组合，或是在人的形体上附加动物为饰，以突出其某种神性。植物、无生物则突出其存在特殊环境，以彰其神奇。

动物神话：

駮：《山海经·西山经》："又西三百里，曰中曲之山，其阳多玉，其阴多雄黄、白玉及金。有兽焉，其状如马而白身黑尾，一角，虎牙爪，音如鼓音，其名曰駮，是食虎豹，可以御兵。"① 駮可以让人刀枪不入。

狸力：《山海经·南山经》："英水出焉，西南流注于赤水，其中多白玉，多丹粟。有兽焉，其状如豚，有距，其音如狗吠，其名曰狸力，见则其县多土功。"② 有狸力出现的地方，可以破土建房。

彳敖彳因：《山海经·西山经》："又西二百二十里，曰三危之山，三青鸟居之。是山也，广员百里。其上有兽焉，其状如牛，白身四角，其豪如披蓑，其名曰彳敖彳因，是食人。"③ 彳敖彳因食人，显然为恶神。

猼訑：《山海经·南山经》："又东三百里，曰基山，其阳多玉，其阴多怪木。有兽焉，其状如羊，九尾四耳，其目在背，其名曰猼訑，佩之不畏。"④ 将猼訑的图纹佩戴在身上，就会无所畏惧。

讙：《山海经·西山经》："西水行百里，至于翼望之山，无草木，多金玉。有兽焉，其状如狸，一目而三尾，名曰讙，其音如夺百声，是可以御凶，服之已瘅。"⑤ 讙的神性是可以抵御凶险，其肉煎药服食还可以治疗黄疸病。

朧疏：《山海经·北山经》："又北三百里，曰带山，其上多玉，

---

① 袁珂译注：《山海经全译》，贵州人民出版社1991年版，第54页。
② 袁珂译注：《山海经全译》，贵州人民出版社1991年版，第7页。
③ 袁珂译注：《山海经全译》，贵州人民出版社1991年版，第39页。
④ 袁珂译注：《山海经全译》，贵州人民出版社1991年版，第2页。
⑤ 袁珂译注：《山海经全译》，贵州人民出版社1991年版，第40页。

其下多青碧。有兽焉，其状如马，一角有错，其名曰䑏疏，可以辟火。"① 䑏疏的功能是辟火，即防止火灾。

犰狳：《山海经·东山经》："又南三百八十里，曰余峨之山，其上多梓枬，其下多荆芑。杂余之水出焉，东流注于黄水。有兽焉，其状如菟而鸟喙，鸱目蛇尾，见人则眠，名曰犰狳，其鸣自訆，见则螽蝗为败。"② 犰狳的出现，蝗虫败北，犰狳是治理蝗虫的神。

冉遗：《山海经·西山经》："又西三百五十里，曰英鞮之山，上多漆木，下多金玉，鸟兽尽白。涴水出焉，而北流注于陵羊之泽。是多冉遗之鱼，鱼身蛇首六足，其目如马耳，食之使人不眯，可以御凶。"③ 冉遗用来服食则可以治头昏，将其图纹佩戴在身上。可以防止凶灾的发生。

其三，在上古神话中，植物神话、无生物神话与动物神话、人物神话一样，都只注重神的形象描绘与功能说明；不过，植物与无生物作为生命表征不强的事物，其非叙述性更为突出，有些植物、无生物神话在罗列名称的同时，常伴随着对其存在的神奇环境的介绍，并无功能介绍。植物神、无生物神与前所述动物神，都是自然崇拜的产物。自然崇拜将自然力（包括动植物、无生物、自然现象）视为有生命、意志和巨大能量的对象来加以崇拜。在自然崇拜的基础上产生了动植物神话与无生物神话。《山海经》成书于自然崇拜尚未消歇的时代，所以必然纳入建立在自然崇拜基础之上的植物神话、无生物神话，这些神话旨在说明崇拜对象，当然不可能有故事情节。

三珠树：《山海经·海外南经》："三珠树在厌火北，生赤水上，其为树如柏，叶皆为珠。一曰其为树若彗。"④ 三株树神话只有形象介绍，没有功能说明。但是对其生长环境却有说明："三株树在厌火北，生赤水上。"又有神话说三珠树与黄帝所遗失玄珠有关，《庄子·天地

---

① 袁珂译注：《山海经全译》，贵州人民出版社1991年版，第61页。
② 袁珂译注：《山海经全译》，贵州人民出版社1991年版，第102页。
③ 袁珂译注：《山海经全译》，贵州人民出版社1991年版，第54页。
④ 袁珂译注：《山海经全译》，贵州人民出版社1991年版，第192页。

篇》载:"黄帝游于赤水之北,登乎昆仑之丘而南望,还归,遗其玄珠。"①

三桑:《山海经·北山经》:"洹山,其上多金玉。三桑生之,其树皆无枝,其高百仞。"②《山海经·海外北经》:"三桑无枝,在欧丝东,其木长百仞,无枝。"③《山海经·大荒北经》:"竹南有赤泽水,名曰封渊。有三桑无枝。"④ 三桑树神话在描绘树神形象之前,说明了其生长环境:"洹山,其上多金玉。"

甘木:《山海经·大荒南经》:"有不死之国,阿姓,甘木是食。"郭璞注:"甘木即不死树,食之不老。"⑤ 甘木树神话又有异文记载。《山海经·海外南经》不死民条下郭璞注:"有员丘山,上有不死树,食之乃寿;亦有赤泉,饮之不老。"⑥ 据此,甘木神话又可称为不死国神话或不死树神话。这几则神话首先主要是介绍了甘木的功能,服食之使人不死;其次介绍了甘木生长环境,生长在员丘山上,附近还有赤泉,饮之使人不老之泉。可见,特定的神话是需要特定的生存环境的。一如中国的羽化成仙的地方一定是天上,月宫,或昆仑山,或蓬莱仙境,在其他平凡之地就不能达此目的。

丹木:《山海经·西山经》:"又西北四百二十里,曰崟山,其上多丹木,员叶而赤茎,黄华而赤实,其味如饴,食之不饥。丹水出焉,西流注于稷泽。"⑦《山海经·西山经》:"崦嵫之山,其上多丹木,其叶如谷,其实大如瓜,赤符而黑理,食之已瘅,可以御火。"⑧

文玉树:《山海经·海内西经》:"开明北有视肉、珠树、文玉树……"

---

① (战国)庄子撰,(晋)郭象注,(唐)成玄英疏:《庄子注疏》,中华书局 2021 年版,第 224 页。
② 袁珂译注:《山海经全译》,贵州人民出版社 1991 年版,第 74 页。
③ 袁珂译注:《山海经全译》,贵州人民出版社 1991 年版,第 214 页。
④ 袁珂译注:《山海经全译》,贵州人民出版社 1991 年版,第 317 页。
⑤ 袁珂译注:《山海经全译》,贵州人民出版社 1991 年版,第 284—288 页。
⑥ 袁珂译注:《山海经全译》,贵州人民出版社 1991 年版,第 192—196 页。
⑦ 袁珂译注:《山海经全译》,贵州人民出版社 1991 年版,第 36 页。
⑧ 袁珂译注:《山海经全译》,贵州人民出版社 1991 年版,第 54 页。

郭璞注："五彩玉树。"①

扶桑：《山海经·海外东经》"汤谷上有扶桑，十日所浴，在黑齿北，居水中。有大木，九日居下枝，一日居上枝。"②《山海经·大荒东经》："大荒之中，有山名曰孽摇頵羝。上有扶木，柱三百里，其叶如芥。有谷，曰温源谷。汤谷上有扶木，一日方至，一日方出，皆载于乌。"③ 扶木即扶桑，为太阳栖居之所。

沙棠：《山海经·西山经》："昆仑之丘……有木焉，其状如棠，黄华赤实，其味如李而无核，名曰沙棠，可以御水，食之使人不溺。"④

枫木：《山海经·大荒南经》："有木生山上，名曰枫木。枫木，蚩尤所弃其桎梏，化为枫木。"⑤

建木：《山海经·海内经》："有九丘，以水络之。……有木，青叶紫茎，玄华黄实，名曰建木，百仞无枝。上有九欘，下有九枸，其实如麻，其叶如芒。大皞爰过，黄帝所为。"⑥ 建木为天梯树，黄帝可以从这里上天下地。

迷榖：《山海经·南山经》："南山经之首曰䧿山。其首曰招摇之山，临于西海之上。多桂，多金玉。有草焉，其状如韭而青华，其名曰祝余，食之不饥。有木焉，其状如榖而黑理，其华四照。其名曰迷榖，佩之不迷。"⑦ 迷榖形态像构（榖）树，有黑色的纹理，它的花光华照耀四方，据说人们将其枝叶佩戴在身上不会迷路。

以上为树神神话。神话中的神树除了服食治疗功效外，还有巫术功能，比如作为法事活动的天梯，提供给部落酋长或巫师上天下地，与天神沟通。也有供太阳轮流上下的扶桑。还有具有图腾性质的枫木。还有具有指南针功能的迷榖，能给人指引方向，使人不迷路，这可能

---

① 袁珂译注：《山海经全译》，贵州人民出版社1991年版，第244—249页。
② 袁珂译注：《山海经全译》，贵州人民出版社1991年版，第276页。
③ 袁珂译注：《山海经全译》，贵州人民出版社1991年版，第271页。
④ 袁珂译注：《山海经全译》，贵州人民出版社1991年版，第38页。
⑤ 袁珂译注：《山海经全译》，贵州人民出版社1991年版，第285页。
⑥ 袁珂译注：《山海经全译》，贵州人民出版社1991年版，第334页。
⑦ 袁珂译注：《山海经全译》，贵州人民出版社1991年版，第1—2页。

源于某些树的生长习性。树神神话重在描绘树干、枝、叶、花、实、根，以便辨识。

荀草：《山海经·中山经》："又东十里，曰青要之山……有草焉，其状如蕀，而方茎黄华赤实，其本如藁本，名曰荀草，服之美人色。"①

䔄草：《山海经·西山经》："（昆仑之丘）有草焉，名曰䔄草，其状如葵，其味如葱，食之已劳。"②

植楮：《山海经·中山经》："又东七十里，曰脱扈之山。有草焉，其状如葵叶而赤华，荚实，实如棕荚，名曰植楮，可以已癙，食之不眯。"③

鬼草：《山海经·中山经》："又北三十里，曰牛首之山，有草焉，名曰鬼草，其叶如葵而赤茎，其秀如禾，服之不忧。"④ 清·阎尔梅《秦岭》诗："神禾春秀千原紫，鬼草秋华万壑青。"

荣草：《山海经·中山经》："又东北四百里，曰鼓镫之山，多赤铜。有草焉，名曰荣草，其叶如柳，其本如鸡卵，食之已风。"⑤

木禾：《山海经·海内西经》："昆仑之虚，方八百里，高万仞。上有木禾，长五寻，大五围。"郭璞注："木禾，谷类也，生黑水之阿，可食。"⑥

以上草神神话中的草可分为两大类，一类为粮食作物，如木禾，另一类具有草药性质，多半用来服食治疗各种病痛，也有少量用作巫术活动，如荀草，服食能使人变得漂亮。草神神话重在描绘草的叶、茎、花、实、根等，其次说明其功效及生存环境。草神神话是伴随着中医药的形成发展而产生的神话，后来的草药专著《本草纲目》也有类似的记载，即可为证。

以《山海经》为代表的上古神话，经汉魏晋南北朝、隋唐宋的发

---

① 袁珂译注：《山海经全译》，贵州人民出版社1991年版，第124页。
② 袁珂译注：《山海经全译》，贵州人民出版社1991年版，第38页。
③ 袁珂译注：《山海经全译》，贵州人民出版社1991年版，第115—116页。
④ 袁珂译注：《山海经全译》，贵州人民出版社1991年版，第116页。
⑤ 袁珂译注：《山海经全译》，贵州人民出版社1991年版，第116页。
⑥ （晋）郭璞注：《山海经》，中国书店2018年版，第238页。

展成为篇幅较长的故事，但仍然保留了其非叙述性的特点，推动故事发展的不是叙事情节的基本单位或事件，而是一幅幅表示故事节点的图像。即便是长期口头流传的少数民族神话，经千百年的发展已成为规模宏大的体系神话，也没有从根本上改变这一特点。如盘瓠神话，其内容可以直接用24张图画来表达。诚如美国学者浦安迪所说："中国的叙事传统习惯于把重点或者是放在事与事的交叠处（the overlapping of events）之上，或者是放在'事隙'（the interstitial space between events）之上，或者是放在'无事之事'（non-events）之上。"① 事与事的交叠处、事隙、无事之事，都可以指故事链上的图像，正是一幅幅图像组合成无事之事的神话。中国神话的这种叙事特点或者说非叙事性特点是由它自身的活态传承特点所决定的。中国神话一般而言主要在民族庆典或祭祀大典与丧葬活动中传承，重在突出对于祖先或其他神灵的崇拜及对于他们的丰功伟绩的陈述，而不在于事件过程的叙述。

（二）神圣性

关于神话的神圣叙事问题，在中国神话学界存在分歧，完全肯定与完全否定者有之，半肯定半否定者也有之。半肯定半否定者认为神话最初是神圣的叙事，后来转化为非神圣叙事了。当然，这种说法其实也是一种否定，因为如果神话发生了根本性的改变，那么它就有可能不再是神话了。关于神话是否为神圣叙事的争论，实际上存在一个研究视角的偏差问题，否定神话叙事神圣性的判定，所依据的只是神话的讲述环境，即是否为庄严的祭典与庆典场合；而我们现在要讨论的神话的神圣性，是就神话的内在特质而言的，也即是说神话是否为神圣叙事，主要取决于神话本身，而不是取决于它的外部环境，即主要考察其内容与形式是否具有神圣性，如果具有神圣性，那么作

---

① ［美］浦安迪：《中国叙事学》，北京大学出版社2018年版，第58页。

为表述神话就应该属于神圣的叙事。神话叙事的神圣性主要表现在三个方面。

其一，神话的主人公是具有超自然、超人神力的神，神话叙事即是表现对他们的崇拜，由此可见神话的内容具有神圣性。中国各民族神话都反映了神话的神圣性特质。

三皇五帝神话，往往被当作远古的史事，三皇五帝则被认为是远古部落联盟首领的代表。这种传统的观念在20世纪20年代遭到了以顾颉刚先生为首的疑古派的质疑。顾颉刚提出了层累地造成中国古史观，否定了远古历史包括三皇五帝历史的真实性。据此，我们可以这样认为：三皇五帝的历史不是真实的历史，而是神话历史。神话历史是用神话的想象与幻想创造出的历史，不能用真实的历史坐实；但是也不能说三皇五帝神话历史是毫无根据的，它极有可能是在吸收了民间口头传承基础上的创造，因此也折光地反映了中国远古部落联盟时代的史影，三皇五帝则是象征性地代表了部落联盟首领人物。而且，在长期的传承过程中，三皇五帝神话历史已经成为中华儿女心中的历史，具有发挥民族向心力、凝聚力的作用。因此，我们可以讨论三皇五帝的历史真实性，但是我们不能否定其社会价值。三皇五帝神话历史中的人物，都是千百年来人们敬奉的神灵。他们具有神的形象、神的超自然神力、神的影响。所谓神的形象，就是有异于普通人的形象。盘古的形象是高大与天地相齐，所以为开天辟地的大神。伏羲女娲，人首蛇身。《文选·王延寿》载："伏羲鳞身，女娲蛇躯。"《汉书人表考》卷二引《春秋世谱》："华胥生男子为伏羲，生女子为女娲。"[①]伏羲女娲为夫妻，亦为兄妹，蛇身表明他们有繁殖子嗣的神力。炎帝神农人身牛首，《史记·补三皇本纪》称神农"人身牛首"。炎帝神农牛首形象，表明神农炎帝将原始农业生产向前推进了一步，创造发明了牛耕。黄帝的形象是头部四方皆有面孔。《吕氏春秋》："故黄帝立（位）四面。"[②] 黄帝四面，孔子解释为黄帝派出亲信去治理四方，《太

[①] （清）梁玉绳：《汉书人表考》，商务印书馆1937年版，第36页。
[②] 张双棣、张万彬、殷国光、陈涛译注：《吕氏春秋》上，中华书局2007年版，第112页。

平御览》卷七九引《尸子》:"子贡曰:'古者黄帝四面,信乎?'孔子曰:'黄帝取合己者四人,使治四方,不计而耦,不约而成,此之谓四面。'"① 孔子的解释与黄帝的形象已经没有任何关系。1997年,长沙马王堆汉墓出土战国帛书《十六经·立命》载:"昔者黄宗,质始好信,作自为象。方四面,傅一心,四达自中。前参后参,左参右参,践位履参,是以能为天下宗。君受命于天,定位于地,成名于人。唯余一人,乃配天,乃立王、三公,立国置君、三卿。数日历月计岁,以当日月之行。允地广裕,吾类天大明。"黄宗,即黄帝。这里明确说明黄帝为四面。黄帝四面,显然是因为黄帝为中央之帝,是四方之帝的统领。四面不仅显示黄帝最高统治者的地位,同时也表现了黄帝眼观六路、耳听八方的神性。五帝中的第二位帝王颛顼,是一个上天入地的水神,既是天上的水神,也是地上、水中的水神,有多种偶像,在天为星宿,在地为神兽,在水中为永生之鱼神。《淮南子·天文训》:"北方,水也,其帝颛顼,其佐玄冥,执权而治冬;其神为辰星,其兽玄武,其音羽,其日壬癸。"② 玄武是一种由龟和蛇组合成的北方水神,《楚辞·远游》:"时暧曃其矇莽兮,召玄武而奔属。"洪兴祖补注:"玄武,谓龟蛇。位在北方,故曰玄。身有鳞甲,故曰武。"③《后汉书·王梁传》:"玄武水神之名。"④《纬书集成》卷六《河图》:"北方七神之宿,实始于斗,镇北方,主风雨,光辉灿烂,是其得主有常。"⑤ 明说颛顼为北方水神,在天上以辰星为偶像,在地上以玄武为偶像。实际上,颛顼水神永生的偶像是鱼。《山海经·大荒西经》载:"有鱼偏枯,名曰鱼妇。颛顼死即复苏。风道北来,天及大水泉,蛇乃化为鱼,是为鱼妇。颛顼死即复苏。"⑥ 颛顼死后化为蛇,再化为

---

① (宋)李昉等:《太平御览》(第一册),中华书局1960年版,第369页。
② (西汉)刘安等著,许匡一译注:《淮南子译注》,贵州人民出版社1993年版,第114页。
③ (宋)洪兴祖补注,黄灵庚点校:《楚辞补注》,上海世纪出版股份有限公司、上海古籍出版社2015年版,第268页。
④ (宋)范晔撰,(唐)李贤等注:《后汉书》,中华书局1965年版,第774页。
⑤ [日]安居香山、中村璋八辑:《纬书集成》(第三册),河北人民出版社1994年版,第1134页。
⑥ 袁珂译注:《山海经全译》,贵州人民出版社1991年版,第301页。

鱼，即获得重生，所化之鱼，名为鱼妇。在这里，颛顼其实是借水神鱼神的生命力而获得再生，仍然表现了对水生命力的崇拜。颛顼的死亡，只是生命形式的一种转换，由人神变成了鱼水神。帝喾为太阳神。晋·王嘉《拾遗记》："帝喾之妃，邹屠氏之女也……常梦吞日，则生一子，凡经八梦，则生八子，世为八神。"① 尧，作为神话中的人物，既与龙崇拜有关，又与土地神崇拜有关。《绎史》卷9引《春秋合诚图》："尧母庆都……无夫，出观三河，奄然阴风，赤龙与庆都合，有娠而生尧。"② 其母感龙而生尧，尧为龙神。当然，三皇五帝中的帝王大都具有龙神的身份，这显然是龙成为帝王的象征以后给帝王的标配。尧古字为3个土字组合而成，结合他治理洪水、开辟土地的事迹，学界认为他有土地神的身份。舜，在神话中既蕴含虹信仰，又蕴含花草信仰。虹信仰可证之于舜的出生神话，《史记·五帝本纪》正义："瞽叟姓妫，妻曰握登，见大虹意感而生舜于姚墟，故姓姚。"③ 花信仰见之于舜之取名，舜字本义为花草。《说文》："舜，草也。楚谓之葍，秦谓之蔓，蔓地连华，象形。"④ 可见，舜既是虹神，也是花草神。

中国各民族创世神话，则主要表现了对创世神灵的崇拜。如自然性创世神话讲述天地万物及人类起源于动物、植物与自然物的神话，则表现了对某些植物、动物与自然物的生殖力、生命力的崇拜，而且这些崇拜在后世化为民俗活动不断传承，其流风余韵至今未绝。又如创世大神开辟神话，讲述人神创造天地、人类及文化的过程，表现了对创世大神丰功伟绩的敬仰，特别是表现了对创世大神创造力、生殖力的崇拜。汉族的创世大神如盘古、女娲，少数民族的创世大神如苗族的蝴蝶妈妈、壮族的布洛陀、瑶族的密洛陀、傣族的英叭、畲族的盘瓠、彝族的支格阿龙、拉祜族的厄莎、基诺族的阿嫫腰白等，都是

---

① （晋）王嘉撰，王兴芬译注：《拾遗记》，中华书局2019年版，第33页。
② （清）马骕撰，王利器整理：《绎史》，中华书局2002年版，第87页。
③ （汉）司马迁：《史记》，中华书局2011年版，第29页。
④ （汉）许慎：《说文解字》，中华书局1963年版，第113页。

创造力、生命力的象征性符号。

由以上论述可见，神话叙事的中心是人们崇拜的神灵，神话叙事的目的是要再现他们的神力，以表达人们的崇拜，因此，神话叙事必然具有神圣性。马林诺夫斯基指出："神话在原始文化中具有不可或缺的功能，它表达、增强并理顺了信仰。"① 事实上，神话表现神灵信仰的作用，不仅存在于在原始社会，而且存在于有神灵信仰伴随的漫长的人类社会，只要人类的神灵信仰还存在，就必然有相应的神话来加以表现。神灵信仰的生生不息，导致神话源源不绝的产生。当然，神灵信仰的衰落，也必然导致神话的衰落。

其二，神话反映了神灵信仰仪式，因而具有神圣性。神灵信仰仪式往往构成神话的重要内容，即在很多情况下，神话的内容是神灵信仰仪式的反映。神话反映神灵信仰仪式的观念源自以泰勒、弗雷泽为代表的神话仪式学派。该学派认为：巫术仪式是最初的形式，神话是巫术仪式的直接派生物，神话是巫术仪式的语言叙述形式。在中国，神话反映神灵信仰（包括巫术）仪式也是一种普遍现象，而且不少神话离开了仪式的解读，就无法理解。如远古帝王的战争神话，并没有正面叙述战争，而只是叙述了与战争有关的巫术，只能从巫术视角来加以解读。中国神话中第一大远古战争神话是黄帝与炎帝阪泉之战神话。

《吕氏春秋·荡兵》载："兵所自来者久矣。黄、炎故用水火矣。"②
《列子·黄帝》载："黄帝与炎帝战于阪泉之野，帅熊、罴、狼、豹、貙、虎为前驱，雕、鹖、鹰、鸢为旗帜，此以力使禽兽者也。"③
《大戴礼记·五帝德》载："（黄帝）与赤帝（炎帝）战于阪泉之野，三战，然后得行其志。"④

---

① ［英］马林诺夫斯基：《神话在生活中的作用》，朝戈金等译，见《西方神话学读本》，广西师范大学出版社 2006 年版，第 244 页。
② 陆玖译注：《吕氏春秋》，中华书局 2011 年版，第 196 页。
③ （晋）张湛注，（唐）卢重玄解，（唐）殷敬顺、（宋）陈景元释文，陈明校点：《列子》，上海世纪出版股份有限公司、上海古籍出版社 2014 年版，第 71 页。
④ （清）孔广森：《大戴礼记补注》，中华书局 2013 年版，第 129 页。

《史记·五帝本纪》载:"炎帝欲侵陵诸侯,诸侯咸归轩辕。轩辕乃修德振兵,治五气,蓺五种,抚万民,度四方,教熊罴貔貅䝙虎,以与炎帝战于阪泉之野,三战,然后得行其志。"①

　　由上述记载可见,黄帝与炎帝的阪泉之战,一是水火之战。"黄、炎故用水火"之句说明:炎帝采用了以火为道具的巫术,黄帝则针锋相对,采用以水为道具的巫术。双方巫术形式的选择,与其神性有关。《左传·昭公十七年》:"炎帝氏以火纪,故为火师而火名。"②《淮南子·氾论训》:"炎帝于(作)火……。"司马贞《三皇本纪》:"神农氏,姜姓以火德王。"炎帝神农有火神属性,所以用火巫术。黄帝为雷雨之神,即水神。《河图帝纪通》:"黄帝以雷精起。"《春秋合诚图》:"轩辕,主雷雨之神也。"黄帝为掌管雷雨的水神,所以采用水巫术。可见,炎、黄水火之战神话实际上是反映了战争背后的水旱巫术斗法,并没有正面描写战争。黄帝与炎帝另外一战是动物之战,即黄帝率领兽类、禽类来与炎帝作战,历来解释为黄帝率领多个以动物为图腾的部落来与炎帝作战,这是套用西方人类学图腾概念所做出的解释。实际上中国的战争神话从来就没有正面描写过战争,多是叙述战争中的巫术,从侧面来表现战争。黄帝率领飞禽走兽来战,应该是以动物为道具举行的巫术活动。而炎帝何以应对呢?神话中没有说明,按照他的神性,应该还是以火神相对,仍旧采用火巫术。战争的结果炎帝败北,这似乎与巫术没有直接的关系,如果有关系,也只在心理层面发挥了作用。

　　黄帝战蚩尤是第二大战争神话,所叙述的是水神的巫术斗法。《山海经·大荒北经》:"蚩尤作兵伐黄帝,黄帝乃令应龙攻之冀州之野。应龙畜水。蚩尤请风伯雨师,纵大风雨。黄帝乃下天女曰魃,雨止,遂杀蚩尤。"③丁山先生认为黄帝、蚩尤为水旱之神,"《左传》所

---

　　① (汉)司马迁:《史记》,中华书局2011年版,第3页。
　　② 李梦生译注:《左传译注》,上海世纪出版股份有限公司、上海古籍出版社2016年版,第1295页。
　　③ 袁珂译注:《山海经全译》,贵州人民出版社1991年版,第319页。

传说的'阪泉之战'、黄帝擒杀蚩尤的故事，实象征祷雨之祭用蓄水的'应龙'决杀旱龙的寓言。"丁山断言："因此，我敢论定，所谓'逐鹿之战'，所谓'阪泉之战'，不是什么民族战争，也不是是什么奴隶革命，只是把农业生产者受了旱灾的威胁而举行祷雨的典礼演绎成为祷雨的神话而已。"[1] 丁山先生认为神话实际上是叙述了农业生产巫术，并没有写战争。这一判定虽有其合理性，但也存在偏差。该则神话不是没有写战争，而是写了战争巫术，写了战争的双方首领将农业生产的巫术用作了战争巫术。黄帝先用应龙水神施行巫术。《山海经·大荒东经》："旱而为应龙之状，乃得大雨。"郭璞注："应龙，龙有翼者也。"[2] 应龙是有翅膀的水神，所以适宜用来进行巫术活动。蚩尤则针锋相对，利用水神风伯、雨师作法，纵大风雨，以遏制应龙之水，也是运用水神巫术。黄帝又用魃来施行止雨巫术。魃，旱神。郭璞注："音如旱妭之魃。"郝懿行注："《玉篇》引《文字指规》：'女妭秃无发，所居之处，天不雨，同魃。'"旱魃，从表面上看，与水神相对立，从实质上看，却有着同一性。水神掌管雨水，既可降雨，也可止雨。止雨，也即旱魃之神性。旱魃表现了水神止雨方面的神性，实为水神大家族一员。旱魃止住了风雨，黄帝在与蚩尤的斗法中取胜，实际上是暗示黄帝部落赢得了这场战争。

　　共工与颛顼之战神话可以说是第三大战争神话，同样反映了水神巫术。《淮南子·天文训》："昔者共工与颛顼争为帝，怒而触不周之山，天柱折，地维绝。天倾西北，故日月星辰移焉；地不满东南，故水潦尘埃归焉。"[3] 神话没有明确叙述战争场面及水神巫术，但战争的结局是洪水泛滥，从中也透露出了战争中施行水神巫术的信息。其他共工神话也可以为证。宋罗泌《路史·后纪二》注引《归藏·启筮》："共工人面蛇身朱发。"[4]《左传·昭公十七年》："共工氏以水纪，故

---

　　[1] 丁山：《中国古代宗教与神话考》，上海世纪出版股份有限公司、上海书店出版社2011年版，第419页。
　　[2] 袁珂译注：《山海经全译》，贵州人民出版社1991年版，第271页。
　　[3] （西汉）刘安等著，许匡一译注：《淮南子译注》，贵州人民出版社1993年版，第104页。
　　[4] （宋）罗泌：《路史》（第一册），书林书局2021年据上海中华书局刊本影印，第205页。

为水师而水名。"①《淮南子·本经训》："舜之时，共工振滔洪水，以薄空桑，……"②这些神话说明，共工为水师，也即是善用水神巫术的部落首领。

禹攻共工神话也是水神巫术神话。《山海经·大荒西经》："西北海之外，大荒之隅……有禹攻共工国山。"③《战国策·秦策》："禹伐共工。"④禹为治水水神，共工为发洪水水神，两者相战，也必含水神巫术成分。

此外，夸父追日、后羿射日则是抗击旱灾的巫术神话，逐日与射日是一种象征性的驱除旱灾的仪式，却反映了明知不可为而为之的悲壮的抗争精神。神话中更为悲壮的巫术驱旱仪式是女巫祈雨仪式。《山海经·海外西经》载："女丑之尸，生而十日炙杀之。在丈夫北，以右手障其面。十日居上，女丑居山之上。"⑤十日并出，意为大旱，女巫站在山顶，以暴晒的巫术行为祈雨，女子暴晒是希望获得上苍怜惜，早降甘雨。结果女巫被暴晒致死。由于生前不堪暴晒，便以手遮面，死后仍保持了这种形象，可谓慷慨悲壮！《山海经·大荒西经》也描述了女巫遮面形象："有人衣青，以袂蔽面，名曰女丑之尸。"郝懿行注："十日并出，炙杀女丑，于是尧乃命羿射杀九日也。"⑥将女巫行事说成是后羿射日之前因，也说明两者有共同的性质，即同为巫术驱旱祈雨仪式。

神话反映或表述神灵信仰仪式，其目的是要证明神灵信仰仪式的合理性和神圣性，从而强化其仪式的神力，而且某些神话本身就是神灵信仰仪式的组成部分，本身就具有神秘的力量。由此可见，神话与

---

① 李梦生译注：《左传译注》下，上海世纪出版有限公司、上海古籍出版社2016年版，第1296页。

② （西汉）刘安等撰，许匡一译注：《淮南子全译》，贵州人民出版社1993年版，第424页。

③ 袁珂译注：《山海经全译》，贵州人民出版社1991年版，第297页。

④ （汉）刘向辑录，（宋）鲍彪注，（元）吴师道校注，宁镇疆、杨德乾校点：《战国策》，上海世纪出版股份有限公司、上海古籍出版社2015年版，第49页。

⑤ 袁珂译注：《山海经全译》，贵州人民出版社1991年版，第204页。

⑥ 袁珂校注：《山海经校注》，北京联合出版公司2022年版，第188页。

神灵信仰仪式具有密切的联系，因而具有神圣性。

其三，神话在神灵信仰的文化空间中传承，也表现出神圣性特点。神话在神灵信仰的基础上产生，因而应该就是神灵信仰的组成部分，或者至少是与神灵信仰相关联的事物。因此，神话的传承与神灵信仰必然有着密切的联系，事实上，神话的活态传承，也是神话本体的传承，必须要借助于神灵信仰的文化空间。文化空间是指按照民间约定俗成的规定，在特定时间举行文化活动和仪式的特定场所。神灵信仰的文化空间是指按照礼仪习俗，在特定时间举行神灵祭奠仪式的场所。神话的自然传承，即是在神灵信仰文化空间中的传承，神话传承的特殊性，也决定了神话叙事神圣性属性。当然，在现代文艺思潮的影响下，神话也有可能被剥离出其原有的传承文化空间，在其他场所被当作艺术品欣赏。当神话在其他场所被当作艺术品传承的时候，与其他类型的作品相比较，则往往就会显得相形见绌了。

我国口口相传的活态神话，都是在神灵信仰的文化空间传承的。阿昌族《遮帕麻和遮米麻》，"既是一部神话史诗，又是原始宗教巫师的念词，由巫师在祭祀祖先和举行葬礼时向族人念诵的。"[①] 祭祖与葬礼的场所，即是传唱阿昌族神话《遮帕麻和遮米麻》的文化空间。传唱神话，是因为其内容与祭祀仪式的目的密切相关。《遮帕麻和遮米麻》"中的主人公——开天辟地的大神，创始人类的始祖、补天治水的巨匠、杀妖抗旱和保护众生的英雄遮帕麻和遮米麻，至今还是梁河县阿昌族民间所信仰和崇奉的两个最大的善神。狩猎者祈求他们赐予猎物，出外的人祈求他们保佑平安，不会生育的祈求他们赐给子女，由全体村民参加的大型祭祀，也是祈求他们保佑，使来年风调雨顺、六畜兴旺、五谷丰登"[②]。《遮帕麻和遮米麻》在当今社会仍是阿昌族

[①] 赵安贤唱，杨叶生译，兰克、杨智辉整理：《遮帕麻和遮米麻》，云南人民出版社1983年版，第76—77页。

[②] 赵安贤唱，杨叶生译，兰克、杨智辉整理：《遮帕麻和遮米麻》，云南人民出版社1983年版，第77页。

祭祖活动的文化空间，不过已经融入了更多时代的气息。云南云龙县首届祭祖文化活动在漕涧镇仁山村丹梯阿昌族文化广场举行，广场彩旗飘扬，锣鼓喧天，来自梁河、陇川、瑞丽、芒市等地的阿昌族人民身着节日服装，跳起古老的"阿露窝罗"舞，祭祀祖先，吟唱《遮帕麻和遮米麻》神话史诗。祭祖结束后，还举行了丰富多彩的文艺演出活动。

聚居在贵州东南苗族侗族自治州及广西龙胜等地的侗族，有神话诗《萨之歌》。萨又称萨岁，意为始祖母，是侗族崇拜的最高祖先神、保护神。《萨之歌》即讲述萨岁丰功伟绩的神话歌，在每年新春祭祀萨岁的场所萨坛唱诵。萨坛即萨岁信仰的文化空间，黎平、榕江、龙胜、三江、通道等地的侗族村寨一般都建有萨坛。萨坛建在寨子清净之处，一般为露天坛。为一个半圆形的土堆，四周砌有石块。萨坛往往有专人看守。萨岁是寨子最大保护神，建寨必须首先考虑建萨坛事宜，建萨坛被称为安殿。萨坛建好后，要举行安殿仪式。全寨男女着盛装，在萨坛前吟诵《萨之歌》，歌颂萨的功德，祈求萨的保佑。每年新春祭萨的日子，全寨男女都要汇集萨坛边，参加祭祀活动。年轻妇女手牵手或手搭肩围着在坛前跳舞吟唱歌颂萨的歌，祈求新的一年萨降福、消灾、保佑平安、风调雨顺。祭祀完毕，人们围坐萨坛就餐，也表示与萨共同进餐。

基诺族神灵信仰中的女始祖神阿嫫腰白，是基诺族创世神话中的大母神。神话说远古之时，世界是一片汪洋大海，阿嫫腰白第一个来到世上，她用双手搓出一块块污垢，造成了天地万物和人类。基诺族每年农历七月间都要举行祭祀阿嫫腰白的活动，称"喏嫫洛"，即祭祖魂之意。祭祀历时 13 天，据说，阿嫫腰白创世用了 13 天，又说阿嫫腰白的葬礼用了 13 天。祭礼最隆重的一天称"乙搓"日。全寨人都要停止劳作参加祭祀活动。在祭祀仪式中，要由卓巴（村寨男寨主）和卓色念经，即念诵阿嫫腰白神话故事。阿嫫腰白神话就是在这样的神圣的场合，为一代又一代基诺族人所传承。

壮族崇拜男始祖神布洛陀，史诗《布洛陀》讲述了他创造天地万物的事迹。壮族将布洛陀神龛设在寨边的古树林里，每年农历三月由寨中长老择吉日举行祭祀。祭品为1只白公鸡、1只红公鸡和1头猪。祭祀时，要由壮族的巫师人物师公念经，诵唱布洛陀神话故事。

综上所述，神话的神圣性首先是由其叙述对象所决定的，神话是关于超自然、超人神力的神灵的叙事；其次是由其与神灵信仰仪式的密切关系所决定的，神话经常是神灵信仰仪式的反映；再次，神话的神圣性与其传承的神灵信仰文化空间密不可分。这些都决定了神话具有神圣性特征、是基于神灵信仰的神圣叙事。当然，我们强调神话的神圣性，也并不否认神话的生活化、世俗化的传承。后者虽然脱离了特定的神灵信仰空间，但是它的世俗化、生活化的载体（民俗）仍然具有神秘的特性，仍然具有信仰的成分，所以说即使是生活化的神话，仍然属于神圣的叙事。

（三）多样性

中国历史悠久、幅员辽阔、民族众多，所产生的神话必然呈现多样性的特征。

从文本形式而言，中国既有典籍记载的神话，也有口头传承的神话，口头传承推进了中国神话的发展创新。就性质而言，既有创世神话，也有英雄神话，还有创世与英雄相融合的复合神话。就体裁而言，既有零碎短小的篇章，又有鸿篇巨制；既有散文体神话，也有韵文体神话，还有散韵相间的神话。其中还有各种变体的神话，即掺杂了历史故事、文人小说等内容的神话。因此，要了解中国神话，就必须了解中国神话各种样态，只有这样，才能从总体上把握中国神话的面貌，才能对中国神话做出客观、科学的解释。这里要讨论的是神话内容的多样性，包括情节、人物、接受的多样性。

其一，神话情节的多样性。同一神话故事，往往呈现出不同的情节，有些情节甚至相互抵牾。如女娲造人神话，既有抟黄土造人情节，也有女娲化生人类情节。嫦娥奔月神话，既有嫦娥偷取羿的不死药奔月情节，又有嫦娥直接获取西王母不死药情节。禹的出生，有三种说法：一说为鲧腹生。《山海经·海内经》云："鲧窃帝之息壤以堙洪水，不待帝命。帝令祝融杀鲧于羽郊。鲧复生禹。帝乃命禹卒布土以定九州。"①"鲧复生禹"，即禹为鲧剖腹所生。同样的说法见于《归藏·启筮》："鲧去三岁不腐，剖之以吴刀，化为黄熊。大副之吴刀，是用生禹。"②一说禹为其母感石所生。《绎史》卷十一引《遁甲开山图》云："大禹念之，乃化生于石纽山泉。女狄暮汲水，得石子如珠，爱而吞之，有娠，十四月生子。及长，能知泉源，代父鲧理水。尧知其功，如古大禹知水源，乃赐号禹。"③还有一种说法是禹为其母感神珠而生，其说见《帝王世纪》："修已……，见流星贯昴，梦接意感，又吞神珠薏苡，胸坼而生禹于石纽。"④

其二，神话中神灵形象的多样性。中国神话中神灵形象往往一神有多种形象。比如龙神的形象最为繁多，其最初的原型就有蛇、鱼、鳄等。龙是多种动物组合成的神灵，其组合的形象从两种动物形体的叠加到多种动物形体的叠加，形形色色，无以尽数。本书另有论述。又如天神的形象，最初为日月星辰。内蒙古阴山岩画有狼山天神图，绘有大大小小的人面图纹，人面有眼、鼻、口。这些人面可能代表日月星辰诸神，合起来象征天神。后来日月星辰又各自成为独立的神并有了相应的神话。以日神为例，日神的形象可能最原始的是"日"的写真图纹。河南庙底沟、郑州大河村等仰韶文化遗址出土的彩陶上多绘有日形图纹，有写实的，也有抽象的。日神还有以鸟为偶像的，常见的日神鸟形偶像是三足乌。《淮南子·精神训》云："日中有踆乌，月中有蟾蜍。"高诱注"踆"为："三足乌。"⑤为什么用鸟作为太阳的偶像呢？这当是出于古人的想象，太阳从东至西不停的运转，是有

---

① 袁珂校注：《山海经校注》，北京联合出版公司2022年版，第378—379页。
② （清）马国翰辑，郑同校：《归藏》，华龄出版社2016年版，第15页。
③ （清）马骕撰，王利器整理：《绎史》，中华书局2002年版，第125页。
④ （晋）皇甫谧：《帝王世纪》，辽宁出版社1997年版，第17页。
⑤ （西汉）刘安等撰，许匡一译注：《淮南子全译》，贵州人民出版社1993年版，第368—369页。

鸟托载的缘故，故以鸟作为太阳的偶像。仰韶文化多处遗址出土的彩陶上都绘有鸟纹，可能均与太阳崇拜有关。日神的另外一种形象为火焰纹，火焰纹即在圆形的太阳纹周边绘上旋涡状条纹。大河村仰韶文化遗址中的彩陶，商周青铜器，均绘有这种图纹。火焰纹当是出于古人对太阳光芒的崇拜。

其三，神话人物身份的多样性。同一个神在不同的神话中可以有不同的身份。比如女娲在先秦造人补天神话中，她是一个单偶神，但是到了两汉伏羲女娲神话中，她却成了配偶神，和另外一个单偶神相结合，成了夫妻，而且是兄妹夫妻。不惟女娲如此，其他很多单偶神，最终都配成双偶神，比如盘古与盘古婆婆相配，成了盘古公公，西王母也成了东王公的配偶。神人身份的改变还表现在神职的改变。西王母在先秦神话中是司刑罚之神，到了两汉的神话中成了掌管不死药的寿神，东汉末年，又成了道教尊神，并且与东王公配成夫妻。西王母的身份可谓是几经变化，前后殊异。神话人物身份的演化，也可看出中国神话由神圣性向世俗化方向的演变，但这种演变并没有完全遮蔽中国神话神圣叙事的传统，传统依旧被承袭。

中国神话的多元性，一方面是出于人们的神话不同的解读；另一方面则是与民族、地域、时代的差异有关。但是，中国神话的多元性又包含了一体性的特点，神话情节、人物形象、身份等的变化，始终是朝着人物基本神性方向发展，如女娲始终是保留了生育之神的身份；西王母始终是有关生命的神灵，盘古始终是创世大神。而且，中国神话在多元化的发展过程中，由于民族之间的交往、交流、交融，却又始终朝着共融互补的方向发展，形成多元共生、互补并共融的格局。

三 中国神话活态叙事与形式

本节要讨论的是神话活态叙事的概念和神话活态叙事的形式。

（一）神话活态叙事

神话活态叙事所表现的对象是活态神话，所以，神话的活态叙事与活态神话是两个紧密相连的概念。国内外学者已有不少关于活态神话与神话活态叙事的研究。在国外，19世纪下半叶进化论学派与仪式学派的神话研究，都涉及了活态神话。英国人类学家泰勒（《原始文化》，1871）、安德鲁·兰（《现代神话学》，1897），提出了文化遗留物说，关注神话与早期人类生活的密切关系，其中就包含活态神话的观念，可谓开启了活态神话研究的先河。詹姆士·弗雷泽《金枝》（1890），通过对神话与祭祀仪式、种种时序更迭仪式的关系的考察，说明神话依赖于仪式而存在，是对仪式的阐释，突出彰显了神话的活态特征。进入20世纪，功能神话学派对神话的活态化认识更为深广。马林诺夫斯基《神话在生活里的作用》（1925）认为，一个部落的神话同它的仪式活动、道德行为、社会组织，甚至日常生活都存在密切联系，认为神话是信仰的"社会的宪章"。受功能神话学派的影响，学者们更加注重从田野调查入手来研究神话的活态性或活态性传承。20世纪60年代末在美国兴起的表演理论，直接从神话的活态叙事来研究神话，改变了以往研究中以文本为前提的格局。表演理论代表人物理查德·鲍曼《作为表演的口头艺术》（1977）认为"表演是一种言说的方式"。以此看待神话，神话即是通过表演来展示的，这为人们研究神话的活态叙事提供了深刻的启示。

在国内，20世纪上半叶，凌纯声、岑家梧、钟敬文等学者对我国少数民族传承的活态神话进行了研究。20世纪80年代，在大规模田野调查的基础上，钟敬文、马学良等率先倡导活态神话研究。李子贤《活形态神话刍议》（1983）认为活态神话的典型形态是与社会组织、生产方式、宗教仪式、生活习俗等密切联系的神话。此论进一步明确了活态神话的内涵。刘亚虎《活形态的少数民族古歌和史诗》（1987）将活态神话研究拓展到古歌、史诗研究领域。孟慧英《活态神话——中国少数民族神话研究》（1992）一书从少数民族神话产生与传播的角度分析神话活动的状貌与规律，材料丰富、理论性强，拓宽了中国神话活态传承研究的道路。张振犁《中原古典神话流变论考》（1991）运用长期调查得来的汉族中原地区口头传承神话资料，去考察古典神话流变的情况和特点，可谓与少数民族神话活态传承研究相得益彰。杨利慧积极引进和阐释表演理论并运用于神话研究，其《民间叙事表演——以兄妹婚神话的口头表演为例，兼谈中国民间叙事研究的方法问题》，通过对淮阳人祖庙会兄妹婚神话的表演现场的考察，揭示了神话文本在表演过程中的呈现与构建，开启了活态神话研究新视野。朝戈金的《口头史诗诗学》（2000），可谓全面阐释帕里、洛兹口头诗学理论并运用于中国史诗研究的代表性专著。其研究为人们寻觅中国神话活态叙事的形式与内容的规律提供了思路。近些年，神话图像叙事研究开始盛行，这是对神话活态传承形式的研究。叶舒宪力主此种研究，发表了一系列论文，如《虎食人卣与妇好圈足觥的图像叙事——殷周青铜器的神话学解读》①《西周神话"凤鸣岐山"及其图像叙事》②等。都是借助于神话图像叙事揭示神话内蕴的研究成果。陈连山、刘宗迪、吴晓东关于《山海经》神话的研究，也非常重其活态的因素。王宪昭则对少数民族口传神话予以关注，撰写了《中国民族神话母题研究》，试图通过各民族母题研究，"进一步确立中国少数民族神话在中国文学中的地位"③。田兆元则对杨利慧倡导的神话主义、注重神话当下性的研究给予了充分的肯定，认为是整个中国神话学界需要努力的方向。④ 以往的研究，多注重活态神话本体的研究，对其叙事形式虽有涉及，但还缺乏专门的研究，本课题则从神话活态叙事形式入手，探讨其维系民族集体文化记忆的功能，试图拓展中国活态神话研究的视野。

---

① 叶舒宪：《虎食人卣与妇好圈足觥的图像叙事——殷周青铜器的神话学解读》，《民族艺术》2010年第2期。
② 叶舒宪：《西周神话"凤鸣岐山"及其图像叙事》，《民族艺术》2010年第4期。
③ 王宪昭：《中国民族神话母题研究》，民族出版社2006年版，第12页。
④ 田兆元：《研究当代神话可以写在神话学的大旗上》，《长江大学学报》2017年第5期。

（二）神话活态叙事形式

中国神话活态叙事是指与典籍语言文字叙事相对应的民众生活叙事，具有广泛的群众参与性特征，神话内容或神话文化基因通过民众的日常生活活动而植根于民众的内心世界，从而形成一种民族全体成员的文化记忆。典籍记载神话虽则具有永久性，但它只作用于少数精英阶层，对于广大民众影响不大，因而在民众文化记忆形成过程中占据非主导地位。扬·阿斯曼将非文字以外的文化记忆形式概括为："除了语言方面的，还有图片、体态、舞蹈、仪式、风俗、习惯、具有纪念意义的建筑物、城镇面貌甚至包括乡村风光。"[①] 所论多为活态传承的文化记忆形式。据此，也可以将神话的活态叙事形式作如下概括。

其一，口头叙事。远古时代的神话，由口头产生，并长期以口耳相传的形式在民间代代传承。口头叙事的神话既有散文形式也有韵文形式，还有散韵相间形式。神话通过口头叙事得以保存其叙事文本。

其二，仪式叙事。仪式有广义与狭义之分。彭文斌指出："广义的仪式，近似于社会性的泛泛礼仪，包括人际交往的规范与行为，如见面与告别的日常礼仪、以及升旗等政治礼仪。狭义的仪式，则专指宗教的祭祀与礼拜仪式，早期人类学所指的仪式多与宗教信仰相关。"[②] 神话的仪式叙事是指与神话中的神灵、信仰、制度、禁忌、习俗等相关的行为叙事，也可以分为两大类型，一类是神话祭祀仪式叙事，有比较完整的祭礼仪程，多是关于祭祀远祖、近祖、家族祖先及家庭祖先的行为。另一类是神话生活仪式叙事，是以生活习俗为存在形式的仪式，不少是由祭祀仪式演变而来，但已经没有完整严格的仪程，基本上属于生活化的日常活动。由于神话的生活仪式叙事内容较

---

① ［德］阿斯特莉特·埃尔、冯亚琳主编：《文化记忆理论读本》，余传玲译，北京大学出版社2012年版，第12页。
② 彭文斌、郭建勋：《人类学仪式研究的理论学派述论》，《民族学刊》2010年第5期。本文为彭文斌于2009年9—10月在西南民族大学民族研究院宗教学硕士点所作的"人类学与仪式"系列讲座的部分内容，由郭建勋博士整理成文。

为丰富，所以本课题将其与神话祭祀仪式叙事分开论述：设神话祭祀仪式叙事与神话生活仪式叙事两章。

其三，图像叙事。神话的图像传承远远早于语言文字叙事，自从人类产生了神灵信仰之后，就有可能出现图像来加以记忆，神话图像叙事与神话本身一样，都是原始人神灵信仰生活的产物。而文字记载神话仅仅只是其中为了永久的保存神话叙事，与人们的生活几乎没有多少关联。神话图像本身就是一个独立的体系，它可以与文字记载神话互释，但是多半不能互释，能互释的仅仅只是其中一小部分。

其四，景观叙事。景观叙事本属于图像叙事的一部分，因为景观本来就是立体性的图像。但是如果从平面图像与立体图像的角度划分，我们可以将图像与景观分成两种，故而将神话的景观叙事从图像叙事中独立出来，予以专门研究。神话的景观可以分为自然景观和文化景观两大类。自然景观指完全未受直接的人类活动影响或受影响程度较小的自然复合体。文化景观则是指特定民族或人群，为某种需要，利用自然界所提供的材料，有意识地创造出的景观，或在自然景观之上叠加了人的创造的景观。在景观神话叙事中，神话的人物、内容、情节、观念等依附于景观，与民众生活密切相关，因此神话景观叙事应属于神话活态叙事。神话景观传承包括多种形式，如自然景观、装饰、建筑、雕塑、主题公园、展览等。中国神话活态叙事的多种形式都具有民族文化记忆功能这一共同特征，能够从文化方面帮助民族成员保持和增强民族身份的认同感、归属感。因此，研究中国神话活态叙事形式及其民族文化记忆功能具有十分重要的意义。

第一章 中国神话口头叙事

远古时代产生的神话，长期以口耳相传的形式在民间代代传承，并不断发展。口头叙事是神话活态传承的最基本的形式。口头叙事的神话既有散文形式、也有韵文形式，也有散韵相间形式。神话通过口头叙事得以保存其叙事文本，并使其逐渐完善。

一　中国神话口头叙事的延展性

众所周知，中国早期典籍所载神话，呈现出残缺、零碎、不成体系的面貌，而口头叙事神话则截然不同，在历史的长河里代代增益，渐趋丰满，多有丰富复杂成体系的文本。特别是肇始于原始时代的我国少数民族口传神话，在长期口耳相传的过程中不断发展，逐渐由篇幅短小、内容单一的篇章发展成篇幅较长、内容完整的体系文本，神话的代代、口口相传起到了决定性作用。神话口口相传，永无定本，必为不同时代的人们所增益，当然，自从有了文字以后，人们为了保存已有的神话文本，也往往借助于手抄本的形式帮助记忆，手抄本巩固了口承神话的成果，为神话口头叙事的不断发展提供了保障。

（一）盘古神话的延展

三国·徐整所著《三五历纪》《五运历年记》最早记载了盘古神

话，原书均佚，但见于其他著作的引用。唐·欧阳询《艺文类聚》卷一引徐整《三五历纪》云："天地混沌如鸡子，盘古生其中，万八千岁，天地开辟，阳清为天，阴浊为地。盘古在其中，一日九变，神于天，圣于地，天日高一丈，地日厚一丈，盘古日长一丈，如此万八千岁。天数极高，地数极深，盘古极长。后乃有三皇。"①

清·马骕《绎史》卷一引徐整《五运历年纪》云："首生盘古，垂死化身，气为风云，声为雷霆，左眼为日，右眼为月，四肢五体为四极五岳，血液为江河，筋脉为地里，肌肉为田土，发髭为星辰，皮毛为草木，齿骨为金石，精髓为珠玉，流汗为雨泽，身之诸虫，因风所感，化为黎甿。"②

两则记载合在一起正好构成盘古开天辟地、创造万物的完整的开辟神话。第一则神话讲述天地、盘古的形成过程，盘古每天长一丈，天与地也长一丈，经过万八千岁，天地形成，盘古也长成天地间的巨人，由于经历了万八千岁的演化，"天去地九万里"。天地形成过程中，盘古发挥了重要作用，他与天地同长的过程，实际上是起到了撑开天地的作用。所以自古有盘古开天地的说法。第二则神话讲述盘古开天辟地之后化生万物，呼出的气成了风和云，声音成了雷霆，左眼变成太阳，右眼变成月亮，四肢五体变成大地的四极和五方的名山，血液变成江河，筋脉变成道路，肌肤变成田土，头发和髭须变成天上的星星，皮肤上的汗毛变成草和树木，牙齿和骨头变成金属的矿物和岩石，精液和骨髓变成珍珠和美玉，流下的汗水变成雨水，身上的诸虫，经过风的感应，就成为人类。盘古用他的身体创造了天地之间尚需创造的各类基本事物，从而使天地万物基本形态趋于完善。

盘古神话作为以汉民族为主的、多个民族共有的最古老的创世神话，显然其产生的年代远远早于三国时代。事实上，此则神话的原型故事，在《山海经·海外北经》中已记载："钟山之神，名曰烛阴，

---

① （唐）欧阳询：《艺文类聚》，上海世纪出版股份有限公司、上海古籍出版社2013年版，第33页。
② （清）马骕撰，王利器整理：《绎史》，中华书局2002年版，第2页。

视为昼，瞑为夜，吹为冬，呼为夏。不饮，不食，不息，息为风。身长千里，在无䐿之东。其为物，人面，蛇身，赤色，居钟山下。"① 后世也记有钟山烛龙神话异文，鲁迅《古小说钩沉》辑《玄中记》云："北方有钟山焉，山上有石首如人首，左目为日，右目为月；开左目为昼，开右目为夜；开口为春夏，闭口为秋冬。"② 钟山神烛龙已成石头，但仍具有化生昼夜、四季的功能。袁珂《山海经校注》认为烛龙即开天辟地的盘古："说者谓此神当即是原始的开辟神，征于任昉《述异记》：'先儒说：盘古氏泣为江河，气为风，声为雷，目瞳为电。古说：盘古氏喜为晴，怒为阴。'《广博物志》卷九引《五运历年纪》：'盘古之君，龙首蛇身，嘘为风雨，吹为雷电，开目为昼，闭目为夜。'信然。盘古盖后来传说之开辟神也。"③ 也有人不同意袁珂的说法，如何新等人。袁珂将烛龙与盘古的行为进行对比，找出了二者的共同性或相关性，得出的结论不无道理。当然，烛龙不能完全等同于盘古，它只是盘古的原型。烛龙即烛阴，为钟山山神。其实，烛龙不仅为钟山山神的偶像，也为其他山神的偶像。《山海经·大荒北经》载："西北海之外，赤水之北，有章尾山。有神，人面蛇身而赤，直目正乘，其瞑乃晦，其视乃明。不食不寝不息，风雨是谒。是烛九阴，是为烛龙。"④ 汉·刘安《淮南子》载："烛龙在雁门北，蔽于委羽之山，不见日。其神人面龙身而无足。"⑤ 由这些记载可见，烛龙为龙之一种，人面蛇身或人面龙身，龙蛇互化，说蛇身犹如说龙身。烛龙既是钟山神的偶像，也是章尾山神的偶像，还是其他山神如委羽之山的偶像，总之，烛龙是山神。作为山神的烛龙应该是来自山脉的想象，所以身长千里，这是人们所能见到或想象到的巨大的形象。盘古万八千丈的形象正是由烛龙演化而来，是烛龙半人半兽神形象完全人神化

---

① 袁珂译注：《山海经全译》，贵州人民出版社 1991 年版，第 213 页。
② 鲁迅：《鲁迅全集》（第 8 卷），华夏出版社 2021 年版，第 252 页。
③ 袁珂校注：《山海经校注》，北京联合出版公司 2022 年版，第 197—198 页。
④ 袁珂译注：《山海经全译》，贵州人民出版社 1991 年版，第 320 页。
⑤ （西汉）刘安等撰，许匡一译注：《淮南子全译》，贵州人民出版社 1993 年版，第 256—257 页。

的产物。烛龙山神双眼化为昼夜、气息化为春夏秋冬情节,与盘古气息化为风云、双目化为太阳与月亮情节存在延续演化关系。由以上分析可见,烛龙山神是盘古的原型,盘古人神形象正是由烛龙动物神形象演化而来。作为盘古神话雏形的烛龙神话,具备了身体巨大的神灵形象,而且具备了部分化生情节,这些成为盘古神话发展的基础。在盘古神话中,身体巨大的动物神演变为巨大的人物神,并因此而创立开天辟地的伟业;烛龙眼睛、气息部分身体的化生行为,扩大到巨人整个身体的化生,由此构成了完整的天地万物人类起源神话。

  盘古神话,在后世流传过程中又不断发生变化。晋南北朝时期,盘古神话掺入了时代生活的内容,并为道教所吸纳。南朝·梁·任昉《述异记》卷上云:"昔盘古氏之死也,头为四岳,目为日月,脂膏为江海,毛发为草木。秦汉间俗说:盘古氏头为东岳,腹为中岳,左臂为南岳,右臂为北岳,足为西岳。先儒说:盘古氏泣为江河,气为风,目瞳为电。古说:盘古氏喜为晴,怒为阴。吴楚间说:盘古氏夫妻,阴阳之始也。"[①] 任昉所记盘古神话,仍承袭盘古身体化生万物情节,但已和具体的山脉发生联系,盘古的腹部与四肢分别化为中岳与其他四岳,这与人们对地貌的认识由模糊到清晰有关,也与春秋战国时期五岳已经成为天子及三公所祭祀的名山有关。《礼记·王制》:"天子祭天下名山大川,五岳视三公,四渎视诸侯。"[②] 五岳由于天子三公的祭祀而闻名天下,盘古神话受其影响,将五岳名山纳入其中。可见,盘古身躯化为五岳的情节已是后来时代的产物。这一时期盘古神话中的盘古也由一神发展成为二神,出现了盘古夫妻神,盘古夫妻还被说成是阴阳的发端。这虽然是附会之说,但这种说法也能从盘古神话混沌鸡子母题找到源头,鸡子混沌的原始状态本身就包含阴阳因素。

[①] (南朝·梁)任昉:《述异记》,清光绪纪元夏日湖北崇文书店,第1页。
[②] 杨天宇译注:《礼记译注》上,上海世纪出版股份有限公司、上海古籍出版社2016年版,第194页。

晋代道教将盘古神话改造为道教仙话。《历代神仙通鉴》云:"元者,本也。始者,初也,先天之气也。此气化为开辟世界之人,即为盘古;化为主持天界之祖;即为元始。"盘古被纳入了道教神仙体系,成为道教至上神——元始神。道教奉盘古为最高神的早期记载,见于晋·葛洪《枕中书》:"昔二气未分,溟鸿濛,未有成形,天地日月未具,状如鸡子,混沌玄黄,已有盘古真人,天地之精,自号元始天王,游乎其中。复经四劫,天形如巨盖,上无所系,下无所依,天地之外,辽瞩无端,玄玄太空,无响无声,元气浩浩,如水之形,下无山岳,上无列星,积气坚刚大柔服维天地浮其中,展转无方。若无此气,天地不生。天者,如龙旋回云中,复经四劫,二仪始分,相去三万六千里,崖石出血成水,水生元虫。元虫生滨牵,生刚须,刚须生龙。元始天王在天中心之上,名曰玉京山,山中宫殿并金玉饰之,常仰吸天气,俯饮地泉,复经二劫,忽生太元玉女,在石涧积血之中,出而能言,人形具足,天姿绝妙,当游厚地之间,仰吸天气,号曰太元圣母,元始君下游见之,乃与通气结精,招还上宫。当此之时,二气絪缊,覆载气息,阴阳调和,无热无寒,天得一以清,地得一以宁,并不复呼吸,宣气合会相丰自然饱满。大道之兴,莫过于此,结积坚固,是以不朽。金玉珠者,天地之精也。服之能与天地相毕。元始君经一劫,乃一施。太元母生天皇十三头,治三万六千岁,书为扶桑大地东王公,号曰元阳父。又生九光玄女,号曰太真西王母,是西汉夫人。天皇受号十三头,后生地皇,地皇十一头。地皇生人皇九头,各治三万六千岁,圣真出见受道天无为建初混成天任,与今所传三皇天文,是此所宣,故能召请天上大圣。乃地下神灵,无所不制,故天真皇人三天真王,驾九龙之下是也。次得八帝大庭氏庖义神农祝融五龙氏等,是其苗裔也,今治五岳,是故道隆上代,弊极三王。三王,夏禹殷汤周武也,是以淳风既浇,易变而礼兴,礼为乱首也。周末阳弱而阴强。国多寡妇。西戎金兵起,而异法兴焉。既而九州湮没,帝业荒芜,此言验也。后来方有此事。道隆之代,其人混沌。异法之盛,人民猾伪也。洪(按:这是葛洪自称)曰:此事藏,畅至妙之源本,辄条所海,铭之于素,以为绝思矣。夫无心分之人,慎勿以此元始告之也。故置遗迹，示乎世之贤耳。"① 道教用自己的话语方式重新叙述了盘古创造天地万物的故事。盘古孕育出二仪，即天地。然后与太元玉女"宣气会和"，生出众多神灵，神灵代代延续，由此构成帝王谱系。经此改造的盘古神话，不仅出现了盘古夫妻神，更具有人间烟火气，而且将盘古纳入了古帝王系统，将其列为三皇五帝序列之首，于是，就有了"自从盘古开天地，三皇五帝到如今"的说法。盘古神话从此成为中国境内众多族群的始祖神话，声名远播。

魏晋南北朝以后，盘古神话屡见记载，但已无大的变化，这可能与道教对盘古形象的固化、定型化有关。值得一提的是，明人周游《开辟衍绎通俗志传》有新的增益："你说天地合闭象个什么？就象个大西瓜，合得团团圆圆的，包罗万物在内，计一万零八百年，凡一切诸物，皆溶化其中矣。止有金木水火土五者，混于其内，硬者如瓜子，软者如瓜瓤，内有青黄赤白黑五色，亦溶化其中。合闭已久，欲开不得开。却得一个盘古氏，左手执凿，右手执斧，犹如剖瓜相似，辟为两半。上半渐高为天，含青黄赤白黑为五色祥云；下半渐低为地，亦含青黄赤白黑为五色石泥。硬者带去上天，人观之为星，地下为石。星石总是一物，若不信，今有星落地下者，人掘而观之，皆同地下之石。然天上亦有泉水。泉水无积处，流来人间，而注大海。"② 这一记载增添了盘古用斧头开天辟地累死化生的情节，形成了至今仍流行的盘古开天辟地的说法。这一神话使得盘古的开拓精神更为清晰明朗：盘古不安现状，力求变革，勇于开拓创新。

盘古神话从上古发展到明清，人物与故事几经转换演变，内容不断丰富。人物由半人半兽之神发展为巨人型人物神，又由巨人型人物神转换为道教最高尊神。再由一神转化为二神，形成了盘古夫妻神。在南方部分少数民族中，盘古夫妻又被说成是兄妹，并与洪水神话发生联系，形成新的故事：洪水之后盘古重新开辟天地，盘古兄妹成婚繁衍人类。身体化生情节也由烛龙的局部化生发展到盘古的整体化生，

---

① （晋）葛洪：《枕中书》，中华书局1991年版，第1—2页。
② （明）周游：《开辟衍绎通俗志传》，巴蜀书社1999年版，第1页。

从而形成天地开辟始祖神话；继而，盘古创世也由赤身空拳的自然行为，演变为使用人类发明的伟大工具进行创造的行为，其宏伟的创造更具有自觉意识，其描述的创造过程更能显示开拓进取的民族精神。盘古神话更为广泛的传播，与盘古神话情节不断完善、内涵不断丰富有着密切联系。盘古神话在其演化过程中，也逐渐形成南北差异，北方盘古神话在演化过程中多保留原生态特点，盘古始终为开天辟地第一人；南方盘古神话则在承认盘古为始祖神的基础上，增添了盘古之先的神灵铺垫性的创世情节，而且融入兄妹婚神话母题，产生了二次创世神话。

（二）九隆神话的延展

彝族等民族传承的九隆神话，即是在口头传承中不断增加情节，并逐渐丰富起来的。这一神话在不同时代的口头传承多有文人记载，所以让我们能够考察其不同时代口传的形态，了解其发展过程。九隆神话最初的形态见于东汉的《哀牢传》、东晋·常璩《华阳国志》、南朝·宋·范晔《后汉书》，这些典籍记载的九隆神话情节基本相同。

东汉·杨终《哀牢传》大部分内容亡佚，仅存佚文一条，事关九隆神话："九隆代代相传，名号不可得而数。至于禁高，乃可记知。禁高死，子吸代；吸死，子建非代；建非死，子哀牢代；哀牢死，子桑藕代；桑藕死，子柳承代；柳承死，子柳貌代；柳貌死，子扈栗代。"[①] 此文随残缺，但据此可知，东汉已记有九隆神话。

东晋·常璩《华阳国志·南中志·永昌郡》载："永昌郡，古哀牢国。哀牢，山名也。其先有一妇人，名曰沙壶，依哀牢山下居，以捕鱼自给。忽于水中触有一沈木，遂感而有娠。度十月，产子男十人。后沈木化为龙出，谓沙壶曰：'若为我生子，今在乎？'而九子惊走，惟一小子不能去，陪龙坐，龙就而舐之。沙壶与言语，以龙与陪坐，

---

① （汉）杨终：《哀牢传》，王叔武辑：《云南古佚书钞》，云南人民出版社1996年版，第3页。

因名曰元隆,犹汉言陪坐也。沙壶将元隆居龙山下。元隆长大,才武。后九兄曰:'元隆能与龙言,而黠有智,天所贵也。'共推以为王,时哀牢山下复有一夫一妇,产十女,元隆兄弟妻之。由是始有人民,皆象之,衣后着十尾,臂胫刻文。元隆死,世世相继,分置小王,往往邑居,散在溪谷。绝域荒外,山川阻深,生民以来,未尝通中国也。南中昆明祖之,故诸葛亮为其国谱也。"①

南朝·宋·范晔《后汉书·南蛮西南夷列传》载:"哀牢夷者,其先有妇人名沙壹,居于牢山。尝捕鱼水中,触沈木若有感,因怀妊,十月,产子男十人。后沈木化为龙,出水上。沙壹或闻龙语曰:'若为我生子,今悉何在?'九子见龙惊走,独小子不能去,背龙而坐,龙因舐之。其母鸟语,谓背为九,谓坐为龙,因名子曰九隆。及后长大,诸兄以九隆能为父所舐而黠,遂共推以为王。后哀牢山下有一夫一妇,复生十女子。九隆兄弟皆娶以为妻,后渐相滋长。种人皆刻画其身,象龙文,衣皆著尾。九隆死,世世相继。乃分置小王,往往邑聚,散在溪谷。绝域荒外,山川阻深,生人以来,未尝交通中国。"②

三则神话有大致相同的情节:哀牢国妇人,尝捕鱼水中,触沉木感而怀孕,十月后产子十人。沉木化龙寻子,九子惊走,唯小儿不去。龙舐小子。称名九隆,长大为王。兄弟娶妻,渐相滋长,均以龙纹画其身。三则神话仅有"沙壹""沙壶","九隆""元隆"误差,其他基本相同。

嗣后唐朝《通典》,宋朝《唐会要》《太平御览》《太平寰宇记》《通志》,元朝《文献通考》都沿袭了上述基本情节。说明九隆神话作为哀牢国的族源神话一直为哀牢国后裔所传承,所以一直不变。但另一方面,哀牢一部分后裔势力逐渐与其他族群融合或分化之后,传承主体变化,九隆神话遂为其他族裔的口传神话,内容也必然随着传承主体以及时代的变化而发生变化。元·张道宗《纪古滇说集》所载九

---

① (晋)常璩著,刘琳校注:《华阳国志校注》,成都时代出版社2007年版,第222页。
② (南朝宋)范晔撰,(唐)李贤等注:《后汉书》,《二十四史》,中华书局1997年版,第2848页。

隆神话变化较大，这正是口头传承的结果。《纪古滇说集》记载："哀牢国，永昌郡也，其先有郡人蒙迦独，妻摩梨羌，名沙一，居于牢山。蒙迦独尝捕鱼为生，后死牢山水中，不获其尸。妻沙一往哭于此，忽见一木浮触而来，旁边漂沉，离水面少许，妇坐其上，平稳不动。明日视之，见水沉触如旧，遂尝浣絮其上，若有感，因怀妊，十月孕，生九子，复产一子，共男十人。同母一日行往池边，询问其父。母指曰：'死此池中矣。'语未毕，见沉木化为龙，出水上。沙一与子忽闻龙语曰：'若为我生子，今俱何在？'九子见龙惊走，独一小子不能去，母固留之，此子背龙而坐。龙因舐之，就唤其名曰：'习农乐。'母因见子背龙而坐，乃鸟语谓背为九，谓坐为隆，因其名池曰九隆。习农乐后长成，有神异，每有天乐奏于其家，凤凰栖于树，有五色花开，四时常有神人卫护相随。诸兄见有此异，又能为父所舐而与名，遂共推以为王，主哀牢山下。哀牢山又有一人唤奴波息者夫妇，复生十女子，因与习农乐兄弟皆娶以为妻。奴波息见习农乐有神异，遂重爱之，而家大旺。邻有禾和者，嫉欲害之，习农乐奉母夜奔巍山之野，躬亲稼穑，修德惟勤，教民耕种。其九弟兄有妻，后渐相滋长，种人皆刻画其身，象龙文，衣着尾。习农乐在于巍山之野，主其民，咸尊让也。有梵僧续旧缘，自天竺国来乞食于家，习农乐同室人细密觉者，勤供于家。而饷夫耕，前则见前僧先在耕所坐向。问其言，僧曰：'汝夫妇虽主哀牢，勤耕稼穑，后以王兹土者无穷也。'语毕，腾空而去，乃知是观音大士也。复化为老人，自铸其像，留示其后，今阿蹉观音像者是也。大将军张乐进求后来求会诸首，合祭于铁柱，凤凰飞上习农乐之左肩，乐进求等惊异，尚其有圣德，遂逊位其哀牢王，孙名奇嘉者，以蒙号国也。"[①]

此则神话已发生很大变化，神话中出现了蒙迦独这个人物，蒙是南诏的王姓。九隆母亲所感沉木原是死去的蒙迦独所化。这样，哀牢国祖源神话，就变成了南诏王族祖先神话。随着祖源的改变，九隆也更名为习农乐，九隆则另指感生水域之名。族源神话的变化应是南诏

---

① （元）张道宗：《纪古滇说集》，北方文艺出版社2021年版，第8—10页。

之人口传以讹传讹所致。另外，受时代风气的影响，加入佛教文化因子。诸如神话所谓习农乐成长之时："凤凰栖于树，有五色花开。四时常有神人卫护相随。"即是源于佛本生故事情节。特别显目的是，神话还加入观音大士的描写："有梵僧续旧缘，自天竺国来乞食于家。习农乐同室人细密觉者，勤供于家。"观音大士作为先知之者，预告习农乐今后将为王。这些描绘使得故事佛教文化色彩越发浓厚。

继《纪古滇说集》之后，九隆神话随着口头传承继续变化，如：《白古通记》载："天竺阿育王第三子骠苴低，子曰低牟苴，一作蒙迦独，分土于永昌之墟。其妻摩梨，羌名沙壹。世居哀牢山下。蒙迦独尝为渔，死池水中，不获其尸。沙壹往哭于此，见一木浮触而来，妇坐其上，觉安。明日视之，触身如故，遂时浣絮其上，感而孕，产十子。他日，浣池边，见浮木化为龙，人语曰：'为我生子安在？'众子惊走，最小者不能走，陪龙坐，龙因舐其背而沈焉。沙壹谓背为九，谓坐为隆，名曰九隆。十子之名：一眉附罗，二牟苴兼，三牟苴挪，四牟苴酬，五牟苴笃，六牟苴托，七牟苴林，八牟苴颂，九牟苴闪，十即九隆。九隆长而黠智，尝有天乐随之，又有凤凰来仪、五色花开之祥，众遂推为酋长。时哀牢山有酋波息者，生十女，九隆兄弟娶之。厥后种类蔓延，分据溪谷，是为六诏之始。"①

又如《白国因由》载："金齿龙泉寺下，有易罗丛村，村内有两夫妇，止生一女，名茉莉羌，其貌端美异常，父母择配，不欲嫁平常人，有蒙迦独求娶为妻。蒙迦因捕鱼溺死江中，茉莉羌往寻之，见江中有木一根逆流而上，遂惊迷若梦，见一美貌君子与之言语。既醒，痛哭而回。自后，常往龙泉池洗菜浣衣，于池边又见前日梦中男子。是夜，忽至房中，因而怀孕。父母见之怪曰：'汝为吾女，吾爱甚之，汝夫方殁，人来求配，吾不轻许，今汝怀孕，是自误以辱我夫妇，将汝流于他方，远断恩爱。'茉莉羌曰：'非我自误以辱父母，因夫死，往江上寻夫，见木逆流，惊迷恍惚中见一男子，后往龙泉池浣洗，又见前梦中男子出而

---

① （元）佚名：《白古通记》，王叔武辑：《云南古佚书钞》，云南人民出版社1996年版，第60页。

相戏。是晚彼男子至我房中，遂来往多次。'夫妇相语曰：'诚乃龙泉之黄龙也。'后生九子。金齿演习闻之，将茉莉羌并父母唤去责曰：'汝女无夫养子，风俗之耻，当加以刑。'茉莉羌曰：'事不干我父母，因我至龙泉浣洗，龙王染我而生九子，实出无奈，我岂不肖，辱及父母？'演习曰：'汝既沾龙胎而生子，有何证验？'茉莉羌即令九子，用衣襟取沙往西山堆之，则成九岗。则演习信而省释之，即给予衣食而优养之。至今永昌城西，有九龙岗者，即其事也。龙子九人既皆长大。一夜，黄龙又至茉莉羌家见其子，与子相戏。其子亦不知是谁耳，茉莉告龙曰：'汝子长大，其数又多，我为女流，不能顾看，且为诸子受辱、受谤，汝当计之，幸无我累也。'龙曰：'尔既不能顾看，可将诸子送付与我来。'茉莉羌曰：'送至何处？'龙曰：'当初相会水泉之侧，芭蕉竹林茂密处，尔呼之，我既应而出，接诸子。'茉莉羌信之。一日，遂将诸子引于龙泉之傍，向芭蕉竹林茂密处呼之，黄龙既出，一一将子从水面接出，独幼子拉住母衣。茉莉曰：'独罗消不可与众兄弟去也。'茉莉羌谓龙曰：'幼子不欲去，乞留与我，俾我母子得以相依。'龙曰：'尔既无依，将幼子与你宜也，况众子久累于尔，尔有情于我，我尚无补救，将幼子与尔，要小心顾看。他日报答尔养子之恩，而大昌其后者，必此子也。'……细奴罗，父名蒙伽，乃龙泉黄龙，因奉上帝赦旨化作人形，娶茉莉羌为妻，竟生九子。其八子奉上帝命为八部龙王，其第九与母茉莉羌同处。其母见邻居不可与共处，移居哀牢山下。又有豪邻名三和者，图谋之。有仆波细，负幼主避难，东迁开南城居之。及长，躬耕养母，取蒙欻为妻。生子罗晟，取寻弥脚。一日，奴罗父子住大巍山下耕田。……观音至其家化斋……曰：'汝主大理国土，俾世世子孙人民安乐。'言毕而去。时有张乐求进为云南诏酋长，具九鼎牺牲，请奴罗诣铁柱庙祭天卜吉。忽有金谷鸟，一名金汉王，飞在奴罗右肩，连鸣'天命细奴罗'三次。众皆佩服。奴罗遂登位称奇王，遂进贡朝唐，子孙后世封王。"[1] 由此，九隆神话又称为白族族源神话。

---

[1] （清）寂裕汉译，李昌银、李秦松英译，[美]包琼译校：《白国因由》，云南人民出版社 2018 年版，第 29—40 页。

以上两则神话可谓南诏、大理国形成时期的口传九隆神话。在历史背景骤变的时代，口头传承的九隆神话也必然发生戏剧性的变化。在长期积淀的基础上，九隆神话故事情节更加曲折，大量加入的细节描写使神话神秘色彩减弱，生活习气愈加浓厚。巨变后的九隆神话只是仍保留了感生母题，保持了根脉的一致性。可见，口头传承不仅使得九隆神话置换变形，更易族属，而且变得更加丰富多彩。元代以后的九隆神话再无大的变化，只是在口头传承中有细微的变化，明清代有记载。

明·邹应龙修，李之阳纂《万历云南通志·羁縻志》载："唐天宝以后，有九隆之裔曰细农逻者耕于巍山，数有祥异。社会之日，众祭铜柱，柱顶故有金铸鸟，鸟忽飞集农逻肩上，众骇异，以为天意有属。白国主张乐进求因以国让之。农逻自立为奇王。时九隆之裔，渠帅有六，兵力相埒，分居其地。蛮谓王为诏，故曰'六诏'。"[1]

明·刘文征《滇志·杂志》载："哀牢夷蒙迦独，一曰低牟苴，捕鱼死江中。其妻沙壹哭之哀，触浮木，尝浣絮其上，若有感，因怀妊。十月，产十男。一日，往江边，浮木化为龙，出水上，语沙壹曰：'若为我生子，今安在？'九子怖而走，惟季子不能去，背龙坐，龙因舐其背。其母夷语，谓背为九，为坐为龙，因名子曰'九隆'。其十子，曰附附罗。曰牟苴林，曰牟苴诺，曰牟苴闪。九隆长而黠智，尝有天乐奏、凤凰栖、五色花开之祥，众遂推为酋长。时哀牢山下有奴波息者，生十女，九隆弟兄娶之。厥后种类蔓延，分据溪谷，是为六诏之始。"[2]

明·谢肇淛《滇略·夷略》载："南诏之先，哀牢夷蒙迦独者捕鱼江中，溺死。其妻沙壹坐江滨触沉木而孕，生子九人。后至其所，沉木化为龙，作人语曰：'吾子何在？'诸子惊走，独少者不去，背龙而坐，龙舐其背。其母鸟语，谓背为'九'，谓坐为'隆'，因名少子

---

[1] （明）邹应龙修，李之阳纂：《万历云南通志》下，中国文联出版社2013年版，第1497页。
[2] （明）刘文征撰，古永继校点，王云、尤中审订：《滇志》，云南教育出版社1991年版，第1026—1027页。

曰'九隆'。及长而黠，众推为王，世世相继。汉世祖建武二十三年，王扈栗遣兵乘革船南攻鹿茤。鹿茤民弱小，将为所擒，会天大震雷，疾风暴雨，水为逆流，革船沉没，溺死者数千人。后扈栗复遣六王攻鹿茤。鹿茤王迎战，大破哀牢军，杀其六王。哀牢人埋六王。夜虎掘而食之。哀牢人惊怖，引去。扈栗惧，谓诸耆老曰：'哀牢略徼，自古以来莫不如此。今攻鹿茤，辄被天诛，中国有受命之王乎？是何天佑之明也？汉威甚神！'即遣使诣越巂太守，愿率种人归义奉贡，世祖纳之，以为西部属国。其地东西三千里，南北四千六百里。唐初，其裔曰细奴罗者，耕于巍山，数有祥异。白国王张乐进求因以位让之，遂自立为奇王。时九隆之裔渠帅有六，分据其地，蛮谓王为'诏'，故曰'六诏'，而奴罗为南诏，最强；至孙皮逻阁，受唐册封，赐名归义。"①

明朝九隆神话将原本不同源头的哀牢夷与南诏统一起来，将哀牢夷说成是南诏之先，显然为口头传承中的巨变，这也反映出南诏地区各民族的交往交流与交融。

清代王崧《道光云南志钞·封建志·九隆世家》载："九隆者，天竺摩竭提国阿育王之苗裔，居哀牢山下。世为哀牢夷。初，阿育王第三子骠苴低，生子低蒙苴，分土永昌之墟，娶摩黎羌女为妻，名沙壹。蒙迦独尝渔于水，溺死，尸不可得。沙壹往哭，见一木浮来，沙壹坐其上，遂感而有娠，十月产子男十人。……其九子：一曰眉附罗，二曰牟苴兼，三曰牟苴诺，四曰牟苴酬，五曰牟苴笃，六曰牟苴托，七曰牟苴林，八曰牟苴颂，九曰牟苴闪。九隆之兴，盖在周、秦之间，九隆死，世世相继，名号不可得而数，至于禁高，乃可记知。禁高死，子吸代；吸死，子建非代；建非死，子哀牢代；哀牢死，子桑藕代；桑藕死，子柳承代；柳承死，子柳貌代；柳貌死，子扈栗代。……论曰：西南之国不知凡几，九隆、六诏，其最著者也。白子国处于百饭王，哀牢国处于阿育王，皆天竺国之君长。史所谓西南夷之君长以百

---

① （明）谢肇淛：《滇略》，北方文艺出版社2021年版，第207—208页。

数，二王或在其中乎？《古滇说》、《白古记》诸书合二王为一人，遂使白子、哀牢世系牵合支离。以今考之，哀牢为九隆氏，其兄九人各主一方，先为八诏及昆弥氏，后并未六诏，而南诏细奴逻受白国张氏之让，且并六诏为一，称蒙氏诏，谓王也。滇去佛所生之天竺颇近，其族分国于此，而民渐染其教最深，传记所言多推崇释氏。樊绰《蛮书》、宋祁《唐书》皆记六诏事，采之别为世家于后。"①

清人王崧辨析九隆神话，将其与南诏祖源神话区别开来，可谓真知灼见，但是他又将九隆归为佛教国后裔，又是出自口头传承的以讹传讹。总之，九隆神话在漫长的口头传承中不仅主旨发生了变化，而且内容也变得越来越丰富，情节越来越细致。

我国南方少数民族用韵文形式传承的体系创世神话，就是在长期口头传承过程不断汇集、重组多种非体系形态创世神话而形成的。如彝族创世史诗《梅葛》为流传于云南楚雄州的姚安、大姚等地，"梅葛"为歌调名，包含了"创世""造物""婚事和恋歌""丧葬"等部分，讲述了天地的开辟、人类的起源、文化的发明以及婚丧习俗的形成故事，是一部成体系的创世神话。然而，这部神话并非一时一地完成的，它是在长期口耳相传的过程中逐渐融合众多口头神话而完成的，它所融合的部分内容仍然以单篇的形式在彝族流传，足可见证其融合的事实。《梅葛》②创世中的开天辟地讲述格滋天神派九个金果变成的九个儿子中的五个去造天，派七个银果变成的七个女儿中的四个去造地。彝族单篇神话《开天辟地》讲述了同样的神话：格滋天神派出造天的五个儿子没有衣服穿，就用云彩做衣裳，以露水当口粮。造地的姑娘没有衣穿，就用青苔做衣裳，以泥巴当口粮。造天地没有模子，就用伞来做天的模子，用蜘蛛网做天的底子；用轿做地的模子，蕨菜根做地的底子。造天的儿子好吃懒做，造地的姑娘勤勤恳恳，天造得

---

① （清）王崧撰，（清）杜允中注，刘景毛点校，李春龙审定：《道光云南志钞》，云南省社会科学院文献研究所编《云南文献》1995年第2期（内部准印）。

② 云南省民族民间文学雄楚调查队整理：《梅葛》，云南出版集团公司、云南人民出版社2009年版，第1—251页。

小了，地造得大了，天盖不住地。格滋天神就让阿夫来解决这个问题。阿夫就派他的三个儿子抓住天边往下拉，把天拉得又大又凹。阿夫又放下三对麻蛇，围着地箍拢来。放下三对蚂蚁去咬地边，放下三对野猪、三对大象去拱地，把地拱出了高低深沟，有了高山、坝子、有了大海河流。天拉大了，地缩小了，天地才相合……①两相比较，连细节也无大的差异，足见二者的同源关系。又如彝族创世史诗《勒俄特依》，流传于四川凉山彝族地区。"勒俄特依"为彝语音译，意为"传说历史书"，被当地彝族奉为民族的历史。内容包括天地演变史，开天辟地、阿俄署部、雪子十二支、呼日唤月、支格阿龙、射日射月、喊独日独月出、石尔俄特、洪水漫天地等。其中不少部分与仍在传承的单篇神话内容非常接近，甚至完全相同，如英雄支格阿龙、乌哲惹策里（雪子十二支）、洪水滔天、天神的哑水等。以天神的哑水为例，在彝族有单篇流传。神话说，很早以前，人间所有的生物都会说话。天王不悦，他只想让一种生物能说话。但他又想做到公平，不愿意由自己决定哪一种生物会说话。于是他想到一个办法，让天下的生物各选择一种仙水喝，喝了会说话的水就能说话，喝了不能说话的水就不能说话。到了约定的时间，所有的生物急急忙忙都赶到指定的地点，都想抢先喝到会说话的水。青蛙是最聪明的，知道哪一种水是会说话的水。但是它一跳一跳走得慢，落在了后面。这时人赶了上来，见青蛙走得慢，就将它抱在怀里一起赶路。青蛙见人这样好，就觉得人要是喝不上会说话的水，非常可惜，就把自己知道的秘密告诉了人，即喝旧木碗里的水。人按青蛙的说法去做了，就成了世上唯一会说话的生物。②彝族创世史诗《勒俄特依》则有类似的神话：天神认为大地上的虫蚁太凶，鸟兽太恶，实在可恨，就想用哑水让可恶的生物变哑。但还是给所有的生物最终的选择。"一天开哑水，一天开智水。假言

---

① 《中国各民族宗教与神话大词典》编审委员会编：《中国各民族宗教与神话大词典》，学苑出版社1993年版，第676页。
② 《中国各民族宗教与神话大词典》编审委员会编：《中国各民族宗教与神话大词典》，学苑出版社1993年版，第679页。

全是智慧水,拿到土尔山上。上方放金碗、中间放银碗、下方放的竹木碗。所有植物喝了变愚蠢,所有动物喝了变愚蠢,只剩世上的人类。"① 与单篇神话相比,虽有情节上的差异,但喝了哑水变哑,不喝哑水或喝了智慧水就不会变哑的基本情节是一致的,也说明二者的渊源关系。由此可以证明,《勒俄特依》是在口头传承过程中逐渐融汇多种单篇神话而形成系统结构的。

二 中国神话口头叙事的地域性

神话口头叙事在传承过程中,会随着传承地域的变更而发生变化,从而带上地域的特征。同一个神话传承到不同地域,也会发生变异。因为不同地域的神话叙事者都会根据所在地域的自然环境、历史文化、风土人情来改变神话的内容,甚或将神话中的人物与当地山川风物相结合,为神话人物找到新的故里。这就是中国神话中的人物,往往有多个故里的原因所在。因此,我们可以做出判断,神话的口头传承具有鲜明的地域性特征。

(一) 多地域的炎帝神农神话

炎帝神农神话,可以作为多个地域的解释性神话,这是因为炎帝神农作为神话人物,并不确指某一个具体的部落首领,而是炎帝部落历届首领的统称,因此,随着部落的迁徙,讲述部落故事的神话就会随之变化。炎帝神农在全国有名的故里至少有七八处,这是炎帝神农神话口头传承地域化的结果。而炎帝神农神话的地域化,也与炎帝后裔先后迁徙的地域密切相关。据研究,距今6000年至5500年炎帝神农部落起源于姜水之岸(今宝鸡市境内),其后裔后又迁徙到河南、湖北、湖南、山西等地,于是神农神话在口头传承中就不断发生变化,

---

① 冯元蔚译:《勒俄特依》,中国国际广播出版社2016年版,第88页。

将多个地域说成是炎帝神农故里。

陕西宝鸡

炎帝神农神话最早产生于宝鸡渭水流域的姜水。《国语·晋语》载："炎帝以姜水成",[1] 这是说炎帝部落最早的活动区域在姜水。据《水经·渭水注》所载,姜水在姜氏城南,即今岐山县周原一带。《大明一统志》载,凤翔府宝鸡县南七里有姜氏城,城南也有姜水。炎帝部落出于宝鸡,所以当地久有祭祀炎帝神农的活动。《路史·后记》载："黄帝……崇炎之祀于陈。"罗泌注："黄帝所崇疑在陈仓。"[2] 陈仓即为今宝鸡市陈仓区。《史记·封禅书》也载："秦灵公作吴阳上畤,祭黄帝;作下畤,祭炎帝。"[3] 秦国开创了以朝廷名义祭祀炎帝、黄帝的先例。从此以后,历代朝廷在宝鸡祭祀炎帝长久不衰。汉高祖刘邦以"(炎)帝之子"身份,设"畤"祭祀炎帝,并同时祭祀黄帝、青帝、白帝、黑帝。隋唐及其以后,宝鸡建庙宇祭祀炎帝与黄帝。宝鸡关桃园遗址距今已有8000年左右的历史,在这里出土了数十件骨耜,说明该地是中国旱作农业起源最早的地区之一,为炎帝神农的较为成熟的农业文化奠定了坚实的基础。宝鸡又有炎帝神话景观——炎帝祠与炎帝陵。炎帝祠位于宝鸡炎帝公园。历史上宝鸡有多处炎帝祠皆因战乱而毁。现在的炎帝祠于1993年重建。门楣上书金色大字"炎帝故里"。炎帝祠为仿秦汉高台建筑。祠内塑炎帝像,高5.5米,高大庄重,望之而敬仰之情油然而生。殿堂有一组壁画表现农业之神、太阳之神、医药之神炎帝丰功伟绩,描绘了他率领先民创制农具、耕种五谷、采药治病等情景,用图像再现了神话的内容。

宝鸡炎帝神话第二处景观叙事为炎帝陵。炎帝陵建于常羊山。宝鸡炎帝陵民间传说,炎帝生于今渭滨区神农乡的蒙峪沟村,长于瓦峪,沐于九龙泉,殁于天台山,葬于常羊山。宝鸡历史上曾有多处炎帝陵,

---

[1] (战国)左丘明撰,(三国吴)韦昭注,胡文波校点:《国语》,上海世纪出版有限公司、上海古籍出版社2015年版,第237页。

[2] (宋)罗泌:《路史·三》,书林书局2021年影印,第246页。

[3] (汉)司马迁撰,(宋)裴骃集解,(唐)司马贞索隐,(唐)张守节正义:《史记》,中华书局1997年版,第347页。

皆毁于战乱。今炎帝陵于1994年重建。炎帝陵山门牌坊上书"华夏始祖"。每年10月要举行全球华人祭祀炎帝始祖的活动。广场正南是雄伟的炎帝大殿，东西两侧设偏殿。炎帝大殿正中矗立炎帝座像，肩披兽皮，腰束叶裙，双手紧握谷穗，目光炯炯有神。大殿两侧是大型彩色壁画。由炎帝殿到陵区，必登百余米999个台阶。台阶两侧肃立着百名帝王石刻像，依次排列，庄严肃穆、气势非凡。炎帝陵墓依山而建，绿树环绕，花草点缀其间。陵墓顶部有盈盈芳草。陵墓正北处树有"炎帝陵"碑。炎帝祠、炎帝陵均是炎帝神话叙事的组成部分。

河南商丘

河南商丘拓城县城东6公里处的大仵乡朱堌寺村，有朱襄氏陵墓，朱襄氏是众多炎帝的别号之一，称炎帝朱襄氏，《吕氏春秋·古乐》："昔古朱襄氏之治天下也，多风而阳气畜积，万物散解，果实不成，故士达作为五弦瑟，以来阴风，以定群生。"高诱注："朱襄氏，古天子，炎帝之别号。"[①] 炎帝朱襄氏陵呈圆形，黏土结构。墓周边用青石叠砌方形台阶，意为"天圆地方"。陵墓规模庞大、气势恢宏，陵前有"炎帝朱襄陵"碑刻一通，香池一个，碑楼4座。朱襄氏墓千百年来无声地叙说着炎帝教人稼穑、作五弦瑟的故事。

湖北随州

湖北随州也被神话说成是炎帝神农故里，故该地设有炎帝神农风景区，位于随州市随县厉山镇。从先秦至近代，有上百部典籍记载炎帝神农诞于烈山或厉山，而随州随县境内即有称烈山或厉山的山脉。炎帝神农主题公园内设有众多神话景观，包括：神农牌坊、神农文化广场、炎帝神农纪念馆、神农碑、神农尝百草塑像、神农泉、神农洞、神农大殿、功德殿、万法寺、龙凤日月旗杆、烈山湖等20余处。后有详述。

山西高平

山西晋城高平市神农镇境内的羊头山，海拔1300米，传说是始祖炎帝神农氏栽种五谷开创中国农耕文明的发源地。羊头山上有炎帝陵，

[①] （汉）高诱注，（清）毕沅校，徐小蛮标点：《吕氏春秋》，上海世纪出版股份有限公司、上海古籍出版社2014年版，第101页。

故关村炎帝行宫，中庙村炎帝中庙，还有定国寺、白清泉、神农井、神农泉、五谷畦、北魏石窟群、千年古碑等，形成羊头山炎帝文化风景名胜。在这里，已经举行了几届社会各界公祭炎帝典礼及炎帝文化旅游节。

湖南株洲

湖南省株洲市有炎陵县，炎陵县原名为酃县。传说炎帝葬于此，1994年更名为炎陵县。炎帝神农葬于该地的传说最早见于晋代皇甫谧《帝王世纪》所载：炎帝"在位百二十年而崩，葬长沙。"[①] 宋代罗泌撰《路史·后记》所载更为具体：炎帝"崩葬长沙茶乡之尾，是曰茶陵"。[②] 据地方志《酃县志》记载，此地西汉时已有陵，西汉末年，绿林、赤眉军兴，邑人担心乱兵发掘，遂将陵墓夷为平地。唐代，佛教传入，陵前建有佛寺，名曰"唐兴寺"。但是陵前"时有奉祀"。宋太祖乾德五年（967）在炎陵建炎帝庙。宋太宗太平兴国年间（976—983），因炎帝陵地僻路险，舟车不便，宋太宗接受奏请，下诏将鹿原陂炎帝庙移至茶陵县城南五里处。此后200余年，朝廷官府祭祀炎帝均在茶陵县举行，鹿原陂炎帝庙逐渐为人们所遗忘。宋孝宗淳熙十三年（1186），衡州守臣鉴于炎帝陵没有炎帝庙，废陵前唐兴寺而重建炎帝庙。宋宁宗嘉定四年（1211），析茶陵军之康乐、霞阳、常平三乡置酃县。此后，炎帝陵所在地鹿原陂即属酃县境地，隶属衡州府管辖。

湖南怀化会同

21世纪初，学者们又提出了炎帝故里怀化会同说。其说的根据主要是与炎帝相关的地名、习俗与神话传说。连山至今仍保留有茶亭庵，祭祀茶神炎帝，此种祭祀显然起源于神农尝百草而发明了农作物与茶的神话传说。据说此庵的修建最早可以追溯至公元4世纪的梁武帝时代。当地又有斗牛舞，这种舞蹈与炎帝也密切相关，相传炎帝是牛首

---

① （晋）皇甫谧撰，（清）宋翔凤、钱宝塘辑，刘晓东校点：《帝王世纪》，辽宁教育出版社1997年版，第4页。

② （宋）罗泌：《路史·三》，书林书局2021年影印，第222页。

人身，斗牛舞表现了对炎帝的崇拜，也是远古神农文化的传承。

除了上述几处主要的炎帝神农故里外，全国还有几处，这都是炎帝神话口头传承发生变异的产物。

（二）多地域的女娲神话

女娲神话口头叙事在传播过程中也与多个地域的自然环境、人文历史相结合，产生了多个女娲故里的神话。主要有如下几处。

河北邯郸涉县娲皇宫

邯郸市的涉县位于太行山东麓，河北省西南部，晋冀豫三省交界处。城西北十多公里处的中皇山上建有娲皇宫，中皇山又称唐王山。据说女娲炼石补天、抟黄土造人的神话最早就起源这里。该建筑始建于北齐，由朝元宫、停骖宫、广生宫和娲皇宫四组建筑组成，占地面积550亩。计有古建筑135间，北齐石窟3个，北齐摩崖刻经6部，汇集古建筑、石窟、石刻、石造像等多种景观，共同叙述女娲故事，是中国历史最悠久、规模最庞大、影响最广泛的女娲朝圣之地，被誉为"华夏祖庙"。据碑文所载，最早是汉文帝时在此创建神庙，规模很小，仅有"神庙三楹"。后来北齐文宣帝高洋又在此大规模地修建行宫，即娲皇宫，"遂起离宫，以备巡幸"。文宣帝高洋"信释氏，喜刻经像"，并在山麓开凿石室，内刻佛像，后来又将佛经"勒之岩壁"。明代又陆续增修宫宇，清代又大规模重修，历经累次修建，娲皇宫终成规模。娲皇宫分山下山上两大建筑群。山下有朝元宫、停骖宫、广生宫与碑坊等。娲皇宫建在陡峭的山腰，需绕行十八盘石径方可到达，有娲皇阁、梳妆楼、迎爽楼、六角亭、木牌坊、水池坊及山门等。其中主体建筑娲皇阁背靠断壁，依山而建，坐北朝南，楼分四层，二层以上有外设走廊，楼高达23米，琉璃瓦盖顶。山崖上有8根铁索将楼阁牢牢缚在悬崖峭壁之上，看上去十分险峻。山崖上有摩崖石刻《法华经》《神秘解脱经》《妙法莲华经》《盂兰盆经》《十地经》等十部佛经。每年农历三月一日至十八日，是祭祀女娲、纪念女娲诞辰的日子。山西、河南、山东、河北等地的人们都要赶来朝拜，甚至远在福建、广东的人们也有人前来寻根。女娲祭祀活动成为一大盛景。

陕西平利县

陕南平利县城西15公里处有座海拔988米的山峰，人称女娲山，古称中皇山，异峰独秀，因后有女娲宫而得名女娲山。山上建有女娲庙，气势宏伟，殿宇纷繁。五代·蜀·杜光庭《录异记》最早记载了平利女娲庙，其书载："房州上庸界，有伏羲女娲庙，云是抟土为人民之所，古迹在焉。华陕界黄河中有小洲岛，云是女娲墓。"平利西晋时隶属房州，上庸界即平利。在平利县，女娲神话故事已与当地风物景观紧密联系在一起，表现出神话口头传承地属性。

唐李冗《独异志》记载伏羲女娲兄妹婚故事："兄即与其妹上昆仑山，咒曰：'天若遣我兄妹二人为夫妻而烟悉合，若不使，烟散。'于是烟即合。"[①] 当地则有伏羲女娲滚磨为婚的神话，实则与此记载异曲同工。神话说兄妹各占一山头，向山下滚磨盘，磨盘滚到沟底合在一起，则兄妹必结为夫妻，结果兄妹成婚繁衍人类。配合此则神话的说法，当地又有一条沟叫"磨沟"，意为兄妹滚磨合拢处。此沟在女娲山东北方向不远处。

《淮南子·览冥训》载女娲补天神话："往古之时，四极废，九州裂；天不兼覆，地不周载，火爁炎而不灭，水浩洋而不息；猛兽食颛民，鸷鸟攫老弱。于是女娲炼五色石以补苍天，断鳌足以立四极，杀黑龙以济冀州，积芦灰以止淫水。"[②] 天柱折断，天欲崩塌，所以女娲斩断鳌足作天柱撑住天，防备倾覆。距平利五六十公里的地方有座巍峨挺拔的山叫作天柱山，即是根据神话顶天鳌足的记载而来。

距女娲庙所在山峰500米处有座山，叫"偏头山"。当地口传神话说，女娲炼成补天石之后，就举石补天，她奋力一踏，由于第一脚

[①] （唐）李冗：《独异志》，张永钦、侯志明点校：《独异志·宣室志》，中华书局1983年版，第79页。

[②] （西汉）刘安等撰，许匡一译注：《淮南子全译》，贵州人民出版社1993年版，第350页。

用力过猛,将此山踏歪,山头向南偏,由此而得名偏头山。女娲又一脚踏上中皇山,将山头夷为平地,人们就在此修建了女娲庙。女娲神话在陕西平利的口头传承,导致了当地一系列女娲景观的形成。

甘肃天水秦安县

甘肃省东南部、天水市北部的秦安县陇城镇自古就有女娲庙。明《秦安县志》载:"陇城之北,有女娲庙。庙建于汉以前,娲皇,成纪人也,故陇得而祀焉。今庙存而祀废矣。"[①] 汉以前,陇城镇女娲庙建于陇城北的龙泉山。清乾隆初年,龙泉山崩塌,女娲庙移建于陇城东门内。由于清水河不断侵蚀陇城,女娲庙又移建于东山坪。清同治初年,由于战争,女娲庙被毁后,又在陇城南修建女娲庙。"文化大革命"期间,女娲庙彻底被毁。1989年,陇城百姓集资在陇城南门内再建女娲庙。门外立有女娲故里石碑。女娲风姓,陇城多有以风命名的地名,如风沟、风台、风茔等。当地民间传闻,女娲生于风沟,长于风台,葬于风茔。陇城北门内有一泉,冬夏不枯竭,水源充沛,当地人称之为龙泉。相传女娲造人即用此水。这些遗迹是女娲神话口头传承与地方风物相结合的产物。陇城的人们每年3月间都要在女娲庙举行以祭祀女娲为主体的庙会活动。3月11日设坛祭拜,12日取龙泉圣水洒坛祈福。13日风沟迎銮驾,14日风台设宴招待,15日正坛祭祀。口头传承的神话也导致了陇城祭祀女娲神话仪式叙事的发展。在天水陇城,已经形成了以祭祀为主的融民间艺术表演、旅游观光、商品贸易为一体的庙会活动。

除上述著名的女娲庙外,还有几处也比较有名,如山西洪洞女娲庙、河南西华女娲庙、山东诸城女娲庙等。当然,女娲神话的多地域传播还远远不止上述这些。据杨利慧《女娲溯源》统计国内女娲祠庙有:河北2处,山西7处,山东3处,陕西4处,甘肃2处,河南7处,湖北2处,江西1处,安徽1处,四川1处,贵州1处,台湾2处。可见,女娲神话的多地域传播比较广泛,反映了全国广大区域对

[①] (明)胡缵宗撰,李雁彬校点:《秦安县志》,明嘉靖十年刻本,本引文出自无名氏印刷本,第15页。

女娲大母神的认同。

三 中国神话口头叙事的多样性

由于口头语言的不稳定性，神话口头叙事在传承的过程中便会不断发生变化，形成多种异文，衍生多重意义，表现出多样性特征。

（一）西王母神话的演化

神话中的西王母的形象在历史长河中发生数次大的变化，这种变化显然源自口头叙事，只不过是为文人所记载而已。《山海经》记载了早期西王母神话：

> 《山海经·西山经》载："又西三百五十里，曰玉山，是西王母所居也。西王母其状如人，豹尾虎齿而善啸，蓬发戴胜，是司天之厉及五残。"①
>
> 《山海经·大荒西经》载："西海之南，流沙之滨，赤水之后，黑水之前，有大山，名曰昆仑之丘。有神，人面虎身，有文有尾，皆白，处之。其下有弱水之渊环之，其外有炎火之山，投物辄然。有人，戴胜，虎齿，有豹尾，穴处，名曰西王母。此山万物尽有。"②
>
> 《山海经·海内北经》载："西王母梯几而戴胜杖，其南有三青鸟，为西王母取食。在昆仑虚北。"③

由以上几则神话可见，早期西王母是人面兽身、虎齿豹尾形象，头发蓬松，戴着头饰，过着比较原始的生活方式。穴居，有三只青鸟

---

① 袁珂译注：《山海经全译》，贵州人民出版社1991年版，第38页。
② 袁珂译注：《山海经全译》，贵州人民出版社1991年版，第300页。
③ 袁珂译注：《山海经全译》，贵州人民出版社1991年版，第253页。

为之取食，善于长啸。其主要职司是司天之厉及五残。《史记·天官书》：五残，"五残星，出正东东方之野"。张守节正义："五残，一名五峰……见则五分毁败之征，大臣诛亡之象。"既然五残为凶星，西王母所掌管职司应为凶险之事，是为凶神。

战国时代，《穆天子传》记载了西王母与周穆王会面时情形："西王母为天子谣，曰：'白云在天，山陵自出。道里悠远，山川间之。将子无死，尚能复来。'天子答曰：'予归东土，和治诸复。万民平均，吾顾见汝。比及三年，将复而野。'西王母又为天子吟，曰：'徂彼西土，爰居其野。虎豹为群，于鹊与处。嘉命不迁，我惟帝女。彼何世民，又将去予。吹笙鼓簧，中心翱翔。世民之子，惟天之望。'天子遂驱升于弇山，乃纪名迹于弇山之石，而树之槐，眉曰'西王母之山'。"①此处描写的西王母已脱粗野状貌，成为一善于咏诗的优雅之人。当然，这种描写也许只是文人随机应变的一种想象。

西王母形象第一次较大的变化是在于她成为长寿之神，成为长寿之神的标志是她掌握了不死药。《淮南子·览冥篇》："羿请不死之药于西王母，姮娥窃以奔月。"②成为长寿之神的西王母的形象也发生了根本改变，由虎齿豹尾半人半兽丑陋的形象转变成美妇人形象。《汉武帝内传》载："王母唯扶二侍女上殿，侍女年可十六七，服青绫之褂，容眸流眄，神姿清发，真美人也。王母上殿，东向坐，着黄锦袷，文采鲜明，光仪淑穆。带灵飞大绶，腰分头之剑。头上大华结，戴太真晨婴之冠，履元琼凤文之舄。视之可年卅许，修短得中，天姿掩蔼，容颜绝世，真灵人也。下车登床，帝拜跪，问寒温毕，立如也。因呼帝共坐，帝南面，向王母。母自设膳，膳精非常。丰珍之肴，芳华百果，紫芝萎蕤，纷若填樏。清香之酒，非地上所有，香气殊绝，帝不能名也。又命侍女索桃，须臾，以盘盛桃七枚，大如鸭子，形圆，色青，以呈王母。母以四枚与帝，自食三桃。桃之甘美，口有盈味。帝

---

① 高永旺译注：《穆天子传》，中华书局2019年版，第94—97页。
② （西汉）刘安等撰，许匡一译注：《淮南子全译》上，贵州人民出版社1993年版，第361页。

食辄录核。母曰：'何谓？'帝曰：'种之耳。'母曰：'此桃三千岁一生实耳，中夏地薄，种之不生如何！'"① 汉代始，西王母彻底摆脱了兽性，定格为长寿美神。这与两汉时代人们追求长生不死、羽化成仙的风气盛行息息相关。

汉代以来的西王母形象，在宋元话本、元明戏曲中一脉相承，美丽大方、雍容华贵，执掌不死药。明清时期宝卷中的西王母神话又有了一次较大变化。"宝卷"发端于唐代，是寺院中宣传佛教思想的俗讲演变而成的说唱文学样式，内容为佛经故事、劝事文、神道故事和民间故事等，可分为佛教与非佛教故事。早期的宝卷以佛教故事或宣扬佛教观念的故事为主，明清时期，则逐渐转移到以中国民间故事为主。形式以七言和十言为主，间以散文，语言生动明快，通俗易懂，艺术感染力较强。宝卷涉及西王母的故事有牛郎织女、仙女下凡、蟠桃大会等。在这些故事中，西王母作为玉皇大帝的配偶，既是位列仙班的统领，又是辅助玉皇大帝维持天庭秩序的卫道士。她能使人长寿的神性令人向往，如蟠桃大会上的西王母；她严守天庭秩序的无情冷酷又令人生厌，如用银簪划一道天河隔开牛郎织女的西王母。西王母形象的又一次变化，在于她被定格为玉皇大帝的配偶，她与玉皇大帝的关系是人间皇帝夫妻关系的反映，这种特定的角色，使她成为维护天庭禁令、阻挠青年男女自由恋爱的形象。

西王母形象的几次大的变化，既是社会历史变迁的产物，更是西王母故事长期在民间口头传承的产物，因为只有在口头传承中，西王母形象才会随时随着社会生活的变迁而不断被人们加以改造，适应时代社会生活追求与信仰的需求。

（二）白蛇神话的演化

白蛇神话，从唐代到明清发生了根本性的变化，不仅主题前后

---

① 《汉武帝内传》，天津荣曜文化传媒有限公司授权京东电子版制作与发行，第8—9页。

截然不同，故事体裁也由神话转变成了传说。唐代，谷神子《博异志》记唐传奇《白蛇记》，又名《李璜》（见《太平广记》卷四五八），讲述白衣女与李璜相交致其死亡的神话，可谓白蛇传之雏形。陇西书生李璜来到长安东市，见一白衣女，楚楚动人，但衣着简朴。李璜给白衣女三千钱让她买些布帛，并随她来到其住处。住所有黑衣女，自称白衣女的姨娘，主动撮合了二人的好事。李璜与白衣女缠绵悱恻交欢三日，归去，仆人从他身上闻到一股腥臊气。从此，李璜萎靡不振，日益消瘦，后来卧床不起终至亡故。家人揭开其被，只见全身已化为水，仅剩一头。家人在仆人带领下寻至李璜与白衣女相交处，只见一弃园，园中有棵皂荚树，上面还挂有三千钱，正是白衣女赠予李璜的。当地人说，这座废弃的园子经常有大白蛇出没。这个故事说明人妖不能共处，同时也告诫人们不要贪恋美色。

宋洪迈《夷坚志》载《孙知县妻》，讲述了孙知县以白蛇变成的美女为妻，终为所害的故事，与李璜故事人妖不能共处主旨近似，只是细节有所变化："丹阳县外十里间土人孙知县，娶同邑某氏女，女兄弟三人，孙妻居少，颜色绝艳。性好梅，妆不分寒暑，著素衣红，直系容仪意态全如图画中人。但每澡沐时，必施重帷蔽障，不许婢妾辄至。虽揩背亦不假手。孙数扣其故，笑而不答。历十年，年且三十矣。孙一日因微醉，伺其入浴，戏钻隙窥之，正见大白蛇堆盘于盆内，转眄可怖。急奔诣书室，别设床，自是与之异处。妻盖已知觉，才出浴，既往就之谓曰：'我固不是，汝亦错了，切勿生他疑，今夜归房共寝，无伤也。'孙虽甚惧，而无辞可却，竟复与同衾，绸缪无昵如初。然中心疑惮，若负芒刺，辗转不能安席，怏怏成疾，未逾岁而亡。"[1] 孙知县虽是怏怏成疾而亡，但其因在白蛇女，也是为白蛇所害。南宋话本《西湖三塔记》所记仍是人妖不能共处故事，但是结局有了很大变化，不是人为蛇妖所害，而是人战胜了蛇妖，并将其控制

---

[1] （宋）洪迈：《夷坚志·戊卷第二》，中华书局2006年版，第1063页。

在镇妖塔内。而且故事也开始与杭州西湖名胜相结合，逐渐具有了传说的成分。一男子住在临安府涌金门，叫奚宣赞，20余岁，清明节时游西湖，行至断桥四圣观，见一迷路的小女孩，自称姓白，叫卯奴，奚宣赞只好将卯奴带回家。过了十来天，一个婆子来奚宣赞家中寻到卯奴，感激不尽，并邀奚宣赞到家做客。

奚宣赞跟随前往，至四圣观附近的一座小门楼。见到一着白衣的女子，生得如花似玉。为其引诱，同居半月有余，及至面黄肌瘦方归。次年清明，奚宣赞又被那婆子邀去，又与白衣妇人缠绵半月。奚宣赞的叔父奚真人从龙虎山修道归来，见家中有黑烟升起，问起奚宣赞遭遇，知是妖怪缠住了自家侄儿。于是作法，令三个妖怪现出原形，卯奴变成了鸡，婆子变成了獭，白衣女还原成了一条白蛇。奚真人将三怪封于铁罐之中，又造三塔，将三怪镇于塔中，三塔即今三潭印月。① 这个故事仍是将白衣女当作害人之妖，但是妖终为人所制服。镇妖于塔，为后来的故事奠定了基础。

明代以前的白蛇故事，情节虽有发展，但并无根本变化，只有到了明代冯梦龙《白娘子永镇雷峰塔》（见《警世通言》卷二十八），才发生较大变化。主人公变为许宣，与奚宣赞谐音，显然是由后者演化而来。许宣的姐夫为官府银库官员。清明节时，许宣祭祖归来，雨中乘船，与蛇精所化美女白娘子相遇，经过借伞还伞的交接，白娘子欲与许宣结为夫妻，又让青鱼精所化丫鬟小青赠给许宣白银十两，以为开医馆之资。不想，此银为白娘子所盗官府库银。东窗事发之后，许宣被发配至苏州。白娘子赶至苏州，与许宣结为夫妻。后来，又因白娘子盗物累及许宣，许宣又被发配至镇江。法海禅师看出白娘子为蛇精所化，告诉了许宣。许宣惊恐万状，与法海禅师一起收押白蛇精、青鱼精。并且，许宣还化缘修建雷峰塔，将蛇精、青鱼精镇压在雷峰塔下。后又修禅数年，留警世之言后一夕坐化。② 该故事虽然仍是以

---

① （明）洪楩：《清平山堂话本》，岳麓书社2019年版，第14—20页。
② （明）冯梦龙：《警世通言》，见《中华传世藏书卷七》，线装书局2011年版，第496—509页。

镇压蛇妖为结局，仍以教化为主旨，但是已有多处展现人妖之间的情感交合，向人妖共处方向迈进了一大步。

清代梨园手抄本《雷峰塔》（陈嘉言父女改编，未出版，只在梨园传抄，今已残缺），将一个警世戒淫的故事改造成追求美好爱情的故事。该剧共三十八出戏：1. 开宗；2. 佛示；3. 忆青；4. 降亲；5. 收青；6. 借伞；7. 盗库；8. 捕银；9. 赠银；10. 露赃；11. 出首；12. 发配；13. 店媾；14. 开店；15. 行香；16. 逐道；17. 端阳；18. 求草；19. 救仙；20. 窃巾；21. 告游；22. 被获；23. 审问；24. 投何；25. 赚淫；26. 化香；27. 水斗；28. 断桥；29. 指婚；30. 付钵；31. 合钵；32. 画真；33. 接引；34. 精会；35. 奏朝；36. 祭塔；37. 做亲；38. 佛圆。其中的端阳、求草、水斗、断桥、指婚、祭塔系首次增补。至此，白蛇故事已演变为一个情节曲折复杂的异类婚姻爱情故事。但是故事还是借佛道来解决问题，白娘子的儿子中了状元，前来祭塔，感动佛祖，佛祖因此赦免白娘子，并让她与许宣解除孽缘。结果，许宣与白娘子各自寄予佛道门下，以修正果。这种结局仍留有劝诫余意，这是无法突破的时代局限性。清乾隆年间，方成培改编的《雷峰塔》问世，亦称《雷峰塔传奇》，全剧三十四出：

第一出 开宗	第二出 付钵	第三出 出山
第四出 上冢	第五出 收青	第六出 舟遇
第七出 订盟	第八出 避吴	第九出 设邸
第十出 获赃	第十一出 远访	第十二出 开行
第十三出 夜话	第十四出 赠符	第十五出 逐道
第十六出 端阳	第十七出 求草	第十八出 疗惊
第十九出 虎阜	第二十出 审配	第二十一出 再访
第二十二出 楼诱	第二十三出 化香	第二十四出 谒禅
第二十五出 水斗	第二十六出 断桥	第二十七出 腹婚
第二十八出 重谒	第二十九出 炼塔	第三十出 归真
第三十一出 塔叙	第三十二出 祭塔	第三十三出 捷婚

第三十四出　佛圆[1]

该剧进一步提升了白娘子人性的一面，表现了她温柔多情，对爱情执着的追求与忠贞不渝。如新增的"夜话"一出戏，既有白娘子与小青的对话，表露其对许仙的殷殷情深和对爱情结果的担忧，也有白娘子与许仙夜深人静月下的窃窃私语，缠绵悱恻。又如"求草"一出，前一出戏写了端午许仙强要白娘子喝雄黄酒，使其露出白蛇原形，许仙吓得半死，这一出戏就描绘了白娘子不辞千辛万苦，冒着生命危险为许仙盗仙草救命的情节，突出表现了白娘子为爱敢于献身的精神。该剧还表现出白娘子妖性的减弱，仅存的妖性也只是在捍卫自己的爱情、对抗邪恶势力的时候，才显现出来。如与法海斗法，水漫金山，造成水灾；或是遇到外界的施法，被逼无奈现出吓人的白蛇原形。总之，方成培《雷峰塔》打破了传统美女蛇故事的格局，塑造出了新的白娘子形象，既温柔深情又敢于反抗，炫目耀眼，令人喜爱。方成培《雷峰塔》赞美了白娘子的情与义，最终也让白娘子从雷峰塔中解脱出来，但这种解脱不是正义战胜邪恶的解脱，而是以法海为代表的镇压者法外开恩的结果。这表明白娘子虽然已经基本上摆脱了害人的妖性，但是其正义性、合法性并没有得到完全肯定。但是毕竟大团圆的结局满足了民众对白娘子的同情心，迎合了大众的口味，深受世人喜欢。此戏曾在乾隆皇帝下江南时演出，见于《清稗类钞》的记载：乾隆帝"南巡时须演新剧，而时已匆促，乃延名流数十辈，使撰《雷峰塔传奇》。然又恐伶人之不习也，乃即用旧曲腔拍，以取唱演之便利。若歌者偶忘曲文，亦可因依旧曲，含混歌之，不致与笛板相忤。当御舟开行时，二舟前导，戏台即架于二舟之上，向御舟演唱，高宗辄顾而乐之"。[2] 其演出场面也是别开生面，船上搭台，边行边演，蔚为奇观，由是白娘子形象天下闻名，士人、贩夫走卒莫不知晓。

---

[1] （清）方成培编：《雷峰塔》，《中华传世藏书》卷28，线装书局2011年版，第700—738页。

[2] （清）徐珂编撰：《清稗类钞》第一册，中华书局2010年版，第341页。

白娘子多情可爱的整体形象基本形成之后，剩下的关键性问题是进一步祛妖化，这又往往关涉故事及白娘子结局的处理。嘉庆十四年（1809）的《义妖传》在承袭方成培《雷峰塔》基本情节的基础上，专门加上"后传"，续写白娘子的结局。

《义妖传》分前传与后传。前传梗概如下。

千年白蛇修炼成仙的白娘子，取名白素贞，准备下凡报答前世救过自己的许仙。收伏青蛇精为婢，取名小青。两人来到杭州，于清明节时游西湖，遇上许仙，略施法术，降下雨来，得以同舟共渡。临别白娘子借给许仙雨伞，还伞之时，频频传情，并由小青作媒，两人当夜成婚。白娘子赠给许仙白银开药店，结果被发现为白娘子所盗钱塘库银。许仙获罪，发配苏州。苏州大药店店主从牢里保出许仙，留许仙作店伙计。白娘子与小青来到苏州，让许仙辞去药店伙计，出资帮助许仙开设保和堂药店。茅山道士游历至此街头施法，见许仙有妖气缠绕，就将白娘子身份告知许仙，并授之于符箓，对白娘子施法。结果道士遭到白娘子的痛斥与暴打，狼狈逃窜。端午节，家家喝雄黄酒辟邪。白娘子以偶感风寒为由回避，许仙信以为真，再三劝服雄黄酒以为驱寒。白娘子拗不过许仙，喝下雄黄酒，现出白蛇原形，吓死许仙。白娘子上昆仑山盗救命的灵芝草，九死一生，盗得灵芝使许仙起死回生。为消除许仙疑虑，又造假蛇，终至和好。当初，小青陪伴白娘子下凡时，曾订下了两人与许仙作"三七夫妻"的合约。小青要求白娘子兑现，白娘子以小青毒气未除为由推脱，说明爱情从来都是专一的，不可能分享。小青一气之下离家出走。遇上富家子顾锦云，同居一月，致使顾公子精血耗尽，奄奄一息。白娘子知道后，找到小青，暗中帮助医好顾公子。又到中秋节，药行竞赛镇店之宝，许仙无镇店之宝可赛。小青去顾家盗得珍宝，却被登门致谢的顾公子识破，告至官府，许仙再次获罪，被发配至镇江。白娘子与小青追随而至，惩治当地恶霸陈不仁，与许仙重聚。镇江金山寺主持法海引诱许仙入寺，告知白娘子为白蛇所化。许仙因恐惧入寺为僧。这时，白娘子已身怀六甲，到金山寺寻夫，遭到法海的羞辱。黑鱼精黑风大仙助白娘子水漫金山，被法海招来的天兵天将所击败。白娘子与小青逃至杭州。许仙思念白娘子，逃出金山寺，在杭州西湖断桥与白娘子相遇。两人同往许仙姐姐家准备分娩。

茅山道士收蜈蚣精为徒，下山寻仇，被小青制服，死于非命。蜈蚣精发誓报仇。白娘子产子，名曰许梦蛟。法海又来，用金钵将白娘子收进使其现出原形，并镇在雷峰塔下。小青遁去，入山修炼。许仙将梦蛟托付于姐，出家为僧。梦蛟19岁赴京赶考，途遇其父许仙，感慨万分。梦蛟中状元，回乡祭塔。

以上为《义妖传》前传，基本上因袭前作，以悲剧结束。为了浓墨重彩地表现白娘子喜剧性结局，特别是为了突出其战胜邪恶势力的胜利，《义妖传》又专门增添了后传，编写了一段曲折离奇的故事。其梗概如下。

白娘子被镇雷峰塔，小青烧塔不成，反被法海用金钵收去，得到观音大士相救，带到珞珈山修炼。许梦娇在许仙姐姐家长大，后中状元，奏请皇帝降旨，拆除雷峰塔，以救出其母。孝义感天动地，金母娘娘遂命法海度化白娘子出塔。许仙在金山寺出家二十年后，奉旨还俗，遇上狐狸精吴美娘与青蛙精分别幻化成的白娘子和小青，与之相处百日，命在旦夕。金母娘娘命白娘子、小青下凡降服妖精，许仙得以脱险。白娘子让小青与自己同嫁许仙，兑现曾经许下的"三七夫妻"的诺言。小青生一子，取名梦龙。后被九天娘娘招收为徒，学成武艺。吴美娘和青蛙精逃至凤凰山，为报复白娘子，勾结蜈蚣精，祸乱人世。皇帝命梦蛟回乡，和白娘子、小青、梦龙一起，降妖伏魔，杀死蜈蚣精，吴美娘被降服。白娘子与许仙凡间缘满二十年后，一起飞升仙界。

《义妖传》后传中白娘子被解救出雷峰塔，是因为其子孝义感天动地的结果，不再仅仅是法海等人的法外开恩，这就凸显了白娘子人物形象的合法性、正义性。后传还增添了许仙再度为精怪所惑、命悬一线的情节，引人思考：白娘子虽然蜕尽害人性命的邪魅之气，但在人们的观念中，并不等于其他以美色惑人的妖精就不存在了，许仙再度为蜈蚣精幻化的美女所惑并差点丢掉性命的经历就是明证。作者添加这一段情节，一方面反映了旧有观念的顽固存在；另一方面，也反衬了白娘子的正面形象，同是精怪所幻化成的美女，却有着本质不同。这表明白娘子美女蛇形象演进过程中，逐渐引来了大多数人的同情，其妖魅之气也逐渐为人们所消减，但这并不等于说红颜祸水的观念已经在人们的头脑中完全消弭，事实上，这种观念还顽强存在，只是人们将这种观念由白娘子身上转嫁到其他精怪美女身上去了。正因为如此，我们也应该看到，美女蛇白娘子虽然已成正果，但其原型白蛇的阴影却依旧存在，这也许就是白娘子形象由矛盾复杂而尽显神秘莫测、魅力永恒的原因吧！

民国时期，署名"梦花馆主"的作者，将《义妖传》改编成话本小说，取名《寓言讽世说部前后白蛇传》，凡64回，前传48回，后传16回。回目如下：

前白蛇传

第一回 仙踪；第二回 游湖；第三回 说亲；第四回 赠银；第五回 踏勘；第六回 讯配；第七回 逼丐；第八回 驿保；第九回 复艳；第十回 客阻；第十一回 辞夥；第十二回 开店；第十三回 散瘟；第十四回 赠符；第十五回 斗法；第十六回 端阳；第十七回 现迹；第十八回 盗草；第十九回 救夫；第二十回 婢争；第二十一回 香迷；第二十二回 聘仙；第二十三回 降妖；第二十四回 虑后；第二十五回 赛盗；第二十六回 惊堂；第二十七回 迷途；第二十八回 痴恋；第二十九回 惊吓；第三十回 京叙；第三十一回 巧换；第三十二回 化檀；第三十三回 开光；第三十四回 水漫；第三十五回 断桥；第三十六回 姑留；第三十七回 二赏；第三十八回 降蜈；第三十九回 指腹；第四十回 产贵；第四十一回 成衣；第四十二回 飞钵；第四十三回 镇塔；第四十四回 剪发；第四十五回 哭塔；第四十六回 收青；第四十七回 见父；第四十八回 祭塔。

后白蛇传

第一回 脱胎；第二回 思凡；第三回 假冒；第四回 驱妖；第五回 封王；第六回 产子；第七回 归国；第八回 报信；第九回 征妖；第十回 下狱；第十一回 订婚；第十二回 请母；第十三回 照鉴；第十四回 降魔；第十五回 赐爵；第十六回 升天。①

梦花馆主的小说《白蛇全传》与《义妖传》情节大体相同，但经过加工润色，使得白蛇故事更为合情合理，描写更为细腻，白娘子的形象更加美丽动人、熠熠生辉。

田汉《白蛇传》才彻底破除了封建正统观念，着力刻画了一个美丽善良、坚贞不屈的白娘子形象，她敢于反抗邪恶势力、为追求美好爱情而斗争。许宣更名为许仙，也从一个为自保而负心的胆小鬼变成一个虽有动摇但最终敢于为爱情抗争的勇者。早在1943年，田汉就顺应时代精神，将京剧《白蛇传》改编成《金钵记》，加入了抗战内容。中华人民共和国成立后，田汉对《金钵记》进行了几次修改，于1955年定稿，重定名为《白蛇传》，共十六场：1. 游湖；2. 结亲；3. 查白；4. 说许；5. 酒变；6. 守山；7. 盗草；8. 释疑；9. 上山；10. 渡江；11. 索夫；12. 水斗；13. 逃山；14. 断桥；15. 合钵；16. 倒塔。该剧的结尾为经过再次修炼的青蛇推倒了象征封建统治的雷峰塔，使白娘子获得自由，与时代氛围十分吻合。

白蛇故事在长期的演变过程中，经过历代民众口头传承的积累与变异以及文人、艺术家间或参与的提炼加工，变得越来越富有人情味，越来越具有艺术魅力，成为中国老百姓家喻户晓、喜闻乐见的重要作品。

---

① 梦花馆主撰：《白蛇全传》，岳麓书社2019年版，第1—3页。

第二章 中国神话仪式叙事

神话仪式叙事，是指通过仪式展演神话基本情节的表达形式，或是以仪式表现神话蕴含的神灵信仰观念的表现形式。前者如天穿节，通过置煎饼于屋顶来模拟女娲补天故事；后者如祭龙神祈雨仪式，表现了龙兴云布雨的观念，虽无神话情节，却表现了神话的核心内容——神灵信仰。中国神话的仪式叙事又可以分为两大类型：一是神话生活仪式叙事；二是神话祭祀仪式叙事。中国神话仪式叙事源远流长，源于原始文化，又不断增添了各个历史阶段的文化元素，可谓根深叶茂，与时俱进。因此，神话仪式叙事决定了一个民族的生活方式的特性，具有维护民族精神与心理的作用，是民族古老的文化之根。

中国神话仪式叙事涉及的神话非常广泛，但是长久并频繁用作神话仪式叙事的神话，却为数不多，梳理起来只有如下数种。这些神话反复出现在神话仪式叙事中，具有顽强的生命力。在具体论述各类神话仪式叙事之前，特别将这些神话集中起来加以说明，以避免论述中可能出现的重复。

一 中国神话仪式叙事中的古老神话

并不是所有的神话都能借助于仪式叙事得以长久传承。在中国，只有数种与人类生活密切相关的古老神话始终依托于民众生活仪式得以传承，比如水灵神话、鱼神神话、葫芦生人神话、竹生人神话、蛋生人神话、石生人神话等，这些神话起源甚早，与中国地理环境、历史文化、日常生活密切相关，所以千百年来在中国民众中传承不衰，至今仍存。

（一）水灵神话

水灵神话，即水的人格化的神话。在这类神话中，水有人的灵魂、思想、情感甚至人的行为，但没有人的形象，总是与各种自然的水体联系在一起，属于原始自然崇拜的产物，而原始自然崇拜的对象就是自然物本身，是被视为与人同性的自然物。诚如费尔巴哈所言："驱使人去崇拜某个对象的那种感情，显然是以这个观念为前提：即人认为对象并不是对这种崇拜无动于衷的，它有感情，它有一颗心，而且有一颗能感知人类事务的人心。譬如希腊人拿着祭品向风祈祷，只因为他们把风看做是与他们一同反对波斯人的战友，是他们的同盟者。雅典人尤其崇拜波勒亚斯（Boreas），即北风，祈求它帮助，但据希罗多德所说，他们也是将北风看做亲近他们，甚至与他们有亲属关系的东西，因为，它的妻就是他们的国王厄勒西推斯（Erechtheus）的女儿。但是，究竟有什么力量使得一种自然对象转变为人性的东西呢？是幻想，是想象力！"[①] 水灵神话源于原始人对水这种自然物质的幻想，即水崇拜。水崇拜的产生除了幻想的力量之外，也有现实的基础，那就是早期人类傍水而居，须臾离不开水，也与原始农业密切相关，原始农业的收成几乎完全建立在风调雨顺的基础上。早期人类生活、生产对水的依赖导致了水崇拜的产生。原始水崇拜既包含祈求风调雨顺、农作物丰收的意义，也包括祈求生殖繁衍的意义。而且两种意义往往相互融合，同时并存。水崇拜的两种基本含义导致了两类水灵神话的产生：在水崇拜祈雨求丰年含义的基础上产生了神水神话，神水神话是关于特定水域或特定时间的水具有种种超自然神秘力量的神话，种种超自然的神秘力量都是水致丰年意义的引申。在水崇拜求生殖繁

[①] ［德］费尔巴哈：《费尔巴哈哲学著作选集》下册，荣震华、王太庆、刘磊译，生活·读书·新知三联书店1962年版，第680页。

衍含义的基础上产生了水生天地万物与人类的神话。前一类神话称之为神水神话，后一类称之为水生神话，也即水的创世神话。

其一，神水神话。神水神话即是讲述某些水体具有神奇力量的神话，如甘水、甘渊、甘露、醴泉、赤泉、神泉、丹水、白水、酒泉等。

甘水。《山海经·大荒东经》载："有甘山者，甘水出焉，生甘渊。"① 甘水有何功能？《山海经·大荒南经》载："东海之外，甘水之间，有羲和之国。有女子名曰羲和，方浴日于甘渊。羲和者，帝俊之妻，生十日。"② 甘水即甘渊，羲和生出十日后，在甘渊洗浴。这是人世间新生儿洗三习俗的反映，洗三有借助水的神秘力量祝愿新生儿健康成长的意义，在这里是祝愿新生的太阳健康成长，因此浴日之水甘水或甘渊是具有生命力量的神水。

甘露。《山海经·海外西经》载："此诸夭之野，鸾鸟自鸣，凤鸟自舞。凤皇卵，民食之；甘露，民饮之，所欲自从也。"③《太平御览》卷12引《瑞应图》："甘露者，美露也。神灵之精，仁瑞之泽，其凝如脂，其甘如饴，一名膏露，一名天酒。"甘露出自凤鸟所在的祥瑞之地，是甘美如饴、有酒一样醇厚的吉祥之水。

赤泉。《庄子·天地》载："黄帝游乎赤水之北，登乎昆仑之丘而南望，还归，遗其玄珠。"④《山海经·海外南经》载："三株树在厌火北，生赤水上。"⑤ 郭璞注："有员丘山，上有不死树，食之乃寿；亦有赤泉，饮之不老。"赤水即赤泉，出于昆仑，也出于员丘山，皆为长生不死之地，其功能在于人们喝了赤泉的水能够长生不老。说明赤泉为不死之水。

神泉。《淮南子·地形》载："河水出昆仑东北陬，贯渤海，入禹所导积石山。赤水出其东南陬，西南注南海，丹泽之东，赤水之东，弱水出自穷石，至于合黎，余波入于流沙。绝流沙南至南海。洋水出

---

① 袁珂译注：《山海经全译》，贵州人民出版社1991年版，第269页。
② 袁珂译注：《山海经全译》，贵州人民出版社1991年版，第285页。
③ 袁珂译注：《山海经全译》，贵州人民出版社1991年版，第204页。
④ 王世舜译注：《庄子译注》，齐鲁书社出版社1998年版，第149—150页。
⑤ 袁珂译注：《山海经全译》，贵州人民出版社1991年版，第192页。

其西北陬，入于南海羽民之南。凡四水者，帝之神泉，以和百药，以润万物。"① 神泉指河水、赤水、弱水、洋水，为神话中帝王的神泉，有调和百药、滋润万物生长的神力。

丹水。《淮南子·地形》载："疏圃之池，浸之黄水，黄水三周复其原，是谓丹水，饮之不死。"② 饮了丹水之水，能够使人不死，丹水是不死之神水。

白水。《楚辞·离骚》载："朝吾将济于白水兮，登阆风而绁马。"③ 王逸注："《淮南子》言，白水出昆仑，饮之不死。"在神话中，出于昆仑神山的白水为不死之水，饮之可以让人长生不死。也有人认为丹水即为白水。王念孙说："丹水本作白水，此后人妄改之也。"丹水与白水是否同为一水，并不重要，重要的是两者具有共同的特性，都是不死之神水。

以上神水神话中的神水，具有多种神奇的功能，或使人长寿或不死，或甘美无比，或能滋润万物、调和百药等，这些关于神水的信仰都是建立在人对水能带来农作物丰收的观念基础上的。神水神话与人们日常生活密切相关，所以在生活仪式中多有传承。

其二，水生神话。水生神话，即讲述水生天地万物与人类的神话。水有各种变形形式，如水蒸发变成气、雾、云，凝固成为露珠，云凝聚过重即化为雨水等；因此，水生神话也包括气、雾、露、云、雨等生成天地或万物或人类的神话。

汉族的水生神话既有典籍记载，也有口头传承。《管子·水地》载："水者何也？万物之本原也，诸生之宗室，美恶贤不肖愚俊之所产也。"④ 天地万物皆由水生，这本是管子的哲学思想，但这一哲学思

---

① （西汉）刘安等撰，许匡一译注：《淮南子全译》上，贵州人民出版社1993年版，第231页。

② （西汉）刘安等撰，许匡一译注：《淮南子全译》上，贵州人民出版社1993年版，第229页。

③ 黄寿祺、梅桐生译注：《楚辞全译》，贵州人民出版社1984年版，第19页。

④ （唐）房玄龄注，（明）刘绩补注，刘晓艺校点：《管子》，上海世纪出版股份有限公司、上海古籍出版社2015年版，第289页。

想显然来自水生天地万物与人类的神话。万物皆由水生，人自然也是水所生。《管子·水地》载："人，水也。男女精气合而水流形。"① 管子认为人本是水，即是说人是由水所生。管子还将水人性化、道德化，认为什么地域的水生出什么样品行性格的人："夫齐之水道躁而复，故其民贪粗而好勇；楚之水淖弱而清，故其民轻果而贼；越之水浊重而洎，故其民愚疾而垢；秦之水泔最而稽，淤滞而杂，故其民贪戾，罔而好事；齐晋之水枯旱而运，淤滞而杂，故其民谄谀葆诈，巧佞而好利；燕之水萃下而弱，沈滞而杂，故其民愚戆而好贞，轻疾而易死；宋之水轻劲而清，故其民闲易而好正。"② 这些从水生人神话水生命崇拜引申出的地域水质人性决定论，对后世地理人性观产生了较大影响。

水生神话在汉族口头也有传承。流传于湖北省保康县的《黑暗传》讲述了盘古由水所生的神话：远古之时，无天无地无日月，只有一片黑暗与混沌。昆仑山为天心地胆，逶迤的山脉犹如五条蜿蜒的龙，五条龙的嘴唇往下伸，"五个嘴里流血水，一齐流到海洋内，聚会天精与地灵，结个胎胞水上存，形成盘古一个人"。③ 接下来再讲盘古开天辟地。盘古诞生神话说盘古是由昆仑上五龙血水与海水结合化成，实际上是说盘古为昆仑山融化的雪水与海水相合凝固而成，盘古诞生神话实为水生神话。

我国少数民族有着更为丰富的口传水生神话。哈尼族创世神话《烟本霍本》，意为神的古今，该神话说天地万物形成于雾露："早远古的时候，世界上什么也没有，上面没有天，下面没有地，到处是白茫茫的雾露。这些雾露像牛打滚一样翻过来滚过去，一下也不停。不知翻了多少年，慢慢的在下面变出一片望不见边的大海。这时候，上面的雾露像一口黑锅罩在平静的大海上。"④ 这则神话先讲述雾露生成

---

① （唐）房玄龄注，（明）刘绩补注，刘晓艺校点：《管子》，上海世纪出版股份有限公司、上海古籍出版社2015年版，第287页。
② （唐）房玄龄注，（明）刘绩补注，刘晓艺校点：《管子》，上海世纪出版股份有限公司、上海古籍出版社2015年版，第287页。
③ 传抄者：湖北省保康县歌师赵发明。
④ 姚宝瑄主编：《中国各民族神话·哈尼族·傣族》，山西出版传媒集团、书海出版社2014年版，第32—33页。

天地的雏形，然后讲述生成的大海又生出一条大鱼，即金鱼娘。金鱼娘也是为水所生，然后金鱼娘生成定型的天地万物，并生出人类。神话表现了水为万物之源的观念。

傣族创世神话《巴阿嫩神鱼》说："在地球未形成之前，天下一片白茫茫的海水，水面上除了终年翻滚的雾气和大风，就再也没有什么了。传说那时，茫茫无边的海里住着四条巨大的'巴阿嫩神鱼'，它们跟水气一起诞生，生活在海里面已经一亿年。"[1] 这是说四条神鱼为大海所生。神话又说，在海水的上方还住着一个神王叫英叭。英叭是由气体、烟雾和大风生成的。故事然后讲述了英叭神灵的伟大创举。

布依族创世神话《翁戛造万物》说："传说古老的时候，天连着大地，大地顶着天。天空只有清清气，凡尘只有浊浊气，清气浊气乱纷纷。清气'呼呼呼'蒸腾腾，那浊气'卟卟卟'往上升，清气和浊气互相碰撞摩擦，交混成为一个葫芦形。"[2] 这是说清气与浊气形成天地的雏形"葫芦"形状的东西。然后神话接着说布依族始祖翁戛在已有的天地雏形基础上进行创造，他将清气往上吹，就形成了天，他将浊气往下吹，就形成了地。说明天地最终还是由气所构成，只不过是融入了神人创造的成分。

苗族创世神话《苗族古歌·开天辟地歌》说："哪个生最早？哪个算最老？云雾生最早，云雾算最老。云来逛呀逛，雾来抱呀抱，哪个和哪个，同时生下了？云来逛呀逛，雾来抱呀抱，科啼和乐啼，同时生下了。"[3] 神话说世界上最早只有云与雾，是云雾生成了巨鸟科啼与乐啼。然后由巨鸟科啼与乐啼创造最初的天地。此则神话表现了云雾为世界本源的观念。

彝族创世神话《阿细的先基》，意为阿细人的歌，阿细人为彝族

---

[1] 姚宝瑄主编：《中国各民族神话·哈尼族·傣族》，山西出版传媒集团、书海出版社2014年版，第241页。

[2] 姚宝瑄主编：《中国各民族神话·布依族·仡佬族·苗族》，山西出版传媒集团、书海出版社2014年版，第7—8页。

[3] 贵州省民间文学组整理，田兵编选：《苗族古歌》，贵州人民出版社1979年版，第7—8页。

分支之一。该神话长诗讲述天地开辟："云彩有两层,云彩有两张,轻云飞上去,就变成了天。"生天日为鼠年、鼠月、鼠日。又:"云彩有两层,云彩有两张,重云落下来,就变成了地。"① 生地日为牛年、牛月、牛日。这则神话说天地起源于云彩。

阿昌族神话说水化成了气,气生成了天地,天地再生成了万物。神话说:最古的时候,地下有一个大水塘。气候干燥,水塘里的水渐渐变成水气上升,挂在头顶上,变成了天。水都变完了以后,剩下土地就变成了地。天吐出两口气,一口变成了太阳,一口变成了月亮。同时气体的分散,造就了管理人间的神、游魂、水、树、草、人、禽兽。大地举起手抓天,捅破了天,所以有下雨、地震、打雷、阴天、闪闪的星星。② 这则神话表现了水为万物之源的观念。

水生人神话源于原始人对水的生命力的想象,原始人观察到水生动物靠水维系生命,植物有了水才能生长,人的生命也须臾离不开水,由此想象出人与其他生物皆由水生,并由此推及开去,天地万物皆由水生。同时,水的各种变形形式也成了天地万物与人类的生命之源。水生神话在人生礼仪中多有传承。

(二) 龙神神话

龙神可以说是水灵崇拜发展到高级阶段的产物,龙是有灵性的动物,但又不是实际存在的动物,它是由多种动物及其他物组合而成的幻想中的动物。龙神经历了漫长的组合历程,在龙神的组合历程中出现了无以数计的千奇百怪的形象,当然最终形成了相对标准化的龙神形象。龙神的内涵尽管涉及面广,但其核心内涵却是掌管水域、行云布雨,其他内涵都是在这一核心内涵基础之上的引申、扩张。因此,

---

① 云南省民族民间文学红河调查队搜集翻译整理:《阿细的先基》,云南人民出版社1959年版,第6—7页。

② 姚宝瑄主编:《中国各民族神话·哈尼族·傣族》,山西出版传媒集团、书海出版社2014年版,第24—25页。

关于龙神的神话虽然内容庞杂，但核心的部分却是关于龙神司水布雨的故事。

《左传·昭公二十九年》载："龙，水物也。"① 这是最短的龙神话，但是给龙下了最基本的定义。

《管子·形势解》载："蛟龙，水虫之神者也。乘于水则神立；失于水则神废。"② 蛟龙入水则神，因为它是掌管水域之神。

《山海经·大荒东经》载："东海中有流波山，入海七千里，其上有兽，状如牛，苍身而无角，一足，出入则必风雨，其光如日月，其声如雷，其名曰夔。"③ 神话中的动物为夔龙，职司降雨。

《水经注·夷水》载："丹水又径下，积而为渊。渊有神龙，每旱，村人以芮草渊上流，鱼则多死。龙怒，当时大雨。"④ 龙神掌管雨水，所以村人向其祈雨，所用为巫术祈雨仪式，用芮草致鱼死，激发龙发怒下雨。

《山海经·海内经》载："鲧腹生禹。"郭璞注："《开筮》曰：鲧死三岁不腐，剖之以吴刀，化为黄龙也。"⑤ 黄龙，即为大禹，治水之神，也即是说，黄龙既是掌管水域之神，所以也能够治理天下河流。

《山海经》中出现的大量的龙神神话描写了雏形阶段的龙神，其所组合的动物较少，但是大都具备了司水降雨的神职；随着龙的不断发展，组合的动物及其他物越来越多。东汉，龙已经成为多种动物组合的变化多端、上天入地的水神。《说文解字》载："龙，鳞虫之长，能幽能明，能细能巨，能短能长，春分而登天，秋分而潜渊。"⑥ 宋代，龙神的组合已经非常丰富。宋人罗愿《尔雅翼》载：龙"角似鹿、头似驼、眼似兔、项似蛇、腹似蜃、鳞似鱼、爪似鹰、掌似虎、

---

① 李梦生译注：《左传译注》，上海世纪出版股份有限公司、上海古籍出版社2016年版，第1422页。
② （唐）房玄龄注，（明）刘绩补注，刘晓艺校点：《管子》，上海世纪出版股份有限公司、上海古籍出版社2015年版，第392页。
③ 袁珂译注：《山海经全译》，贵州人民出版社1991年版，第271—272页。
④ （北魏）郦道元注：《明钞本水经注》第八册，国家图书馆出版社2018年版，第69页。
⑤ 袁珂译注：《山海经全译》，贵州人民出版社1991年版，第148页。
⑥ （汉）许慎：《说文解字》，中华书局1963年版，第245页。

耳似牛"。① 明代的龙神形象更加丰富,已接近故宫九龙壁上的龙神形象。《本草纲目·鳞部》载:"龙者鳞虫之长。五符言其形有九似:头似驼,角似鹿,眼似兔,耳似牛,项似蛇,腹似蜃,鳞似鲤,爪似鹰,掌似虎,是也。其背有八十一鳞,具九九阳数。其声如戛铜盘。口旁有须髯,颔下有明珠,喉下有逆鳞。头上有博山,又名尺木,龙无尺木不能升天。呵气成云,既能变水,又能变火。"② 龙神虽经历了千变万化,但其司水降雨的基本职能始终未变,这是几千年农业文明背景使然。龙神神话多在与农业生产活动相关的仪式中传承。

(三)鱼神神话

鱼是水生动物,所以被当作水神。古人认为它是水域的掌管者或是雨水的操纵者,所以产生了鱼掌管水旱之灾的神话。另外,鱼的繁殖能力极强,一条雌鱼能产出成千上万的鱼卵,由鱼卵孵出成千上万的小鱼,古人崇拜其生殖能力,并出于相似律的思维,将其与人类的繁衍相联系,奉其为生殖崇拜的对象,从而创造出了鱼生天地万物的神话。这样,我们可以把鱼的神话分为两类,一类是司水降雨的鱼神话;一类是生殖繁衍的鱼神话。两类鱼神话都以民俗生活的形式在民众中传承。

其一,司水鱼神神话。《山海经》关于司水鱼神神话的记载,往往只有寥寥数语述及鱼神神职。在神话中鱼神司水,所以能发水灾。《山海经·西山经》:"濛水出焉,南流注于洋水,其中多黄贝、蠃鱼,鱼身而鸟翼,音如鸳鸯,见则其邑大水。"③ 蠃鱼,即发起水灾的水神。鱼为司水之神,也能控制雨水,造成旱灾。《山海经·东山经》:"又东南三百里,曰女烝之山,其上无草木,石膏水出焉,而西注于鬲水,其中多薄鱼,其状如鳣鱼而一目,其音如欧(郭璞注:'如人

---

① (宋)罗泌:《尔雅翼》,黄山书社2013年版,第329页。
② (明)李时珍:《本草纲目》第六册,光明日报出版社2015年版,第1290页。
③ 袁珂译注:《山海经全译》,贵州人民出版社1991年版,第54页。

呕吐声也'），见则天下大旱。"① 《山海经·东山经》："其中多鳙鱼，其状如鱼而鸟翼，出入有光。其音如鸳鸯，见则天下大旱。"② 《山海经·东山经》："又南三百里，曰独山，其上多金玉，其下多美石。末涂之水出焉，而东南流注于沔，其中多䱤䑏，其状如黄蛇，鱼翼，出入有光，见则其邑大旱。"③ 薄鱼、鳙鱼、䱤䑏等都是造成旱灾的司水鱼神。

司水鱼神既可为水旱之灾，也可以带来风调雨顺、五谷丰登，所以《山海经》中又有司水鱼神的出现带来大丰收的神话。《山海经·西山经》："又西百八十里，曰泰器之山。观水也焉，西流注于流沙。是多文鳐鱼，状如鲤鱼，鱼身而鸟翼，苍文而白首赤喙，常行西海，游于东海，以夜飞。其音如鸾鸡，其味酸甘，食之已狂，见则天下大穰。"④ 大穰，即大丰收。文鳐鱼的出现预示天下大丰收，实际上意味着这种鱼的出现能带来使农作物生长的充沛适量的雨水，因而风调雨顺、五谷丰登。

《山海经》中的司水鱼神多半并不是实际存在的鱼类的神化，而是借助于已有的鱼类的一种想象的重构。当然，这种重构是建立在鱼神神职基础上的。鱼是水中的动物，可以想象它如何操纵水域，但是要想象它降雨，必须要让它能够在天空飞翔，因为雨水毕竟只能从天而降。于是人们就为鱼神装上了鸟的翅膀，《山海经》中的司水鱼神，大多有鸟翼，如上述鱼神多有鸟翼。此处再举出一些例子。

鯥鱼。《山海经·南山经》载："有鱼焉，其状如牛，陵居，蛇尾，有翼，其羽在魼下，其音如留牛，其名曰鯥。"⑤

鳛鳛鱼。《山海经·北山经》载："又北三百五十里，曰涿光之山。嚻水出焉，而西流注于河。其中多鳛鳛之鱼，其状如鹊而十翼，

---

① 袁珂译注：《山海经全译》，贵州人民出版社1991年版，第111页。
② 袁珂译注：《山海经全译》，贵州人民出版社1991年版，第111页。
③ 袁珂译注：《山海经全译》，贵州人民出版社1991年版，第98页。
④ 袁珂译注：《山海经全译》，贵州人民出版社1991年版，第37页。
⑤ 袁珂译注：《山海经全译》，贵州人民出版社1991年版，第2页。

鳞皆在羽端，其音如鹊，可以御火，食之不瘅。"①

豪鱼。《山海经·中山经》载："渠猪之水出焉，而南流注于河。其中多豪鱼，状如鲔，赤喙尾赤羽，可以已白癣。"②

飞鱼。《山海经·中山经》载："劳水出焉，而西流注于潏水，是多飞鱼，其状如鲋鱼，食之已痔衕。"③

鱼神的鸟翼，也是变化多端的，有的装在鱼背，有的装在鱼尾，可以是一双鸟翼，可以是多双鸟翼，有的竟达十双之多，无非不过是要强调其飞行能力很强而已。鱼其实本身有飞行的习性，所以有鱼神就叫飞鱼，只不过鱼本身飞得并不高，所以还是要加上鸟翼。鱼的鸟翼也成为司水鱼神神话的内容。

其二，掌管生殖鱼神神话。鱼神既为司雨丰产之神，也是生殖之神。在古代信仰中，丰产神往往兼有生殖神的神职，这是因为古人根据相似律的原理，将二者看成本质上相同的事物，植物的丰产与人类的繁殖有着一样的原理。当然，鱼成为生殖神还与它的旺盛的繁殖能力有关，人们崇拜它的繁殖能力，希望人类也具有那样的能力，所以对其顶礼膜拜。《山海经》又记有不少掌管生殖鱼神神话。当然这种记载有《山海经》的特点，即是只叙述鱼神的形体特征，比如人面鱼身形象。

《山海经·南山经》："英水出焉，南流注于即翼之泽。其中多赤鱬，其状如鱼而人面，其音如鸳鸯，食之不疥。"④

《山海经·北山经》："决决之水出焉，而东流注于河。其中多人鱼，其状如䱱鱼，四足，其音如婴儿，食之无痴疾。"⑤

《山海经·中山经》："又东南二十五里，曰葳山。视水出焉，东南流注于汝水，其中多人鱼，多蛟，多颉。"⑥

---

① 袁珂译注：《山海经全译》，贵州人民出版社1991年版，第62页。
② 袁珂译注：《山海经全译》，贵州人民出版社1991年版，第115页。
③ 袁珂译注：《山海经全译》，贵州人民出版社1991年版，第116页。
④ 袁珂译注：《山海经全译》，贵州人民出版社1991年版，第2页。
⑤ 袁珂译注：《山海经全译》，贵州人民出版社1991年版，第79页。
⑥ 袁珂译注：《山海经全译》，贵州人民出版社1991年版，第171页。

《山海经·海内南经》："氐人国在建木西，其为人人面而鱼身，无足。"① 又《山海经·大荒西经》："有互人之国。炎帝之孙名曰灵恝，灵恝生互人，是能上下于天。"② 郝懿行云："互人国即《海内南经》氐人国，氐、互二字，盖以形近而讹，以俗氐正作互字也。"

费尔巴哈说："动物是人不可缺少的、必要的东西；人之所以为人要依靠动物；而人的生命和存在所依靠的东西，对于人来说就是神。"③ 因此，最早的神往往呈现出动物的形象。鱼是人们常见的食物，是人类生存的重要生活资料，特别是鱼腹多卵，繁殖能力极强，对于存活率极低的远古人类而言，特别羡慕，人们也希望像鱼一样具有旺盛的生育能力，所以将自己的生命与鱼结合在一起，产生了人面与鱼身相组合的神灵形象。这一神灵形象意味着人具有像鱼一样的繁衍能力。距今约6000年的西安半坡仰韶文化遗址中出土的彩陶上，绘有大量的鱼纹，有写实的鱼纹，也有抽象的鱼纹；写实的又有单体、双体、三体、四体鱼纹，最突出的是人面鱼纹。把鱼的图形大量描绘在陶器上，并且把人面与鱼纹组合在一起，表现出半坡人将鱼的生育能力据为己有的现象。

对鱼的繁衍的推崇，还产生了人死化鱼的神话。《山海经·大荒西经》："有鱼偏枯，名曰鱼妇。颛顼死即复苏。风道北来，天及大水泉，蛇乃化为鱼，是为鱼妇。颛顼死即复苏。"④ 由对鱼的生殖力的崇拜，还产生了鱼生人神话。人面鱼身的组合其实寓有鱼生人的含义，只是不十分明确罢了。年画中的胖娃娃抱着大红鲤鱼的图纹，也寓意有鱼生人的含义，至少寓意着鱼的繁衍力感应人的繁衍力的意义。在口头传承中，则有明确说明鱼生人的神话。

如哈尼族《大鱼开辟天地》中说道，远古时代，世间只有一片混沌的雾。这片雾不知翻腾了多少年，才变成了无边无际的大海，从海中生出一条看不清首尾的大鱼。大鱼见世间，上无天，下无地，空荡

---

① 袁珂译注：《山海经全译》，贵州人民出版社1991年版，第236页。
② 袁珂译注：《山海经全译》，贵州人民出版社1991年版，第301页。
③ [德]费尔巴哈：《费尔巴哈哲学著作选集》，荣震华、王太庆、刘磊译，生活·读书·新知三联书店1962年版，第438—439页。
④ 袁珂译注：《山海经全译》，贵州人民出版社1991年版，第301页。

而冷清，便把右鳍往上一甩，变成天；把左鳍往下一甩，变成地；把身子一摆，从脊背里出来七对神和一对人，从此才有了天地、神和人类。① 这则神话显示了这样一条生命链：水生鱼—鱼生人与万物。掌管生殖鱼神神话在传统宗族社会，往往借年画、剪纸、饮食等叙事形式在人们日常生活中广泛传承。

（四）葫芦生人神话

葫芦曾是采集经济时代的重要食物和生活用具，原始人在长期与葫芦打交道的过程中，熟悉了葫芦的特性，并根据其特性想象出了葫芦生人的神话。葫芦多籽，满葫芦的籽实撒在地上不知要新生出多少葫芦苗，人们崇拜葫芦旺盛的生命力，幻想人类也具有这样的生命力，想象人类最初就是诞生于葫芦，于是产生了葫芦生人神话。同时，葫芦形似母腹，高高隆起的母腹为怀孕的形象，所以原始人将葫芦当作母腹来崇拜，从而产生了葫芦生人神话。母腹崇拜产生于以女性为中心的母系社会时期，母系社会文化遗址出土了不少女神像，突出表现了其凸起的腹部。我国红山文化遗址中的女神庙出土的女神塑像，就突出表现了孕育生命的高高隆起的腹部形象。将形似母腹的葫芦当作母腹来加以崇拜，正是源于母腹生殖崇拜。葫芦生人神话存在于汉族、彝族、苗族、瑶族、傣族、怒族、白族、畲族、黎族、水族、侗族、壮族、哈尼族、布朗族、布依族、土家族、仫佬族、仡佬族、毛南族、德昂族、纳西族、拉祜族、基诺族、佤族、高山族等民族。

傣族葫芦生人神话说：远古，地上什么也没有。天神派一头母牛和一只鹞子来到地上。母牛在天上活了十几万年，到地上只活了三年，生下三个蛋就死去了。后来，鹞子来孵蛋。其中一个蛋孵成了葫芦，葫芦生出人类。② 这则神话将葫芦生人神话与其他神话母题相融合，在追溯了葫芦的来源之后，再讲述葫芦生人故事。神话由三个母题串

---

① 袁珂：《中国神话大词典》，华夏出版社2015年版，第489页。
② 李子贤：《傣族葫芦神话溯源》，《民间文艺集刊》，上海文艺出版社1981年版，第3集。

联而成：牛生蛋，蛋生葫芦，葫芦生人。傣族还有一则更为古老的葫芦生人神话，神话说：很久以前，大地上没有人。荒草中长出一株葫芦藤，藤上结了一个大葫芦，金光闪闪。不知过了多少日月，葫芦藤枯死，大葫芦依然金光闪闪。一天起了一阵狂风，大葫芦被吹得在地上不停滚动，不知滚过了多少平地、山坡，撞在一棵大树上，"叭"的一声炸开了。葫芦东半边走出一个男人，西半边走出一个女人。这一对葫芦里走出的男女长大后，经过重重曲折结为夫妻繁衍子嗣，这就是傣族。① 此则神话应该是比较古老的葫芦生人神话，葫芦自生，然后葫芦自然打开生出人类，整个神话没有黏附上其他母体或情节。

又有傣族神话说：开辟大神英叭开创天地后，就来制造人神与人类。他用污泥捏了男女两个神像，并赋予他们生命，并让他们结为夫妻，下到人间创造人类。临行，英叭交给他们一个金葫芦，并告知："一切活的生命都在金葫芦里面。"两神下到大地，打开金葫芦，见里面有数不清的活的东西在跳动。他俩便把葫芦里的生命洒向大地。刹时，大地便有了花草树木、飞禽走兽以及各种昆虫鱼虾。葫芦籽用完了，就是没有造出人来，两人只好用泥土造人，才完成天神赋予的使命。② 这则神话交代了葫芦的来源，葫芦为傣族创世始祖英叭所有。葫芦生人的方式则是由英叭所委派的两位大神将葫芦里的生命撒向大地，葫芦成了大神创世的工具，这是葫芦生人神话与大神创世神话相结合的产物。

口传至今的葫芦生人神话，总是要黏附上一些其他的母题或情节，黏附最多的情节是追溯葫芦的来历。葫芦的来历多半与创世始祖神有关，这是创世神话在形成体系神话过程中的规律之一，因为创世体系神话一般由创世始祖神来作贯穿结构系统的主线，一切创世都要与始祖神关联，造人当然也不例外，所以葫芦生人也必然要与始祖神发生联系。

---

① 姚宝瑄主编：《中国各民族神话·哈尼族·傣族》，山西出版传媒集团、书海出版社2014年版，第308—311页。

② 祜巴勐：《论傣族诗歌》，岩温扁译，中国民间文学出版社（云南）1981年版，第15—16页。

在这类神话中，葫芦成了始祖神造人的工具。神话讲述葫芦的来历，很自然的一种说法就是葫芦为始祖神所种植。拉祜族神话说，天神厄沙用身上的汗泥造成了天地，又用自己身体的器官造好了万物，然后开始造人类。她打开一个箱子，取出一颗葫芦籽种下，过了七轮又七天，葫芦长出藤子。开出素白的花朵，长出的叶子比簸箕还大，又长又粗的藤子爬满山岗。又过了七个月，葫芦长成了。百兽来采摘果子，果子掉下了，吓得野牛踩断了葫芦藤。葫芦滚跑了。厄沙漫山遍野的找，结果找不到。厄沙做了一对螃蟹，两个夹子，八只脚。螃蟹河里海里找，最后在海里找到了葫芦。螃蟹夹着葫芦上了岸，葫芦的脖子被夹细了。葫芦喝多了海水，肚子胀得又大又圆。厄沙把葫芦搬回家晒在晒台上。七十七天过去了，葫芦晒干了，里面发出人声。厄沙叫小米雀啄了三天三夜，嘴巴啄秃了，也没有啄开。厄沙叫一对老鼠来啃了三天三夜。葫芦壳被啃出了两个洞，一男一女笑哈哈从洞里爬出来，山笑水笑。男的取名叫扎笛，女的取名叫娜笛。厄沙将扎笛与娜笛抚养成人。厄沙叫两人成为夫妻，两人认为是兄妹不肯结为夫妻。厄沙用魔法将两人结合在一起，繁衍人类。① 为了合理解释葫芦生人过程，就产生了打开葫芦的情节，因为只有打开葫芦，才能让葫芦中的生命出世。打开葫芦有动物打开的，如此则神话中的有啃噬习性的老鼠；还有由有喙的鸟类打开的，如布朗族神话说：远古有一大葫芦，里面装满了人。但葫芦没有出口，人不得出。忽然有一天来了一只巨大的天鹅，啄开葫芦，人们便从啄开的口子中出来了。② 当然，也有由大神打开的。傣族神话说：一对夫妻在地里种了一颗葫芦种子。一年后，长成的葫芦藤上结了一个葫芦，葫芦后来长得和大地一样大。夫妻俩用刀轻轻开了一个小口，葫芦里的人就从这个小口冲出。③ 打开葫芦成为生命诞生的象征，以至于成为婚俗的一道仪式。彝族有破葫成亲的习俗，即在婚礼中，要举行摔破葫芦的仪式。据神话可知葫芦破了，生命才有可能从中出来，破葫

---

① 刘辉豪整理：《牡帕密帕：拉祜族民间史诗》，云南人民出版社1979年版，第16—32页。
② 袁珂：《中国民族神话词典》，四川省社会科学院出版社1989年版，第321页。
③ 王宪昭：《中国民族神话母题研究》，民族出版社2006年版，第146页。

是象征新生命诞生的意思,在婚礼中举行此种仪式,有祝愿新婚夫妇早生贵子的意思。普珍做过关于彝族破葫成亲习俗的田野调查和研究,她在其专著中指出:"当地彝族认为,摔破葫芦是人从瓜出和子孙繁昌的吉兆。因葫芦不易摔破,继而用形似葫芦的土陶壶取代。新化乡大耳租彝村现行摔土陶壶婚俗即是从摔葫芦演变而来。"①

德昂族《葫芦与人》中的葫芦,既是生命之源,也是渡海的工具:相传,天王曾到天宫去寻找粮食种子。他从天上带回苞谷、稻子、大豆、小麦、瓜果、葫芦等种子,分别种在地上、山坡上和海边。种在海边的葫芦,它的藤却长在海中心,后来结出一个葫芦,浮在海面中央。它长得如大山,里面还有人在闹。有一天,突然来了一阵暴雨,电闪雷鸣,劈开了这个葫芦,里面一共有103人,有男有女,此外还有一些动物。这些人乘葫芦来到陆地后便各奔东西,他们便是汉、傣、回、傈僳、景颇、阿昌、白等民族的祖先。②

(五)竹生人神话

竹生人神话,源于原始人对于竹子中空特性与母腹相似的联想和幻想。陶阳、钟秀指出:"原始先民们所以会想竹生人,除了受生命一体化这一普遍观念支配外,还因为本身有它的特点,如竹笋生长神速、竹子空心等。生长神速是生命力旺盛的表现,空心又易引起可以容人和母腹的想象。"③

竹生人神话多分布于我国西南、南方一带,与这些地方自古以来盛产竹子密切相关。芮逸夫的田野调查报告说:太古时,兰竹筒爆出一人,后与似猿之猕子结合而生"罗罗"(彝族一支)④。彝族又有神

---

① 普珍:《中华创世葫芦——彝族破壶成亲,魂归壶天》,云南人民出版社1993年版,第12页。
② 《中国各民族宗教与神话大词典》编审委员会编:《中国各民族宗教与神话大词典》,学苑出版社1993年版,第94页。
③ 陶阳、钟秀:《中国创世神话》,上海人民出版社1980年版,第219页。
④ 芮逸夫:《苗族的洪水故事与伏羲女娲的传说》,《人类学集刊》1938年第1集。

话说：太古时代，一条河上飘来一节楠竹筒，漂到岸边爆裂，从中爆出个人来，称名阿槎。他与一女子婚配，繁衍成彝族。广西彝族也有类似的神话："远古时，有一株金竹突然爆炸开，飞出一对有手脚有眼睛的人来。后来这一对人生下四兄弟，其中之一便是彝族的祖先。"① 台湾少数民族有不少竹生人神话。卑南族神话说：卑南与槟榔两村的始祖原是海外巴那巴那扬的竹子所生，成人后下海，遭遇台风，才漂到台湾定居。② 此则神话中的竹生人仍是十分单纯，没有任何外力的作用。另外一则卑南族神话则将竹生人与其他因素相联系：巴那巴那扬的鲁奴勒神拿一根翠竹插到地里，刹时，青竹的第一节生出个小伙子，叫布古玛莱；第二节生出漂亮女孩，叫帕古姆西。二人结为夫妻，繁衍人类。③ 在神话中，神与土地对于竹生人起到了一定的作用，显然是神话在流传过程中附会上的成分，但神与土地并没有构成致孕因素，没有导致竹生人神话发生根本性变化，因此该神话仍属原生态竹生人神话。雅美族神话说：天神降临兰屿岛，他触动巴布特山的巨石，从巨石里走出尼莫达朱洛里多男神。天神走到树林里，触动了一根大竹，从竹子里走出尼莫达朱洛嘎百里男神。一天，两个男子膝盖发痒，他们用手去摸，从膝盖里就各生一对男女。从此，兰屿岛就有了雅美人。④ 排湾族神话说：古代有一女神，右手投石块，石头里生出了马兰始祖，左手植竹，竹中生出了卑南祖先。

贵州威宁马街的彝族中自称"青彝"的一支有神话说："古时候，有个人在山上耕牧，在岩脚边避雨，见几筒竹子从山洪中飘来，取一竹划开，内有五个孩子，他如数收养为子。五人长大后，一个务农，子孙繁衍成白彝；一人铸铁制铧犁口，子孙发展为红彝；一人制竹器，子孙发展为后来的青彝。因竹子从水中取出是青色的，故名曰青

---

① 《广西彝族、仫佬族、水族社会历史调查》，广西民族出版社1987年版，第61页。
② 陈国均：《台湾东部山地民族》，中国民俗学会国立北京大学《民俗丛书》专号2民族篇，1957年编，第120—121页。
③ 施联朱、许良国：《台湾民族历史与文化》，中央民族学院出版社1987年版，第439页。
④ 陈国均：《兰屿雅美族》，台北：台北出版社1956年版，第1—2页。

彝。"① 彝族竹生人神话是彝族竹图腾的反映。彝族有人死后装进竹制菩萨兜的习俗，包含着让死者返回图腾物，以获得再生的意义。

居住在乌蒙山彝族有神话《竹的儿子》：洪水之后，人烟灭绝。仅有一女子靠五节竹子获救。女子寻觅人迹，依次剖开五节竹子，得五子。五子长大后各居一方。女子非常满意，抱一通天竹升天而去。②四川金沙江藏区有斑竹姑娘神话：一个叫朗巴的年轻人到山中伐竹，从竹中剖出一个美丽的姑娘，人称斑竹姑娘。后来，朗巴与斑竹姑娘经过种种曲折经历后结为夫妻生儿育女。③ 竹生人神话不仅在中国南方有广泛的传承，而且在东亚、东南亚等地也有广泛的流传。日本在公元8世纪成书的日本古典文学作品《竹取物语》记述了与斑竹姑娘相似的情节，说明竹生人神话对日本影响之深。

（六）蛋（卵）生人神话

蛋生人神话，又称为卵生人神话，因为这类神话最原始形态应为"鸟卵生人"。《山海经·大荒南经》："有卵民之国，其民皆生卵。"④郭璞注："即卵生也。"又《山海经·海外南经》："羽民国在其东南，其为人长头，身生羽。"郭璞注："能飞不能远，卵生，画似仙人也。"两则神话都说人为卵所生，当然，卵所生人已有特指，说明神话在传承过程中发生了变异，卵生人范围缩小，仅指特定的卵民之国的人为卵生。但是，卵生人神话观念却是普遍存在的，不过其普遍存在的形式是卵生人母题与女人生人母题相融合，变成了女子食卵生人，典型的例子即是殷商族始祖诞生神话，即简狄吞卵怀孕生契神话。《诗经·玄鸟》《楚辞·天问》《史记·殷本纪》《尚书·中侯》《太平御览》《竹书纪年》《白虎通义》《吕氏春秋》《淮南子·坠形训》等众多古籍，

---

① 何耀华：《彝族的图腾与宗教起源》，《思想战线》1981年第1期。
② 罗曲：《彝族竹崇拜文化探析》，《西南民族学院学报》1990年第2期。
③ 田海燕搜集整理：《斑竹姑娘》，见藏族民间故事集《金玉凤凰》，上海少儿出版社1961年版。
④ 袁珂译注：《山海经全译》，贵州人民出版社1991年版，第283页。

都载有简狄吞卵神话，可见影响深广。《史记·殷本纪》载："殷契，母曰简狄，有娀氏之女，为帝喾次妃。三人行浴，见玄鸟堕其卵，简狄取吞之，因孕生契。"契虽为简狄所生，但原因却是因为吞食了鸟卵，鸟卵是致孕的唯一因素，卵生人观念仍十分鲜明。食卵或与卵相近的蛋，或者是其他卵类物质，就成为卵生神话的演变形式。《史记·外戚世家》也录有"含始吞赤珠而生刘邦"的传说。晋张华《博物志·异闻》仍有"卵生人"故事："徐君宫人娠而生卵，以为不祥，弃之水滨，独孤母有犬名鹄苍，猎于水滨，得所弃卵，衔以东归。独孤母以为异，覆暖之，遂烰成儿。"[①] 至清代，《清太祖武皇帝实录》还记有"卵生人"的变异神话："长白山，山高地寒，风劲不休，夏日环山之兽，俱投憩此中。山之东北布库里山下一泊，名布尔瑚里。初天降三仙女浴于泊，长名恩古伦、次名正古伦、三名佛古伦，浴毕上岸。有神鹊衔一朱果置佛古伦衣上，色甚鲜妍。佛古伦爱之，不忍释手，遂衔口中，甫著衣，其果入腹中，既感而成孕，……后生一男，生而能言，倏而长成。"神话整体情节与简狄吞卵生契基本相同，只是把鸟卵换成了朱果，仍属"卵生人"神话类别。

卵生人神话还扩张为卵或蛋生天地神话。盘古神话实际上包含着蛋生天地的母题，天地最初是混沌形的鸡子，即鸡蛋，即是说天地的雏形是由蛋所生。我国少数民族的卵生或蛋生神话就包含生出天地的情节。藏族神话《神蛋创世纪》说，天地万物是由一对鸟儿生出的十八个五色蛋生成的。在没有天没有地的时候，从高山上飞来一只神鸟，从低低的山谷也飞来一只神鸟，两只神鸟在一个窝里结合，生下十八个五色蛋。十五个蛋飞滚出去了，三个螺色的蛋向上飞，成为上界的天神；三个金色的蛋向中间飞，就成了空界的厉神；三个松石蛋向下飞，就成了地下的龙神。上界的天神造了明亮的天，空界的厉神造了灰沉沉的空间，下界的龙神造了海洋和大地。接下来又飞出六个五彩蛋，落在人间，变成藏族的六大族，即六大支系：色族、木族、董族、

---

① （晋）张华著，祝鸿杰译注：《博物志全译》，贵州人民出版社1992年版，第172页。

东族、惹族、珠族。六族又各分三种族姓，一共是十八姓。剩下的三个黑色铁蛋，要请天神、厉神、龙神来铸造，原来他们都是铁匠。三个铁蛋生出了世间其他物种。① 这则神话讲述了多个蛋分别生出天地与万物的过程，富有神奇的想象力。

傣族深受佛教文化的影响，形成了蛋生佛祖的神话。神话说：在九十九棵树中最大的一棵树下的洞中，住着五只鸟，各自生一金蛋。一天，乌云滚滚、电闪雷鸣、狂风大作，五个蛋被刮到天空中。风雨停后，五个蛋分别落到不同的地方：一个落到鸡的王国，野鸡孵出第一个佛祖；第二个刮到野牛王国，投胎于野牛，成为第二个佛祖；第三个落到龙的王国，成为第三个佛祖；第四个落到一条河里，被洗衣女拾取，蛋裂出来一英俊少年，为第四代佛祖，即释迦牟尼；最后一个蛋被吹到勐巴娜西国王花园，其神要等两千五百年才出世，那时已进入极乐世界。② 显然，蛋生人神话在这里融入了佛教文化因子，或者说是卵生人神话为佛教所用。

直到近现代，在我国西南少数民族广为流传的洪水神话，还保留着"卵生人"观念的印痕。神话说，洪水过后，天底下只剩下伏羲女娲兄妹二人。为了繁衍人类，兄妹二人结为夫妻。女娲怀胎生下一个肉团团。后来，肉团团破裂变成了各民族的祖先。可见，肉团团实为肉卵，与蛋、卵功能相同。卵生神话与传说在历史上屡屡传载的现象表明："卵生人"观念在中国有着深广而持久的影响，在民俗活动中广泛存在。

（七）石生人神话

石生人神话可分为石头生人与洞穴生人神话。石头生人神话是讲

---

① 姚宝瑄主编：《中国各民族神话·门巴族·珞巴族·怒族·藏族》，山西出版传媒集团、书海出版社2014年版，第74—77页。
② 姚宝瑄主编：《中国各民族神话·哈尼族·傣族》，山西出版传媒集团、书海出版社2014年版，第353—354页。

述石头裂开生出人的神话。石生人神话的产生可能与女性生殖器崇拜和男性生殖器崇拜有关。在一些民族，石穴、石凹、石坑等被当作女性生殖器的象征而受到人们崇拜。同样，形似男性生殖器的长形石柱也受到人们崇拜。人们崇拜这些象征男女生殖器的石头，是因为他们相信这些石头与所代表的男女生殖器一样是人类生命的源泉，对之顶礼膜拜，就可以求得子孙绵绵。石头生人神话是在石生殖崇拜观念基础上产生的。原生态石头生人神话中的石头往往是巨石，这是因为人们最初往往是以山石为崇拜对象。

汉族石生人神话见诸典籍记载。《淮南子·修务训》："禹生于石。"这是说大禹为石头所生。大禹的儿子启本为涂山氏孕育，但涂山氏化作了石头，石头生出了启。清·马骕《绎史》卷12引《隋巢子》："禹娶涂山，治鸿水，通镮辕山，化为熊。涂山氏见之，惭而去。至嵩山下，化为石。禹曰：'归我子！'石破北方而生启。"启即为石头开启而生之意，表明其为石头开裂而生。

我国少数民族石生人神话较为丰富。台湾鲁凯族神话说："我们人类是从哪里开始分散去各地的？那地名叫'阿鲁祃哈'，'阿鲁祃哈'的意思就是'从这个地方开始分散到各地去成立自己的家庭'，我们人类就是从那个地方散向各地的。我们为什么皮肤黑黑的？因为我们是从石头里生出来的。平地人的皮肤怎么会白白的？因为他们是从竹子里生出来的。'阿鲁祃哈'地方有一棵榕树，暗示我们人类刚开始也有从榕树里生出来的，卑南族人就是从这榕树生出来的。所以我们和卑南族不同，因为他们是榕树生出来的，我们和他们模样不一样，服装也不一样。我们鲁凯族是从石头里生出来的，石头是不动的，不会摇摇摆摆的，所以我们都是坐得很稳的，我们鲁凯族的人生也很稳。"[①] 鲁凯族石生人神话没有什么情节，但却是他们生活中的行为准则和人生哲学的阐释，与生活融为一体，这有可能正是原始神话的本意。台湾泰雅族也有石生人神话：太古之时，大霸尖山一巨石迸裂，

[①] 勒楞讲述，杜玉英口译，见金荣华主编《台湾鲁凯族口头文学》，引自陶阳、钟秀编《中国神话》上册，商务印书馆2008年版，第349页。

生男女二人，相婚配，生男女各二人，又相婚配，人类得以繁衍。卑南族既有树生人神话，也有石生人神话。其石生人神话说：太古之时，巴那巴那扬一巨石迸裂，生一女名拉宁，饮水长大，与鲁凯族大南社男子沙卡朗成婚，生育后代。泰雅族、阿美族等也有石生人神话。泰雅族石生人神话中石的迸裂为鸟所为，可见已经融入鸟图腾神话的因子：太古之时，西勒鸟将南朝天山一巨石推下海，石迸裂，生泰雅族始祖一男一女。泰雅族另一则石生人神话也涉及鸟的作用：宾斯巴干一巨石迸裂，从裂缝处可见内有一男一女，比勒雅克鸟将他们一一衔出，放于地上。两人长大后相婚配，繁衍人类。同一民族同一类神话，一说巨石裂开为鸟所致，一说人从石缝中为鸟所为，鸟的作用被说的非常随意，可见鸟对于石生人并非具有决定性的作用，与鸟相关的情节是后来衍生出的，其原生形态为巨石迸裂生出人类。泰雅族石生人神话虽有衍生情节，但仍没有改变原生态特性。阿美族石生人神话已和兄妹婚神话融合，成为再生形态石生人神话，但其中还保留了部分原生态情节，即石迸裂生人情节。神话说：兄妹成婚生白石。兄亡，妹守白石度日。后白石膨胀迸裂，生两对男女，相互婚配，繁衍后人。哈尼族神话说：天上掉下三个大石头，石头炸开跳出顶天立地的汉子阿托拉扬。阿托拉扬和从金葫芦里出来的阿嘎拉优成亲，成为人类和魔鬼的祖先。①

与石生人神话相关的是洞穴生人神话，讲述石洞生人故事。佤族创世神话《司岗里》说：大神木依吉创造了动物、植物及人类。他将造好的人放在石洞里。小米雀将石洞啄开，老鼠调走蹲在洞口的豹子，人才从石洞中走出。②台湾布农族神话说：太古之时，尚无人类。那勒哈勒虫把粪团成团，并推入敏兜昂洞穴内，洞穴遂诞生男女二人，

---

① 李格、王富帮讲：《天、地、人和万物的起源》，《哈尼族神话传说集成》，中国民间文艺出版社1990年版，第34页。
② 毕登程搜集整理，隋嘎等说唱：《司岗里史诗原始资料选辑》，赵秀兰佤文翻译，民族出版社2010年版，第146—147页。

自相婚配，繁衍后人。① 洞穴生人神话的产生，可能与早期人类居住洞穴有关，也可能源于洞穴母腹崇拜，也有可能是因为洞穴形似母腹或形似女阴。

（八）女娲神话

女娲神话反映的女娲事迹主要有两大类：补天、造人，两者又密切相关。先看女娲补天神话。《淮南子·览冥训》："往古之时，四极废，九州裂，天不兼覆，地不同载，火爁炎而不灭，水浩洋而不息，猛兽食颛民，鸷鸟攫老弱。于是女娲炼五色石以补苍天，断鳌足以立四极，杀黑龙以济冀州，积芦灰以止淫水。"② 女娲补天，是为治水，因为洪水泛滥，犹如天破一般。雨从天降，要止雨，消除洪水，必须要补上天的缺口。这是古人关于洪水起因的幻想，故而创造出女娲补天神话。可见女娲补天神话实际上起源于农业社会的人们对于战胜洪涝的幻想，神话也明确说明补天是为了止住"淫水"，因为只有止住了"淫水"，才能确保农作物丰收。所以女娲补天神话在农业社会人们的日常生活中盛传不衰。

以补天治水神迹而闻名的女娲，免不了要被人们奉为水神，成为人们祭祀祈雨的对象。《论衡·顺鼓》说："雨不霁，祭女娲。"女娲作为水神，其形象具有动物水神蛇的突出特征。《楚辞·天问》王逸注："传言女娲人头蛇身。"当然，蛇既是水神，即为龙的原型，也是生殖之神，所以蛇身表明了女娲的双重身份，治水水神与生殖女神。女娲的生殖女神身份典籍也有记载。《路史》卷3引《风俗通》说："女娲祷祠神祈而为女媒，因置婚姻，行媒自此始矣。"神话中又说："女娲作笙簧"，也与生殖有关。"笙簧"本属乐器，然而"笙，生也，

---

① 《中国各民族宗教与神话大词典》编审委员会编：《中国各民族宗教与神话大词典》，学苑出版社1993年版，第144页。

② （西汉）刘安等撰，许匡一译注：《淮南子全译》上，贵州人民出版社1993年版，第350页。

象物贯地而生"，所以作"笙簧"有繁殖之义。五代后唐·马镐《中华古今注》说："上古音乐未和，而独制笙簧，其义云何？答曰：'女娲伏羲之妹，人之生而制其乐，以为发生之象。'"可谓道出了女娲作笙簧的真义。女娲又有抟黄土造人的神迹，也与她的媒神身份相一致。《太平御览》卷78引《风俗通》说："俗说天地开辟，未有人民，女娲抟黄土作人，剧务，力不暇供，乃引垣于泥中，举以为人。"另外，女娲化生万物的神迹也与她司生殖的职能有关。

以上几类神话，大都产生于原始社会，大致包括原始社会的采集经济与狩猎经济时代、原始农耕经济时代，与人们日常生活密切相关，所以能够长久传承，并长久地影响中国民众的生活，神话中的神灵已经成为中国民俗文化中的几种基本元素。

二　中国神话生活仪式叙事

神话的生活仪式叙事是指神话的生活化、民俗化的表达，在这种叙事方式中，神话以碎片化的形式或者说母题的形式通过日常生活仪式的载体得以传承。举凡生产习俗、衣食住行习俗、人生礼俗（包括诞生礼与寿礼、成年礼、婚礼、葬礼）、祈子习俗、节日习俗等，都有可能成为神话传承的载体。其中，最具代表性的是神话诞生仪式叙事、婚礼仪式叙事、葬礼仪式叙事、节日仪式叙事等，下面分别阐述。

（一）中国神话诞生仪式叙事

广义的诞生礼既指一个人刚出生时的礼仪，也指一个人的所有的生日礼仪。狭义的诞生礼只指人生的发端礼，一般在新生儿出生后第三天举行。诞生仪式之后到新生儿一周岁期间，还要举行满月、百日、周岁仪式，祈求新生儿健康成长。这些也属于狭义诞生礼。此后每年的诞生日都要举行庆祝仪式，称为过生日，属于广义的诞生礼范围。在传统社会，人们一般将60岁及以后的生日礼称作寿礼。为80岁以上的老人举行寿礼，称为做大寿。中国诞生礼最突出的主题是祈求健康长寿，这就少不了要借助于生命诞生神话来举行相应的仪式，这就构成中国神话的诞生礼传承。

我国许多民族传统的诞生礼都用水来举行仪式。这类诞生礼仪，包含了人们对水的生长力量的信仰。水的生长力信仰与水的生殖力信仰本无根本区别，都是关于水的生命力信仰。因此，可以认定，包含水生长力信仰的诞生礼仪，是水生型创世神话——水生殖信仰的变异沉积形式。

在我国历史最悠久、流布最广泛的诞生礼是各种形式的浴婴习俗。宋代就有关于这种礼仪的记载："亲宾盛集，煎香汤于盆中，下果子、彩线、葱蒜等，用数丈彩绕之，名曰'围盆'。以钗子搅水，谓之'搅盆'。观者各撒钱于水中，谓之'添盆'。盆中枣子直立者，妇人争取食之，以为生男之征。浴儿毕，落胎发，遍谢坐客，抱牙儿入他人房，谓之'移窠'。"① 我们来分析一下这种礼仪的几个环节。以彩绸装饰浴盆，有祝吉、渲染隆重庆典气氛的作用，表明浴儿已不是一般的出于清洁卫生方面需要的日常生活行为，而是包含着神秘的信仰与祈求的礼仪活动。用银钗搅水，朝盆水中投钱币，是带有巫术性质的仪式（按：接触巫术的道理，接触过银钗、钱币的水便成了银水、富贵水，具有银或钱币般珍贵的价值）。接下去的仪式是妇人争吃水中直立的枣子，据说由此可以生男孩。可见，盆水的珍贵价值在于具有生殖的力量。水的生殖力与生长力是紧密联系着的，所以又用盆水来洗浴婴儿。由此，生殖之水就成了生长之水。通观浴儿诞生礼的活动，可见其根本意义是祈求、祝福新生儿健康生长。

台湾少数民族，如阿美族、泰雅族、排湾族、布农族、卑南族、鲁凯族、曹族、雅美族、赛夏族、邵族等，有一种古老的浴婴习俗。新生儿诞生后，要被带到山溪、河流用冷水洗浴。《台湾府志》卷七《风土志》记土番习俗说："甫生产，同婴儿以冷水浴之。疾病不知医

---

① （宋）孟元老、吴自牧著，王旭光校注：《东京梦华录·梦粱录》，江苏凤凰文艺出版社2019年版，第35—36页。

药,辄浴于河;言大士置药水中,以济诸番。冬日,亦入水澡浴以为快。"台湾少数民族的浴儿礼仪,更清楚地表明了这类礼仪祈求新生儿健康生长的意义以及人们对水的生长力的信仰。尽管台湾少数民族是以神灵撒药的说法来解释水的生长力的,但是这种解释也是由古老的水生殖信仰演变、派生而来。直到晚近,台湾土著民族仍有把新生儿抱到山溪行冷水浴的习俗。俗信认为水中有仙气和神力保佑小孩儿安康。对水的仙气、神力的信仰,是水生殖力信仰进一步神灵化的产物。清乾隆时,满洲人六十七奉命巡台,著《番社采风图考》。该书收有冷水浴婴图及说明文字。原书已佚。但其有关浴婴的说明文字在其他典籍中尚存节录:"番俗初产,产母携所育媳婴同浴于溪,不怖风寒,盖番性素与水习。"这段文字说明,台湾少数民族的洗婴礼仪,无论天寒地冻、刮风下雨、冷水刺骨都要如期举行,可见对水的育婴、护婴功能崇信到何等程度。与上述说明文字相配套的图画在《故宫信片》第13辑第1组。《台湾内山番地风俗图册》中有收录,不过已是出于一无名画工的手笔。冷水浴婴习俗到20世纪初才慢慢改变,因为户外冷水浴婴对新生儿确实百害而无一益。据说,是在当地警察的劝导下,才慢慢改用温水洗浴,并由户外改为户内的。有趣的是,改变后的习俗在无害的前提下仍保留了冷水浴婴的残迹。如雅美族在温水浴婴后,只需滴几滴泉水在婴儿的头上,以祈祷孩子的生命如清泉般长流不息。又如曹族在温水浴婴前,要用少许冷水擦洗小孩的身体,其含义在于神所造的天然水是纯净不染的,可以永保孩子安康。擦洗时,助产老妇还在一旁念念有词:"祝他健康。"冷水擦身完毕,再行温水浴,洗净身上的污垢。冷水洗儿,表现了对自然水的生殖力、生长力的崇拜,应该是洗儿习俗的最原始的形式。

  蛋生人神话的观念也出现在诞生礼中,人们常常借助蛋的生殖力量保佑婴儿安然无恙、儿童健康成长。鄂西土家族有倒蛋壳的习俗,产妇在月子里吃鸡蛋留下的蛋壳,不能随便乱扔,须在婴儿满月后才能倒掉,而且要倒在十字路口,以示母子安康无恙。这同样是"卵生人"观念的遗俗。过去农村医疗条件差,未满月的孩子危险性很大,随时可能夭折，保留蛋壳成了保护婴儿的一种巫术。当婴儿满月度过危险期后，蛋壳又成了婴儿安全降生的象征，所以倒于路口，昭示众邻。立夏节有挂蛋袋的习俗。这天，儿童胸前都要挂一彩线织成的网袋，里面放上煮熟的鸡蛋。据说这样可以避免小孩染上瘟疫，也是一种保育习俗。蛋的生殖力在习俗中转换成了免疫力，但仍未离"卵生人"之根系。挂蛋袋的起源，还有一则故事：很古的时候，天上有个瘟神，一到立夏节就到下界传播瘟疫，小孩最易受害。女人们便到女娲娘娘庙烧香磕头，求她消灾降福，保佑后代。女娲便去警告瘟神，要他不要伤害她的后代。瘟神便问凭什么知道哪些孩子是女娲嫡亲后代。女娲便告诉他，凡是挂蛋袋的孩子都是她的后代。从此，一到立夏，孩子们都挂上了蛋袋，瘟神一个也不敢碰了。传说中，蛋成了女娲后裔的标志，可见女娲后裔皆从蛋生，正与"卵生人"观念相吻合。孩子过生日，要吃生日蛋，吃生日蛋的原始意义在于祝愿孩子健康成长。给60岁以上老人祝寿，亲朋好友要送12个鸡蛋，祝愿老人健康长寿。蛋的生殖力量又化作了增长和延长生命的功能。

（二）中国神话婚礼仪式叙事

中国传统婚姻的主要目的是传宗接代，即"上以事宗庙，下以继后世"。儒家甚至将结婚生子道德化、伦理化，提高到孝道的层面，有所谓"不孝有三，无后为大"的说法。中国婚姻对于传宗接代的要求直接体现在婚礼仪式中，便是千百年来代代传承的祈求早生、多生贵子的仪式。这些仪式涉及婚礼全过程，包括求婚、婚典、婚后祈子等。古老的婚礼祈子习俗多借人类起源神话而构成，如水生人神话、蛋生人神话、竹生人神话等。

由于水生神话的影响，水在婚俗中便是生命力、生殖力的象征。在婚仪中，人们往往借助于水来祈子。

纳西族有女方还水礼的订婚习俗。男方所送女方的定亲礼，必有一坛酒。女方就用喝完酒的酒坛装满清水当作礼品的一部分送还男方。

一坛清水表示了女方对婚姻的承诺，是缔结婚姻的信物，它寓意着祝愿新人早生贵子之意。所以清水虽然不值钱，却是非常重要的回礼。这种订婚习俗叫作还水礼，古已有之。宋代的"回鱼箸"或"回鱼筋"，即是女方家收到男方的聘礼后以水还礼的习俗。宋孟元老《东京梦华录》载："女家以淡水二瓶、活鱼三五个，箸一双，悉送在元酒瓶内，谓之'回鱼箸'。"① 宋吴自牧《梦粱录·嫁娶》也记载了同样的风俗：女方回礼，"更以空酒樽一双，投入清水，盛四条金鱼，以箸一双，葱两株，安于樽内，谓之'回鱼箸'。若富贵人家，多用金银打造鱼箸各一双，并以彩帛造象生葱双株，挂于水樽外答之。"②女方回礼以水为主，表达了祝福一对新人婚后早生贵子的意义，神话中生人之水，在此成为生命的象征，能给新人注入生殖的力量。为了强调水的生殖力，回礼中还附有鱼与箸。鱼也是神话中的生殖崇拜物，用在回礼中意义自明。箸即筷子，谐音快子，也是祝愿快生子的意思。至于附加物生葱，则寓意匆匆，也是早生子之意。这些礼品固然不值钱，却是最美好的祝愿。当然，也有富贵人家，用金银打造鱼与筷子，美好的寓意之外，又有了经济价值。水礼虽然能够表达美好的寓意，但是作为女方回礼毕竟太过简陋，后来就由具有一定价值的酒来替代水作为回礼。所以，男女定亲时，酒是必不可少的礼物。从白族的婚俗，就反映了订婚由送水礼发展到送酒礼演变过程。在白族，男方给女方送定亲礼时，必有两瓶酒。白族称这种习俗叫"送水礼"。名称反映这种礼俗的来历。

由此看来，当今订婚送酒的习俗实则是由过去送水的习俗演变而来。白族男女订婚时，男方需送给女方以两瓶酒为主的礼品。白族称这种送酒的习俗为"送水礼。"有人推测其名取礼薄之义。其实不然，这种称呼是以水为订婚礼品的遗存。旧时，浙江绍兴有一种酒称作

---

① （宋）孟元老、吴自牧：《东京梦华录·梦粱录》，江苏凤凰文艺出版社2019年版，第34页。

② （宋）孟元老、吴自牧：《东京梦华录·梦粱录》，江苏凤凰文艺出版社2019年版，第267页。

"女儿酒",是专门用作女孩陪嫁礼品的。在女孩出生满月这一天,她的父母要酿制数坛美酒,埋入地下,待女儿长大出嫁时用于送礼和招待宾客。女儿酒寄托了父母对女儿年深日久的祝福。当然,这种祝福也潜含了祈子的意义。苗族有"送盼子坛"的婚俗活动。娶亲时,男方娶亲队伍中必有一挑担之人,担子一头是一只大公鸡,另一头则是一大肚子陶瓷坛,内装三五斤白酒。大肚子坛形似孕妇之腹,是生殖力的象征,坛中的酒自然有乞求生殖力的作用。娶亲队伍归去时,挑担人仍将公鸡带回,却将坛子送给女家。当新娘生下第一个孩子时,女方父母便用这个坛子装上自家酿造的米酒送往男家,同时,邀请亲朋好友一道去吃"祝米酒"。婚俗的多种活动都要用到酒,以至于人们把参加婚礼称作"吃喜酒"。新郎、新娘行交拜仪式,要"喝交杯酒"。此外,还有"喝订婚酒""做小酒"等。这些用到酒的婚姻仪式,如今的主要作用是增添喜庆气氛,但也或多或少夹杂着祈愿得子的心理因素。

我国不少民族的婚典都有泼水仪式。广东潮阳汉族新娘离开娘家上轿时,她的母亲要端上一盆清水,一边往轿上洒水一边祝福说:"钵水泼上轿,新娘变新样。"所谓"变新样",大约是指变成孕妇的模样吧。贵州一带的仡佬族称婚典泼水仪式为"打湿亲"。娶亲之日,男方家要在大门边上放置两个盛清水的窝锣,一边一个,由青年妇女守候。新娘跨进屋时,妇女们便向她浇水。云南禄劝、武定一带的彝族也有泼水迎亲习俗。不过,泼水的对象已由新人扩大到迎亲队伍。当迎亲队伍进入女方村寨时,姑娘们便用大桶、大盆装上清水,向迎亲的小伙子们猛然地泼去,小伙子们由此可以获得吉祥。这种特定时刻的水之所以吉祥,是因为它在人们的信仰中具有生殖的力量。有些地方或民族,女方举行泼水仪式时,男方还要给泼水银、泼水钱。以银钱酬谢姑娘们泼出的水,也显示出这水有特殊的价值。

古时女子婚前沐浴习俗,也有祈求生育之意,也是神话中的水生人观念遗存。元代熊梦祥《析津志》记当时婚俗:"聘女将嫁之明日,家人送女儿入堂中澡浴。"《金陵杂志》说:"男家欲迎娶,先将男女八字送星家诹吉，必使无冲犯，无刑克之良辰。以红全柬上记新人沐浴宜何时，水倾何方，新人上轿何时，合卺何时，避忌何人，至所择吉期，必择两日，恐新人潮信不便之故，皆历历书之，送至女家，谓之送日子。"① 迎娶的各种活动，都要请星象家占卜，以趋吉避邪，其中也包括新人沐浴，说明女子沐浴是必须慎重对待的一道婚礼仪式。

婚俗礼仪中还有女子沐浴祈子的仪式，表现了对水的生命力的崇拜。云南永宁纳西族的乞子活动中有女子沐浴的仪式。久婚不育的妇女由巫师、丈夫和伴娘陪同，来到有水的山洞。先是巫师作法，然后乞子妇女和伴娘跳入洞中水池沐浴。浴毕，还要举行其他的乞子仪式。俗信经过这样的沐浴仪式，女子便能怀孕生子。② 云南哀牢山彝族妇女的乞子活动也包含沐浴仪式。女子沐浴乞子习俗，包含了原始初民的水生殖力信仰观念，活生生地表现了民间文学原生态浴女母题的内容，是古老神话的活化石。

福建畲族的喷床是在洞房举行的水的婚仪。迎娶之夜，一位长者端着一碗清水，进入洞房依次向床铺、被子、草席、木箱、衣柜等各喷出一口水雾，每喷出一口水雾，都要唱一首歌。如喷床铺时唱道："喷床喷金房，大男细女闹哄哄，喷床原是仙人造，仙人造来喷红娘。"一般要唱10支歌。畲族喷床婚仪类似汉族等民族的撒帐婚仪。撒帐是边唱边将各种果子（如枣子、花生等）撒向床铺，以祈愿新人早生贵子；喷床是喷水雾于铺乞子，所谓"喷床喷金房，大男细女闹哄哄"，即是认为喷床能使新人生下男女一大群。

我国一些民族还流行新媳妇挑水或背水的婚俗。水族新媳妇在过门后的三五天内，每天清晨除挑满自家的水缸外，还要为三家六房或全村各户挑一担水，称之为"挑新水"。这是借挑水来实行新媳妇与水的接触，让新媳妇获得生殖力。壮族把新娘挑的水称作月亮水，月亮水是指在凌晨月亮未落之时所挑之水。新娘挑水必须挑满家族所有

---

① （明）徐寿卿：《金陵杂志·金陵杂志续集》，南京出版传媒集团、南京出版社2013年版，第126页。

② 严汝娴、宋兆麟：《永宁纳西族的母系制》，云南人民出版社1983年版，第206页。

的水缸，挑水时不能惊动家族中的长者，所以必须轻手轻脚，不穿鞋，不敲门，要低声呼唤开门，由家族中辈分最低的女性起床开门。由于此俗带给新婚女子的负担过重，渐渐发生了一些变化。原来一个新媳妇挑月亮水要挑到下一个新媳妇接任为止，后来只挑一天；原来要挑满每缸水，后来一缸只需挑一担水，因为主人家头天已挑满大半缸水；原来须轻轻唤门，后来则可直接挑水进屋，因为主人家早已开门站在一旁恭候。① 风俗向文明方向进化的总趋势，由此可见一斑。云南红河一带的哈尼族有新媳妇背水习俗，背水时还要撒米祭祀水神。凌晨鸡叫头遍时，新媳妇便起床在姑子的带领下来到井边，新媳妇首先把手中握着的一把米撒进井里，以祭祀井中的龙神。撒完米，才能背水回家。② 与祭祀水神相联结的背水仪式，更明显地表现出对水的某种祈求。

生殖鱼神神话在婚俗中也多有传承。从鱼神主生殖的职能来看，鱼成了生殖力的象征。

将鱼用于婚姻，表达了男女双方对于生育的祈求。而古代中国，生儿育女是与婚姻的幸福美满密切相关的，所以鱼又发展成为爱情的象征物。在古代男女以鱼传书的习俗中，鱼就是表达爱情的信物。兹引闻一多先生《说鱼》所举例子来说明。③《饮马长城窟行》："客从远方来，遗我双鲤鱼。呼儿烹鲤鱼，中有尺素书。"唐代女诗人李冶《结素鱼贻友人》："尺素如残雪，结为双鲤鱼。欲知心里事，看取腹中书。"唐·元稹《鱼中素》："重叠鱼中素，幽缄手自开。斜红余泪渍，知著脸边来。"这些都是将鱼与婚姻相联系的例子。

受"卵生人"观念的支配或潜移默化，蛋便成了繁殖生命的象征。在种种涉及生殖繁衍的习俗中，蛋常常是主要的角色。中国民间乞子习俗，最能体现蛋的生殖功能。古代农历三月三日上巳节，要举行临水拔禊浮卵的活动。晋·张协《禊赋》说："浮素卵以蔽水。"魏

---

① 林新乃编：《中华风俗大观》，上海文艺出版社1991年版，第566页。
② 中国风俗辞典编辑委员会：《中国风俗辞典》，上海辞书出版社1990年版，第160页。
③ 闻一多：《闻一多全集》，生活·读书·新知三联书店1982年版，第118页。

晋潘尼《三月三日洛水作诗》说："素卵随流归。"素卵为煮熟的鸡蛋。将煮蛋放入流水上飘浮，目的是乞子。《汉书·外戚传》明确地揭示了上巳拔禊的乞子功能："武帝即位，数年无子。平阳主求良家女十余人，饰置家。帝拔霸上，还过平阳主。"① 武帝为乞子，采用的正是拔禊的方法。文中虽未提及浮卵，然通常拔禊已包含浮卵。上巳拔禊浮卵的乞子意义，还可从其变化形式——水族投蛋下井活动中得到证实。水族新娘第一次到井边挑水，要把煮熟的鸡蛋剖成两半，投入水中。然后根据鸡蛋的仰俯来预测子嗣的情况。② 投蛋下井为我们再现了曲水浮卵的某些细节。

　　以蛋乞子活动常常是伴随婚仪及生育习俗进行的。中国农村流行吃红鸡蛋的婚礼习俗，嫁女时，嫁妆里必有一个红漆马桶，桶里要放上几个煮熟染红的鸡蛋。嫁妆送到男家后，男家亲友中婚后久不生育的女人便要讨桶中的红蛋吃，以此来获得生育力。江浙一带嫁女用一个红漆马桶，放一包花生（也为生殖象征物），两个半生不熟的鸡蛋，还有红纸包的云片糕及红枣等。成婚之夜，新娘边倒马桶中的物品，边念口彩，祝愿生子。③ 东南沿海一带，举行婚礼时，无论亲人或陌生人，都可以向新娘要红喜蛋。新娘对讨红喜蛋的人，要笑脸相迎，来者不拒，因为人们认为，红蛋赠送的越多，新娘的生殖力就越强。侗族还流行抢红喜蛋的婚礼习俗。新娘随嫁妆进入洞房后，要抖开花被，让男女老少来抢花被里预先放好的红喜蛋。据说，不孕的妇女抢到红喜蛋便可生育。在浙江金华，新婚之夜，新娘新郎要吃"子茶"，"子"指蛋，又谐音孩子之"子"。所以，吃"子茶"也是祈愿早日生子之意。云南金平县境内的哈尼族，结婚吃鸡蛋的习俗更有趣。新娘到男家，要带两个糯米煮成的饭包，其中一个饭包要放一个鸡蛋。由邻居中老年妇女把饭包打开，再由老年男子将鸡蛋剖成两半，在两个

---

① （汉）班固著，（唐）颜师古注：《汉书》，中州古籍出版社1991年据世界书局影印本影印，第1231页。
② 林新乃编：《中华风俗大观》，上海文艺出版社1991年版，第566页。
③ 中国风俗辞典编辑委员会：《中国风俗辞典》，上海辞书出版社1990年版，第108页。

饭包上各放一半。新娘新郎面前各放一个饭包。临吃时，又将新郎饭包上的半个鸡蛋取来叠放在新娘饭包上的半个鸡蛋上，让两半鸡蛋重新合为一体，然后再由新娘吃掉。这样做，据说是象征两性结合可以生儿育女。习俗中，剖蛋、移蛋、合蛋的过程，象征着两性交合，说明习俗已融入了男女结合生子的意义，然而，新娘吃掉整个鸡蛋的行为又表明，该习俗仍然保留了"卵生人"的原始观念。婚后又有送催生蛋的习俗。在潮州，女子怀孕后，娘家要送催生蛋。到临月时，娘家又送一回鸡蛋，也是催生之意，意谓催促其平安生子。显然，蛋的催生作用来自蛋自身的生殖力。广东东莞也有用蛋催生的习俗，不过不用鸡蛋而用鸭蛋。妇女临产时，要用12个鸭蛋请男巫解六甲以便催生。

青年男女缔结婚姻，也有以蛋为媒介的。蛋的媒介作用也来自蛋的生殖信仰。广西壮族农历三月三歌圩中，有青年男女碰蛋求爱的活动。事先，青年男女把鸡蛋煮熟，染成红色，用绳子串起来。届时，男女各提着鲜红的鸡蛋来择偶。当物色到意中人时，便拿自己手中鸡蛋去碰对方手中的蛋。对方若不中意，就会用手护住蛋，不让碰；对方若有情，便会主动让蛋碰破。蛋破后，两人便走到偏僻的地方去谈情说爱。为什么碰破蛋会成为男女双方缔结婚姻关系的重要前提呢？这是因为蛋破才能诞生新的生命，碰蛋具有祈愿意中人生殖力强的意义。蛋破事关生育子嗣，当然对婚姻至关重要了。此种习俗依然是"卵生人"观念的余绪。在桂黔交界的南丹一侧的瑶族，有埋蛋择婿习俗。习俗中，鸡蛋在某种程度上也起到了缔结婚姻的作用。姑娘成年后，如果求婚的人很多，姑娘的父母就要使用埋蛋择婿的方法。煮好10个匀称的鸡蛋，做上记号，悄悄埋在山上，然后通知求婚者寻找，谁找的蛋最多，谁就被选中为婿。这实际上意味着，得蛋多者便拥有了更强的生育力，将来一定多子多福，是当之无愧的乘龙快婿。

石生人神话在婚礼仪式中的传承主要表现为祈子仪式中女子摸石头、洞穴与入洞穴等形式，另外还有女子象征性接触石祖的仪式。

在石生人观念的支配下，人们往往将特定地点的石头视为生命孕育之所，久婚不育的妇女要向其乞子。《太平寰宇记》卷五十三引《郡国志》:"乞子石,在马湖南岸,东石腹中出一小石,西石腹中怀一小石,故僰人乞子于此有验,因号乞子石。"① 向乞子石乞子,主要是祭祀祷告。《太平寰宇记》又载:"乞子石,在州南五里,两石夹青衣江,树对立,如夫妇之相向,古老相传东石从西,乞子将归,故风俗云人无子,祈祷有应。"② 宋张君房《云笈七签》:"金堂县昌利化玄元观南院玄元殿前,有九井焉……盖醴泉之属也。"③ 每岁三月三日,蚕市之辰,远近之人,祈乞嗣息,必于井中探得石者为男,瓦砾为女,古今之所效验焉。"

(三) 中国神话葬礼仪式叙事

中国的传统丧葬礼仪多包含灵魂不灭、死而复生的观念,这源于中国人对死亡的迷信认识,认为死亡就像四季植物的更迭,月亮的圆缺一样轮回,是一种生命形式转换成了另一种生命形式。而且认为人能死而复生,特别是佛教传入之后,这种观念与佛教的生命轮回观相契合,有了更为坚实的信仰基础。上古典籍《山海经》有不死神话与死而复生神话(后文多有论述),就反映了中国人对待死亡的观念。正是基于人们对死而复生的诉求,千百年来产生了不少祈求死者早日再生的仪式。其中有不少是借助于生命诞生神话而构成的祈求仪式,包括水生人神话、葫芦生人神话、竹生人神话、蛋生人神话等。

在水生人神话中,水是生命的源泉。我国葬俗多用水,就是借助于水的生命力使死者早日重生。这类葬仪形式多样,原理却完全相同,即借助水的生命力来"实现"死者的"再生"。用水祈愿再生的葬仪,是水生人神话在葬俗中的传承形式。

洗尸几乎是丧葬习俗中必不可少的仪式,许多民族的洗尸活动伴随着复杂隆重的礼仪。洗浴不仅仅是出于尸体洁净方面的需要,而且是出于更为重要的信仰方面的意义。这就是通过为死者沐浴,让生命

---

① (宋)李昉等撰:《太平御览》,中华书局1960年版,第253页。
② (宋)乐史撰,王文楚等点校:《太平寰宇记》(三),中华书局2007年版,第1593页。
③ (宋)张君房编:《云笈七签》下,中央编译出版社2017年版,第1411页。

之水接触死者的身体，为其注入再生的力量，促成其早日再生。一些民族在洗尸前，还要举行买水仪式，人们来到井、泉、河边，投掷钱币、焚香烧纸，算是向水神买水。只有买来的水才能用于死者的沐浴。洗尸的水，为什么要买呢？这是因为人们相信只有付出一定代价换取的东西才有它可靠的价值，在此则意味着，只有买来的水才能发挥生命的力量。在广西壮族地区，老人死后，孝子便来到河边挑洗尸水。挑水前要把几个铜板或银元丢入水中，谓之买水。瑶族称为死者买来的水为"阴水"。买"阴水"既要焚香化纸，又要向河神投4枚铜钱。买水之后，便是烧水浴尸。各地浴尸方法大致相同，只有细微差异。值得提及的是，仡佬族为死者烧热的一锅水，只用一部分洗尸，另一部分则由死者的后人每人喝一口，称"喝救苦水"。据说，孝子们喝了这种水，可以减轻死者在阴间所受的痛苦。其实，仪式另有其意。在人们的观念中，用于浴尸的水具有特殊的价值，是生命之水，死者浴身可以获得再生之力，活人喝了则可以求得家族兴旺。水的生命力在此获得了双重效应。

  水还被引入了我国一些民族的葬式中。白族有一种奇特的葬式，棺木放入墓穴之前，要在墓穴底中央安置一个水罐，内装水与活鱼，用红木封口。其意义在于借水与水神（鱼）的生命力帮助死者转世再生。类似的葬式还有在墓穴中放上两坛清水作为随葬品的安葬形式。

  洗骨葬也是以水的再生力信仰为底蕴的一种葬式。这是一种二次葬，将墓掘开，取出遗骨，拿到河里洗干净，置于瓮或木匣内，再行安葬。有时视情况的需要还要举行多次洗骨葬。举行洗骨葬，据称主要是为了除祟，即除去先人带给后人的灾祸。《梁书》卷52《列传》中记述衡阳地区的洗骨葬说："山民有病，辄云先人为祸，皆开冢剖棺，水洗枯骨，名为除祟。"为什么用水洗遗骨就能除祟呢？这与人们相信死者能再生、水有使死者再生的功能有关。在人们的观念中，先人总是对自己的后裔给以保护的，之所以要作祟，大约是无法脱胎转世，需要后人的帮助，即需要后人给予再生的力量。于是，后人便重演浴尸故技，掘墓洗涤遗骨。洗涤遗骨与浴尸有着同样的意义，即让遗骨通过洗浴与水接触而获取水的再生力，促使亡灵早日转世。

　　在有关水生命力信仰的习俗中，人获取水的生命力的仪式主要有两大类：一是人与水的体外接触，主要指浴水或象征性的浴水；二是人与水的体内接触，主要指饮水或间接饮水。这两类仪式在婚俗中都得到了最普遍的运用，而要全部用于葬俗，则似乎难以实施。因为人们可以为死者洗浴，却无法让死者饮水，甚至无法让死者象征性地饮水。然而，现实生活中无法施行的仪式，却可以通过想象来弥补。黔东南苗族的赠死者买水钱葬仪就属这一类。老人过世后，房族子孙及亲友都要赶来为死者赠买水银。每人将各自所赠送的碎银子装入一条长长的布袋，袋子打上结，隔开各人所赠碎银。然后，置于死者身旁，供亡灵到阴间买水喝。苗族相信：一个人有三个灵魂。死后，一个灵魂留在坟里；一个灵魂进入家中住在神龛上，接受后人供奉；还有一个灵魂则要返回东方老家，上天堂拜会始祖蝴蝶妈妈和再生始祖炎公炎婆，然后再返回来投胎转世为人。当这个灵魂在返回祖先身边的时候要经过天地交界处的一座高山。上得山顶，灵魂便会又累又渴，就要坐下来休息并找水喝。山顶上有一清一浊两口水井，喝了清水，才记得自己前世是人，也才会投人胎再生为人。若喝了浊水，则可能变得糊涂起来，投错胎变牛变马。但喝清水要用银子买。所以子孙及亲友要为死者赠买水银。这里，把水的功能说成是使亡灵头脑清醒而能投胎再生为人的功能，似乎与水的再生功能无直接关系，但从中仍可见人们是把水与亡灵的再生紧密联系在一起的，习俗潜含有对水的再生力的信仰。

　　云南澄江松子园的彝族，曾经视"金竹"为祖神，称其为"金竹爷爷"。久婚不育的妇女，要前往竹山祈子，向金竹祭拜，至夜在附近的庙里投宿。当地彝族还以金竹为祖先灵位。取金竹一枝，内放死者的一点骨灰，外用红羽纱布或彩色纸包卷。当地彝族认为祖先来源于竹，人死后还会魂归于竹。《宣威县志》："黑罗罗死则覆以裙毡，罩以锦缎，不用棺木……三五七举而焚之于山，以竹叶草根用（必磨）因裹以锦，缠以彩绒，置竹筒中，摇篮内，供于屋深暗处。"又《皇清职贡图》："葬无棺，缚以火麻……焚之于山，既焚……以竹签裹絮少许，置小箧笼，悬生者床间。"①

彝族认为祖先是从竹子中生长出来的，所以人死以后灵魂化为竹，并形成相应丧葬仪式，彝文经典亦有记载："古昔牛失牛群寻，马失马群寻，人失竹丛寻。古昔世间未设灵，山竹节蔬朗，生长大菁间，菁间伴野竹，生长玄崖间，玄崖伴藤萝。未设灵牛食，为设灵马食，未设灵禽栖，今日设灵祖得依，设灵妣得依，设灵获子媳，保佑诸子裔。古时木阿鹿臬海，天鹅孵幼雏，鹳生幼子；散至松梢间，松梢请灵魂；孵入竹壳中，麻勒巫夏，狗变狼口黑，猪变牛胡长，牛变鹿尾散，鸡变野鸡美，彼变非其类，祖变类亦变，祖变为山竹，妣变为山竹。"② 山竹即是逝去祖先灵魂归所，所以彝族有竹葬习俗。

（四）中国神话节日仪式叙事

神话的节日仪式叙事，是指通过节日的活动表现神话内容的叙事方式。

节日的仪式不同于节日的祭祀仪式，后者有严肃的祭祀神灵的活动，前者虽然还蕴含神灵观念，但已经没有了严格的祭礼，只有属于人们日常生活衣食住行之类民俗行为。虽然二者之间存在本质的差异，但也不是毫无联系的；事实上，蕴含神灵观念的节日生活仪式有不少是由节日的祭祀仪式生活化、民俗化演变而来，这也是大部分祭祀仪式演化的必然趋势。生活化的节日仪式，仍包含神话的神灵信仰观念，是古老神话活态传承的最具有生命力的形式。中国节日生活仪式所传承的神话主要有女娲补天与造人造畜神话、鱼神神话、水灵神话、龙神神话等。

女娲补天神话导致了补天节的形成。穿天节为正月元宵后的第一个节日，时在十九、二十、二十三、二十五不等，因时因地有所不同，

---

① 何耀华：《中国西南历史民族学论集》，云南人民出版社1988年版，第433—440页。
② 马学良：《宣威倮族白夷的丧葬制度》，《西南边疆》1942年第16期。

但多为正月二十。这一天，家家户户煎面饼为食，并将面饼置于屋顶，谓之补天。天穿节又称补天节，由女娲补天神话演绎而来。远古神话说：女娲在昆仑山炼出五色石来补天。后来的人们将其补天时间附会为正月二十日，于是形成天穿节。在神话中，女娲补天，是因为天穿漏水造成水灾，所以补天实为治水。民间用煎饼补天，则为模拟女娲补天的巫术行为，实为祈求风调雨顺。天穿节与二十四节气的雨水比较接近。是日多雨，古人以为与天穿有关，所以借女娲补天故事来实施巫术求雨。民国十四年（1925）铅印本《安塞县志》：正月"二十日，家家吃煎饼，名曰'补天'。二十三日，家家院内打火，又淋搌布水于火上，谓之'炼干'"。院内扑火，用搌布淋水到火上，也是一种止雨的巫术，与补天巫术是紧密配合的，补天是关闭雨水的源头，扑火、淋水于火上是以火克水，止住雨水。随着穿天节的演变，"炼干"在有的地方遂成为穿天节的主要民俗。如民国三十三年泰华印刷厂铅印本《洛川县志》："正月尽，'炼干'以除秽。正月月尽之日，备麻子、麦、豆等，先入水泡湿，并置锅中炒干，名曰'炼干'。俟夜，各户将屋庭扫除干净，积秽物于一处，并入所炒麻子之类燃之，更撒以盐，取其爆发，意谓可除秽气也。然后，将小儿衣被等物一一于火上燎之，且念云：'燃干哩，花花女上天哩，我院里作官哩，你院里打砖哩。'新妇归宁者，必于是日返夫家，谓之'避干。'"穿天节由此而附会上了驱邪除秽习俗，但祈求农业生产需要的适时适量的雨水仍是其主题。"炼干"是防止雨水过度，所以以火克水；"避干"即意味避免干旱，即防止天旱无雨，新妇于是日必返回夫家，也暗含阴阳相合，雨水充沛之意。

东晋·王嘉所撰《拾遗记》已有天穿节的记载，清《渊鉴类函》卷一三《岁时部》记载："补天穿。《拾遗记》云：'江东俗称正月二十日为天穿日，以红缕系煎饼饵置屋上，曰补天穿。'相传女娲氏以是日补天故也。"[1] 可见至迟在东晋已有补天穿的习俗，而且时在正月

---

[1] （清）张英、王世禛等：《渊鉴类函》第一册，上海世纪出版股份有限公司、上海古籍出版社 2008 年版，第 292 页。

二十。宋代天穿节为正月二十三。明·杨慎《词品》："宋以前正月二十三日为天穿日，言女娲氏以是日补天，俗以煎饼置屋上，名曰补天穿。今其俗废久矣。"明代天穿节仍为正月二十三。明正德十四年（1519）修陕西《朝邑县志》卷一《风俗》说："二十三日置煎饼屋上补天，是日仍不得食米。"清康熙五十一年王兆鳌刻本《朝邑县志》有一字不差的记载。[①] 穿天节不食米，是要突出煎饼的作用。

晚近，穿天节在山西、陕西、河南等北方地区及南方客家地区仍有传承。清康熙五十六年（1717）刻本《解州志》：正月"二十日，置煎饼屋上，曰'补天'。是日，传为后土诞辰，州士女往乞嗣还愿最伙。"[②] 效仿补天又加上祈子，与女娲造人也有牵连关系。清光绪十年（1884）刻本《高陵县志》：正月"二十日，置煎饼于屋上，曰'补天'"。[③] 民国二十四年铅印本《中部县志》：正月"二十日，造薄饼置屋上，曰'补天'"。[④] 清乾隆四十三年（1778）刻本《富平县志》："二十日，置面饼屋宇上下，曰'补天地'。"[⑤] 于补天之外，又增添了补地，人们想象天既然漏了，地也可能陷了，所以也要补上。清嘉庆十五年（1810）刻本《渑池县志》：正月"二十日，摆煎饼房屋上，并置地上，名曰'补天、补地'。"[⑥] 民国二十四年南京东华印书馆铅印本《重修灵台县志》："二十日，以面做薄饼，其厚如纸，俗称'补天地'。"[⑦]

[①] 丁世良、赵放编：《中国地方志民俗资料汇编·西北卷》，北京图书馆出版社（原书目文献出版社）1989年版，第52页。

[②] 丁世良、赵放编：《中国地方志民俗资料汇编·华北卷》，北京图书馆出版社（原书目文献出版社）1989年版，第689页。

[③] 丁世良、赵放编：《中国地方志民俗资料汇编·西北卷》，北京图书馆出版社（原书目文献出版社）1989年版，第21页。

[④] 丁世良、赵放编：《中国地方志民俗资料汇编·西北卷》，北京图书馆出版社（原书目文献出版社）1989年版，第136页。

[⑤] 丁世良、赵放编：《中国地方志民俗资料汇编·西北卷》，北京图书馆出版社（原书目文献出版社）1989年版，第46页。

[⑥] 丁世良、赵放编：《中国地方志民俗资料汇编·西北卷》，北京图书馆出版社（原书目文献出版社）1991年版，第279页。

[⑦] 丁世良、赵放编：《中国地方志民俗资料汇编·西北卷》，北京图书馆出版社（原书目文献出版社）1991年版，第191页。

天穿节在广东地区又有些变化，补天仪式突出了驱邪与祈神的内容。民国十年刻本《增城县志》："十九、二十两日，名'天机癞败'，挂蒜以辟恶，作馎饦祷神，曰'补天穿'。"① 清光绪十六年刻本《花县志》：正月"十九日，'仙姬大会'，俗讹为'天机赖败'。各悬蒜于门，谓之辟邪恶，烙糯粉为大圆块，加针线其上，谓之'补天穿'。"② 烙煎饼又加上穿针线的活动，意为用针线来补天穿，故而有的地方在正月忌讳女子做针线活，以避免将补好的天空刺破。广东地方天穿节虽然增添了新的内容，但还保留了比较原始的部分，显然是来自中原客家对古俗的传承。广东的天穿节又向前推了一天，为正月十九，可能与当地气候有关。

天穿节煎饼巫术本身包含了祈求风调雨顺的意义，而风调雨水的结果就是五谷丰登，所以天穿节又讹变为添仓节或天仓节。有的地方甚至当成两个节日一起过。清嘉庆二十四年刻本《介休县志》：正月"二十日，名'小天仓'。煮黄米糕，燃灯礼佛。按《拾遗记》江东俗：是日为'天穿'。以红缕系煎饼置于屋上，谓之'补天穿'。东坡诗曰：'一枚煎饼补天穿'者是也。二十五日，为'大天仓'。造面人如仓神状。燃灯于首更。造面鸡，置于内外房屋及碾磨、井灶之处，盖取衣食不穷之意。"③ 在此，不仅天穿节与衍生出的天仓节成为紧邻平行的节日，而且又衍生出了大天仓节及其相关习俗，以满足农业社会人们对于丰衣足食的渴望。当然，在更多地方，天穿节则直接演变为天仓节或填仓节、添仓节之类。清雍正十三年（1737）刻本《朔州志》：正月"二十日、二十五日，煮窝煎饼，点灯仓廪，炭灰布地，剜窖、盖窖，名曰'天仓'"。④ 民国年间铅印本《阳高县志》："二十

---

① 丁世良、赵放编：《中国地方志民俗资料汇编·中南卷》，北京图书馆出版社（原书目文献出版社）1991年版，第691页。

② 丁世良、赵放编：《中国地方志民俗资料汇编·中南卷》，北京图书馆出版社（原书目文献出版社）1991年版，第685页。

③ 丁世良、赵放编：《中国地方志民俗资料汇编·华北卷》，北京图书馆出版社（原书目文献出版社）1989年版，第592页。

④ 丁世良、赵放编：《中国地方志民俗资料汇编·华北卷》，北京图书馆出版社（原书目文献出版社）1989年版，第556页。

日、二十五日，为'天仓节'。"①又民国七年铅印本《马邑县志》："'天仓'，《拾遗记》：'以正月二十日为天穿。江东俗以红缕系煎饼遗屋上，燃烛为记，谓之补天漏。'邑俗以是日为'小天仓'。凡仓廪皆照灯，以炭灰罗布地上，作大小圈，曰'掞窖仓'。煮窝，以荞面为丸，而空其中，肖窖形也。至二十五，为'老天仓'。食煎饼，亦荞面为之，曰'盖窖'。"②天穿节成为天仓节，煎饼补天仪式演变为煎饼填仓仪式，天穿也讹传为天仓。进一步讹变，天仓又被说成是填仓、添仓。如清光绪八年刻本《寿阳县志》载："二十日，晨起担水，如五日，谓之'小填仓'。二十五日画灰为梯囤形，中实五谷压以石，曰'填仓'。"③清光绪三十一年《怀仁县志》：正月"二十、二十五日，炭灰布地作窖，埋五谷，名曰'添仓'。"④清乾隆七年刻本《延庆州志》：正月"二十日，'小添仓'。二十五日，名'老添仓'。人家以五谷增入各囷内。"⑤节日的讹变，导致人们将补天的煎饼直接用来添仓，背后的女娲故事逐渐被人们淡忘。清光绪六年刻本《绛县志》：正月"二十日，煎饼祀神敬祖，放烟火，减于元宵。置煎饼于粮囷。名曰'添仓'。夜不张灯，呼为'鼠忌'"。⑥添仓之时，又怕老鼠知道，故不张灯。风俗之衍生，由此可见一斑。有的地方虽然天穿节演变成了添仓节，但还保留了旧名，也可见其演变脉络。清光绪六年刻本《河津县志》：正月"二十日，制煎饼，名曰'补天穿'，或曰'添

---

① 丁世良、赵放编：《中国地方志民俗资料汇编·华北卷》，北京图书馆出版社（原书目文献出版社）1989年版，第551页。

② 丁世良、赵放编：《中国地方志民俗资料汇编·华北卷》，北京图书馆出版社（原书目文献出版社）1989年版，第557页。

③ 丁世良、赵放编：《中国地方志民俗资料汇编·华北卷》，北京图书馆出版社（原书目文献出版社）1989年版，第589页。

④ 丁世良、赵放编：《中国地方志民俗资料汇编·华北卷》，北京图书馆出版社（原书目文献出版社）1989年版，第550页。

⑤ 丁世良、赵放编：《中国地方志民俗资料汇编·华北卷》，北京图书馆出版社（原书目文献出版社）1989年版，第17页。

⑥ 丁世良、赵放编：《中国地方志民俗资料汇编·华北卷》，北京图书馆出版社（原书目文献出版社）1989年版，第702页。

仓'。夜不张灯，呼为'鼠忌'"。① 新旧名称同时存在，也表明其新旧交替关系。又如清道光二十一年（1841）刻本《神木县志》：正月"二十五日，'天仓节'，多蒸糕饵食之，谓之'填仓'。妇女忌动针线"。② 妇女忌动针线，是比较原始的补天巫术。天仓节在有的地方又一分为二，分成二十日的小天仓节或小添仓节，二十三日或二十五日的大天仓节或老天仓节（老添仓节）。民国二十八年北平燕京大学图书馆传抄本《府谷县志》："二十日，名曰'小填仓'，各家燃灯举火。二十五日，名'老填仓'，亦燃灯举火。"③ 一九四四年铅印本《米脂县志》：正月"二十日为'小添仓'，二十五日为'老添仓'"。④ 天穿节演变为填仓节、添仓节、天仓节，与女娲故事渐行渐远，但是总是连着一条扯不断的文化之根。

　　中国的大年节与鱼神神话有着密切关系。在鱼神神话中，鱼神因为掌管雨水而与五谷丰登密切相关，所以就成了丰收富裕的象征。重要的节日和礼仪，一般少不了鱼。过年吃团年饭，鱼是餐桌上必备的菜肴。全家人团聚吃鱼，为的是祈愿人人富裕。因"鱼"与"余"谐音，鲤鱼的"鲤"字又与"利"字谐音，所以，大约在清代，过年吃鱼又被附会上了"年年有余""年年得利"的意思。这种添枝加叶由于与传统的鱼信仰相吻合，竟被广为流传。中国广大城乡，过年吃鱼习俗盛行，有些地方还一定要吃鲤鱼。各地过年吃鱼还有不同的讲究。有的地方在大年三十将鱼煎炸后水煮，再连鱼带汤冻成鱼冻，以备正月初一吃团年饭时享用。这样，头年煮好的鱼，次年来吃，正合"年年有余"的意思。有的地方在团年饭吃鱼时要剩下头尾，以取"有余"之义。鱼也是传统年画的重要题材，如杨柳青年画、桃花坞年画

---

　　① 丁世良、赵放编：《中国地方志民俗资料汇编·华北卷》，北京图书馆出版社（原书目文献出版社）1989年版，第703页。
　　② 丁世良、赵放编：《中国地方志民俗资料汇编·西北卷》，北京图书馆出版社（原书目文献出版社）1989年版，第90页。
　　③ 丁世良、赵放编：《中国地方志民俗资料汇编·西北卷》，北京图书馆出版社（原书目文献出版社）1989年版，第93页。
　　④ 丁世良、赵放编：《中国地方志民俗资料汇编·西北卷》，北京图书馆出版社（原书目文献出版社）1989年版，第102页。

表现吉祥的主题时，总少不了鱼。

神水神话包含了对水的多种吉祥意义的信仰观念，因此为崇尚吉祥的中国节日所传承。在中国广大的农村曾流行正月初一挑新水的习俗。人们把新年清早挑回家的第一担新水，称作吉祥水，认为它能给全家带来好运。刘锡蕃《岭表纪蛮·节令》载："元旦，提瓮汲新水，沿路唱'牛羊鸡豕、六畜魂来'一语。"挑新水沿路唱召唤牲畜魂魄归来的咒语，该俗还有祈愿六畜兴旺之意。这一习俗还可以在壮族新年习俗中得到印证。"初一早晨，天空尚未露出鱼肚白，到山间清泉、村旁小河汲新水的农妇村姑便纷至沓来。壮家村姑穿着盛装挑新水，在回家的路上，手里拣着有些像牛、马、猪、猫、狗、羊的小石头，嘴里模仿着六畜的叫声，象征着六畜兴旺。回到家，便把这些石头放进猪圈、牛栏，保佑六畜兴旺。然后将新水倒入锅里，与红糖、竹叶、葱花、生姜一同烧开，让全家喝上用新水煮的新年茶。据说：这新年茶会使人万事如意。老人喝了健康长寿、小孩喝了聪明能干、夫妻喝了会生活甜蜜美满。"① 壮族新年习俗中祈望六畜兴旺的行为与《岭表纪蛮》所记如出一辙。在黔南布依族，是由新媳妇在大年初一挑回第一担新水，取新人挑新水之意；而且，以最先挑到的一担水为最吉祥。新媳妇在初一都要早早起床，争先恐后到井边挑第一担水。到了井边，每人都要烧三炷香、三张纸钱。三炷香表示对水神的崇敬，三张纸钱算是付出的买水钱。然后再依先后挑水。这种习俗表现了布依族对水的崇拜心理以及崇拜的目的。云南景颇族的"背新水"习俗，也伴有祭祀活动。人们来到井旁或泉边背新水时，首先要焚香烧纸，并且还要对"水鬼"说："我背新水来了。"景颇族认为，水中都有水鬼，必须尊崇，所以他们年年在大年初一祭祀水鬼，希望水鬼能保佑风调雨顺、人畜安康。经过祭祀后取得的新水，便成了水鬼赐福的媒介，被视为吉祥水。云南地区的彝族，把正月初一挑新水称作打净水。在打净水时，也有祭祀活动，不过，所祭祀对象已经不是一般的水神，而

---

① 蓝影：《壮家人过年，挑新水　打扁担》，《黄河·黄土·黄种人》2007年第2期。

是高度人神化、虚拟化的水神龙王。打净水由身强力壮的小伙子负责。他们来到井边，先焚香烧纸，然后向龙王献上祭品，即向井中抛撒谷物，如米、黄豆、荞子等，表示对龙王赐予风调雨顺、五谷丰登的回报，希望来年继续给予恩赐。祭祀完毕，人们便挑上满满一担水回家。这浸润过祭品五谷的水，据说能给人们带来好运。看来，吉祥总是与岁稔年丰密不可分的。

湖北恩施自治州土家族、湖南湘西苗族，把正月初一挑回家的第一担水称作金水、银水，视为富裕的象征。苗族有金水银水的传说。传说苗族的祖先为了造福后人，鼓励勤劳奋发的后裔子嗣发家致富，在每年的第一天要开一口金水银水井供早起的人挑水回家。据说抢到头一担水的人就会发家致富。所以人们在这一天都会早起，争先恐后来到井边抢挑头一担水。抢到头一担水的人要用一张纸串上三根香，插到井边，后来者也用同样的办法并按先后顺序依次插下去。这样，每一个挑水者的名次都很清楚，以便祖先把富裕水赐给最勤劳的人。

壮族地区把正月初一的水称为伶俐水、智慧水，认为喝了这种水，就会变得聪明、能干、漂亮。姑娘们在这一天清早都要来到泉边抢伶俐水喝。她们先要轮流数天上的星星，一直数到天边只剩下最后一颗星星，才开始喝伶俐水。由全体公认样样活路都排第一的"伶俐嫂"主持喝水仪式。"伶俐嫂"唱起伶俐歌：

　　伶俐水，清又清，
　　润你喉，洗你心，
　　润你喉管歌声脆，
　　洗你心灵变聪明。

然后捧起第一捧水给第一位来到泉边的姑娘喝。其他的姑娘此时不能争抢。喝第一捧水的姑娘往往要被伶俐嫂的歌羞得面红耳赤，歌中唱道：

以后你嫁到哪个村，
就像凤凰落下金竹林，
丈夫爱你爱在心底，
夜里常在梦中笑醒。
家婆赞你呀——赞得嘴唇起血泡，
众人夸你——翘得拇指抽了筋。

按当地习俗，第二捧水是可以抢着喝的。未等伶俐嫂将第二捧水捧出水面，一大群姑娘就来抢着喝，伶俐嫂无奈，只好把第二捧水泼到姑娘们的脸上。一般来说，第三捧水就没人喝了。姑娘们为了喝到第二捧水，便一对对拥抱在一起，伸出舌头去舔对方脸上的水珠，都期盼从那一点一滴的水珠中获得伶俐。

广西凌云、平果一带的壮族则把正月初一的新水称为智慧水。喝了智慧水，人就变得聪明能干、歌喉甜润。大年初一黎明时分，壮家青年女子便提着灯笼去挑智慧水。先默祭，然后齐唱讨水歌，唱完后依次下河挑水。关于智慧水，当地还有一个美妙的传说：每年正月初一子时，智慧神都要派两位穿红衣紫裙的仙姑，抬着精美的花瓶到河里换水。仙姑换水时把瓶里的水倒进河里，河里的水这时就变成了智慧水，赶在这时来喝水，就能获得智慧。当然，传说对智慧水的解释是不足信的，但它却反映了人们相信水能赐给智慧的信仰。

龙神神话形成了不少节日，如二月二龙抬头，五月端午划龙舟，六月六晒龙袍，正月十五玩龙灯等。在少数民族中，龙神节日也是丰富多彩、琳琅满目，后文有详述。

中国神话生活仪式叙事，打通古今，让古老的神话附着于不断更新的民族生活而不断传承，使一个民族的生活文化在不断跟进现代化的同时而又永葆民族性特征，应该受到人们的重视，并采用适当的措施加以保护。神话的生活仪式叙事，润物无声，如影随形，维系着一个民族的古老文化之根。

三　中国神话祭祀仪式叙事

祭祀仪式，即祭祀神灵的仪式，是神话活态叙事的重要形式之一。神话反映祭祀仪式，同时也可借助祭神仪式得以表达。神话的祭祀仪式叙事是最有生命力的叙事形式之一，不仅历史悠久，而且在民众中有着深广的影响。神话祭祀仪式叙事不仅有成千上万人参加的大型的祭典，而且也有家族、家庭甚至个体的活动形式，从古至今十分活跃，神话通过大大小小的祭祀仪式活动而得以成为民族共同体历久弥新、经久不衰的记忆。

中国神话的祭祀仪式叙事，不仅包括神话文本借助于仪式活动的叙事，而且还包括仪式表演的神话叙事。前者称为祭祀仪式神话文本叙事，后者称为祭祀仪式神话展演叙事。当然也有不少祭祀仪式兼具神话文本叙事和神话表演叙事两种功能，是一种综合性神话祭祀仪式叙事形式。

（一）中国神话文本祭祀仪式叙事

中国神话文本的祭神仪式叙事，主要是指在仪式的举行过程中，由仪式的主持人，一般是巫师等人物，念唱相关的神话文本，神话文本构成祭祀仪式的有机组成部分。

红水河流域壮族的创世史诗《布洛陀》是在除夕祭祖时演唱的。除夕之夜，壮族村民为求得人畜平安、诸事如意，就要杀猪或杀牛祭祀祖先，请师公唱《布洛陀》。神台上香火不熄，每次上香，全家人都要叩头三次，以示孝敬祖先。师公唱史诗《布洛陀》或唱半天半夜，或唱一天一夜。全家人坐着倾听。唱诗伴随着巫师的仪式。巫师先将一头公牛绑在主家门前，扯下三根牛头毛，实际上是三把。边扯边念："此牛不是非凡牛，它是始祖造的牛。此毛不是非凡毛，它是布洛陀造的古牛毛。"随着上三炷香，摆三杯酒，意为烟火、酒气引路。巫师从布洛陀、姆洛甲始祖一直念到历代祖宗的姓名，意为邀请他们来过年，吃牛肉宴。师公以弹阴阳板（两片牛角或竹片）为准，两块阴阳板内面均朝下时，则认定该祖先已来临；两块或一块内面朝上时，则认为该祖先未到，要一请再请、四处寻找。直到弹至两块阴阳板内面均朝下才罢休。师公说：布洛陀、姆洛甲除夕最忙，家家要请去，能请到始祖始母，算是主家的福分。请到历代祖先后，主家开刀杀牛，将生牛头和一碗牛血摆上神台，这叫生祭。是公开唱《杀牛祭祖》或《广浜布洛陀》，细述始祖始母之恩源。入夜，牛肉煮熟，谁也不许先吃，连牛汤都不许喝。要将熟牛肉及五脏供奉于神台祭祀先祖，这叫熟祭。师公请布洛陀、姆洛甲及历代祖先入座进餐，重念生祭唱词。其间，主人陪坐，时而陪口酒，时而陪口饭，时而陪口肉。意为"阴阳同餐共享乐"，直至深夜鸡叫，熟祭才结束。主家心满意足，与师公亲友共吃除夕餐，饮酒划拳，迎接新年。平时遇到疾病、灾难的人家，要请师公作法，请鬼神查情、断案。要由布洛陀、姆洛甲先开金口，化凶为吉。壮族村民要出远门，也请布洛陀、姆洛甲择良辰吉日，方能远行，并请他们随行，以保平安。农家插秧、种玉米，常在地里插竹弓、树枝，意在防止鸟兽虫害，要请布洛陀、姆洛甲来神佑。主人以一只鸡蛋、一碗干饭作祭品，将树弓、树枝摆在祭品周围，请布洛陀、姆洛甲来吃饭，施法使树弓、树枝变为神弓神箭，鸟兽不敢侵害。[①] 布洛陀、姆洛甲已成为壮族儿女日常生活的保护神，有关神话已融入人们的日常生活。

  基诺族信奉女始祖阿嫫，阿嫫即汉语母亲之意。基诺族口传神话说，巨人阿嫫由茫茫的水中出生，当时无天无地，只有一片汪洋。阿嫫在水中活动时，远远看见一只巨大的癞蛤蟆，阿嫫走近，癞蛤蟆欲将阿嫫吞下，阿嫫主动跳进癞蛤蟆之口，在癞蛤蟆肚子里用双手撑，用双脚蹬，癞蛤蟆的口和腹部被越撑越大，最后发生爆炸，其肢体飘落四面八方。一只眼珠变为太阳，一只眼珠变为月亮。阿嫫将癞蛤蟆

[①] 李绍明、钱安靖、张有隽等主编：《中国各民族原始宗教资料集成·土家族卷、瑶族卷、壮族卷、黎族卷》，中国社会科学出版社1998年版，第531—532页。

爆炸后落在水中的细小物体聚合拢来造成了大地，将空中散裂物合并在一起造成了天空。天地造成后，结果天比地小，天地合不拢。阿嫫用手挤压大地，形成沟壑山岭，地缩小后，天地就合拢了。为了天地的稳固，阿嫫又用癞蛤蟆的九根骨骼顶在天地之间，还用它身上的九根筋拴在天之间，天地就安稳了。阿嫫用手在天上按了一下，天上就布满了星星。但是地上空无一物，又没有其他材料可供创造，阿嫫就搓下身上的污垢，洒向四方，落在地上的就变成了灌木和草类，飘在天空的就变成了各种飞虫。阿嫫造地时所挥洒的汗水，竟变成了雨，接着阿嫫又用身上的污垢造成了野牛、人和其他动物。因为大地为阿嫫所造，所以阿嫫又被称为阿嫫小贝。基诺语"小"为土地之意，"贝"为造的意思。阿嫫小贝，也称为阿嫫腰白，即为大地母亲之意。后来，阿嫫在挑土造物之时，扁担由于被坏人插上利刃断裂，阿嫫被刺死。她挑的两筐土倒扣变成了两座山，她喷出的血使当地的土地成了红色。① 基诺族崇拜创世始祖阿嫫，每年七月要举行祭祀阿嫫的仪式。祭祀时间长达13天，因为传说阿嫫创世用了十三天，所以祭祀阿嫫的仪式要举行十三天。"'乙搓'日是此仪式最隆重的一天，全寨要停止出工，卓巴、卓色乘天不亮安插好'搭溜姆楚'，然后杀猪，杀猪在'搭溜姆楚'附近处。届时搭一草棚，棚内放七张篾桌，桌上铺芭蕉叶，放上装有米和盐的葫芦瓢，七位长老各坐在一张桌前，念诵祈祷词，念完后各自将葫芦瓢中的米撒在猪身上，其他人即可杀猪，杀后将猪嘴、猪脑、猪耳朵留下，其他平均分给寨内各家，分定肉，长老们先走，到'搭溜姆楚'处再由卓巴、卓色念经，念经完后全体祭祀人员大声叫喊着往回跑。寨中妇女听到喊声须立即回避，参加祭祀的人跑回家，将祭肉放在楼梯上的草排处，立即进门将菜板剁响，剁几分钟后，全寨人方可出门。此时，卓巴家中负责做饭的人已将'布合'日（十三天中的一日）众老大送来的糯米做熟，捏成饭团，把干巴切成小块，全寨每户人家都可领到一团饭团、三块干巴作为祭

---

① 何耀华、杜玉亭、詹承绪主编：《中国各民族原始宗教资料集成·彝族卷·白族卷·基诺族卷》，中国社会科学出版社1996年版，第879—880页。对原文有缩减。

品，在自家做祭祀时用。"①"乙搓"日卓巴、卓色所念之经的内容就包括阿嫫腰白的神话故事。在基诺族人的观念中，一年之初是从"乙搓"日开始的。可见，阿嫫腰白在基诺族人民心中神圣的地位。

傣族的创世神话《巴塔麻嘎捧尚罗》，又名《南师巴塔麻嘎帕萨傣》，题名意为："神王开创世界。"讲述了天地开辟、人类及傣族的起源、傣族的迁徙与定居、文化发明的过程。长诗文化发明部分关于房屋发明的描写十分细致，表明此项发明为傣族所特别看重。长诗说：帕雅桑木底创造了其他事物后又开始盖房。当时，人越来越多，土洞里住不下，要想办法建造房屋。他看见下雨时，"芋叶一片片，宽大像簸箕，把雨水挡住"，受到启发，就找来四根木杈，搭起棚屋。棚屋漏雨，他看到"雨水顺着狗毛淌"，就仿照狗坐着的样子，盖了间草棚。草棚不挡风，他看到凤凰，就模仿凤凰的翅膀造了许多草排，并模仿凤凰的站立姿态将屋顶建成斜面，然后将草排盖在上面，这样遮风挡雨的凤凰屋就建成了。帕雅桑木底经过从制造叶芋房、棚子房到制造凤凰房的艰难探索历程，终于发明了适宜人类居住的房子，表现出了傣族人民的创新精神、精益求精的工匠精神！②帕雅桑木底由此被尊奉为傣族的始祖神。傣族在祭祀村寨的寨心石与举行建新房仪式时，要演唱歌颂帕雅桑木底始祖的长诗《巴塔麻嘎捧尚罗》，这是因为傣族民众相信帕雅桑木底是发明凤凰房的始祖。傣族村寨标准的模式一般由寨头、寨尾、寨心石、水井、佛寺、凉亭等组成。在西双版纳的傣族，寨心石是最核心的地方，也是神圣之地。每三年要举行一次祭祀寨心石的仪式。祭祀寨心石仪式，傣族语称为"温曼"，汉语即为"暖寨"。有的地方称为"朗漫"，即"洗寨"；还有的地方称为"米漫"，即"修理寨子"。总之是驱邪求吉之意。祭祀仪式在寨心石旁举行，先是请僧人诵经祈福。结束后，便请章哈歌手（章哈：既

---

① 《中国各民族宗教与神话大词典》编审委员会编：《中国各民族宗教与神话大词典》，学苑出版社 1993 年版，第 346 页。

② 西双版纳傣族自治州民族事务委员会编，岩温扁翻译：《巴塔麻嘎捧尚罗》，1986 年景洪（内部资料），第 402—414 页。

指傣族一种曲艺形式，也指傣族唱这种曲艺的歌手。）演唱《巴塔麻嘎捧尚罗》的内容，主要有大神创世、人类与万物的起源等。傣族上新房仪式也要举行祭祀仪式。当新房落成，房主就邀请亲朋好友来庆祝，并举行驱邪祈福仪式，与祭寨心石仪式大致相同，也要演唱傣族创世神话《巴塔麻嘎捧尚罗》的内容。傣族的两种祭祀仪式都与祭祀始祖神有关，都具有祈求房屋的发明者始祖神保佑寨子平安，保佑家宅平安之意。所敬始祖神，在这里也附加上了家宅保护神的意义。

  汉族神话诗《黑暗传》流传于湖北省神农架地区，在长期口头流传过程中，融入了多方面的内容，如古代典籍记载神话、民间口头神话、佛道故事、文人魔幻故事等，内容丰富驳杂，但解释事物的缘起仍是长诗的主线，因此该诗具有创世神话性质。《黑暗传》主要在丧葬祭祀仪式中由歌师演唱传承。在神农架地区，人家有老人去世，过去要请歌师上门演唱《黑暗传》，以悼念亡者。《黑暗传》有多种手抄本，内容比较丰富，一个歌师通宵达旦地唱，唱上好几夜，也唱不完。所以要请上几个班子参加仪式，尽量将史诗唱的完满。《黑暗传》往往采用彼此盘问对答的方式演唱，有赛歌的意味。相对来讲，《黑暗传》神话传承是一种比较单纯的吟唱传承，少有肢体表演的动作。由于依附丧葬仪式传承，《黑暗传》的传承至今仍是保持着旺盛生命力的活态传承。

  景颇族创世神话《勒包斋娃》，意即巫师演唱的历史，勒包，为历史之意，斋娃指巫师，或者演唱经诗的人。其内容主要包括：天地万物的形成、人类的起源、洪水遗民兄妹成婚、民族的起源与迁徙、景颇族祖先宁贯杜治理天地、文化发明、鬼魂起源等。该创世神话主要在景颇族盛大节日——目瑙纵歌上吟诵与展演。目瑙纵歌意为纵情歌舞之意。目瑙为景颇语，歌舞之意，纵歌为载瓦语的直译，意为大家一起纵情歌舞。目瑙纵歌节包括吟诵《勒包斋娃》神话史诗、祭祀天鬼、全族共舞等仪式。节日在春节正月十五后举行，大型的目瑙纵歌节三五年才举行一次。有固定的地域，轮流在芒市、陇川、盈江以及缅甸克钦邦举行。举行目瑙纵歌要有专门的场地：在山坡上选择一

第二章 中国神话仪式叙事

块平坦的地方，四周圈起篱笆，在正中间竖立目脑示栋（绘有目瑙舞蹈路线的图谱，也叫景颇族迁徙路线图）柱，建一小房，供奉天鬼"木代"，并搭起太阳神祭坛，挂上彩幡。节日仪式开始，巫师"斋娃"与领舞者"瑙双"们要杀牛、杀猪、杀鸡祭祀鬼神"木代"。不同的祭祀对象用不同的祭品。大鬼用牛、猪，小鬼用鸡与蛋。祭祀完毕，斋娃与瑙双穿上绘有百鸟、孔雀、犀牛等图案的长袍，戴上篾冠帽，双手握长刀，排成两列在群众队伍前领舞。舞者和着《勒包斋娃》的曲调，吟唱该神话史诗的内容，几乎所有的景颇族人都能哼上几段《勒包斋娃》的曲调，其曲调大同小异，都是"哦拉调"，所以很容易为大众掌握。成百上千，甚至成千上万人和着统一节拍舞蹈，其场面真是震撼人心，而神话《勒包斋娃》就是在这样的文化空间传承的，不仅能够深深打动人的情感，而且能增强记忆，使神话史诗深深烙在人们的脑海中。群众舞者排成两列纵队，由八男八女的"瑙巴"带领跳舞，舞成一个巨大的圆形。人们沿着祖先的迁徙路径边走边跳，时而穿插、时而环绕，表现出对祖先筚路蓝缕开拓创新精神的崇拜之情。目瑙纵歌节让全体参加者吟诵并参与展演民族创世神话，增强了人们对本民族神话的热爱之情、民族自豪之感，可以说是一种激情洋溢的神话活态传承形式。

　　阿昌族创世神话《遮帕麻和遮米麻》讲述了天公遮帕麻造天、地母遮米麻造地，然后两人结合繁衍子嗣，并重整被洪水损坏的天地，战胜恶魔造福人类的故事。遮帕麻和遮米麻是为阿昌族的男始祖神与女始祖神，世世代代受到阿昌族民众的崇拜，阿昌族盛大节日阿露窝罗节就是因祭祀遮帕麻和遮米麻而兴起。阿露窝罗节，原本为阿露节与窝罗节两个祭祀祖先的祭日，没有固定的时间。1993 年，经德宏州第九届人大常委会第十三次会议将两个节日合并统一称为"阿露窝罗节"，定于每年 3 月 20 日前后举行。阿露窝罗节一般由村寨举办。届时要搭建举行节日仪式的场所。全寨男女老少到山上选择一棵栗树作为树神，这棵栗树必须很直。树神选好后，由德高望重的寨老主持祭祀仪式，然后将这棵树砍下，用绳子拴好，由全村人拖回村庄，不能

121

由人肩扛。一路上敲锣打鼓，欢呼不断地将树神迎进村子。然后，将树神竖立在宽敞的祭祀场地，并围着树神搭建祭台。在树神上挂上大弓，安上太阳，披上鲜花绿叶。在祭台上绘满阿昌族服饰图案。最后，将木刻水獭猫安放于神座，有的地方是安置绘有阿昌族男女祖先的两块牌坊。祭台搭建完毕。祭祀仪式开始，灵魂附体的大活袍（巫师）将五谷茶酒与鲜花水果摆上祭坛后，并挥舞鹰尾大扇高声诵经，传唱《遮帕麻和遮米麻》创世神话，唱诵他们伟大的事迹，感谢他们的恩德。然后，狮子舞队和大象舞队一起参拜神座，祭祀始祖神。全体村民身着节日盛装，手持鲜花绿叶，蘸着清水抛洒，并围着神座跳起阿露窝罗舞，表达对始祖的感激之情和祈祷。之后，全体村民身着节日盛装，手持鲜花绿叶，蘸着清清泉水，围着神座唱起古朴原始的窝罗调，跳起以月亮和太阳为造型的阿露窝乐舞，表示对祖先深深的谢意。载歌载舞，通宵达旦。除了歌舞，节日期间还进行武术、对歌、秋千等丰富多彩的文化娱乐活动，古老的神话由此而融入了时代的生活。

广西壮族创世神话《布洛陀》讲述了壮族始祖布洛陀开辟天地，创造万物与人类的伟大业绩，布洛陀成为壮族民众的始祖神。在田阳县右江白色盆地的敢壮山，每年都要举办盛大歌圩，祭祀布洛陀。据记载，歌圩形成于隋唐之前。传说布洛陀与姆六甲住在姆娘岩繁衍人类，他们的后代遍布四面八方。每年农历二月十九日为布洛陀的生日，住在各地的儿孙都要回来为布洛陀祝寿。子孙太多，来祝寿的人从山脚排到山顶，人们就地烧香，形成香火长龙，非常壮观。祝寿活动历时20天，要到三月初九方能结束。儿孙们见祖公很健康，就非常高兴，就即兴唱歌，一唱就是几天几夜，天长日久，相沿成俗，形成歌圩。歌圩多有歌颂布洛陀开天辟地，创造万物繁衍人类的神话事迹。所以歌词中频繁出现祖先"布洛陀"的名字。"布洛陀"中的"布"，是老人的尊称，"洛"为知道、知晓之意，"陀"为很多、会创造之意。合起来解释就是知晓很多、会创造的老人。有关布洛陀的各种神话都涉及布洛陀的创造发明，说他在天造地、造人、造牛、造狗、造鸡、造火、造房、造谷、造祭祀等。在这个神话人物身上，体现壮族人民的创新精神、创造意识。敢壮山歌圩大量歌谣都歌颂了布洛陀的创造伟业。节日期间，青年男女还要通过对歌寻找配偶；同时，还有丰富多彩的文艺演出以及商贸活动，敢壮山歌圩是广西歌海之源和百越民族集市之源。

陕西省凤翔县的槐塬有女登会节，时在农历正月二十五日至二十六日。女登为炎帝之母，为人们崇拜的女始祖神，节日期间，周边地区的村民以及甘肃、河南、山西等省的百姓不顾路途遥远，会搭伴结伙前来参加女登会，祭祀女登始祖母。民间传说，女登为炎帝之母，是一位养蜂之人，随着蜂子采蜜四处奔忙，居无定所。炎帝由于多日不见母亲，就带着人举着排灯连夜寻找，终于在槐塬找到母亲。于是率众庆贺，遂成习俗。传说固然不可信，然女登庙会由来已久。庙会期间，人们要举行高跷、社火、赛锣鼓、唱大戏等活动，再现炎帝找到母亲的欢乐情景。庙会在正月二十五日开始。晚上天黑后，散布在旷野中的村民不约而同地亮起排灯，从四面八方向女登祠汇集。此时，礼炮声、鞭炮声、锣鼓声此起彼伏，热闹非凡。一对对排灯队伍来到女登祠前，依次举行祭祀表演仪式。每队的领队进庙叩拜女登像，献上祭品，门外燃放鞭炮，锣鼓队即兴表演一段鼓乐。表演锣鼓的队员身着古装，鼓、镲齐响。击鼓者手中鼓槌上下翻腾，节奏时缓时急，激情洋溢，引得观众阵阵喝彩。一对演罢，另一对即上，高潮迭起，群情振奋。

第二天，即农历正月二十六日，庙会举行祭祖拜神、祈求保佑仪式。清晨，许愿的民众已经在女登祠燃起了香火。进门叩拜后，主持人会送上一根红绒线系在许愿者的手臂上，以保平安。下午，开始举行社火表演，分为步社火、马社火、高芯子等。社火仪式主要是众人抬着巨大的展演台游行，展演台上有人表演。在一个巨大的木架子上，绑上一根圆木，架子上用桌子和椅子搭成山形，外面贴上纸，绘上山色。人抬起架子后，有七八米高。木架下方坠有数根石条以降低重心求得平衡。扮演女登的演员坐在顶端，周围站着狩猎者，手持木棍、弓箭、鱼叉等代表狩猎渔猎生活。游行开始，上百人抬着巨大的展台游走，声势浩大，场面壮观。

单纯的神话文本祭祀仪式叙事是很少见的，因为在祭祀仪式中，或多或少都会夹杂一些表演性的仪式来讲述神话故事；一般是根据主次来加以区分，有的祭祀仪式偏重于吟诵神话文本，有的祭祀仪式则偏重展演神话内容，所以将其分成不同的类别，以便于研究。当然，这种分类也很难做到十分严谨，因为民间仪式从来具有自发性、随意性的特点，随时可能吸收其他的成分，很难严格分类。比如同一祭祀对象，在一个地方为单纯的祭祀活动，在另一个地方则是节日祭祀。比如同为壮族布洛陀祭祀仪式，在红水河流域是单纯的祭祀仪式，在田阳敢壮山就成了节日祭祀。还有一种情况是，文本吟诵与仪式展演以同等的份额出现在一种祭祀仪式中。这种祭祀仪式的神话传承，我们称之为综合式神话祭祀仪式传承。节日的神话祭祀仪式传承多半属于这种类型。

（二）中国神话表演祭祀仪式叙事

祭神仪式神话表演叙事，是指举行仪式的巫师或其他人通过身体的肢体动作表现神话中的人物、演绎神话内容，表达对神的赞美与诉求，诉求即是祈求保佑平安、赐福免灾、风调雨顺、五谷丰登之类。

苗族《亚鲁王》是创世与英雄复合型史诗，具有鲜明的仪式性。《亚鲁王》一般在苗族丧葬仪式中由歌师唱诵，其目的是引导逝者沿着亚鲁王迁徙征战的路径，返回祖灵亚鲁王的所在地，具有很强的实用性。主持祭祀仪式的巫师要穿苗族传统长衫头、戴斗笠，头帕里装上稻谷，手提一只鸡，脚穿铁鞋，肩扛长剑，口含银币；在展演过程中，还要配以木鼓、铜鼓、牛角等神器。仪式举行的场所分屋内与屋外。屋内的仪式演唱《亚鲁王》的主体部分。先演唱亚鲁王的创世与英勇征战事迹，然后再演唱亡者事迹，并将亡人事迹与亚鲁王故事紧密联系起来，以便引导亡人顺利返回祖先原住地。屋外的展演是砍马或砍牛仪式，只要死者不是凶死，都要举行这种仪式，称为"砍利"。"砍利"在出丧当天举行。孝子跪地，请舅公或女婿砍牛。砍牛者用刀或铁棒、木棒砍牛。将牛砍倒后，孝子们要伏在牛身上痛哭。将牛砍死后，要在牛身上插上三盆腔草，表示牛还活着。在砍牛过程中，巫师要唱《指路经》。然后，孝子们将牛割开，分成块。将牛的后腿分给舅公或女婿，其余的分给前来悼念的亲友，内脏款待客人。砍牛仪式是要为亡者送牛供其在阴间使用。由此可见，《亚鲁王》主要是在丧葬仪式以唱诵和表演的方式传承的，由于其实际的功用性，所以千百年来盛传不衰。

基诺族阿嫫神话祭祀仪式叙事不仅有文本的仪式叙事，也有仪式展演叙事。基诺族创世大神阿嫫献身精神为人所敬仰，据说她的葬礼用了13天，这样就产生了与一些特殊日子相关的禁忌仪式。基诺族采用汉族的天干地支纪年，并形成了以十二生肖为根据的日子禁忌。

狗日，阿嫫遇害闭目日，为新年第一天，这一天不能割茅草，说是要为安葬阿嫫割茅草。

猪日，阿嫫身体已冷，不能砍修竹上的白叶，不能割茅草。

鼠日，通知死讯日，要为创世始祖制作楼梯，忌坐楼梯。

牛日，互相转告死讯，世人震惊，大家要为阿嫫献谷、舂米，这一天的禁忌为不能堆谷堆。

虎日，安葬阿嫫，大家献木柴的日子，这一天不能上山烧打铁用的木炭。

兔日，哀悼阿嫫的人群汇集起来了，为安葬阿嫫煮饭，这一天不能撒谷种。这一天还是阿嫫将天地合拢的日子，死去的男人可以在太阳落山后安葬，死去的女人则只能在白天安葬。

龙日，悼念人群已到齐。

蛇日，巫师为阿嫫敲铓鼓，龙蛇两日无禁忌。

马日，用白鸡毛加白线搓成绳，为阿嫫拴白线。人们不能在这一天拴红线，这一天是阿嫫与她创造的世界断绝的凶日。

羊日，将鸡蛋放在阿嫫手上握着，这一天不能取鸡窝里的鸡蛋。

猴日，埋葬阿嫫的日子，不能平整房屋座基。

鸡日，阿嫫灵魂升天，身体火化的日子，无禁忌。①

禁忌涉及时间之长，表明仪式的隆重性；同时，禁忌仪式展演了人们对阿嫫的怀念，唤醒了阿嫫创世神话在人们心中的记忆。

云南省西双版纳傣族自治州景洪市基诺族乡的基诺族村寨又有跳大鼓舞祭祀女始祖阿嫫腰白的仪式。当地基诺族神话说：阿嫫腰白造了一只大鼓，洪水来临之际，让麦黑与麦妞兄妹藏进大鼓躲过了灾难。此后，麦黑、麦妞成亲繁衍人类，即为基诺族。所以，基诺族世世代代都要跳大鼓舞，以感谢拯救了基诺族人的阿嫫腰白。大鼓为基诺族神圣之物，平时供在卓巴（寨老）家中的神柱上。跳大鼓舞一般在立春后三天举行，有一套完整的仪程。主祭人在家搭建一临时祭台。祭台上放置一面大鼓，大鼓蒙上布，上面绘有彩虹与洪水传说（可以说是洪水神话的图像叙事），下面也放一面大鼓。杀一头乳猪、一只鸡供于鼓前。祭祀开始，七位长老磕头祭拜，其中一位长老念诵祭词，祈祷大鼓给人们带来吉祥平安，同时，将葫芦瓢里的大米撒向大鼓。然后，敲响大鼓、击镲，众人和着鼓乐声载歌载舞。跳大鼓舞时的唱词称"乌悠壳"，多为基诺人的历史、道德和习惯等内容，多数属于基诺族创世神话。舞蹈动作有"拜神灵""欢乐跳""过年调"等。每逢跳大鼓舞时节，都要挨家挨户地跳。先在谁家跳，这要由谁家先抢到大鼓来决定。故而一些基诺族村寨还保留着抢鼓习俗。抢鼓之时，人们要想方设法去抢鼓，非常有趣。2006年，基诺族大鼓舞被列为第一批国家级非物质文化遗产名录。

侗族神话史诗《嘎茫莽道时嘉》，即《侗族远祖歌》，是创世史诗与英雄史诗的集合体，学术界称为复合型史诗。该神话史诗上部分讲述侗族始祖母萨巴天的创世故事，她有四脚、四手，体型巨大，神力非凡，不仅生出了天地，而且还率领她的后代和众神创造了万物和人类。神话史诗的下半部分讲述萨巴天的女婿王素及万亮、甫刚、雅常、公曼、冠共萨央等民族首领战胜魔鬼、抵抗外来之敌、率领族人不断迁徙寻找理想栖居地的一系列英雄故事。这部史诗反映了从母系氏族

---

① 何耀华、杜玉亭、詹承绪主编：《中国各民族原始宗教资料集成·彝族卷·白族卷·基诺族卷》，中国社会科学出版社1996年版，第880—881页。对原文有缩减。

社会发展到父系氏族社会的史影,但是即使是进入了父系氏族社会,女始祖萨巴天仍然有着崇高的地位。侗族在祭祀民族祖先时,也是以萨巴天为主。在传统社会,侗族神话《嘎茫莽道时嘉》在祭祀始祖母萨巴天时诵唱。这是一种歌舞乐合一的祭祀仪式,既有神话史诗的吟诵,又有舞蹈表演神话史诗的内容,是文本叙事与表演叙事相结合的神话仪式叙事。过伟对侗族《嘎茫莽道时嘉》祭祀仪式叙事有很好的说明:"歌、舞、乐相结合。既唱诵史诗,又奏牛角号、海螺号、萨巴号、弦乐器、锣、鼓、钹等,还戴起面具跳舞,唱到什么神便戴什么神的面具跳什么神的舞蹈。面具共有几百个,平时装五六箩,悬吊在祖祠两厢。每当大祭之年,唱诵全本时,开头三天,唱舞最原始部分,只男人参加祭礼,巫祭师们戴起萨天巴、乌冈、嫡嫡、姜夫、马王等神们的面具,裸体唱诵舞蹈。唱到人的始祖出世……,巫祭师们(全为男子)便穿衣而舞,妇女们才参加祭礼。"由于史诗内容丰富,所以表演史诗的祭祀仪式要举行很长时间,也显示出仪式的隆重性。"大祭之年唱全本,三十天,连续剧式的音乐舞蹈诗;中祭之年七至十天;小祭之年一至三天,只唱选段,一般从姜良、姜妹唱起。"神话史诗犹如剧本演出一样在祭祀仪式被展演,包括人物的表演。过伟又说:"史诗对于各位女神、男神、人化了的神与神化了的人,都有恰如其份的叙唱。"[①] 这种将神话文本叙事与展演叙事相结合的祭祀仪式叙事形式,在我国少数民族比较多见。

(三) 中国神话祭奠仪式叙事

神话的祭奠仪式,即为单纯的祭拜神灵的行为,因为祭拜本身包含了神灵信仰,而神灵信仰又是神话的核心内容,所以单纯的神灵祭奠也往往包含了神话的记忆,也属于神话仪式叙事范畴。中国是一个农业古国,农业生产始终是主要的生产活动。因此,祭祀与农业生产

---

① 过伟:《嘎茫莽道时嘉·序言》,中国民间文艺出版社1988年版,第5页。

相关的神灵就成为传统社会最重要的祭祀活动。传统农业生产的丰收完全建立在风调雨顺的基础上，然而雨水并不能尽如人意适时适量而降，时而多，时而少，多则成涝，少则为旱。旱、涝都对农业的收成构成严重的威胁。获得适时适量的雨水就成了农业社会人们的强烈渴求。而要满足这种渴求，除了兴修水利之外，还会借助神秘的力量，利用神话中的水灵、水神以及水神的高级形式龙神来举行仪式，祈求风调雨顺。遇上旱灾，便祈求水灵、水神及龙神降雨，遇上洪涝则祈求水灵、水神及龙神止雨，四时则祈求水灵、水神及龙神带来风调雨顺。祈雨的祭祀仪式包含对掌管雨水之神神行的信仰，包含了水神神话的记忆。

殷商甲骨文应保留了不少向水灵、水神祈雨的仪式。甲骨文中，卜雨之辞占了很大比例，而且有些卜雨辞把卜雨与祈丰年直接联系起来，反映了祈雨求丰年的原始意义。如：

禾出及雨，三月（《前》3.29.3）。
帝令雨足年——帝令雨弗足年（《前》1.50.1）。
帝令雨足［年］（《明》1382）。

在卜辞中，年与禾为同类，均指谷子或谷类。《说文》说："年，谷熟也。"又"稔，谷熟也。""年"和"稔"同训谷熟，年是稔的假借字，可作"禾"字解。卜辞中的黍、秝都是粮食作物。上组卜辞表明，卜雨的意义在于获取黍、年、禾、秝等粮食作物的丰收。

《诗经·小雅·信南山》说雨水"生我百谷"。

《尸子·君治篇》说："神农氏理天下，欲雨则雨，五日为行雨，旬为谷雨，旬五日为时雨，正四时之制，万物咸利，故谓之神。"

《左传》说："如百谷仰膏雨焉。"

《尔雅》说："甘雨时降，万民以嘉，谓之醴泉。"

《毛诗》说："以祈甘雨，以介我稷黍，以谷我士女。"

古人对雨水，尤其是顺应农作物的需要而降临的雨水——膏雨、甘雨，十分重视，因为雨水直接关系到农作物的收成，而农作物的收成又直接关系到人的生存。这些祈雨活动，实际上隐含叙述了雨水之神降雨赐丰收的神迹。

传统农业社会日常生活中的祈雨活动非常频繁，祭祀神圣水域（水灵）、水神及龙神活动都与祈雨有关。在昆明西山区谷律一带的彝族村寨，凡久旱不雨，村人便要出钱买一对鸡子和两只羊，去泉水旺盛的地方祭水。先用烧红的木炭放入冷水中，以蒸腾的热气驱除鸡羊身上的邪祟，而后宰杀，煮熟后放在水边。同时，砍三叉形的松枝一根，醮上鸡血，捆上一撮鸡毛、羊毛，插在水边，供以酒饭，点香磕头，求水灵神降雨。①

大理州巍山等县的彝族相信水域与雨水都由龙神掌管，而龙神所在地为龙潭，所以常年要祭祀龙潭。几乎每一个村寨都有一个龙潭（地下泉水汇集处）。平时加以保护，用雕刻有龙纹的石板在龙潭上盖一间小石房，龙潭也是一村人的饮用水。遇上天旱，村人集中到龙潭边举行祭祀活动。如果是几个村子共用的龙潭，就要联村共祭。祭祀时，在龙潭边设一祭坛，坛上燃香，供上猪头、酒，往龙潭里丢铜钱硬币，并念祈雨词，祈求下雨降福、风调雨顺、五谷丰收之类。有白天祭祀的，也有晚上祭祀的。晚上的祭祀更为热闹。入夜，村人举着火把，抬着用布条做成的龙，大喊大叫地来到龙潭边耍火把、耍龙。② 更近似于游戏活动。

居住在西双版纳景洪的傣族每年例定八月求雨，一月求晴。景洪坝子有12条大小水沟，形成一个完整的灌溉系统。每年都要祭水沟神（水神），用猪、鸡、蜡烛、饭团、槟榔和酒做祭品。祭祀完毕，还要重新检查各寨沟渠治理质量，用芭蕉杆子或竹子编一小筏，上插黄布神幡，意为水神乘筏巡视，管水的人员沿着沟渠敲铓，为神开道。神筏搁浅或遇阻拦，或水埝漏水，均要予以重修，并予以罚款。③ 此种

---

① 何耀华、杜玉亭、詹承绪主编：《中国各民族原始宗教资料集成·彝族卷·白族卷·基诺族卷》，中国社会科学出版社1996年版，第89页。
② 何耀华、杜玉亭、詹承绪主编：《中国各民族原始宗教资料集成·彝族卷·白族卷·基诺族卷》，中国社会科学出版社1996年版，第90页。
③ 张公瑾、曹成章、李国文等主编：《中国各民族原始宗教资料集成·傣族卷·哈尼族卷·景颇族卷·孟－高棉语族群体卷·普米族卷·珞巴族卷·阿昌族卷》，中国社会科学出版社1996年版，第115页。

祭祀水神习俗有益于水利系统的维护，成为生产活动的一个环节。

哈尼族祭祀水神与农业生产息息相关，对沟水、河水、田间泉水都有不定期的祭祀。祭祀在水边举行，用三只鸡、一升米、一碗饭和一个鸡蛋，还要用一截松枝、三棵韭菜、三颗黄豆等。由摩匹（巫师）主持祭仪，背诵祭辞，感谢水神保佑五谷丰登之类。有时是由家长主持。①

龙神神话在传统农业社会影响深远，祭龙的活动非常普遍，不仅有四时不定期的祭祀，还有天旱水涝时的祭祀，也有定期的祭祀，形成了各民族五花八门的祭祀龙的节日，龙神神话不仅形成了农业生产的主要仪式，而且形成了传统社会的主要生活仪式。后文还有涉及，此处不赘述。

神话的仪式叙事是最为活跃的神话传承形式之一，具有悠久的历史性、广泛的群众性和娱乐性。无论是庄严肃穆的祭祀大典，还是载歌载舞的人神娱乐，都是能够拨动人们心弦的神话叙事形式。当今时代在传统的基础上，又产生了不少综合性的与神话中的始祖有关的文化节，这些节日依托于巨大的神话景观，举行丰富多彩的神话仪式叙事，产生了较大影响，可以说这些节日同神话景观一道掀起了当代神话传承的高潮也不为过。神话仪式叙事中那些载歌载舞的形式，也正越来越受到人们的关注，这些歌舞仪式不仅能够有效传承历史悠久的神话传说，而且能够与现代人的生活相适应，深受人们喜爱，具有强大生命力！

---

① 张公瑾、曹成章、李国文等主编：《中国各民族原始宗教资料集成·傣族卷·哈尼族卷·景颇族卷·孟－高棉语族群体卷·普米族卷·珞巴族卷·阿昌族卷》，中国社会科学出版社1996年版，第238—239页。

第三章 中国神话图像叙事

中国神话活态叙事的重要形式之一是神话图像叙事。神话图像叙事与神话景观叙事有着密切联系，两者都是用生动具体的形象叙述神话情节；从广义的视角而言，神话景观叙事本为神话图像叙事的一种；但是随着神话图像叙事的发展，神话景观叙事逐渐从图像叙事中独立出来，形成了较大规模与独立的品格。神话图像叙事与神话景观叙事都属于空间性叙事，但神话图像叙事是属于平面性空间叙事，而神话景观叙事则属于立体性空间叙事。两者有着明显的区别，故分开讨论。

一 中国神话图像叙事的概念与内容

神话图像叙事远远早于神话文字叙事，考察世界上最早形成的四大古文字体系，就可明乎于此。四大古文字体系包括：古印度的印章文字、古巴比伦的楔形文字、古埃及的象形文字和中国的甲骨文。古印度的印章文字，刻在皂石、黏土、象牙和铜等制成的印章上，这样的印章已发掘二千多枚。印章上多刻有动物形象，可能是个人崇拜的动物。印章上的铭文至今尚未破译。印章文字被认为是世界上最早的文字，至今也不过5000年左右。古巴比伦楔形文字，在泥板上刻印而成。用芦苇角或木棒角按压着书写，开始按下书写的地方印痕宽而深，抽出的地方则印痕细而窄，笔画像木楔形，所以称为"木楔文字"，距今约5000年。古埃及象形文字距图画并不遥远，很多字就是优美的图画，距今也是5000多年。中国的甲骨文是今日仍沿用的汉字的源头，距今则仅仅3000多年。神话图像叙事则早在几万年前就出现了，挪威北部北极边缘的马克郡的阿尔塔岩画，它分布在5000米长的临海斜坡上，共有45处。有人物、动物、几何图形等，还绘有许多狩猎场面。这些图画反映了原始信仰的仪式，具有一定的象征意义。比如鱼的形象可能代表祈求或象征渔业丰收、生殖繁衍；人的形象可能是象征消灭敌人的咒符。根据仪式神话学派的观点，神话是仪式的反映，这些表现原始人信仰仪式的图画就是神话的叙事。阿尔塔岩画产生于旧石器晚期，正好是神话产生的时期，距今已有上万年的历史了。神话图像既然远远早于文字记载的神话，所以原本是独立于神话文字文本之外的独立神话，而不是文字神话的附庸。对于图像神话的解读，仅仅依靠文字神话的参照是远远不够的，还必须结合历史背景和多种文化知识来进行，才能真正认识庐山真面目。

　　图像叙事是整个文化传承的组成部分，被广泛地运用于文化的多个领域，如历史、文学、宗教、民俗等。因此，要了解神话图像叙事，必须了解一般意义上的图像叙事。就一般意义上的图像叙事而言，指存在于人类文化系统中的、以多种传播媒介为载体，尤其是以影视、绘画、摄影、广告等图像符号为基本表意系统的叙事表达。神话图像叙事是指存在于人们生活中的以图像来讲述神话故事的叙事形式。神话图像叙事包括如下几种主要类型。

（一）岩画神话图像与叙事

　　岩画是指早期人类在岩穴、石崖壁面和独立岩石上创作的彩画、线刻、浮雕的总称。其中相当大一部分岩画反映了原始人的巫术仪式、瑰奇浪漫的想象与幻想，属于神话图像叙事。

内蒙古阴山岩画中神话图像

　　阴山山脉，横卧于内蒙古中南部，起伏延绵的群山是中国岩画的宝库。那些雕凿在岩石上的图像题材极为丰富，有动物、人物、神灵、飞禽以及人类的狩猎、放牧、舞蹈、征战、巫师作法以及日月星辰等图腾符号。阴山岩画最早的创作可以追溯到旧石器时代晚期。那些涉及神灵、图腾、巫师作法的图像即为神话图像叙事。例如，阴山岩画反复出现的带有巫术性质的祈求生育的岩画，即是生育崇拜神话。乌拉特中旗有一幅岩画，描绘了三对男女交合的情形，表现了祈求生育的巫术活动，与汉代出现的伏羲女娲交尾图有异曲同工之妙，是祈求生育的神话图像叙事。

昆仑山岩画中的神话图像

昆仑山，又称昆仑虚、昆仑丘或玉山。西起帕米尔高原东部，向东横贯于新疆、西藏之间，伸延至青海境内，全长约2500公里，平均海拔5500—6000米，宽130—200公里，西窄东宽，总面积达50多万平方公里。在中国历史上，昆仑山被称为"万山之祖"，又被称为"龙脉之祖"。昆仑山可谓中国第一神山。据说中国长寿之神西王母神话就诞生于此，因此，昆仑山又成为民间信仰中的仙境之一。昆仑山中有昆仑河，昆仑河穿过的野牛沟，有极为珍贵的岩画。昆仑山岩画的大部分内容是生息繁衍于当地的动物，约占全部岩画的60%，有牦牛、羊、马、鹿、犬、熊、野猪、狐狸、虎、蛇、蝌蚪、鹰等，表现了古代羌人的动物崇拜，是游牧族社会的神话图像叙事。东汉许慎《说文解字》："羌，西戎牧羊人也。"羊在羌人动物食物中占据首位，所以羌人特别崇拜羊，在动物岩画中，羊的数量最多。《旧唐书》：羌人"其俗重鬼右巫，事羱羝为大神"。"羱"是大角的羊，"羝"是牡羊。其记载说明了羊是羌人崇拜的神灵。岩画中大量的羊的形象是人们举行祭祀与巫术仪式的对象，人们通过祭祀感谢羊神的恩惠。可谓羊神话图像叙事。

花山岩画中的神话图像

花山岩画是左江流域岩画群的代表，地处广西宁明县城西南约25千米的明江西岸。临江有一座断面岩山，称花山，壮语称为 pay laiz（岜莱），即画得花花绿绿的山。花山崖壁呈内凹形，上有大片红色岩画。远远望去，岩壁上赤色一片，近看则是密密麻麻的以人形为主的各种符号，给人热烈而神秘的感觉。

据专家考证，花山岩画是战国至东汉时壮族先民骆越人创作的涂绘类岩画，是巫术活动的产物。花山岩画在典籍中有记载。明代张穆《异闻录》载："广西太平府有高崖数里，现兵马执刀杖，或有无首者。"清光绪九年刻本《宁明州志》："花山距城五十里，峭壁中有生成赤色人形，皆裸体，或大或小，或执干戈，或骑马。未乱之先，色明亮。乱过之后，色稍暗淡。又按，沿江一带两岸石壁如此类者多有。"① 岩画以赤铁矿和动物胶、血混合调制颜料绘制，所以呈红色。画面约800平方米，不少图像已模糊不清，尚可见的图像有1800余幅，又大致可分为110组图像。岩画以人形为主体，人形一般有正面、侧身两种形态，皆裸体跣足，作举手屈膝半蹲姿势。这显然是对青蛙姿态的模仿，是壮族青蛙崇拜的展现。而壮族的蛙崇拜至今仍有遗存，如青蛙节、青蛙舞、蛙神话仍在传承。人物图像之间，又有马、狗、铜鼓、刀、剑、钟、船、道路、太阳等图像穿插。铜鼓数量较多，说明画面表现的是重大的庆典或祭祀仪式，因为铜鼓为重要礼器，非重大活动一般不可以使用。花山岩画反映了壮族先民的蛙崇拜、祖先崇拜，表现了他们向神灵祈求丰收、繁衍的情景。在这里，神话的仪式以图像的形式得以充分展示。

云南沧源岩画中的神话图像

云南西南边境的沧源县西面、西南面与缅甸接壤，全境多山，已发现的岩画主要位于其东北的勐省、勐来两个乡，在东西长约20千米的范围内，先后发现11处岩画点，均处密林之中，神秘而诱人。据测定，崖画产生于3000多年前的新石器时代晚期。目前可辨认的图像有1063个，涉及人物、动物、房屋、树木、太阳等，并绘有狩猎和采集情景，舞蹈、战争等场面。岩画采用剪影式轮廓画法描绘图像，绘制技法简单、粗率，造型稚拙、古朴，具有人类童年时代的天真之趣。沧源岩画中的神话图像可以分为以下几种。

---

① （清）黎申产辑：《宁明州志》，成文出版社有限公司（台湾）1970年据清光绪九年原刊影印，第21页。

其一，生活生产神话图像

这些图像，从不同的侧面描绘了原始社会的生活。连缀起来，可作为一幅原始社会的历史画卷。图像显示，先民们的劳动，主要从事狩猎、畜牧、采集。他们张弓搭箭、持棒甩石，猎取野兽，包括猴、牛、猪、羊等。他们把捕获的一些动物加以驯养，以备日常的需要，骑牛、牵牛、赶猪、养狗、围象的图画频频出现，尤以牵牛的图像较多。看来驯养畜类已经开始。同时，先民们还从事采摘野果的劳动，低处举手采摘，高处叠立摘取。直接表示农业生产活动的场面尚未发现，说明当时的生产活动仍十分原始。

其二，祈求丰收与繁殖的神话图像

祈求生产丰收包括狩猎畜牧与农作物的丰收。岩壁上画有不少的牛或者人拉牛，有祈望牛繁殖旺盛的意义，希望有成群的牛能够拉回家供享用。野生动物的画面，包含了打猎丰收的意义。一群人跳舞，有庆祝丰收并期望来年再丰收的意义。对于生产丰收的祈求总是与对于人类的繁衍紧密联系在一起的。岩画描绘人物的时候，经常凸显男女的性器官，或者描写密集的人群，都有祈求生殖繁衍的意义。

其三，神灵信仰中的神话图像

沧源岩画描绘的原是信仰中各种神灵，包括自然神、动植物神、人神。原始社会奉行万物有灵观念，各种自然现象、动植物、人物都有可能成为岩画表现的神灵，山、洞、树、奇形怪状的人等在岩画中都有表现，他们是早期人类所崇拜的对象，人们相信这些自然物及人神可以赐福，也可以消灾，所以供奉祭祀不断。岩画的人物图像高度抽象化，应该多半是崇拜的神灵对象。他们多呈三角形，面部没有画五官，四肢变化多端，表示在做各种动作。他们身上有一些装饰，有的头戴鸟的装饰，有的背上有羽毛，还有的饰以枝条等，这些装饰往往代表着神的神力，表明他具有某种神秘力量。

其四，仪式神话图像

岩画又有表现宗教仪式场面的内容。据相关专家推测，这可能是原始部落举行完祭祀仪式之后，将举行仪式的情形画上去的，其目的是要告诸神灵，因此而取悦于神灵。画面上有一头牛拴在牛桩上，背后有数十个头上戴角的人物，右侧有人执武器，左侧有人列队起舞，有一舞者身形巨大，头顶月亮、星星，应该是这场仪式的主持人巫师或部落酋长。毫无疑问，这里表现的是祭祀的仪式。有人推测为最初的剽牛祭祀仪式。

沧源岩画所在地的佤族，视岩画为神画，将岩画上人物图像奉为仙人，每逢年节，都要来到岩画跟前，对着岩画上神像举行祭祀活动，人们点上香烛，摆上祭品，祈求风调雨顺，五谷丰登，六畜兴旺，无病无灾。遇到干旱，佤族群众也要来到神像前举行祈雨仪式。

康家石门子岩画中的神话图像

康家山石门子位于新疆乌鲁木齐市西南的天山腹地。岩画所在山崖雄伟高耸，呈赭红色，与青翠的林木相搭配，色泽鲜明和谐，令人赏心悦目。山崖下有两条溪流汇集，真可谓山清水秀的风水宝地。在峭壁上的岩画以生殖崇拜为主题，属于生殖繁衍神话图像叙事。据有关专家考证，此图像为距今3000年的塞人所创，其时正处于原始社会后期父系氏族社会阶段。

平整的粉砂石岩壁上，刻画有二三百个大小不等，身姿各异的人与动物。有男有女，或站或卧，或衣或裸；或男女合图，或双头同体、三头同体。采用浅浮雕的方法，清晰地刻画出人物的形象。不少画面表现了或隐含了男女交媾的动作，是一种生殖崇拜巫术的展现，其目的在于祈求子嗣繁衍，人丁兴旺，可以说是人类起源神话的景观叙事。

连云港将军崖岩画

将军崖岩画，位于江苏省连云港市海州区锦屏镇桃花村。桃花村的锦屏山南麓有一座后小山，叫将军崖，将军崖壁上原有一幅岩画，画中有一人形，后面跟着一条似狗非狗的动物。人们根据这个图案，想象出一个将军牵马的图像，于是为这座山取名将军崖。将军崖下有一个隆起的山包，由赭红色的花岗岩构成，南北长22.1米、东西宽15米，上面分布三组岩画，线条宽而浅，古朴粗率。据专家考证，岩画系用石器敲凿磨制而成，距今约7000年，是我国目前发现的最早的岩画。

将军崖岩画反映了原始部落农业社会的生活，表现了原始初民对天、地以及造物神的崇拜观念。第一组画面共有9个图纹，为人面、兽面、禾苗图纹。最突出的是一个最大的人面，头顶刻有尖圆顶饰物。其他人面则没有头饰，大人面可能象征部落首领。所有的人面都有一条直线向下连接地面的禾苗。大人面除了一条直线连接地面禾苗外，两侧还各有一条斜线连接禾苗，也可见他地位的特殊。这些均与禾苗相连的人面，其实表现了人与农作物交互感应而繁殖生长的巫术意义。第二组位于南部，主要为星云图与动物头骨图。画面上散布着大小不同的圆点或圆点外加圆圈的图纹，所代表的正是星云。左上侧刻画有一个大的兽面，可能为动物主神。岩画下侧是各类动物的头骨图纹，主要表现了动物头骨上的眼睛、鼻子、嘴巴与牙齿。右上侧有3个排列规整的太阳图案：同心圆外加放射线，三个太阳纹连接成一个直角三角形。主体图像之间，还散布着一些星云图案与其他图案。可以猜测，星云与太阳是吉祥图案，用在这里主要是为衬托动物头骨，动物头骨在这里是人们所崇拜的动物的表征。图案表现的是动物神灵神话。第三组位于东部，刻有4个与古代传说中的天神有关的人面，其中两个人头上刻有羽毛装饰物，象征飞升功能。这组岩画表现的是神人崇拜。将军崖岩画应该是原始宗教仪式的伴生物，根据隐蔽神秘的地形与画的内容，可以推测，这里原是一个原始宗教的祭祀场所。人们在举行祭祀仪式时，面对的就是这些动物神、人物神，所以岩画突出表现了动物神与人物神的面部形象。岩画还通过星云、太阳图纹表达了对神灵的尊崇，象征这些神灵与日月星辰同辉。

（二）史前文化遗址出土文物上的神话图像叙事

史前文化遗址出土的文物上的图纹中也有不少神话图像，如西安半坡仰韶文化遗址出土的彩色陶器上的鱼纹、蛙纹。这些鱼纹、蛙纹，有写实，也有抽象的，最引人注目的是彩盆内面底部的人面鱼身纹，将人的形象与鱼的形象紧紧地联系在一起，表现了氏族部落鱼图腾崇拜的观念，这种人面鱼身纹是以鱼为图腾的氏族或部落的图腾徽章，属于鱼图腾神话叙事。

又如红山文化遗址出土的女神像，即是女神生殖崇拜神话图像叙事。红山文化是地处燕山以北、距今五六千年的一种农业文化，最早发现于内蒙古自治区赤峰市郊的红山，因而得名。女神像出土于红山文化牛河梁遗址的女神庙。庙址显示，女神庙由南、北两组建筑组成，其中北组为主体建筑，南北18米余，东西宽近7米。墙壁经过彩绘，室内发现大量的人物泥塑像碎块，如上臂、乳房及手等，均属女性身体部位。可辨识的至少分属6个人像体。最小的人像体如真人一般大小，最大的竟比真人大三倍。特别是还发现了一尊女性头像，真人大小，五官端庄，涂有红彩，眼眶呈橄榄形，眼珠为青色玉片镶嵌而成，玉为墨玉，中有几丝杂色，看起来炯炯有神，散发着神秘的光辉。显然，这尊女神为女神庙所供奉的主神。女神庙女神塑像表明，当时社会处于只知有母不知有父的母系氏族阶段，女神即使作为社会主宰之神，更是作为生殖之神而受到人们顶礼膜拜的。

再如良渚文化遗址出土玉器上的神人兽面图纹等，都属于神话图像叙事。良渚文化因浙江杭州市余杭区的良渚遗址而命名，分布于环太湖流域，距今已有约5300年到4300年历史。论及良渚文化，就不能不论及良渚文化玉器。良渚文化玉器是由河姆渡文化、马家浜文化、崧泽文化玉器发展而来，经历了一个由粗劣到精致的发展过程，从而呈现出灿烂辉煌的玉器文明。良渚玉器中的玉琮上雕刻的神人兽面纹，是良渚文化标志性的图纹。这个图纹代表的是当时良渚地域性国家人们统一信仰的神灵，对这种人兽合体神灵形象的解释，至今尚未得达成一致的认识。从图像叙事的视角而言，这种包含人与兽的图像，表现了人与兽的关系，实际上叙述了一段神话情节，这种叙述揭示了该神所包含的意蕴或该神所具有的神力。良渚玉琮上的人神兽面纹由两种图案组合而成，上部为神人，下部为兽面。先说神人，神人只雕刻出了头部，其面部五官带有艺术夸张色彩，双眼为圆形，眼中有珠，两眼两边中间有短横线；鼻子为花朵状；嘴巴大张，露出满嘴牙齿，正是神像所惯用的夸张表现方法。特别突出的是神人所戴的宽大的头冠，头冠为细密的羽毛组成，呈放射状。羽毛取自飞鸟，象征神人能飞天，具有非凡的力量。头戴羽冠的神可能就是神话中的羽人。《楚辞·远游》："仍羽人于丹丘兮，留不死之旧乡。"①《山海经·大荒南经》载："有羽人之国，其民皆生毛羽。"②《海外南经》又载："羽民国在其东南，其人为长头、身生羽。一曰在比翼鸟东南，其为人长颊。"③ 有学者认为，尧舜时代南方地区有"羽人国"存在，并认为"羽人"就是良渚人的先民，羽人就是良渚人崇拜的神人。神人兽面纹下部为兽纹，不少学者认为是虎纹：有圆睁的双目、虎鼻、大嘴。结合整个图像来看，就是羽人与虎的结合体，有学者解释为羽人御虎神像。其实更为直接的解释可以参照后世的图案。汉画像有仙人骑虎图（河南洛阳出土汉代《仙人骑虎图》），又有羽人戏虎图（山东济宁出土汉画像石《羽人戏虎图》），④ 意味着虎为仙人或羽人的坐骑，在古人看来，虎也有升天的神性，仙人或羽人骑虎是为了升天。因此，图像两部分组合成的构图旨在叙述一个能羽化升天的不死神的事迹。神人兽面图为良渚文化特别是良渚玉文化纹饰的主要题材，说明良渚地域国已普遍崇拜不死之神。

（三）汉画像与宗教信仰中的神话图像叙事

汉代是我国历史上经济、文化、艺术比较发达的一个时代。由于社会生活的需要，具有实用价值的汉画像空前繁荣发展。汉画像是指汉代绘制在丝绸、陶器、漆器、石壁、石块、砖块等上的图画。其中以汉画像石和汉画像砖为典型代表。汉画像石，汉代雕刻有画像的建

---

① 黄寿祺、梅桐生译注：《楚辞全译》，贵州人民出版社1984年版，第126页。
② 袁珂译注：《山海经全译》，贵州人民出版社1991年版，第283页。
③ 袁珂译注：《山海经全译》，贵州人民出版社1991年版，第191页。
④ 卢昉：《汉代"人虎母题"图像之题材表现》，《文物世界》2013年第4期。

筑构石，用于墓室、墓地祠堂、墓阙和庙阙等建筑。汉代画像砖则是指构成墓室壁画，或者用作宫室建筑上的砖块。两者大多为丧葬礼仪建筑的构件，所以多以神话图像叙事表现祭祀悼念、祈愿死者成仙、再生或是保佑平安、子孙繁衍等主题。汉画像石、画像砖，通常有西王母与东王公、伏羲女娲、嫦娥奔月、后羿射日、风伯、雨师、雷神、河伯、月亮神话等。

宗教神话图像主要指敦煌壁画佛教故事图像与民间信仰中的神图图像。敦煌壁画画于石窟之内，有敦煌莫高窟、西千佛洞、安西榆林窟等552个石窟；敦煌壁画堪称我国石窟壁画之最，有历代壁画五万多平方米，内容十分丰富。为了宣传佛法，弘扬善恶观念，石窟内还绘制了大量的佛教故事。其中的佛本生故事，为早期敦煌壁画流行的题材，讲述与佛教神灵相关的"因果报应""苦修行善"的故事，仍然保持了民间神话的色彩，我们称之为佛教神话图像叙事。道教的神话图像则多见于道士的神图，或整饬有序或杂乱无章地汇集多种神话人物的一种图像，多用于祭祀仪式或做法事活动时所用。

中国神话图像叙事发端于原始社会，在漫长的历史长河中不断发展，其发展的强大动力就在于其所表现的神灵信仰的实用性，在很多历史节点上，其传承发展盛况远远超过了文本叙事。神话图像叙事不仅存在于山水之间，也存在于社会生活的各个角落，而且不断适应时代作转换式传承发展；除上述形态外，还有书籍插图、民间年画、巫师神图、神马以及现代影视、动漫、游戏等形式，琳琅满目，丰富多彩，充分显示了神话图像叙事的活力与时代的适应性。

二 神话图像叙事的模式

英国图像学学者彼得·伯克在《图像证史》中专门论述了宗教性图像，他指出："在许多宗教中，图像在创造宗教崇拜的经历中起着至关重要的作用。它们在各个时期的各种文化中，不但表达而且构成

（因此也记录）了不同的超自然观……。"① 宗教性图像也包括了神话图像，它们与普通的绘画图像应该区别开来。神话图像与普通的绘画图像既有相同点，又有不同点。相同点是都要用线条、色彩、视角去表现所要描绘的对象；不同之处在于神话图像因为要叙述神话情节，展现神灵信仰，必然要采用一些与普通绘画不同的结构方式，概括起来主要有独体式、组合式、连环式三种。

（一）独体式神话图像叙事

独体式神话图像叙事，是指仅用一个画面表现一种情节的神话图像表现形式，这种结构方式与普通绘画的结构方式基本相同。

徐州汉画像石《伏羲女娲图》即是典型的独体图像叙事。画面上，伏羲与女娲上身相对，下身为蛇形且相交尾，意味男女交合之事。伏羲女娲作为夫妻神，其交合的意义在于生殖繁衍，所以两人尾部下方各有一小人，且有蛇尾，意味着伏羲女娲交合生子。显然伏羲女娲神像应为人们祈求子嗣时所用。该图像的构图单一，主旨集中，是典型的独体式图像叙事。汉代西王母图像最初也是独体图像，主要叙述她升天的本事，展现她不死成仙的神性。这是一块汉代的长方形空心大砖，边框饰以斜绳纹。画面为印模印制。画面正中为西王母，端坐于龙虎座上，蓬发戴胜。龙与虎均为升天的神兽，西王母坐于龙虎之上，表明她能够借助于龙虎升天，为天仙。画面漂浮着云彩，渲染了升天的主题。左侧有九尾狐，右侧有凤鸟，均为吉祥之物。西王母坐骑下面正中是一只手舞足蹈的蟾蜍，并列的是三足乌，分别代表月亮与太阳，合起来象征天堂。左侧为一对夫妇，应该为墓主夫妇，是将要借助西王母的神力升天的人。墓主背后是玉兔捣药，象征着西王母掌管长生不死之药。右侧有一人扛节执笏跪拜，应该是西王母的使者，正在导引墓主升天。画面主要描绘了能羽化升天的西王母的神性，表

---

① ［英］彼得·伯克：《图像证史》，杨豫译，北京大学出版社2018年版，第54页。

达了引导墓主升天的主旨，构图的题材与主旨非常单纯、单一。画面充分表现了汉代人成仙不死的追求。

雷神为水神的一种，在龙神之前具有巨大威力。汉画像石有雷神图像，画面表现了汉代人的想象，雷神发出的隆隆之声，为雷公撞击天鼓所发出。雷公击鼓图正中画一鼓，鼓中有人在奔跑，似乎是在推动天鼓转动，因为天上发出的雷声是流动的，从天划过，所以发出雷声的天鼓也应该转动。左侧有两个人合持一根长棒撞击滚动的鼓。周边有飞动的龙纹，象征雷声中的风雨。该图叙述雷公击鼓发起风雨的神迹。图像集中表现了雷神的功能，构图单一，为独体式神话图像。

汉画像石《河伯出行图》也为独体式神话图像。图中间为有顶棚的车，车前有一马夫弯腰双手执缰驾车，车上坐着身姿安稳的河伯，身略前趋，表明车在飞驰。有数条大鱼拉车前行。前有两人各一手执盾、一手拿剑做开路先锋。车后及后下侧有一大一小两人骑鱼做后卫。图像表现了河伯出游情形。

汉画像石有《风神飞廉图》，主要表现风神飞廉形象，仍属于独体式结构。画面左边为风神飞廉形象。《楚辞·离骚》载："后飞廉使奔属。"王逸注："飞廉，风伯也。"洪兴祖补注："应劭曰：'飞廉，神禽，能致风气。'晋灼曰：'飞廉，鹿身，头如雀，又角，而蛇尾豹纹'。"[①] 风神飞廉形象与文字记载完全吻合，系多种动物组合而成，其实就是原龙纹的一种。右边有一人，正持吉祥物招引风神飞廉，似有引导风神飞廉行云布雨之意。图像已有复合化趋向，但是基本上保持了风神飞廉降雨的主题。

独体的神话图像保存或传承下来的并不多见，因为独体式神话图像在传承发展过程中，总是要不断汇聚新的内容，融入新的图像叙事元素或单元，从而改变其独体结构。上述徐州汉画像《石伏羲女娲图》应该是汉代早期的作品，因为汉代多数伏羲女娲图的内容并不仅仅是生殖崇拜的主体，如前文所述，往往还会添加有其他的

---

① （宋）洪兴祖撰，白化文等校点：《楚辞补注》，中华书局1983年版，第28页。

图纹，如太阳与月亮、规与矩。或者是伏羲女娲各执月亮与太阳，或者是各执规矩。增加这些图案，就增加了图像叙事的内容。伏羲女娲不再仅仅是生殖神，也是创造天地万物的创世神话、稳定天地秩序规矩的祖先神。有的伏羲女娲图像还在其间增添西王母形象，这有可能从根本上改变了图像的主旨，或者是在创世神、生殖神的基础上，增添了不死崇拜的意义。由于人们不断叠加的神灵幻想的需求和实际的需要，独体式向复合式神话图像转换就成了神话图像叙事的必然发展趋势。

（二）复合式神话图像叙事

复合式神话图像，是指多种神话情节的图像按照一定的规则组合成的有机的结构形式。

《尸毗王割肉救鸽》，见第254窟（北魏），讲述一个为别人而牺牲自己的佛教故事，一只老鹰追赶一只鸽子，尸毗王救下鸽子。但是老鹰发话了：你救了鸽子，我却因此断了饮食，我就活不下去，难道我就不该救？尸毗王就决定割取自己身上的肉来代替鸽子提供给老鹰食物。老鹰又提出要割取与鸽子一样重的肉。王又命拿来一杆秤称肉。但是奇怪的是，割尽了腿上的肉不够分量，割尽了身上的肉还是不够分量。王很纳闷，但是为了救鸽子，决心施舍整个身子。于是忍痛坐上秤盘，但是力不从心，失足倒地，昏了过去。他醒来以后，以巨大的勇气，奋力站起，坐上秤盘，称平了，王刚够鸽子的重量。此时，大地动摇，天宫动摇，诸神停在天空，为尸毗王的善行所感动，泪如雨下、齐声赞叹。结果，王的身体又恢复如初。画面正中是尸毗王，图像明显大于画面其他人，他正看着自己被割得满是鲜血的小腿，这个形象是整个图像的主体。两边是较小的人物，表现了老鹰追赶鸽子、鸽子向王求救、其他人关注等情节，将不同时空的情节组合在一个画面上，故事完整，主题突出，氛围感人，体现了莫高窟佛教神话组合式图像叙事的高超水平和民间图像叙事的智慧。

(三) 连环式神话图像叙事

连环式神话图像叙事，是用连环画的方式建构的神话图像表现形式，将神话的情节用依次相连的一幅幅画面来展示，画面之间有各种形式的自然隔断。这种形式可以称作连环式神话图像叙事。

敦煌莫高窟佛教壁画释迦牟尼成佛故事图像最为壮观，位于第290窟，由6条并列的横卷构成，按照故事顺序，依次用87个画面，描绘了释迦牟尼从出生到出走到成佛的全部过程，成为长篇巨幅连环画，蔚为奇观！

莫高窟九色鹿的故事通过连续画面而展开（见第257窟《九色鹿的故事》），讲述了鹿王一系列故事情节：鹿王救起溺水人、王妃梦鹿、国王悬赏、溺水人告密、带领国王围猎、鹿王讲述拯救溺水者经过、国王放弃追捕、王妃气死等，一个情节一个画面，每个画面自然隔开，形成连环式组合图像叙事。

神话图像叙事是远远早于神话文本叙事的一种叙事方式，同时，神话图像叙事也是独立于文本叙事的一种叙事体系，因此，作为神话叙事的图像，既不是文本的附庸，也不可能仅仅依靠文本来加以解读。那么，怎样解读神话图像？就成了摆在我们面前的一个亟须回答的问题。神话图像是特定社会发展阶段的产物，它的内涵总是与特定社会的方方面面相联系的，因此，要切实准确解读神话图像的叙事意图，就必须结合特定的社会政治、经济、哲学、历史、文学、民俗等方面来加以解释，即要从多维视角来进行神话图像的解读，才能揭示神话图像所包含的真谛。

后文论及的畲族盘瓠图也属于连环式组合神话图像，由24张图画组成，依次展现了盘瓠的神话历史，线条清晰、叙述完整，供畲族民众祭祀所用。人们面对图像，对祖先的事迹一目了然，历史感与崇敬之情油然而生。

三 神话图像叙事的实用功能

神话图像叙事较之于文字与口语叙事，更注重实际生活中的应用功能。不少神话图像的产生，不仅仅是为了讲述神话或解读、传播神话，更为重要的是发挥实际作用。

（一）长沙马王堆汉墓T形帛画上的神话图像叙事

墓葬中的神话图像即是丧葬习俗的一种功能性表达，有祝愿死者死而复生或灵魂升天的意义，所以古代有在墓穴绘制神话图像的风气，墓穴中的神话图像实际上已经成为丧葬仪式的组成部分，成为人们寄托死者复生愿望的载体。1972年，湖南长沙马王堆西汉墓一号墓出土了一幅帛画（见图1），呈T字形，所以称为T形帛画，原是出殡时张举的铭旌，死者下葬后覆盖于内棺之上，称为非衣，即飞衣，寓意亡灵升天之意。显然，该帛画用于丧葬仪式中的实际功能是十分清楚的。T形帛画画面由天上、人间、地下三个场景组成，构成了一个关于人的不同存在空间的完整想象系统。这个系统汇集了为数众多的神话，可谓复合式神话图像叙事。不仅有华夏族的神话，也有楚人的神话，帛画虽出土于汉墓，但由于地处楚地，也必然受到楚文化流风余韵的影响。T形帛画的创作者将多种神话加以整合进行图像叙事，表现了导引亡灵升天的主旨，使帛画具有了可用于丧葬习俗的实际功能。由此可见，神话图像叙事要实施实用功能，往往需要运用多种神话材料，组合成新的图像叙事。这种组合往往是以实际生活中的存在物为中心来进行的。在组合的图像叙事中，只有这个实际存在物不属于神话，其他都是神话。T形帛画的实际存在物是墓主人，即辛追夫人。画面以她为中心构成了一幅亡灵升天图。

帛画中部描绘人间，上有华盖，下有玉璧与地下隔开，两边并列两龙，下部交错穿过玉璧，一赤一青相背向上昂头张口吐舌，尽显神

图1 马王堆 T 型帛图

威。龙是神物，各民族有不少龙的神话和习俗。在双龙间横着一长条平台，平台侧面绘有云纹，平台下有斜置的长方形物体支撑，长方形物体上绘有16个方块。两侧还各立一只赤色金钱豹。平台与两龙构成舟形，即为龙舟的象征。荆楚有用龙凤之舟为死者引魂的习俗，此处的象征性龙舟即为引魂之舟，所引为辛追夫人的亡灵。龙舟中为辛追老妇人侧面像，雍容华贵，背略弯曲，神态娴雅。老妇人身着云纹彩色曳地的长袍，底端有曲卷，拄杖缓行。前有两名戴鹊尾冠的男仆跪地奉迎，后有三位侍女护送。所表现的正是主人升天情景。上端与天门相接之处，是带垂帐的华盖，盖下有张翅欲飞的鸱鸮，即猫头鹰，两个圆圆的大眼睛特别突出。华盖上有两只相对而立的凤凰，中间是一朵大花。鸱鸮与凤鸟在楚文化中都有导引亡灵升天的职能。鸱鸮经常出现的楚墓门楣，是为引魂升天之意。凤鸟与龙构成龙凤之舟，引亡灵升天。1973年于湖南省长沙市子弹库一号墓出土的《人物御龙帛画》（见图2），绘有巫师乘龙舟升天的情景：画面正中是一位有胡须的男子，应该是巫师人物，侧身直立，宽袍高冠，腰佩长剑，手执缰绳，神情潇洒地驾驭一船形巨龙，迎风飞升。这幅图覆盖在椁盖板与棺材之间，有引魂飞天之意。巫师所驾龙形船，船头装有龙首，龙首上又有凤鸟头作饰，凤鸟头均作仰天之状。船身平展，略似一般小舟形状，船尾上翘，上立一鸟，有学者解释为仙鹤，亦作昂首仰天状。人头上方为舆盖，三条飘带随风拂动。画幅左下角为鲤鱼。鱼、龙、飘带都显示出龙舟在疾行。画面中的龙与鸟的寓意是十分明确的，龙只是运载工具，而鸟尤其是凤鸟，才能最后完成引魂升天的使命。这幅图覆盖在椁盖板与棺材之间，很明显其用意在于引亡魂升天。可见，楚人的龙凤之舟，有引魂续魄之功用。

  帛画的多种纹饰都烘托了升天的氛围。华盖上面为天上部分。右边绘有一棵扶桑树，上端一轮红日正普照大地，红日中间右上角绘有一个圆圆的太阳，里面有一只黑色的鸟，即神话所说金乌。扶桑树上上下下还挂着8个太阳，与顶上一个相加正好是9个，还有一个太阳没有出来。神话说扶桑树生长在东海，有几千丈高，太阳在树上栖息，

图 2 《人物御龙帛画》（长沙市子弹库一号墓出土）

轮到值班就升上顶端。四川广汉三星堆遗址有青铜器扶桑树，上面挂着 10 个太阳，也与此图相印证。左边描绘的是关于月亮的系列神话。一弯银白色的月牙，象征着月缺月圆生生不息。弯月里蹲伏着一只黑灰色蟾蜍，嘴里含着一棵有起死回生功效的灵芝草，其肥大的身躯意味着强盛的生殖力。蟾蜍上端是一只活蹦乱跳的玉兔，也是生殖力、生命力旺盛的象征。月亮下面是嫦娥奔月的形象。神话说，嫦娥偷食了西王母的不死药成仙奔月。天上正中间为主神，人首蛇身，披发端坐，应该是神话中创造了人类、创造了生命的女娲。天上为仙境，其图像应该都指向生命诞生、长存的主题。因此，有人说这一图像为烛龙，显然是不合图像情境的。女娲像右边有三只仙鹤，左边有两只仙鹤，仙鹤也是象征长寿之物，与画面主题相合。女娲下面有两只凤凰相对，蓝白相间的色彩，做腾飞状。凤凰下，有两个兽首人身的神灵各骑一匹红首白身的马向上飞腾，手中牵绳，绳拴在钟上，画面呈二神合力撞钟貌。撞钟应该是欢迎亡灵升天的仪式。钟下是天门，由两个门柱组成，门柱上各蹲有一直红色的小豹子，是为瑞兽。两旁各有一位守门神人，衣冠楚楚，毕恭毕敬，与天国的各种神灵一起欢迎升天老妇人的到来。

帛画下部悬挂的彩色帷帐呈棚顶状向两边垂下，帷帐上有两个人首鸟身的精怪相向栖伏。下面有一平板，由一巨人举双手托举。平板上摆有祭品、食器等。左侧三人，右侧四人，皆拱手肃穆而坐。描绘的是祭祀与饮宴场面。显然这里描绘的是为死者举行的祭祀活动。平板下的巨人，赤身裸体；胯下有一赤蛇，首尾分别从上部垂到两下角的龙尾。巨人的下面，有两条红鳞的青色大鱼，其一头尾为红色。鱼的两旁又有小兽。巨人的两侧，各有一只口衔灵芝状物的大龟，龟背上各立一只鸱鸮。鱼、龟都是水生动物，在此代表水下或地下的想象世界。也包含祝福主人升天之意。

该帛画汇集众多神话，将天上、人间、地下贯通一体，表达了送墓主人魂回归西天的意愿。这种帛画图像本身就是为墓葬量身定做的，实用性很强。汉代人们狂热追求长生不死或羽化升天，所以非常重视死者的安葬，追求厚葬，实际上是把安葬看作生命形式转换的契机，在墓穴中置放升天图之类的神话图像，就是当时人们普遍采用的一种促成死者升天的措施。

（二）《畲族祖图》上的神话图像叙事

巫师人物作法时，常常要用到神图，即绘有神灵图像或神灵事迹的图像。巫师凭借神图举行仪式，犹如神灵莅临现场发挥作用。最典型的案例是畲族盘王神图——《畲族祖图》，该图即是畲族人祭祖时的重要用品。畲族祖图采用连环画的形式描绘了畲族祖先盘瓠神话，盘瓠临危受命，抵御侵入之敌，咬断番王头献给高辛帝，被招为驸马，然后生儿育女，繁衍后代，死后葬于盘瓠王墓。祖图一般用白布为材料，用红、黑、绿等颜色绘制而成。"长约五丈，阔一尺五寸，图中各节附有汉字简单说明。有的则分上下两条长幅。如清乾隆二十四年（公元1759年）处州府丽水县十四都北空庄重新绘制的'盘瓠图'（现为中国历史博物馆收藏），上、下两幅各有十四个场面。上幅为：（1）三皇，即盘古拱手、神农抱月、伏羲持八卦。（2）高辛王登基。（3）皇后耳疾，太医取黄虫。（4）金盘托黄虫奏告高辛王。（5）金盘扣黄虫变龙犬。（6）燕王将起兵战畲王。（7）高辛王丞相授战书。（8）高辛王招亲杀燕王。（9）盘瓠揭榜。（10）盘瓠变龙犬过海咬燕王首级而归。（11）敬献燕王首级，自扣金钟。（12）七日未到揭金钟，盘瓠变成犬首人身。（13）犬首人身之盘瓠向高辛王求婚做驸马。（14）盘瓠鼓乐婚娶，三公主迎驸马。下幅为：（1）高辛王及文武官员为盘瓠及三公主庆贺舞宴。（2）盘瓠夫妇生育三男一女。（3）高辛王为盘瓠子女分别赐盘、蓝、雷、钟四姓氏。（4）高辛王加封盘瓠并授官三子到广东为王。（5）官相鼓乐送盘瓠及子女出行赴任。（6）广东乡绅及官员迎候。（7）盘瓠入山学法。（8）出游打猎。（9）盘瓠身亡挂树，众人安葬。（10）子女为盘瓠超度亡灵。（11）乐鼓送葬。（12）敬盘瓠王墓。（13）保佑子孙风调雨顺，年岁丰稔。（14）子孙杀牲祭祖，以犬首杖象征祖先。"① "祖图"展现了畲族的神话历史，反映了畲族的图腾崇拜与祖先崇拜及相关的祭祀习俗，图像加上简单的文字解释，通俗易懂，识字不识字的人们都很容易理解，是畲族祭祖时的重要物品。"祖图"在畲族祖先崇拜活动中发挥着重要的实际功能，所以深受畲族民众敬重、珍爱，平时将其与装有祖杖的红布袋、香炉等祭器一起置放于两个竹箱内，交给专人保管。每年的春节、三月三、五月初五、七月十五、八月十五、十二月十五等节日举行祭祖时，就要拿出"祖图"，展挂于堂中神台前，神台前摆供品，由巫师主持仪式，全族参加祭祀。

---

① 《中国各民族宗教与神话大词典》编审委员会编：《中国各民族宗教与神话大词典》，学苑出版社1993年版，第537页。

神话图像是特定社会发展阶段的产物，它的内涵总是与特定社会的方方面面相联系的，因此，要切实准确解读神话图像的叙事意图，就必须结合特定的社会政治、经济、哲学、历史、文学、民俗等方面来加以解释，即要从多维视角来进行神话图像的解读，才能揭示神话图像所包含的真谛。

第四章　中国神话景观叙事

中国神话景观叙事脱胎于神话图像叙事，或是本身就包孕于图像叙事，但是到了近现代，中国神话景观叙事不仅成为叙事的主体，而且影响越来越大，以至于成为当今神话的主要叙事形式。

一　中国神话景观叙事概念与要素

（一）中国神话景观叙事概念

景观可以分为自然景观和文化景观两大类。自然景观指未受直接人类活动影响或受影响程度较小的自然复合体。文化景观则是指特定民族或人群，为某种需要利用自然界所提供的材料，有意识地创造出的景观，或在自然景观之上叠加了人的创造的景观。神话的人物、内容、情节、观念等依附于景观叙事，与民众生活密切相关也应属于活态叙事，包括自然景观、装饰、建筑、雕塑、图像、庙会、纪念馆、展览等叙事形式。

神话的景观叙事，即是通过景观来讲述神话故事。景观叙事有多种方式，"通过命名（Naming）、序列（Sequencing）、揭示（Revealing）、集聚（Gathering）等多种叙事策略，让景观讲述历史故事，唤醒集体记忆"。[1] 这些叙事策略也都适宜于神话景观叙事。但是神话景

---

[1] 陆邵明：《浅议景观叙事的内涵、理论与价值》，《南京艺术学院学报》（美术设计）2018年第3期。

观叙事不同于神话语言（文字与口语）叙事。神话景观叙事不可能讲述一个有头有尾的故事，它只是将神话故事的若干重要构件组合成景观，帮助人们记忆神话，并升华超越文本神话，建立起超越神话的象征系统。

（二）中国神话景观叙事要素

景观叙事的存在物实际上是由物质与非物质两个方面构成的综合性的载体。"景观叙事的客体一般包括两个方面：一方面包括物质性载体，如建筑、花木、山石、水体、园路等；另一方面辅之以非物质性的叙事媒介，如图像、声音、文字等。它们共同构成了景观叙事的载体。相比文学性的叙事载体，景观叙事载体更加丰富多样，更加直观。其中最大的区别就在于景观叙事载体是可以进行真实的沉浸式体验，可触摸的体验，可互动的体验。"[1] 神话景观叙事主要包括物质性载体与非物质性辅助性载体。物质性载体主要包括人物雕像、祠堂、广场、碑林、情节景观、花木、山石、水体、园路等。非物质辅助性载体主要包括声音、图像、文字、仪式等。

河南泌阳盘古神话景观叙事，既有物质性载体，也有辅助性非物质性载体。盘古乡位于泌阳县城南郊区，南阳盆地东部边缘，大别山余脉横亘境内，连绵起伏、林木蓊郁的盘古山。山上有一座古朴庄严的庙宇——盘古庙，庙内有一尊盘古大神的神像。《泌阳县志》云："盘古山，县南30里，蔡水出焉。本名盘山，后传为盘古，因立盘古庙于上。"泌阳盘古信仰历史悠久。北魏郦道元《水经注》早有记载："泌阳故城，城南有蔡水，出盘古山，亦曰盘古川，西北流注泌水。"盘古山周围30多平方千米的范围内，分布了许多盘古神话景观，如盘古庙、盘古井、盘古墓、盘古楼、大磨、百神庙、甜水河以及自古以来文人骚客题写碑刻等。泌阳盘古物质景观还附着非物质性辅助性载

---

[1] 陆邵明：《浅议景观叙事的内涵、理论与价值》，《南京艺术学院学报》（美术设计）2018年第3期。

体。最突出的是附着与盘古名胜上的口头神话传说。泌阳盘古口头神话众多，其中一则颇有特色。传说，从前，盘古兄妹（一说是姐弟）出生在泌阳一农户家里，父母亡故。兄妹勤劳善良，靠上山砍柴为生。砍柴途经一寺院，门前有一尊石狮。有一天，寺院里走出一位须发如银的老和尚，对盘古兄妹说："我已经饿了18天了，求求你们每天给我两个馍。你们把馍放在石狮子的口中，我自己去取，行不行呀？"盘古兄妹非常同情老和尚。他们以后就自己吃野果、野菜，把馍省下来放进石狮子的口中，供老和尚食用。过了一段时间，老和尚出来告诉盘古兄妹：不久会天塌地陷。如果哪一天石狮子的眼睛红了，你们就赶快钻进石狮子的口中，可以躲过这场灾难。老和尚说完就不见了。这年六月的一天，石狮子的眼睛忽然红了。盘古兄妹就赶快跑到村子里报信说，天地就要塌陷了。村民都不相信。盘古兄妹无奈，只好钻进石狮子的口中。石狮子的口立即闭上了。突然天地间黑云翻滚，洪水滔天，山崩地陷，天地化为乌有。盘古兄妹在石狮子的肚中发现一堆馍，那是他们平时放在石狮子口里供老和尚食用的馍。原来是老和尚有意为他们备下的干粮。九九八十一天后，雨驻风歇，盘古兄妹出来，天地一片空白，只有盘古兄妹与脚下的一朵祥云。盘古兄妹去找玉帝。玉帝赐给他们一块蓝手帕，他们把蓝手帕抛向太空，成为天空；他们又经过许多灾难，从玉帝那里偷走了"如意球"向下一扔，变成地，盘古兄妹造了天地，又向太白金星要了些彩色碎片，向大地撒下，变成山脉、河流、平原和树林等。但是世界上只有他们兄妹二人。石狮子奉了玉帝之命，令盘古兄妹成婚，盘古兄妹坚决不从，说："我们兄妹本是同根生，怎么能成婚呢？"次日，石狮子托来两扇石磨，说："玉帝有令，命你们兄妹各拿一扇石磨，分别站在两个山顶，听我的号令，同时把石磨推下。如果两扇石磨合在一起，你们就必须成婚。"盘古兄妹照着做了，结果两扇石磨真的合在一起，兄妹于是结为夫妻。盘古兄妹成婚后，生子生孙，繁衍后代。盘古兄妹也因此成为人根之祖，被当地人称为"盘古爷""盘古奶奶"，或称为"人祖爷""人祖奶奶"。显然，盘古神话在泌阳已经完全地方化了，变成了地方传说，也反映出当地盘古信仰之盛。

2005年12月，泌阳县盘古山被中国民间艺术家协会命名为"中国盘古圣地"；2008年6月，泌阳"盘古神话"被国务院列为第二批国家级非物质文化遗产名录。泌阳盘古神话景观的非物质辅助性载体还应包括一年两次的祭祀盘古大典，它不仅唤醒了人们关于盘古神话的记忆，还点燃了人们心中对祖先崇拜的激情。2017年泌阳九九重阳祈福祭祀盘古大典，人们来自四面八方，人山人海，十分壮观。嘉宾们敬献了花篮，并净手上香，并有相关人士恭读祭文：

华夏光耀	始于盘古	荫荫万世	子孙具服
天地之初	盖有九重	混沌无极	昼夜不分
吾祖盘古	手持利斧	开天辟地	天地上下
天崩地裂	人族溃散	世无人烟	万籁寂静
天神显现	寂寥有感	命劝造人	滚磨成亲
顺应天意	始造百人	百里挑八	成就八方
繁衍壮大	抟土造人	兄妹成亲	百夫百妻
恭请日月	光耀天下	狩猎驯养	福泽四方
身化五岳	血成江河	魂魄化人	万物之灵
仁心慈爱	送子完满	万世景仰	感恩戴德
吾华世祖	承天中土	立极东方	九州五服
华夏烈祖	佑我子孙	凤凰浴火	文明继传
薪火不息	文明辉煌	福之佑之	继传未央
诚祈之至	伏惟尚飨

每年三月三，泌阳盘古山也要举行寻根问祖祭盘古的活动。2019年4月7日上午，中国·泌阳第十七届盘古文化节拜祖大典在该县盘古山拜祖广场隆重举行，来自北京、天津、广东、山西、河北、山东、陕西、湖北等地的社会各界人士参与拜祖大典，广场上人山人海，场面十分壮观。嘉宾净手上香，敬献花篮。头天晚上，还举办了祈福大典，有

曲艺表演、万人祈福、篝火晚会等内容。盘古景观辅助性活动，延伸了盘古神话的功能，成为鼓励人们在新时代勇于创世纪的精神图腾。

山西临汾尧帝神话景观由两部分组成，一部分为临汾市东北的郭行村尧帝陵；一部分为临汾市南的尧庙村尧帝庙宇。山西临汾尧帝景观源自神话传说。帝尧为帝喾之子，帝挚之弟，13岁辅佐帝挚，受封于陶，15岁又封于唐，为唐侯，故号陶唐氏。18岁时即天子位，先是定都于蒲阪，后定都平阳（山西临汾），以火德王天下。《通典》载："尧旧都在蒲。"《水经注》载："雷首，俗亦谓之尧山，山上有故城，又曰尧城。"北魏阚骃《十三州记》载："蒲阪，尧都。盖尧帝亦都此，后迁平阳。"临汾即为传说中的尧都，所以临汾城东有尧帝陵，城南有尧帝庙。《史记》载：尧帝"其仁如天，其知如神，就之如日，望之如云"。尧帝仁爱像天空一样无边无际，他的知识智慧有如神灵，像太阳一样光芒万丈，像云霞一样灿烂辉煌。尧帝在位时，天下洪水泛滥，先是用鲧治水，9年无功而返，又启用禹，使洪水得以治理。他命羲氏、和氏测定推求历法，制定四时成岁，为百姓颁授农耕时令。测定出了春分、夏至、秋分、冬至。尧还设置谏言鼓，让天下百姓畅所欲言；立诽谤木，让天下百姓指出他的过错。帝尧勤俭朴素，办事公正，体恤人民，被当作仁君的典范。他用人重视德才，注意考察，使才适其位，天下太平，风调雨顺，百姓安居乐业。晚年又大义灭亲，禅位于舜，真正做到了"天下为公"。帝尧深受百姓的爱戴，人们常常把"尧天""尧年"比作太平盛世，并以尧作为圣贤明君的代名词。自尧帝始，以德治天下成为君王的追求的目标。尧帝功绩，在临汾两处神话景观中多有叙述。

尧帝陵位于临汾市东北的郭行村西隅涝河北侧，涝水向南流去。陵四周有山环抱，陵丘高50米，绕周300米。民间传说：帝尧逝世，万民悲痛。送葬之日，人们从四面八方赶来为陵墓捧上一把土，捧土之人不计其数，竟堆积成山，为三皇五帝陵丘之最。陵前有祠宇，古树参天，古称神木。祠宇相传为唐代初年所建。金泰和二年（1202）碑文记载：唐太宗征辽曾驻跸于此，因谒尧陵，遂塑其像。唐显庆三年（658）重修。元中统年间（1260—1264），道人姜善信奉元世祖命再次重修尧陵。明清也有多次重修，并有春秋二祭。尧陵经多次重修，现存古建筑山门（门上为乐楼）、牌坊、厢房、献殿、寝殿、碑亭等建筑。祠宇前高耸的门楼上的两个横额刻有"就日""瞻云"字样，意为尧帝恩泽如日普照大地，人们仰望尧帝如瞻仰天上能够普降甘雨的云彩，表达了万世景仰之情。山门面河临岸，上建戏台，下为砖券门洞，呈楼阁式。进了山门，东西原为看戏楼台，北面为仪门，系木构牌坊，斗拱层层叠架，飞檐左右排出，结构精妙，巧夺天工。坊上前书"平章百姓"，背书"协和万邦"，旧时此处为下马坊，文武官员拜谒尧帝时，至此均须下马落轿。进入仪门中院正中为献殿，面阔三间，高大敞亮。东西两侧为配殿。献殿后是向上石阶，共有13级，台阶上原有5间正殿，现只存搭建的碑廊，中竖"古尧帝陵"石碑。碑廊现存碑碣石刻19通，记述陵宇沿革和帝尧功绩。其中明嘉靖十八年（1539）尧陵碑上刻有尧陵全图，保存完好。整个建筑布局紧凑，红墙绿瓦与古树相映成趣。尧帝陵景观以陵墓和祠宇为物质载体，以碑林上的文字为非物质载体，两相结合，既有尧帝事迹的记述，又有尧帝丰功伟绩、万世景仰的形象展示，可谓相得益彰，形成了事实清楚、情感丰富、生动形象的立体感强的尧帝神话叙事体系。

临汾另外一处尧帝景观为尧帝庙宇。尧帝庙宇位于临汾市南4千米处的尧庙村，尧帝庙宇为巍峨壮观的建筑群，始建于晋，后来不断增修，逐渐形成宏大规模。庙前有东西朝房关天阁、五凤楼，还有尧井亭。主建筑有广运殿、尧宫、舜宫、禹宫、万寿宫、寝殿。东西两边还有许多房舍庭院。据史载，尧庙规模最大时占地面积780余亩。尧庙由于集华夏三祖尧、舜、禹庙为一体，所以俗称三圣庙。

尧宫甬道有长达300米龙凤图案，龙凤均为尧帝时的吉祥图案。尧宫甬道两旁陈列了出土于陶寺文化遗址的文物复原石雕，包括生产工具、生活用品、礼仪用品及乐器。这些文物石雕证实尧帝神话时代的真实性与历史风貌。

"仪门"为礼仪之门。古代拜谒或祭祀尧帝的君臣百姓，到此都要整理仪表，即"整冠弹灰，端庄仪表"，然后恭敬前行。仪门门额上书"文明始祖"，象征尧帝始开以德治天下之风。仪门背面上书"光披四表"，为康熙帝题写，意为尧帝功德犹如日月之光普照四方民众。

"五凤楼"始建于唐乾封年间（666—668），是仅存的一座古建筑，为明清时建筑风格，为重檐歇山顶式。"五凤楼"亦称"光天阁"，意为尧帝功德光耀天地。人们将尧与和他一同开创基业的四位大臣合成五凤，于是建有此楼。象征君臣同心，可建千秋功业。"五凤楼"下层为三孔砖券门洞，直通"广运殿"。古代祭祀尧帝，君主从中间门洞通过，文武大臣从两边门洞通行。

庙宇前的尧井，代表了农业文明进程中的最伟大的发明。它改变了早期社会人们逐水而居的状况，选择聚居地更加自由，只要是能够开出水井的地方即可，不仅可以寻找到更多宜居之地，而且由于远离河流，可以避免洪涝之灾。从此，村落、城镇开始兴起。井与城镇有着密切关系，以至于人们把城市称为市井。尧井象征着尧帝的伟大发明，泽被后世。尧井四周有四棵古柏树，历经沧桑，仿佛见证着遥远的历史。

尧寝宫始建于唐麟德年间（664—666），宫内供奉着帝尧与其夫人鹿仙女的塑像。神话传说帝尧定都平阳之后，去仙洞体察民情，遇上鹿仙女，随即相爱，并于鹿仙洞成婚。成婚之夜，山峰红光照射，犹如蜡烛。从此以后，人们就将新婚之所称为洞房，而且在人洞房之夜，要点上红蜡烛。

舜殿建筑风格也是明清模式。系重檐歇山顶式。殿内设舜帝塑像。舜姓姚，属有虞氏。尧帝选择了舜帝，禅让于舜。舜接替尧位后，励精图治，兴修水利、发展农业生产、广施仁政，天下大治，国泰民安，与尧一道创建了千古颂扬的"尧天舜日"的太平盛世。舜年老后，又仿效尧，将帝位禅让于禹。这就是世代为人称道的"尧舜禅让"。

大禹殿同样是明清时期建筑风格，系重檐歇山顶式。禹姓姒，名文命。尧命鲧治水，鲧采用堵塞的方法，结果水越治越大，最后被放逐羽山而亡。舜力荐禹治水，禹殚精竭虑，公而忘私，全力治水，十三年风风雨雨，足迹遍九州，三过家门而不入并且采取疏通河道为主的治水方法，先后开通了9座大山，疏浚了9大湖泽，疏导了9条大河，终于消除水患。禹治水有功，帝舜禅让于禹。禹殿供奉禹的雕像，取材于大禹治水，突出了大禹在农业水利方面的贡献，可谓治水神话的景观叙事。

钟楼内悬挂的帝尧钟，重达21吨，喻指铸造于21世纪；高366厘米，象征农历一年366天；直径240厘米，象征一年24个节令；钟齿为12个，寓意一年12个月；钟面镶铸着后羿射日，大禹治水，羲和制历，皋陶神判，和合议政，藜羹鹿裘，历山访贤，禅让虞舜八幅图案，集中多种神话题材，叙述了三圣的丰功伟绩，同时起到了赞颂钟鸣鼎盛的尧天舜日的作用。

"尧典壁"位于尧宫东侧，南北长300米，高3.3米，镶嵌石碑380块，镌刻3万余字。碑上的内容由南向北展开，图文并茂，有13辑。《尚书·尧典》《尧典图说》《尚书·舜典》《舜典图说》《尚书·大禹谟》《大禹谟图说》《尚书·禹贡》《禹贡图说》《帝王赞尧》《先贤咏尧》《本纪尧传》《典籍评尧》《史载记尧》等。"尧典壁"是三圣记载史，配合景观叙述三圣神话事迹。

华表为尧所创，始于尧都。2001年，尧都广场筑建了"尧都华表"，高达21米，寓意21世纪；柱身盘曲着中华世纪龙，苍劲威武，顶端的冲天吼，生机勃勃，预示着中华民族的伟大复兴；底座有长城图案和黄河壶口瀑布图案，象征着中华民族源远流长，社稷永固。

尧宫前尧门通道两侧设置了象征日月星辰的石雕和二十四节气日历图，叙述尧帝命人根据日月星辰运行规律制定农历与二十四节气的事迹。尧帝之时将一年分为366天，剩下的天数用闰月的办法来解决。并且还根据农业生产与季节气候的关系，将一年分成了二十四节气。尧的发明极大地推动了农业文明的进步，极大地提高了农业生产力。

尧帝神话景观叙事依托自然景观形成尧陵，巨大的土堆象征着万世崇敬；又有不同时代建造的人文景观展现尧帝的神话事迹，众多景观构成尧帝及舜、禹的神话叙事的完整建构；并将口头传承神话附着于建筑之上；更有大量的文字符号辅助于景观叙事，使得整个景观叙事更为完满。特别是在尧帝景观叙事中还融入了新时代的构思与新的构建材料，在景观叙事幽深的历史感中增添了现代感，能够融古今为一体，从而接通当代民众的心灵。

二 神话景观叙事的类型

神话的景观传承可以追溯至史前文化遗址时期，比如红山文化的女神庙，即是最早的神话景观传承载体之一。在漫长的历史进程中，神话景观传承载体不断发展壮大，特别是自近代以来，出于民族共同体认同的需要，中华民族人文始祖神话景观传承的发展尤为引人注目，有关三皇五帝及其相关始祖母的景观不仅散布在黄河流域，而且也广泛分布于其他地区，且已形成庞大体系。此外，其他神话景观传承载体也星罗棋布地分布在祖国四面八方。根据中国神话景观传承载体的构成情况，可以将神话景观传承的模式分为三种：一是复合式景观传承；二是独体式景观传承；三是散落式景观传承。

（一）复合式景观叙事

由于神话人物有多种事迹，往往需要汇集多种景观构成一个景观复合体来叙述神话人物的系列故事，这就是神话的复合式景观叙事。复合式神话景观，通常被称为神话主题公园，或者被称为神话风景区。

随州炎帝神农故里风景区，堪称复合式神话景观叙事的典型代表。炎帝神农故里风景区位于随县厉山镇，由20多个景观构成随县炎帝神农复合式景观叙事。

1. 文化雕塑壁：炎帝神农景区入口有文化墙，雕刻抽象几何图案，象征蒙昧时代的混沌，旨在表明炎帝神农在洪荒时代开启了中古的农业文明。

2. 照壁：景区入口有照壁，上书"炎帝神农故里"，可以说是突出了该公园的主题，提示受众或游客，该风景区旨在讲述炎帝神农的神话故事。

3. 烈山湖水库：该水库总库容 50 万立方米，灌溉面积 400 余亩，不仅为炎帝神农风景区提供水元素，使得风景区内山水环绕，相映成趣，而且暗示炎帝神农发明农业离不开水利灌溉。

4. 九拱桥：横跨烈山湖，连接景区入口与神农大殿。桥身由 9 个拱洞组成，象征九五之尊。九拱桥栏杆、柱头以汉白玉为材料，有古朴的图案花纹。桥面铺装花岗岩火烧板。制作精美的九拱桥是进入大殿必经之路，增添了大殿的神圣感。行走其上，对大殿供奉神灵——炎帝神农的崇敬之心油然而生。

5. 华夏始祖门：分主门与侧门，门上雕刻炎帝神农时代的风情，突出了炎帝神农始祖、农祖的地位。

6. 圣火台：古籍记载："因以火德王，以火名官，故曰炎帝。"圣火台反映了神话中炎帝神农部落的火崇拜，同时反映了早期炎帝部落刀耕火种的农耕生产的历史。

7. 石灯笼：位于齐步登天台两侧。登天台共 7 段，每段 7 步。石灯笼选用产自福建的上等石材，整块石材雕刻，内部镂空放置灯管，灯笼上侧用篆书刻有民族称呼，56 个石灯笼代表 56 个民族。在炎帝神农风景区设置象征 56 个民族的石灯笼，意味着炎帝神农为 56 个民族共同的人文始祖之一。

8. 盛世和谐鼎：鼎位于登天台和谒祖广场的连接处。采用青钢铸造。象征先祖恩德泽被后世，又逢盛世。

9. 七步登天台：阶梯宽 18 米，共 7×7＝49 节阶梯。增加炎帝祖神的崇高感、神圣感。

10. 谒祖广场：广场长 117 米、宽 117 米，为正方形。面积 13689 平方米，是 9 的倍数。采用福建产上等花岗岩铺装，可同时容纳 2 万人参加拜祖活动。

11. 八大功绩柱：八大功绩柱是以花岗岩为材料的一组雕塑，用能工巧匠精雕细刻，生动细致地再现了典籍记载与口头传承的炎帝神农神话的内容：削桐为琴，练丝为弦；合榭而居，安居乐业；治麻为布，首创纺织；首创农耕，发明种植；日中为市，首创交易；作陶为器，冶制为斧；遍尝百草，发明医药；首创耒耜，教民耕耘。八大功绩柱展示了神话所反映的炎帝神农的丰功伟绩，具有弘扬中华民族灿烂悠久历史文化、增强民族自信心、民族自豪感的意义。

12. 钟鼓楼：位于神农大殿拜祖台两侧，色彩鲜艳，富有荆楚文化韵味。楼内分置铜钟和皮鼓，晨钟暮鼓与万法寺遥相呼应，渲染神话景观叙事的色彩。

13. 炎帝神农大殿：仿秦汉庑殿顶，三重檐，高台基的建筑形制。大殿面阔9间，反映以九为尊的文化意识，同时隐喻炎帝神农生于九龙山。当心间10.8米高的石券门直达二重檐，既是炎帝时期穴居生活的象征，又是早期古朴自然的建筑风格的隐喻；三重花岗岩台基体现炎帝神农的始祖地位。大殿两边设钟鼓楼，为石亭形制，衬托大殿的雄伟高大。在入口处四颗方形石礅柱上分别雕有炎帝神农画像及图腾，隐喻四季及炎帝恩泽华夏大地。

14. 神农塑像：雕像高4.4米，身躯粗放雕塑，高大宏伟，仰视则心生敬意。炎帝神农面部细致雕塑，双目凝视前方，炯炯有神，神态慈祥，但不失威严。是人们根据神话内容所作的再度想象，体现了炎帝神农披荆斩棘、不断开拓创新的精神。

15. 旭日园、弯月湖：分别位于谒祖广场的东西两侧，和谒祖广场、环形树阵共同构建了一个"天圆地方、日月同辉"的景观。

16. 万法寺：万法寺位于烈山的耕耘山山巅，始建于唐贞观二十二年（648），为随州古代名刹，有"百川汇海、万法朝宗"之誉。历史上万法寺屡建屡毁，原寺已毁。1991年按历史原貌重建万法寺大雄宝殿等。2009年扩建，形成了由山门、大雄宝殿、两廊偏殿等构成的系列建筑。两廊供有多种神像。万法寺虽与炎帝神农没有直接关系，但是为炎帝神农增添了神秘气氛。

17. 功德殿古建筑群：一组秦汉风格建筑群，高大雄伟，外观威严、庄重。由日月门、天门、碑苑和功德殿组成，它是景区重要景点之一。用于集中展示炎帝神农对人类社会发展的突出贡献，是炎帝神农景观叙事的重要组成部分。

18. 神农碑：明代万历丁丑年（1577）随州知州阳存愚立。距今已有四五百年的历史。安徽桐城诗人何松涛有诗曰："九烈山梁挺巨碑，民族伟树根可追。纵然风雨沧桑变，也教炎黄儿女归。七字凝结四海意，一石绽放五洲眉。神农灵在应堪慰，仰赖阳翁寸草晖。"

19. 神农洞：相传炎帝神农诞生之地。属于神话景观叙事中的自然景观。

20. 神农泉：位于炎帝神农大殿西南侧。传说炎帝神农诞生时，天崩地裂，九井自穿，九山相连（即汲一井水，八井皆动，一山抛鞭九山应），中华民族龙的传人由此而来。随着时间流逝，九井现存一井，即为神农泉的所在之处。也属于自然景观。

21. 神农纪念馆：由门厅、神农生平展厅、祭祀活动展厅、五姓宗亲会馆、书法展厅、神农座像联合组成。

湖北随州炎帝风景区依逶迤起伏的厉山而建，规模庞大，既有取自自然的景观，更有大量的人文景观，丰富多彩，构成炎帝神农集大成之景观叙事，完整叙述了炎帝神农将农业生产由刀耕火种发展到牛耕的历史，叙述了炎帝神农发明医药、茶叶、农具等的辉煌业绩。

复合式神话景观叙事在中国神话景观叙事中占据多数，后文提及的神话景观叙事多数为复合式神话景观叙事，故此处不赘述。复合式景观叙事能够完整系统地讲述神话故事，并且能够利用多种形式补充、完善神话的内容，渲染特殊的氛围，创造出浓厚的神话意境。同时丰富多彩的神话景观能让人驻足流连，深入体验感悟神话的内在意蕴及其传承的民族精神与情感。

（二）独体式景观叙事

神话独体式景观叙事，只包含一个主要的神话景观载体，多指祭祀祠堂、陵墓之类，主要供祭祀之用，也有传承神话的功用。当然，独体神话景观也不可能只是一座孤零零的建筑物，也会附着一些伴生性景观，不过这些伴生景观往往缺乏独立性，只是依附于主体景观之上，起陪衬作用。如盘古庙，它的所在地可能有一些自然景观陪衬，如盘古山、盘古洞、盘古根、盘古斧等。它的外围可能会建一些石碑、牌坊之类，它的内部除供奉盘古神之外，也可能要供奉一些辅助性的神灵等。但是，这些附属的景观均是依附于盘古庙而存在的，并无独立性可言，不能成为构成复合型神话景观的部件，当然也无复合式神话景观可言。

大禹是神话中的治水英雄，他治水的足迹遍布九州，因此，全国各地包括黄河流、长江流域都有大禹庙。《史记》载："当帝尧之时，鸿水滔天，浩浩怀山襄陵，下民其忧。"大禹治水的神话背景是洪水泛滥成灾，大禹的父亲鲧采用堵塞的方法，结果越是治理，水越大。到了大禹，主要采用了疏通河道的方法来治水，效果很好。大禹治水更有一种奉献精神，他"乃劳身焦思，居外十三年，过家门不敢入。"大禹风风雨雨走遍大好河山，终于完成了治理天下河道的重任。不少容易发生水患的地方都有大禹庙，供奉大禹像，用以祭祀感恩或镇水，同时也是用于承载大禹故事，弘扬大禹天下为公的精神。因此一般的大禹庙或大禹祠堂都是典型的独体景观神话叙事载体。下面介绍几个地方的大禹庙。

会稽大禹庙

会稽大禹庙位于浙江省绍兴市郊东南的会稽山，始建于南朝梁初，距今已有1400多年历史。旧庙多有损坏，1932年重建，但仍保留了唐、明、清各代重修禹庙及祭祀碑刻。殿宇依山而建，耸立逶迤群山之间，有青松翠柏掩映，雄伟壮丽，气势恢宏。有唐代李绅《禹庙》诗为证：

削平水土穷沧海，奋锸东南尽会稽。
山拥翠屏朝玉帛，穴通金阙架云霓。
秘文镂石藏青壁，宝检封云化紫泥。
清庙万年长血食，始知明德与天齐。

诗歌赞美了大禹治水的丰功伟绩及禹庙的壮丽景观。禹庙位于大禹陵的北侧，相传最早为禹的儿子启所建。会稽大禹庙建庙年代堪称全国禹庙之最，这是因为传说大禹葬于会稽。《水经注》载："会稽山有禹庙，大禹东巡，崩于会稽，因葬其地。"禹庙屡建屡毁，现存禹庙为明代禹庙格局和清代建筑风格。禹庙坐北朝南，四周以红砖砌墙。主要建筑自南向北，依山而建，有照壁、岣嵝碑亭、棂星门、午门、拜厅、正殿等，正殿位置最高。照壁后的岣嵝碑亭，内竖一碑，高3.5米，宽约1.7米。碑文凡77字，字体奇特，形如蝌蚪，记述夏禹治水事，传为大禹所书。此碑原刻于湖南衡山岣嵝峰，故名岣嵝碑。正殿前则石阶高叠，殿宇高甍飞檐，画栋朱梁，高24米，宽23.96米，进深21.55米，建筑面积500余平方米，正殿中央塑大禹全身立像，高5.85米，衮袍冕旒，执圭而立，神态端庄，令人肃然起敬。两侧楹柱，镌有"江淮河汉思明德，精一危微见道心"对联。塑像后绘九把斧钺，象征着大禹疏凿九州山河的艰难困苦和丰功伟绩。殿脊龙吻鸱尾直插云天；脊间书有清康熙二十八年（1689）手书的"地平天成"字样，字体阔大，遒劲有力。殿前有御碑亭，碑文为清乾隆祭禹诗句。

韩城大禹庙

韩城大禹庙在陕西省韩城市东北3千米的周原村。原名大夏禹王庙，简称大禹庙，为祭祀大禹而修建。始建于元代大德五年（1301），明代重修。庙宇由两座大殿和12间厢房、偏房组成。正殿塑禹王像和郭子仪像，两旁又有泥塑彩绘小像。献殿前有两根白沙石柱，"岁大元国大德五年岁次辛丑孟夏制"。又有明万历七年（1579）石碑一通，上刻"重修禹王庙记"。

西青北大禹庙

西青北大禹庙位于山西长治平顺县北社乡西青北村，为一坐北朝南四合院格局建筑，占地面积561平方米。始建时间不详，清道光二十八年（1848）重修。由山门、献殿、夹楼、钟鼓楼、配殿、耳殿组成。大殿为元代建筑，面阔3间，进深四椽，前檐插廊，单檐硬山顶。

斗栱五铺作双下昂。

独体式神话景观，重在通过对神话人物祭祀来唤醒人们的神话记忆，直接呈现的神话内容相对来讲比较薄弱，所以在长期的历史发展过程中，不少独体式神话景观逐渐发展成为复合式神话景观，而这一过程往往是漫长的，要经历多个朝代的不断扩建才能实现。当然，也有不少神话景观，特别是当代新建的神话景观，多有按复合式神话景观创建者。但这并不是说，独体式神话景观就失去了存在的必要，相反，独体式神话景观具有灵活性、简易性、群众性的特点，可以在更大范围传播，从而成为复合式神话景观的一种补充。

（三）散落式景观叙事

散落式景观叙事，指分布于不同区域神话景观聚合叙事。一个神话故事的若干景观分布在不同的区域，彼此被隔开，远没有形成一个空间整体，但由于出自同一个神话故事，分别构成同一神话的阐释元素，也被视为一个神话叙事整体。这类神话景观叙事，由于呈现出分散的格局，我们称之为散落式景观叙事。

神话《白蛇传》景观叙事即是典型的散落式类型。《白蛇传》神话景观叙事的载体成碎片地散布在江苏镇江与浙江西湖风景区内。如断桥、雷峰塔、金山寺等。这些散落在不同地域的景观当然不可能构成一个相对集中的主题公园，而是各自独立地分布在镇江与西湖，它们之间的联系完全靠神话故事的情节，通过神话情节的串联，这些独立的景观被连成一个叙事整体。

断桥

断桥位于杭州市西湖白堤的东端，另一端连接北山路，是外湖和北里湖的分水点。据说，早在唐代，断桥就已经建成。宋代称保佑桥，元代称段家桥，后讹称断桥，断桥不断，隔断山水，反而更有诗情画意了。断桥为西湖十景之一。桥东有"云水光中"水榭，并有"断桥残雪"碑亭。断桥之上，观西湖景色，远山近水，尽收眼底。若是雪霁之时，断桥银装素裹，冻湖如墨，黑白分明，犹如一幅浓淡相宜的水墨画，令人心旷神怡。断桥不仅以景驰名天下，而且以情感动世人。因为断桥还流传着许仙与白娘子动人的爱情故事。说是白娘子最初为一条在山中修炼的小白蛇。一次，被一捕蛇者抓住，险遭杀身之祸，幸为一牧童所救。后经1700年的修炼，小白蛇终究化为一美丽的女子，即白娘子。她要来到人间寻找前世救命恩人以报答救命之恩。观音大士指点她："有缘千里来相会，须往西湖高处寻。"西湖高处，即断桥。清明时节，细雨纷纷，白娘子终于在断桥边找到了救命恩人许仙，两人一见钟情，同撑一把伞又同乘一条船，可谓百年修得同船渡，千年修得共枕眠。两人通过借伞还伞而定情。后来，在法海的挑唆下，许仙与白娘子一度决裂，经过水漫金山之后，两人又在此邂逅重逢，言归于好，再续前缘。《白蛇传》的这两段故事为断桥增添了浪漫情怀，断桥也成为白蛇故事的载体，引人无限遐思。

金山寺

　　金山寺位于今江苏镇江西北的金山上。金山原为扬子江中的一个岛屿，后因"大江曲流"，光绪末年与陆地连成一片。金山寺始建于东晋，距今已有1600多年的历史了。金山寺历史上七毁七建，代有高僧，香火不断，声誉甚高。金山并不算高，仅有44米，但是由于与山顶佛塔连成一体，便使人生出崇高庄严之感。金山寺依山势而建，殿堂楼阁层层相连，慈寿塔耸立金山之巅，满山塔楼遍布，已不见金山真面目，可谓金山即寺，寺即金山。金山寺主要建筑为慈寿塔、天王殿、大雄宝殿、观音阁、藏经楼、方丈室等。金山古迹甚多，主要有法海洞、妙高台、楞伽台、留云亭等。金山这种佛寺裹山的建筑风格，在佛寺建筑中产生了较大影响。北京万寿山的佛香阁、承德避暑山庄的金山亭、扬州瘦西湖中的小金山，都受到了金山寺的影响，吸取了金山寺的建筑风格。

　　金山寺不仅因历史文化积淀深厚而闻名于世，也因为《白蛇传》中《水漫金山》故事名扬四海，故事因法海禅师而起。法海本有其人，为中国禅宗六祖慧能法师的传人，在白蛇传中却被说成是一个戒害许仙与白娘子美好爱情的卫道士。金山有法海洞，在慈寿塔西下侧的悬崖上，相传是金山寺开山祖师法海当初来到金山寺住的地方。现洞中有法海塑像一尊，洞口书有："古法海洞。"据说法海原本是唐朝宰相裴休之子。裴休笃信佛学，便送子出家，取名法海。法海立志学佛。最初在江西庐山修禅，后从庐山顺江而下，来到镇江金山创立金山寺。当时金山古寺已经荒废，荆棘丛生，又有蟒蛇出没，害人性命。法海将岩洞中的一条白蟒驱逐入海，然后以洞为居所，开始种田养活自己，并重振金山寺。宋代张商英诗云："半间石屋安禅地，盖代功名不易磨。白蟒化龙归海去，岩中留下老头陀。"可以说法海是一位德高望重的僧人，但是由于传说他有驱除白蟒蛇的事迹，民间就将他与白蛇传故事联系起来，他就成了故事中反面人物，受到民间的谴责。但也成就了《白蛇传》中的一段故事，即许仙被囚金山寺、白娘子施法水漫金山，金山寺由此而声名远播。《水漫金山》又名《降香水斗》，《雷峰塔传奇》《义妖传》弹词均有此一段情节，此情节又广见于各种曲艺，传播极为广泛，人们莫不因《白蛇传》而知晓金山寺。《白蛇传》故事说白蛇修成的善良美丽的白娘子，嫁给许仙，过着幸福美满的生活。金山寺法海知道了这件事，出于人蛇不可共居的理由出面干涉。他游说许仙，犹豫不定的许仙被他藏在金山寺中。白娘子寻夫，法海拒绝放人，双方斗法。白娘子施法，发起滔天大水，看来白娘子原型为蛇，即是属于水神类别，所以能发大水，而且能够号召虾兵蟹将等水神参战。法海见滚滚水浪将要淹没金山寺，赶忙以袈裟化为长堤拦水，结果堤涨水也涨。法海情急之中，召来天兵天将。白娘子及虾兵蟹将终于打斗不过，只能与青蛇收兵，再行修炼，以图将来复仇。许仙逃出金山寺，与白娘子重归于好。法海依然不肯放过，用金钵将白娘子罩住，并镇在西湖雷峰塔下。后来，修炼成功的青蛇击倒雷峰塔，救出白娘子。两人一道将法海打得东躲西藏，最后只得躲进螃蟹背壳中。从此，许仙与白娘子一起过上了幸福的生活。法海则永远躲进了螃蟹壳，秋高气爽吃螃蟹时节，人们剥开蟹壳，里面坐着个秃头和尚，据说就是法海。法海其实是天大的冤枉，仅仅只是因为他的事迹与白蛇有点点关联,就被人们扯进一件纠纷中,而且成了一个不光彩的角色。其实法海只是一个符号而已,他代表了封建伦理道德的捍卫者,与历史上真正的法海并无多大关系。但是无论如何,金山寺自从与水漫金山事件发生联系,就成为白蛇传故事的一个叙事环节。

雷峰塔

雷峰塔位于杭州西湖南岸夕照山的雷峰上,为北宋太平兴国二年(977)吴越忠懿王钱俶所建。吴越忠懿王钱俶,亦名钱弘俶(929—988),为五代十国时期吴越最后一位国王。宋太祖进军江南,他起而策应,因功被授天下兵马大元帅。后入朝,仍为吴越国王。太平兴国三年(978),献出所据两浙十三州之地归宋。北宋太平兴国二年,钱俶因黄妃得子而在西湖雷峰上建塔,名曰皇妃塔。民间习惯以地名指称事物,因塔建在雷峰上,所以皆称其为雷峰塔,皇妃塔反而不闻名于世。北宋宣和二年(1120),雷峰塔因战乱而严重损坏。南宋庆元年间(1195—1200)重修。塔身金碧辉煌,在黄昏时与落日相映生辉,形成一景,被称为"雷峰夕照",从此成为备受游客青睐的西湖名胜之一,列为西湖十景之一。明嘉靖年间(1522—1566),倭寇入侵东南沿海,围困杭州城,纵火烧毁雷峰塔。劫后古塔仅剩砖砌塔身,通体赤红。清代初年,残缺的雷峰塔与《白蛇传》故事发生联系,更具神秘色彩,引人瞩目。民国初年,又盛传雷峰塔塔砖具有多种巫术功能,如辟邪、宜男、利蚕等,砖块不断被人取走,以至于被掏空基脚的雷峰塔在1924年9月25日轰然坍塌,部分塔砖中秘藏的《一切如来心秘密全身舍利宝箧印陀罗尼经》经卷面世。1999年,浙江省决定重建雷峰塔,2002年竣工。雷峰塔建立在旧址上,完全采用了南宋重修时的样式,为中国首座彩色铜雕宝塔。新塔暗层全无门窗,神话传说《白蛇传》被分成六大块立体场景展陈其中。《白蛇传》中,法海企图拆散许仙与白娘子,将许仙骗至金山寺囚禁,白娘子寻夫,与法海斗法。经过水漫金山之后,许仙又与白娘子和好。法海又前来干涉,将白娘子装进金钵之中,并镇于雷峰塔下。后来,小青经过修炼,提升了法力，终于战胜法海，并击垮了雷峰塔，白娘子获救，与许仙过上幸福生活。

可以说，散布在浙江西湖的断桥、雷峰塔与镇江的金山寺，虽然地理相隔，但是因为与《白蛇传》故事发生联系，就被紧紧地聚拢起来，成为共同故事的叙事景观。

散落式神话景观叙事中的各个景观，由于分散而涉及地域广大，能够形成较大的神话文化圈，从而更具影响力，产生深广的影响。《白蛇传》盛传不衰的原因应该也与其神话文化圈的广大有着密切关系。

三　神话景观叙事的特点

在当今，顺应文化遗产保护、地域文化品牌打造、文化产业开发的需要，神话景观建设正在如火如荼的发展中，传统的神话景观不断扩建，已经消失的神话景观得以复建，同时还兴建了一批新的神话景观。这说明神话景观叙事不仅在历史上发挥过重要作用，在当今社会也具有重要意义；神话景观叙事相对于其他神话叙事而言，更有其独特功用。

（一）体验性

神话景观叙事是一种空间性的实体展示，可以使人身临其境，甚至是参与其间，体验神话内在意蕴、情感、象征，获得一种类似于真实的经历。神话景观的体验性主要表现为三个方面：1. 视觉体验；2. 行为体验；3. 情感体验。

1. 视觉体验。神话景观以立体型的物象展现神话的内容，具有可视性、可观性，更容易让人理解。本文所列大量的神话景观均以某个神话人物为中心，运用一系列的自然景观与人文景观叙事神话，给人一种可视性体验。当然，仅仅进入神话景观表层的景观意义是不够的，还需参与行动，深入感受神话的意蕴，才可以进入深层的体验，把握神话内在的情感及其象征性意义。

山东禹城大禹群雕像就能给人很好的视觉体验。大禹治水群雕像位于京台高速禹城出口正对面，2013年建造，群像长20.13米，为表达禹城52万人民对大禹的崇敬，所以雕像宽5.2米。勤劳朴实的52万禹城人民（群雕像宽5.2米），在990平方千米大地上（平台面积990平方米），修建了象征大禹治水13年（群雕像高13米）、三过家门而不入（平台上3级台阶）、8年于具丘山（禹王亭遗址）平定江淮河汉（平台前8级台阶）、大功告成、大禹享年64岁（底座高6.4米）、工程总高度19.4米的群雕像。群雕像用优质五莲红花岗岩雕刻而成，气势宏伟，栩栩如生；群雕像平台、底座外层干挂用芝麻黑花岗岩，平台地面铺装用芝麻白花岗岩，四周的栏杆、栏板用汉白玉，并在栏板上分别雕刻了梅、兰、竹、菊四种图案，在平台入口两侧的栏板上还雕刻了荷花和海棠图案。底座前面的"大禹治水"四个大字由欧阳中石先生题写，底座后面是群雕像简介，底座两侧分别是清朝乾隆皇帝和清朝康熙年间禹城知县曾九皋赞颂大禹的诗歌。平台上设有地埋灯和射灯，晚上的群雕像也十分壮观。大禹治水群雕像的建成旨在激励52万勤劳朴实的禹城人民传承弘扬"创新、实干、为民、奉献"的大禹精神，艰苦奋斗，众志成城，共同建设幸福美丽家园。

武汉大禹神话园同样突出了神话景观叙事的视觉体验特点。武汉大禹神话主题公园位于汉阳晴川阁与武汉长江大桥之间的长江建滩上，由上、中、下三个区域组成，在此只分析其中几个有代表性的景观。大禹祭祀台浮雕，这是座巨型石刻"大禹治水图"，面对滚滚长江，看上去给人极大视觉冲击力！长卷式高浮雕叙述了大禹治水的全过程，浮雕为十幅："与虎为友""受命治水""驱逐共工""河伯献图""伏羲赠圭""擒锁水怪""力开伊阙""变熊惊妻""接受禅让""神马自来"。大禹历经千辛万苦，勇于献身，终究成就治水大业。巨型浮雕不仅讲述了大禹治水的完整故事，而且用或精雕细刻或粗放朴质的雕刻作用于人的视觉，给人以极大的震撼。

2. 行为体验。神话景观创造了一个神话空间，人们置身其间，穿行于神话景观系统的各个组成部分之间，通过穿行来感受领略神话意蕴，这本身就是一种行为体验。更何况，神话景观又常常设置一些参与性仪式，让游览者参与其间，更增添了神话景观行为体验的效果。如太昊伏羲陵的神话景观叙事还包括其千年不衰、规模巨大、种类繁多的祭祀仪式。仪式于每年农历正月初一、十五和二月初二到三月初三举行，来自全国各地乃至世界各地的华人都要赶来进香朝拜，高峰时人数逾百万。庙会上还有拴泥娃娃求子活动。泥娃娃称为泥泥狗。泥泥狗多用黏土捏成，形如生肖动物并极具夸张造型，涂以彩色图案并有女阴隐晦表现，体现了人类对远古的生殖崇拜。祭祀人祖伏羲、女娲的庙会中，成为斋公、香客们求子、避灾、求福，争相购买的"神圣之物"。同时，在太昊陵显仁殿东北角的青石台基上，有一个圆洞，游人香客称之为"窑"。凡是来太昊陵的游人，尤其是女性，都要用手摸一摸这个"窑"，以祈求子孙兴旺、健康。所以称为"子孙窑"。太昊伏陵羲庙会仪式中还有各种艺班的演出，马戏、梆子戏、龙灯等。其中的"担经挑"是一种巫术舞，可谓融入神话景观叙事中的神话身体叙事。舞者穿黑色服装，绣花黑鞋、戴黑头纱，长约五尺。所跳舞蹈大致有三种类型：剪子股、铁索链、蛇蜕皮。三种舞姿有一个共同动作，舞者走到另一人跟前一定要靠背而过，头上垂下的黑纱尾部要与另一人的黑纱尾部相擦过。担经挑又称"花龙会"，花龙指伏羲女娲。舞者的黑色装饰有祭祀之意，舞者黑纱尾部相擦的动作，象征伏羲女娲蛇尾相交。舞蹈演绎了伏羲女娲繁衍人类的神话。这些活动体现了人们对于太昊伏羲以及女娲作为人祖的信仰，是一种参与性、体验性的神话叙事。太昊伏羲庙会成为中国最古老、最盛大的庙会。太昊陵人祖祭典入选国家级非物质文化遗产名录。太昊伏羲陵堪称帝王神话景观叙事中规模最为庞大、叙事最为完整、内涵最为丰富的一种。

3. 情感体验。神话景观叙事通过集体可感的形象叙事，再辅之以相关的方式，如现代的光、影、声、动漫等方式，增强景观叙事情感感染力，使游览者获得一种情感的体验。如湖北郧西的七夕文化广场就有一种感天动地的力量。七夕文化广场位于湖北省郧西县天河之滨，广场平面呈金牛形状，在形似"牛嘴"的地面设有一头大金牛，为铜制。金牛全长19米，体宽5.6米，高2.38米，重12吨，用纯铜铸造而成，象征牛郎立于天地之间的勤劳坚韧，无私奉献的精神；在一只牛眼形地面塑有织女雕像，高耸入云，十分醒目。在另一只牛眼形地面设置连接天地的光束。铜牛与织女塑像分别代表牛郎星与织女星，光束象征银河的光亮。广场一侧的大尖山，又用太阳能发电设置了发亮的牛郎星与织女星以及人造月亮。每到夜幕降临，牛郎织女的美好故事就进入人们的视线，仿佛进入了神话世界。七夕广场一侧还设有七夕故事园，主景点有时空隧道、音乐喷泉和七根巨大钢针，以及反映牛郎织女故事的七组雕塑。时空隧道全长340米，太阳和月牙造型分别代表男、女，七彩线状拉索连接日月，代表牛郎织女七夕相会，彩虹代表织女的彩织作品。音乐喷泉的七根钢针，展示"结彩缕穿七孔针"的民间乞巧文化。七组雕塑名为：赶出家门、老牛做媒、偷衣成婚、幸福生活、押回天庭、天河相隔、鹊桥相会。七夕故事园通过现代材料运用，利用光、影、动漫等现代方法，制造了一个进入神话世界的空间，进入其间，感受其浓烈的氛围，必深受感染，产生无限遐想。又如，蓬莱仙境中设置的八仙幻宫，就具有感人至深的魅力。八仙幻宫位于蓬莱水城东侧海滨，系声光影形成的大型动画景观，以《东游记》中八仙结伴东游的故事为背景创作而成。八仙幻宫坐东面西，虎头大门，琉璃瓦屋檐，门上方饰八仙——宝物浮雕八幅，八仙幻宫西侧为5000平方米的广场。八仙幻宫内设置"八仙过海""太子夺宝""龙门雄关""龙宫乐舞""龙王出征""火烧东海""水灌八仙""群魔乱舞""移山填海""大战天兵""观音调停""天宫汉和"等大小场景40个，人、妖、神等艺术造型200多个，采用声、光、电等现代科技手段控制，声光并茂，有动有静，效果逼真，妙趣横生，系统地演述了"八仙过海"的故事，逼真地再现了一个虚幻的世界，使人仿佛进入了神仙的世界，与仙人同甘共苦，感同身受。

（二）活跃性

　　神话主要产生在人类童年时期，部分产生在文明时代。在当今现代社会，文字记载或口头传承的神话已经失去了其传承的动力与市场，逐渐走向式微。但是作为文化遗产的神话景观传承由于适合现代人认知神话历史的方式，并且具有文化传承功能与旅游功能，正方兴未艾，不断被发掘、扩张与重建。可以说神话景观叙事，是当今最为活跃的神话活态传承方式，没有之一，只有唯一。中国神话在当下的传承，主要是景观传承，或曰景观叙事。当代神话景观叙事在中国历史上掀起了又一次神话传播高潮。

　　三皇五帝古帝王神话景观叙事是当代神话景观叙事的主体部分。三皇五帝均有多种说法。三皇最通行的说法有两种：一是燧人、伏羲、神农，出自《尚书大传》；二是伏羲、女娲、神农，出自《春秋运斗枢》。五帝一般指黄帝、颛顼、帝喾、尧、舜。三皇五帝被视为中华民族的人文始祖，历史上已形成不少纪念三皇五帝的神话景观，近代以来特别是进入当代社会以后，又陆续建造了大批相关的神话景观，至今已形成体系完备、规模庞大，并不断更新、扩展的三皇五帝神话景观群。三皇五帝神话景观群还包括他们的母亲或夫人，她们被国人视为人文女始祖神，也形成了关于她们的神话景观。我们一并列入三皇五帝神话景观系统：

　　三皇：燧人氏或女娲、伏羲（其母—华胥）、炎帝神农（其母—女登）；

　　五帝：黄帝（其妻—嫘祖）、颛顼、帝喾（其妻—姜嫄）、尧（其母—庆都）、舜（其妻—娥皇、女英）。

燧人氏神话景观

　　三皇之一皇为燧人氏，见《尚书大传》。燧人氏的最大功绩就是钻木取火，使人类从此告别了茹毛饮血的生活，从此迈入了文明的门槛。经史典籍多有记载。《韩非子》载："民食果蓏蚌蛤，腥臊恶臭而伤害腹胃，民多疾病。有圣人作，钻燧取火，以化腥臊，而民说（悦）之，使王天下，号之曰燧人氏。"《尸子》载："燧人上观星辰，下察五木以为火。"《三坟》载："燧人氏教人炮食，钻木取火，有传教之台，有结绳之政。"《汉书》："教民熟食，养人利性，避臭去毒。"燧人氏的第二个神话功绩是发明绳索，即草制绳索，并发明了草席；第三个是确立了天地中央；第四个是发明了风姓。燧人氏的神话功绩在其神话景观中得到充分体现。有关燧人氏的神话景观主要是燧人氏陵。燧人氏陵坐落在河南商丘古城西南的商丘火文化景区，陵区占地面积440亩，墓冢占地面积约4万平方米。有长达5000米的围墙，三楹陵门，庄严肃穆。通向陵墓有一条神道，两侧排列龙凤麟等石雕塑，松柏环绕郁郁葱葱。陵前有祭祀高台，可容纳1500人举行祭祀。陵墓呈现方锥形，长、宽各82米，高13.9米。燧人氏陵建于何时，已不可考。据地方志记载可知燧人氏陵古已有之。《归德府志》载："燧皇陵在阏伯台西北，相传为燧人氏葬处。俗云土色皆白，今殊不然。"原有燧人氏陵已毁于战火。今燧人氏陵为1992年重建。2003年，燧皇陵又扩建，建成了石牌坊、石像生、墓冢、神道、门前火文化广场等。每个景点都有相关神话材料支撑，台阶数目注重"九"与"五"数字的运用，象征九五之尊。

伏羲神话景观

伏羲，较之燧人氏，作为三皇之一的资格更为人所知。伏羲，风姓，又名宓羲、庖牺、包牺、伏戏，亦称牺皇、皇羲、史记中称伏牺，后世与太昊、青帝等诸神合并，所以又被朝廷官方称为"太昊伏羲氏"，亦有青帝太昊伏羲（即东方上帝）一说。神话说伏羲为燧人氏之子，其母为华胥，生于成纪，定都陈地。神话说他发明了八卦，创造了文字结束了结绳记事的历史。他还结绳为网用以捕鱼打猎。发明了瑟及其相关音乐。两汉之际，又衍生出伏羲与女娲皆人首蛇身，并成婚繁衍子嗣的神话。伏羲的神话景观主要有两处：一处是位于河南省淮阳县的太昊伏羲陵；一处为甘肃天水的伏羲庙。

1. 太昊伏羲陵。因为一般认为太昊伏羲为三皇之首，所以其陵号称天下第一陵，占地875亩，规模宏大，庄严肃穆。太昊伏羲陵始建于春秋。唐、明、清等代有修葺扩建。太昊陵园暗八卦数理设计，建成了规模庞大的宫殿式古建筑群，分外城、内城、紫禁城三道皇城，景区内主要景点包括中轴线上的一系列建筑：午朝门、道仪门、先天门、太极门、统天殿、显仁殿、太始门、八卦坛、太昊伏羲陵墓、蓍草园等，还有附属景点：独秀园（原剪枝公园）、碑林、西四观、岳忠武祠、同根园、博物馆等。其庞大规模在古帝王陵园中可谓号称第一。太昊伏羲陵主要神话景观有。

渡善桥，渡善桥为蔡河上的一道桥，是进入陵园必经之处。沿着碧波荡漾的龙湖行走，进入太昊陵南部边界，即是蔡河上的石桥，之所以称作渡善桥，意为朝祖进香的男女即将拜见人祖，过此桥时应心生善念，方为真心拜祖，也才能够得到祖先的庇护。渡善桥不仅有劝人向善的作用，也为祖先神的崇高品德做了铺垫。

午朝门。过了渡善桥约30米，即是午朝门。午朝门建于明代。为单檐歇山顶，门阔三间，红色门上铆着金色的钉子。中门钉子为9排9路，两侧均为7排9路，为帝王规制。门上悬"太昊陵""午朝门""开天立极"匾额。两侧有东天门、西天门。门牌渲染威严，颇为神圣。

道仪门。过了午朝门，行走约30米，即到玉带河，河上有三座敞肩式石拱桥。分别与午朝门、东天门、西天门对应。玉带河穿过东西两侧陵墙，通往蔡河，在陵墙外侧河岸，各有一口井，名叫"玉带扣"。过玉带桥继续前行，不久即到"道仪门"，旧称通德门，民间称为"三门"，单檐硬山式，面阔三间，内有券门三个，是太昊陵的第二道大门。

先天门。穿过道仪门约106米，迎面是一座高台建筑，上悬一石匾，名为"先天门"，为清代所建，与道仪门一样也是为了歌颂伏羲功德，故名先天门，谓伏羲有先天之明的意思。台上建有飞翠高阁三间，灰筒瓦覆顶，周匝回廊，台正中有一砖砌拱门。此门原无登临阶梯，20世纪70年代为方便游人，在两旁建了旋梯，游人可凭阁远眺。

太极广场。过先天门即为太极门广场。广场南北长73米，东西宽

66米。东有外城的东华门，内城的三才门；西有外城的西华门，内城的五行门。广场北有太极门，与先天门相对，旧称太极坊或戟门，是太昊陵的中心。这些门都是以伏羲八卦礼数来命名的。

太极门。太极门内为太昊陵中心大院，东南角有钟楼，西南角有鼓楼。两楼均为两层，高11米有余，东西对峙。钟楼悬钟，鼓楼悬鼓。晨钟暮鼓，增添陵园庄重气氛，起到了渲染神话人物庄重身份的作用。太极门为三间三楼柱不出头式木牌楼，通高7.6米，筑于高台之上，台高五级。东有角门名"仰观"，西有角门名"察"，以示太昊伏羲氏仰观于天，俯察于地，中观万物，创先天八卦，肇始华夏文明。太极门叙述伏羲发明太极的神话事迹。

统天殿。统天殿为太昊伏羲陵中心建筑，与太极门相对应。建于明代，通高15.7米，面阔五间，进深三间，龙凤大脊，屋顶盖以黄色琉璃瓦，脊上装饰精美。中为三节彩釉吉星陶楼，楼下有一龛，龛内书有"太昊伏羲殿"五字，左右配以二十八宿代表天上的二十八个星座；殿四挑角为四绝人（庞涓、子都、韩信、罗成）及其吻兽。殿内有"丈八木龛"，雕工精细，造型庄重。龛内塑有伏羲像，头生双角，腰着虎皮，肩披树叶，手托八卦，赤脚袒腹。左右配享朱襄、昊英。朱襄为飞龙氏，造书契，昊英为潜龙氏，造甲历。殿内墙壁上嵌有高1.2米、长36米的青石浮雕《伏羲圣迹图》，分别为华胥履巨人迹、伏羲出世、都于宛丘、结网罟、养牺牲、兴庖厨、定姓氏、制嫁娶、画八卦、刻书契、作甲历、兴礼乐、造干戈、诸夷归服、以龙纪官、崩葬于陈。殿前有月台，面积300多平方米。这里是历代举行祭祖大典的中心场所。殿、台周围有青石栏杆，它和《伏羲圣迹图》均为1998年大修时新增设。《伏羲圣迹图》充分展现了伏羲的神话事迹，是伏羲景观叙事最完整的注脚，让人能够全面深入了解伏羲其人，并转而对其塑像景观产生深深敬仰之情，感恩之心。

显仁殿，下得统天殿后门台阶，前行36.2米，即是等级仅次于统天殿的"显仁殿"，俗称"二殿"。该殿通高16.4米，面阔七间，进深五间，重檐歇山式，灰筒瓦顶，高台走廊，周围巨柱林立，结构朴实、端庄、严谨。显仁殿，顾名思义，即是弘扬伏羲仁义之德的意思。

太始门，与显仁殿相距 7 米，又称"寝殿"，为重檐歇山式高台建筑，通高 16.66 米，面阔三间，进深三间，周匝回廊，灰筒瓦覆顶。该殿下为古城门式门洞，门洞上方嵌有阴刻楷书"太始门"三字，右悬"继天立极"，左悬"赞神明"铁匾。上筑寝殿，两厢有台阶、角门，可以绕殿循游，因此又称"转厢楼"。该建筑始建于明代，分三次垒砌而成。楼内立有公元 1513 年（明正德八年）御碑一通，故又称"御碑亭"。碑文有"洪武四年"字样，该碑为太昊陵所存古碑中年款最早者。

碑林，太昊陵内现存古碑有二百余通，多为伏羲歌功颂德文字；有一部分碑分别记载了陵园各次修建的经历。最多的是各地民众进香的纪念碑。尚有为数不多的"御祭碑"，为皇帝所派大臣祭祀所用。碑林反映了伏羲神话功绩，记录了伏羲神话景观形成历史，特别是表现人民群众对伏羲的敬仰之情，是伏羲神话景观叙事的画龙点睛部分。

先天八卦坛。先天八卦坛在寝殿之后，青砖垒砌，为直壁式等边八角形，周有青石压条。坛面以青砖砌先天八卦图，卦序为乾（☰）、兑（☱）、离（☲）、震（☳）、巽（☴）、坎（☵）、艮（☶）、坤（☷）。中为一八角形凹槽，上原有一尊"龙马负图"，俗称"四不像"。据传，这四不像为古代一个精通八卦的高道所立。他看到世人对先天八卦各执一词，争讼不已，没有一个能说到底蕴之处，把先天八卦弄成了"四不像"，便出资铸造了一只四不像立于此坛中，用以警示后来人。先天八卦坛形象地展示了伏羲发明八卦图像的神话事迹，启人深思。

紫禁城。先天八卦坛后是紫禁城，城内是伏羲氏的陵墓。陵高十寻，一寻相当于今 8 市尺，方座长 182 米，为巨型陵墓；陵墓上圆下方，取天圆地方之意。陵前竖有一块高大的墓碑，高 3.46 米，宽 0.8 米，碑文字大径尺："太昊伏羲氏之陵"，无年款，也无题跋。关于碑文书者与年代，说法颇多。这说明太昊伏羲陵也只是一个象征性符号，仅仅只是人们崇拜敬仰神话人物与事迹的一种载体。

蓍草园。陵墓后面是"蓍草园"。《淮阳县志》载："太昊陵后有蓍草园，墙高九尺，方广八十步。"此为淮阳的八景之一："蓍草春荣。"传说伏羲就是根据白龟龟背图案，采来蓍草"揲蓍画卦"，创下了先天八卦，所以被称为"神蓍"。蓍草园叙述了伏羲创制八卦的方式，成为神话的自然风物，也是人的主观意识对象化的产物。神话风物虽为人所创造，但一旦形成，又成为神话信仰的一种信物。据说，历代皇帝春秋二季派大臣前来祭拜伏羲，返京复命时必采一束蓍草作为祭拜过伏羲的信物。

上述伏羲神话景观建筑之外，还有一些附属建筑，也对伏羲神话起到了衬托作用。在统天殿和显仁殿之间的外侧，东有三观：岳飞观、老君观、元都观。另有火神台；西有四观：女娲观、玉皇观、天仙观、三清观。这七观，现仅存岳飞观，其他六观有待恢复。另外，三才门外有更衣亭五间，外城东有东华门，西有西华门。午门西侧的东天门前有石牌坊，曰"开物成务"，西天门前有石牌坊，曰"继天立极"。这些建筑尽显三皇之首伏羲的威严气派与神圣地位，其中的女娲观还直接叙述了伏羲与女娲成婚繁衍子嗣的故事。

2. 天水伏羲庙。天水的伏羲庙位于甘肃天水市城区西关伏羲路。传说该地为伏羲诞生之地，故有庙宇祭祀。北魏郦道元《水经注·渭水》记载："故渎东经成纪县，故帝太皞庖牺所生之处也。"伏羲庙临街而建，有四进四院，幽深宏阔。庙内古建筑包括戏楼、牌坊、大门、仪门、先天殿、太极殿、钟楼、鼓楼、来鹤厅等；新建筑有朝房、碑廊、展览厅等。新旧建筑共计76间。整个建筑群坐北朝南。牌坊、大门、仪门、先天殿、太极殿沿中轴线依次排列，层层推进，庄严雄伟，整个建筑为明清建筑风格。庙宇始建于明成化十九年至二十年间（1483—1484），后经多次重修，渐成宏大规模。占地面积今为6600平方米。伏羲庙每年都要举行盛大祭祀活动。如今，甘肃省已经将祭祀活动提升为伏羲文化旅游节，其公祭大典也被列为国家非物质文化遗产名录。

女娲神话景观

女娲为《春秋运斗枢》所列三皇之一，全国亦有多处女娲神话景观，如河北邯郸涉县唐王山女娲庙，山西平利县，前已述及，不再赘述。

炎帝神农神话景观

炎帝神农为三皇之一，其神话景观主要六处，即陕西宝鸡、河南商丘柘城、湖北随州、湖南炎陵县以及会同县、山西高平等均有炎帝神农景观。前已有述及，不再赘述。

黄帝神话景观

黄帝为五帝之首，其神话景观也有多处。复合型景观有：1. 陕西黄陵县；2. 河南灵宝荆山；3. 河北涿鹿；4. 甘肃正宁等。这四处都有黄帝陵墓。另外，全国尚有不少黄帝庙宇，多属于独体景观。如陕西潼关县东乡阳平镇黄帝庙；河南灵宝市阳平镇黄帝岭黄帝庙；河南新安县石井乡荆紫山黄帝庙；河南新郑县千户寨乡具茨山（今称始祖山）轩辕庙；河北易县洪崖山黄帝庙；山西阳曲县阪泉山黄帝庙；山西曲阳县洪危山的轩辕庙；山西高平市张庄村黄帝庙；河北涿鹿县窟窿山黄帝庙；北京平谷区渔子山轩辕庙；甘肃庆阳西川菩萨山轩辕庙；广州飞霞山黄帝庙；浙江缙云县缙云山天柱峰下的黄帝祠宇等。这些统计远非完备，说明黄帝影响广泛，纪念地甚多。下面论述有代表性的黄帝神话景观。

陕西轩辕庙。也称黄帝庙，位于陕西省延安市黄陵县，为黄帝陵园，黄帝为中华最重要的人文始祖，其陵园有天下第一陵之称。轩辕庙或称黄帝陵园，由两部分组成：一是桥山山麓的黄帝庙；一是桥山山顶的黄帝陵。轩辕庙初建于明朝，后历代屡有修缮与增建，主要由庙门、诚心亭、碑亭、人文初祖殿、祭祀广场与祭祀大殿等组成。人文初祖殿占地283平方米，面阔7间，进深3间，门楣悬挂"人文初祖"字样匾额。庙内共存放古今石碑50余通。这些石碑有北宋以来的"御制祝文"、名人题咏和重修碑记。古今咸集。是黄帝景观叙事的补充材料。

黄帝陵。黄帝陵传为中华民族始祖轩辕黄帝的陵墓，在《史记》中赫然有载："黄帝崩，葬桥山。"桥山黄帝陵号称"天下第一陵"，又称"华夏第一陵","中华第一陵"。黄帝陵古称"桥陵",是历代帝王和名人祭祀黄帝的场所。历史上最早举行黄帝祭祀始于秦灵公三年（前422）,秦灵公"作吴阳上畤,专祭黄帝"。汉武帝元封元年（前110）亲率十八万大军祭祀黄帝陵,之后桥山一直是历代王朝举行国家大祭之所,陵园保存着汉代至今的各类文物。黄帝陵古柏群,是中国最古老、覆盖面积最大、保存最完整的古柏群,共8万余株,千年以上3万余株。"黄帝手植柏",相传为黄帝亲手所植,人称世上最古老的柏树。几千年来,黄帝陵的祭祀从未中断。从虞、夏、商、周到秦、汉、隋、唐、宋、元、明、清,又到至今,人们都将黄帝当作祖先祭祀,当然有时也同时当作天神祭祀。

河南新郑轩辕祠

河南新郑轩辕祠位于新郑市区迎宾路西侧、轩辕路中段北侧,在黄帝故里景区内。汉代始建,历史上多有修葺扩建。新郑市人民政府自20世纪90年代开始,对黄帝故里进行了多次整修、扩建和改造。扩建后的黄帝故里景区共分五个区域:中华姓氏广场、轩辕故里祠前区、轩辕故里祠、拜祖广场、轩辕丘与黄帝纪念馆区。

中华姓氏广场。黄帝故里景区门前原有广场称轩辕广场,后经扩建更名为中华姓氏广场,由原来的7000平方米扩建为现在的1.5万平方米,为方形式广场。广场南部置鼎坛,鼎坛高9米,底部35米×35米,坛面为21米×21米,分三层15级台阶。鼎坛周围地面刻满中华4600个姓氏,意味着中华民族儿女以黄帝为共同始祖。广场上布满抽象祥云图纹,象征着中华民族儿女："踩祥云之上,观百家姓,唱和谐歌,畅想民族腾飞之未来。"鼎坛置放黄帝宝鼎,称中华第一鼎。鼎高6.99米,鼎口直径4.7米,腹深2.8米,耳高1.5米,足高2.8米,重24吨;鼎足为熊足形,因神话中说黄帝轩辕氏系有熊氏。鼎腹饰九龙纹,首顶火球,口吐水纹,意为龙掌管雨水,也意为龙为中华民族的符号。鼎腹饰龙,象征风调雨顺、五谷丰登,也象征中华儿女作为龙的传人必定团结一致,维护祖国的统一安定。广场周围种植了具有古植物活化石之称的古老的水杉,共计960棵,正好象征了我国

960多万平方千米的土地。

轩辕故里祠前景观有：汉代石阙、日晷、指南车、四柱石坊、轩辕桥、姬水河、轩辕黄帝碑等。汉代石阙为蜂腰型子母阙，母阙为重楼，上楼为重楼，高16米，阙两楼间距18米。日晷置于轩辕故里祠前区左侧绿化带中，为中国传统的标准赤道平面式造型，可在拜祖大典时确定开始时刻。指南车置于轩辕故里祠前区右侧绿化带中，与日晷对称。四柱石坊，为汉代青石牌坊。轩辕桥下姬水河潺潺横流，"轩辕黄帝之碑"立于其右。

黄帝祠，为黄帝故里景区最古老最重要的建筑。汉代建祠，明清有修葺。有正殿、东西配殿和祠前庭。正殿五间，中央供奉轩辕黄帝中年金身塑像，上挂书有"人文初祖"字样的匾额。殿内四周有壁画，展现黄帝一生的丰功伟绩。殿东西配殿各三间，东配殿塑黄帝元妃嫘祖，也即"先蚕娘"像。西殿塑黄帝次妃嫫母，也即"先织娘"像。

祠前庭三间，以图照展示新郑的裴李岗、仰韶和龙山文化时期文物。以出土文物佐证神话历史。祠庭院内，有各种拜祖碑，其中林则徐拜祖碑特别醒目。说明祭祀的目的是要弘扬爱国主义精神，维护国家的统一。这是神话景观叙事超越的内容，也是实用的内容。

拜祖广场。中间为一条36米长深红色花岗岩通道，直通黄帝像。广场地面铺成五色土图案。象征五方，每一个五色土图案均用五种颜色组成，象征五方、五帝、五色等。拜祖广场东西两侧为楹联长廊。

轩辕丘与黄帝纪念馆区，设立有中华圣火台、拜祖台、颂歌台、黄帝像、中华始祖坊、黄帝纪念馆等。中华圣火台位于拜祖区北部，台高2007毫米，取丁亥2007年拜祖日。底面周长5004米，取黄帝甲子纪年5004年。圣火台创意为钻木取火，将燧人氏神迹移为黄帝所有。拜祖台位于黄帝像前，台东西长27米，南北宽20米，台前设0.9米高汉白玉栏杆，庄严、朴质、高贵，让人生敬爱之心。颂歌台位于拜祖台左右两侧，每侧各长20米，五级青石面层，每侧可立250名颂歌者。颂歌台两侧置黄龙。

中华人文始祖轩辕黄帝的塑像于2005年4月10日落成，为汉白玉塑像，塑像为正面形象，手执宝剑。像高5.19米，取九五之尊之意。基座为黑色花岗岩，正面刻字"中华文明始祖轩辕黄帝像。"基座其他三面为石刻，绘皇帝神话，并在四方装饰灵物与星宿图案。

中华始祖坊实为黄帝像背景板，用来遮挡轩辕丘后面左右两侧的居民房屋建筑，为临时性建筑。此坊共九孔，中间高，两边低，正面镌刻所谓黄帝八大功绩，即初定甲子，历算星象；律吕恒音，教民岐黄；踪迹六书，文典辉映；创制指南，舟车四方；五谷丰登，蚕桑美裳；修德振兵，肇造华章；宇内一统，铸鼎开疆；设官司职，政体滥觞。石坊之后为轩辕丘与黄帝纪念馆。

轩辕丘：轩辕丘高19米，长100米，丘内建有中华第一宫——轩辕宫，为地穴覆土式建筑，寓意黄帝出生地。

颛顼神话景观

颛顼是五帝之一，其神话景观主要有河南濮阳黄县颛顼陵，攀枝花米易颛顼祠。黄县颛顼陵所在地濮阳被认为是颛顼定都之地。《汉书·地理志》载："濮阳本颛顼之墟，故谓之帝丘，夏后之世，昆吾氏居之。"颛顼陵位于濮阳黄县南30千米的梁庄乡三阳庄。面积5公顷。四周建围墙，称紫荆城。南北长66米，东西宽165米。墓前立一石碑，上书"颛顼帝陵"，陵墓以南200米为陵庙，前有山门，东西各有厢房三间，后为大殿。附近立有石碑165座。颛顼陵俗称"二帝陵"，民间称"高王庙"，因为除颛顼陵外，此地还有五帝中的第三帝帝喾的陵墓，故又称颛顼帝喾陵。颛顼陵居东，帝喾陵居西，两陵相距60米。颛顼陵南北长66米，东西宽53米，高约26米；帝喾陵略小且居后两米。这种长辈陵冢大，晚辈陵冢小且略靠后的形制，是长幼有序道德伦理观的体现。颛顼帝喾陵始建年代无考。唐大和四年（830），陵前建大殿五间，大殿内塑二帝像。殿外东南建有碑林。元代初年，在陵园四周及二陵之间，修砌砖墙。每年春秋二季，官方都要举行祭祀活动。清代宣统年间，黄河故道风沙南移，陵园为风沙掩埋，现仅存一个大沙岗及两通石碑，一通石碑全露在外，上书"颛顼陵"三个颜体正楷大字。另一通石碑仅露出地面尺许，应是书写"颛顼帝喾陵"。二碑为元代天历二年（1329）所立。

四川省米易县颛顼龙洞

颛顼龙洞位于米易县北部的白马镇境内，地处龙舟山脉和安宁河流域的交汇处。属山河并列的高山峡谷地形，是裂谷裂变褶皱南北延伸的中部。山谷清幽，有潺潺流水，山峦叠翠，绿树成荫，瀑布纷呈。

山东聊城颛顼墓

颛顼墓位于聊城东昌府区城西7.5千米处。《一统志》载："帝颛顼高阳氏陵有二：一在开州，一在东郡城西北二十里。……在东郡者有庙，民间称'聊古庙是也'。"该陵墓仅剩遗址，遗址为方形高台地，为黑灰土堆积。散布有不少陶片，从陶片可以依稀辨识出龙山文化至商周时期的器物。颛顼墓南面原有一座颛顼庙，俗称"聊古庙""颛顼庙"。该庙规模宏大，声名远播。庙内有钟楼、鼓楼、大殿、廊房、后楼等建筑。大殿供高约7尺的颛顼执圭坐像。大殿后二层楼阁内，塑有颛顼帝及后妃神像。1945年，庙毁。现仅存遗址。

帝喾神话景观

帝喾为五帝中的第三帝。帝喾神话景观有河南商丘睢阳高辛镇帝喾陵、陕西渭南洽川莘野村西帝喾陵。

高辛帝喾陵

河南商丘帝喾陵位于商丘市睢阳区高辛镇。典籍多有记载。《大清一统志》载："帝喾陵，在商丘县东南帝喾陵四十五里。"《河南通志》载："帝喾陵，在（归德）府城南四十五里，即帝所都之地。"《归德府志》载："帝喾陵，在归德府城南高辛里。帝所都之地。帝尝都亳，故葬此。有宋太祖开宝元年，诏祀帝王陵寝碑可考。《皇览》清丰县、滑县、合阳县又俱有帝喾陵，皆所传之误也。"传说帝喾陵始建于公元前2345年，距今已有4300多年的历史了。西汉重修，宋代有大修，元明清多次修复。现存陵墓为一高大山丘，南北长233米，东西宽130米。陵前有帝喾庙、帝喾祠、更衣亭、禅门等古建筑。殿宇宏伟壮观，苍松翠柏掩映其间，碑碣成林，有大量古代碑刻，记述歌颂帝喾美德，记载陵园屡建历史。庙堂内中央有一口古井，有梁上彩龙倒影水中，如游龙蜿蜒浮动。据说，大旱之年，人们就会来到井边祈雨，多有灵验，该井因此而被称为"灵井"。帝喾陵周边的豫、皖、苏、鲁等四省民众，每年都要来帝喾陵举行祭祀活动，已延续4000年之久。

渭南帝喾陵

渭南帝喾陵位于陕西渭南洽川莘野村西，陵东边的巷道称之为"冢家巷"，也是因帝喾陵位于此而命名。帝喾陵陵墓高大，巍然耸立，占地面积有二亩。陵前墓碑，为清代陕西巡抚毕沅亲笔书写的墓碑。

尧帝神话景观

尧帝神话景观主要有山西临汾尧帝神话景观，河北唐县尧帝陵，江苏金湖县尧帝公园等。山西临汾尧帝神话景观前已述及，不再赘述。河北唐县的尧山，在唐县东，亦称香山。香山山势挺拔高耸，林木郁郁葱葱。尧帝陵即建于尧山。江苏金湖尧帝公园位于县城人民南路以东。主要景点有城门楼、迎宾亭、圣德广场、城隍庙、文庙、庙会广场、上古文化园、尧王殿、受禅广场、受禅台、望福塔、尧母祠、古戏台、过街楼、寻梦河、荷花溪等。

舜帝神话景观

舜帝神话景观以舜帝陵形式设立，主要有山西运城舜帝陵与湖南宁远舜帝陵。

山西运城舜帝陵

山西运城舜帝陵位于运城市鸣条岗西端。有舜帝大道、舜帝广场、舜帝公园、舜帝陵园四大部分组成。占地面积1778亩，分景区与陵区。陵区坐北朝南，分外城、陵园、皇城三个部分。

湖南宁远舜帝陵位于湖南宁远的九嶷山，占地面积5万平方米。分景区和陵庙区两部分，陵庙为仿清式，两重院落，四进建筑，由神道、午门、拜殿、正殿、寝殿和陵山组成。整个陵园又可以分为四大部分：舜帝大道、舜帝广场、舜帝公园、舜帝陵庙。舜帝陵庙始建于唐开元二十六年（738），元末毁于战火。明正德元年（1506），乡人重建。明嘉靖三十四年（1555）大地震，舜帝陵园又遭毁坏。明万历三十一年（1603），安邑县令吴愈再次重建。清嘉庆二十年（1815）大地震，陵园尽毁为瓦砾，仅存正殿。清嘉庆二十一年，乡人重建舜庙。

宁远舜帝陵主要神话景观

舜帝广场

舜帝广场东西长200米，南北宽150米，占地面积为30000平方米。广场的前方摆放着两尊青石大象，叙述舜帝耕历山时大象帮助耕地，小鸟帮助播种。广场中央有一巨大花坛，花坛中央为太极八卦形音乐喷泉。花坛四周有十二幅浮雕图，叙述舜帝的神话功绩。广场四周耸立着十二根青石龙柱，每根龙柱高约十米。意味着舜帝曾将天下分为十二个周，象征天下归心，和谐统一。

彩虹门

景区大门的上方设置有一道七彩长虹，取自神话舜母感彩虹而怀孕生下舜。彩虹为龙的原型之一，意味着舜帝神的原型为龙。

舜帝公园

进了彩虹门，就是舜帝公园，约占地1300多亩。中间为神道，长约1000米。神道西边有一片桃林，称作桃坞，寓意着舜的出生地姚墟村桃林。神道两旁是花卉区。

舜帝陵庙

舜帝陵庙占地400亩，是景区的主要建筑。分为南外城、陵园、皇城三部分。舜帝陵庙神道两旁保存有5株树龄在4000年以上的古柏，且每一棵活柏怀里都抱着一棵死柏，甚为奇特，被称为"夫妻柏"或"连理柏"。东边一株树干形似龙爪，树根形似龙椅，相传当年汉光武帝刘秀曾在此休憩，故这棵树又称为龙柏。而舜帝陵上也有一株树形奇特的古柏，已有2000余年历史，五个主枝形似虬龙，民间称为"五子登科"。陵前有两块石碑，上碑刻"有虞帝舜陵"，下碑刻"舜帝陵"。

舜帝抚琴像

舜帝抚琴雕像，为花岗岩材质，高5.18米，雄伟庄严，寄予了中华儿女对舜帝的崇敬与爱戴。雕像两侧各有一柱华表。象征皇权、国家。

三皇五帝的神话景观叙事，还应包括其中一些帝王的母亲或妻子，因为在历史的长河中，她们与三皇五帝一道被人们奉为始祖神、创世神，而且有的还被奉为繁衍人类的大母神。在中华大地上，也形成了有关她们的神话景观叙事，下面分别论述。

华胥神话景观叙事

华胥为太昊伏羲之母，神话说她踩上巨人的脚印，发生感应，其时有彩虹环绕，因而怀孕生下了太昊伏羲。《竹书纪年前编》曰："太昊庖牺氏，太昊之母居于华胥之渚，履巨人迹，意有所动，虹且绕之，因而始娠。"此则神话代有记载。《山海经·海内东经》郭璞注："华胥履大迹生伏羲。"《列子·黄帝》："黄帝梦游华胥国，华胥之人其国无帅长，自然而已；其民无嗜好。自然而已；不知乐生，不知恶死，故无夭殇；不知亲己，不知疏物，故无所爱憎，不知背逆，不知向顺，故无所利害……"魏晋皇甫谧《帝王世纪》载："太昊帝庖牺氏，风姓也。燧人之世，有巨人迹出于雷泽，华胥以足履之，有娠生伏羲于成纪，蛇身人首，有圣德。"《太平御览》卷七十八引《诗纬·含神雾》："大迹出雷泽，华胥履之生宓牺。"《潜夫论·五德志》："大人迹生雷泽，华胥履之，生伏羲。"前秦王嘉《拾遗记》："春皇者，庖牺之别号。所都之国，有华胥之洲。神母游其上，有青虹绕神母，久而方灭，即觉有娠，历十二年而生庖牺。"唐司马贞《补史记·三皇本纪》载："太暤庖牺氏，风姓，代燧人氏继天而王。母曰华胥，履大人迹于雷泽，而生庖牺于成纪。蛇身人首，有圣德。"华胥神话景观叙事主要有华胥陵。华胥陵，又称羲母陵，位于西安市蓝田县华胥镇梦岩村。华胥陵北枕骊山，南临灞水，并于灞水对岸白鹿原相望。《太平寰宇记》载："蓝田为三皇故居，境内华胥陵。"明清所编《蓝田县志》均载："蓝田有华胥氏陵，尊卢氏陵，女娲氏谷遗址，史称三皇故居。"华胥陵原周长200米，高8米，东西宽40米。陵区古柏参天，尽显历史悠久、庄严肃穆。陵园附近有华胥沟、三皇庙、毓仙桥、阿氏村（娲氏村）、女娲堡、补天台、人宗庙、磨合山、华胥窑、画卦台等遗址，均是与华胥与其子伏羲相关神迹的景观。如其中的华胥窑，为华胥镇宋家村后半坡上的一个窑洞，传说华胥就是在这个窑洞里生下伏羲与女娲的。宋家村口还有"毓仙桥""毓圣桥"，传说这就是华胥怀孕时走过的桥，中国人祈子有走桥习俗，恐与此有关。该村还保留有一块记载三皇功绩的石碑，石碑中间刻有"古华胥国"字样。这些遗迹说明，该地应该为华胥神话形成的主源地，因为当地华胥信仰已为当时人们所刻骨铭心。每年二月初二，即龙抬头节，海内外华人都要赶来祭祀先祖始母。有关专家说："华胥陵作为中华民族始祖母华胥氏的陵寝，是中华儿女寻根问祖的精神殿堂，是传承文化根脉、凝聚民族情感的精神纽带。"

嫘祖神话景观叙事

嫘祖作为五帝之首的黄帝的配偶神，又是发明桑蚕的创世神，其影响自然非常悠久广大，因此，全国的嫘祖神话景观自然会很多。嫘祖神话景观主要表现为嫘祖宫、嫘祖庙、嫘祖陵等形式。兹论述几种有代表性的嫘祖神话景观。

四川省盐亭县嫘祖故里

传说盐亭县为嫘祖故里。盐亭县位于四川盆地中部偏北的丘陵地区，地处嘉陵江支流西河与涪江支流梓江分水岭地带。丘壑纵横，河流众多，树林密布，是宜居的风水宝地。盐亭作为传说中的嫘祖故里，有众多的文化遗址，散布在盐亭各乡镇。也为散落式神话景观叙事模式。

嫘祖宫

嫘祖宫是盐亭嫘祖故里主体建筑，位于高灯镇街后的灯杆山。嫘祖宫内塑嫘祖与黄帝金身像，供人祭祀。据说，嫘祖发明桑蚕时，在野外常遭鼠害，就用松脂点燃火把照明驱鼠。以后相沿成习，所以此山名曰"灯杆山"。

嫘祖陵

嫘祖陵位于金鸡镇的青龙山。整个建筑分陵墓主体、祭祀广场、陵道三个部分，占地面积百余亩，气势恢宏，庄严肃穆。青龙山下嫘祖湖畔，保留有唐代嫘祖圣地碑，碑上有唐赵蕤撰写的《嫘祖圣地》文。

嫘轩宫

嫘轩宫位于青龙山。嫘轩宫，顾名思义，是祭祀嫘祖与轩辕黄帝的宫殿，历代香火不断。嫘轩宫正门上的楹联为："功高日月德配黄帝，气壮山河御驾青龙。"横额为："咸元赞化"。左右门又各有一副楹联。左门楹联为："德启三皇，化干戈为玉帛；功高五帝，养天虫以吐经纶。"右门楹联为："圣地名山，左右青龙白虎；蚕茧丝绢，来自嫘祖元妃。"宫内塑有嫘祖、轩辕、神农、伏羲四尊神像。嫘轩宫以祭祀嫘祖与轩辕黄帝为主。

嫘祖阁

嫘祖阁位于林龙镇玉龙山。主庙建于明代，之后有多次扩建。现有建筑先蚕殿、嫘祖阁、戏台等。

龙潭庙

龙潭古庙位于盐亭县茶亭乡，地处龙凤两溪交汇处，有十分壮观的瀑布，瀑布下是深不可测的水潭，大龙潭由此而得名。龙潭庙右边是500亩水面的前锋水库，碧波荡漾，山水相依，一片江南水乡景象。龙潭庙始建于唐朝，清朝有扩建，形成20亩地的建筑群。有嫘祖殿、禹王庙、岐伯殿、川至殿、观音殿、桃园殿、三清殿、瘟祖殿、孔圣殿、十二生肖殿和舞台、茶园等。

嫘祖神话景观比较著名的还有河南新郑的嫘祖庙，湖北宜昌夷陵区的嫘祖庙等。

姜嫄神话景观

姜嫄为五帝之一的第三帝帝喾的元妃，因为履巨人迹而怀孕生下周族祖先后稷。《诗经·大雅·生民》载："厥初生民，时维姜嫄。生民如何，克禋克祀，以弗无子。履帝武敏歆，攸介攸止，载震载夙。载生载育，时维后稷。"《诗经·鲁颂·閟宫》载："赫赫姜嫄，其德不回。上帝是依，无灾无害。弥月不迟，是生后稷。"姜嫄为帝喾之妻，又为周人始祖母，所以受到代代华夏子孙的祭祀。姜嫄神话景观主要有姜嫄墓。姜嫄墓位于陕西咸阳武功老城南侧的小华山上。《武功县志》载:"姜嫄墓在南门外,南去360步,又西40步,墓在坎上,与东原梅家庄通。"姜嫄墓又俗称"娘娘坟",陵墓中间高出,两旁垂悬如飞翼,所以又称"飞凤穴"。封土堆高约4米,下为方形,周长15米。墓冢朝东。墓前有清代修建砖雕牌楼,牌楼正门横额书"姜嫄圣母墓",两边对联已不见。左右门上方横联分别书:"厥生初民","炎黄巨尊"。各有楹联尚能辨识:"履帝武敏周人生,亘古高冢志邰城";"益稷三章漆永明,大雅一歌山川秀。"楹联简明扼要说明了姜嫄的神迹与崇高地位。

除上述武功地方姜嫄墓外,尚有陕西省咸阳市彬县炭店乡水北村的姜嫄墓,俗称"娘娘坟"。墓为不规则圆台形,封土高7米,直径约20米。明《一统志》载:"姜嫄墓,在邠州城东北一十里,有庙。姜嫄,虞后稷之母。"姜嫄墓前有清乾隆四十一年(1776)陕西巡抚毕沅题写的墓碑,上书"姜嫄圣母墓"。

庆都神话景观

庆都为帝尧之母,有神话说她与赤龙相感应而生下尧帝。《绎史》卷9引《春秋合诚图》:"尧母庆都,盖大帝之女,生于斗维之野,常在三河东南,天大雷电,有血流润大石之中,生庆都,长大形象大帝,常有黄云覆盖之,荐食不饥。年二十,寄伊长孺家。无夫,出观三河之首,奄然阴风。赤龙与庆都合,有娠而生尧。"[①] 庆都神话景观主要有尧母陵。尧母陵位于河北省都望城内东南角。东汉章帝时追封为尧母为"灵台大母"并在伊祁山附近建有"尧母灵台"。《保定府志》载:"汉章帝元和二年(85),有使者郭延生祀尧母于成阳灵台,并置5户人家在此守护灵台。"望都县旧志载:"……汉建宁五年(172)成阳灵台碑文曰:'庆都仙没,盖葬于兹,欲人莫知,名曰灵台,上立黄屋,尧所奉祀……'"由此可知,灵台原指尧母陵,专为官方祭祀之所,为防外人知晓,故隐去陵主姓名,简称灵台。尧母陵原有尧母祠、鸡鸣井等建筑。清代以来有多次重修,至民国初年,尧母陵已

---

① (清)马骕撰,王利器整理:《绎史》,中华书局2002年版,第87页。

颇具规模。尧母陵是陵殿合一模式，四周有砖石砌墙，长115丈，上面盖有圆筒瓦。有头门、二门，均建有砖房。左右各开耳门。正殿塑尧母像，端庄慈祥。殿前廊壁镶嵌石刻诗。两旁厢廊均有房间，屋顶均有鸱吻、龙脊、生肖装饰。殿两侧各有石碑一通。西侧隔以墙垣，有高架木坊一座，上书"尧母陵"，其后有一口井，相传向井中投入一枚钱币，就能听见鸡鸣声，故曰"鸡鸣井"，井上有一亭。再向北就是尧母陵。周长36丈6尺，砖砌灵台，高达3丈。陵园所有建筑皆在槐柏掩映之中，古朴幽深、庄严肃穆。

经过数千年的发展扩张，特别是当代的重建，三皇五帝体系神话景观已成蔚然大观，成为当今中国神话景观传承叙事的主体，具有极大的影响。三皇五帝神话景观之外，尚有另一些古帝王，如大禹，战败英雄古帝王蚩尤等，也都形成了有关他们的神话景观；他们与三皇五帝同样是古帝王神话中的重要人物，有关他们的神话景观同样不可忽视。大禹神话景观前已述及，此处只论述蚩尤神话景观。

蚩尤神话景观

蚩尤为古帝王神话时代九黎氏族部落的酋长，神话中，蚩尤与黄帝在争夺中原的战争中失败，部落大部分向南方迁徙，部分汉族、苗族、瑶族、羌族等与其相关。蚩尤神话景观主要有蚩尤城、蚩尤冢、蚩尤庙等。此处只论述蚩尤城。

蚩尤九黎城。蚩尤九黎城位于重庆市彭水县绍庆街道与靛水街道结合部的亭子坝，总建筑面积11万平方米。蚩尤九黎城景区以苗族始祖蚩尤文化为主线，突出建筑的苗族风格，由40多处建筑组成，规模庞大，气势恢宏。主要建筑景观包括标志门楼、九道门、九黎宫、九黎部落、北斗七星、苗王府、蚩尤大殿、禹王宫、善堂、盘瓠大殿、百苗长廊、九黎神柱、艺武场、百戏楼、游客服务中心、购物长廊、美食一条街等。其中有代表性的景观有。

九道门。九道门为九黎城标志性建筑，沿山脊建造，各牌楼之间错落有致，造型各异。九道门由三座石门、三座木门、三座砖木门组成，分别以九黎部落名命之。名曰畎夷门、于夷门、方夷门、黄夷门、白夷门、赤夷门、玄夷门、风夷门、阳夷门。气度非凡，威风凛凛。每一道牌门都雕刻有关于苗族民俗、历史故事、民间图腾的图纹，内涵丰富，意义重大。脊梁上的雕刻有飞禽走兽与古代人物，雕刻精细，生动感人。

九黎宫。九黎宫依山而建，顺势而上，宫高99米，有11开间，寓意九九归一。九黎宫内有苗族接龙堂、晒楼虎口堂、四合院、八字朝门和吊脚楼群等多种建筑。

九黎神柱。神柱用汉白玉雕刻而成，总高24米，象征一年二十四节气。神柱上雕刻有苗族古歌里崇拜的三十六堂鬼、七十二堂神，也即三十六天罡、七十二地煞雕像。

九黎遁道。为九黎城象征性防御建筑，通道长108米，象征三十六天罡、七十二地煞。通道两侧有81幅图纹，内容多与苗族起源及苗族古歌相关，用天然颜料绘制而成，是苗族神话的图像说明。

九黎部落：在戏楼后建有九栋民居，称为九黎部落，即九栋民居分别代表东夷的九个部落。建筑为苗族风格，砖木结构，集中展示了苗族接龙堂、晒楼虎口堂、吊脚楼等建筑文化符号，其文化展示也十分丰富，有图片、文字资料、图画、书法作品等。

蚩尤大殿：蚩尤大殿为九黎城的核心建筑。大殿九开间，进深12.99米，殿高15.9米，最大的木柱直径为0.6米。殿内梁架有五根巨大梁木，雕刻有太极八卦、金书、宝剑和龙凤纹卷草、云纹等图案，象征蚩尤的威严。因为苗族是东夷族的后代，有尚东的习俗，而蚩尤是东夷集团九黎部落的首领，所以大殿坐西朝东。大殿正中供奉着纯青铜铸造的蚩尤坐姿神像，高5.99米，宽3.3米，厚1.9米，重达40吨，是目前我国最大的蚩尤坐像。大殿两边展示了与蚩尤相关的器物、图画、兵器和蚩尤发明等。

苗王府：为二至三层建筑，即有的建筑为二层，有的为三层。苗王府共有五进；第一进为门庭，即府邸大门（八字朝门）；第二进为议事厅，是苗王处理政务和迎客的地方；第三进为中堂，是苗王接待贵客、处理重大事务的圣堂；第四进为戏楼，是苗王宴请宾客、观看表演之所；第五进为长寿楼（也称神堂），是供奉祖先的地方。每进两旁均设厢房。

百戏楼、三苗长廊、浮雕墙。百戏楼位于蚩尤九黎城中轴线上，是城内最大的建筑之一，也是目前国内最大的木结构大跨度戏楼，是景区文化展示和节目展演的地方，戏楼前面的舞台，可同时容纳300人演出。三苗长廊全长480米，象征着苗族每年农历四月初八春耕节，是苗族文化的一个展示场所。在长廊背后，是百米浮雕墙，系统展示了苗族文化与神话，厚重丰富。

天权阁、北斗七星亭。位于九黎宫之上，供奉文曲星君，高19米，建在80米高的状元堡上，是蚩尤九黎城的至高点，北斗七星之亭首，可以将整个景区尽收眼底。七星亭与天权宫整体以八大星君为依托，分别是天枢台、天璇阁、天玑阁、玉衡台、开阳阁、瑶光台、隐元台。七星亭，不仅展示了苗族建筑，还诠释了七星之奥秘、博大的厚重文化，可谓七星神话的图像阐释。

古城墙和碉楼。古城墙全长880米，环蚩尤九黎城中心区一周，依山而建，雄浑壮观，分双墙、单墙，双墙上可以观景，单墙象征防御功能。全部采用青石筑成，城墙平均高度为6.8米，宽1—4米。碉楼造型独特，做工精细。

禹王宫。始建于清道光二十六年（1846），原建于靛水，修建蚩尤九黎城时，移至于此。禹王宫旧时为"湖广填四川"之移民聚会的场所。今移至于此，也有增添九黎城神话景观叙事神话历史背景的作用。

演武场。演武场是苗族苗王象征性军事衙门，也是苗族人民举行节庆活动、重大祭祀活动的场所。分别建有兵器库、擂台、点将台、勇房、帅府、生活作坊等。

盘瓠大殿。盘瓠是神话传说中的一部分苗族的祖先。盘瓠大殿既是祭祀盘瓠及配偶神辛女的场所。大殿为木结构。梁柱高大雄伟，雕梁画栋，充满神话色彩。大殿供盘瓠、辛女像，四周是盘瓠和辛女的神话图像，讲述苗族先祖的神秘故事。九黎酋长蚩尤与盘瓠供奉一城，反映了一个民族多元起源与多元文化融合的史实。

在中华大地上，除了遍布东西南北中的丰富多彩的古帝王神话景观之外，还有形形色色的神灵神话景观，如创世神话景观、英雄神话景观、仙境神话景观、民间信仰神灵神话景观。笔者认为，这是一个十分庞大却杂乱的神话景观世界，涉及范围非常广泛，需要专门研究。此处仅论述蓬莱仙境神话景观及八仙过海神话景观、牛郎织女神话景观等，以一斑观全豹，借此理解当今中国神话景观修复与重建的浩大声势。

蓬莱仙境神话景观

蓬莱仙境是中国神话中三大仙境之一，包括蓬莱、方丈、瀛洲三山，被认为是仙人居住的地方，也是出产不死药的地方，当然是人间向往的地方。《史记·秦始皇本纪》载："齐人徐市等上书，言海中有三神山，名曰蓬莱、方丈、瀛洲，仙人居之。"又《史记·封禅书》载："自威、宣、燕昭，使人入海求蓬莱、方丈、瀛洲。此三神山者，其传在渤海中，去人不远；患且至，则船风引而去。盖尝有至者，诸仙人及不死药皆在焉。其物禽兽尽白，而黄金银为宫阙。未至，望之如云；及到，三神山反居水下。临之，风辄引去，终莫能至云。"蓬莱仙境可望而不可即，一般人很难进入，却是世人向往之地。由于自秦始皇始，历代都有去蓬莱求不死之药者，所以人们根据神话想象蓬莱仙境，建成蓬莱仙境神话景观。蓬莱仙境主要依托于蓬莱市，蓬莱市位于山东省东北部、烟台市北部，北临黄海、渤海，是一座著名的海滨风景旅游城市。在蓬莱市，建成了与蓬莱仙境有关神话景观——蓬莱阁。蓬莱阁始建于北宋嘉祐六年（1061），依托丹崖而建，由蓬莱阁、天后宫、龙王宫、吕祖庙、三清殿、弥陀寺及其附属建筑群构建了一个规模宏大的建筑群，在佛道景观衬托下突出蓬莱仙境内涵。相传正月十六日是天后的生辰，天后宫这一天要举行庙会活动。各种戏班、秧歌队来到蓬莱戏楼、广场表演，人山人海，气氛十分热烈。天后塑像前，进香的人更是络绎不绝，人们求签许愿，表达美好生活的愿望与追求。

八仙渡海口

八仙渡海口，位于海水浴场东侧海中，西与蓬莱遥遥相望，是根据八仙过海神话传说填海造地新建的景区。外墙为游龙身躯蜿蜒起伏状造型，正门两侧为龙首雕塑。墙内壁镶嵌汉白玉浮雕70余块，内容为甲子神、日游神、夜游神及生肖图案，为景观制造了神秘的氛围。景区有大型白玉照壁，上有八仙过海浮雕，可谓突出了景区的主题。景区内尚有：流轩、挹清轩、八仙祠、三星殿、财神殿、放鹤亭、环形步廊等民族风格古典式建筑。

仙人望海楼

仙人望海楼位于蓬莱市海滨公园中部南侧，主体建筑为二层楼木石结构楼阁，木窗，两侧各有20米走廊。一层正中为门厅，二层设置释迦牟尼、太上老君、孔子塑像各一尊。均面向大海。东、西、南三面围墙，汉白玉质地内壁，镌佛、道、儒肖像浮雕309尊。园内正中置汉白玉莲台，四面分别设滴水观音、平安观音、如意观音、送子观音像，高8米。莲台四周为荷池，四面有汴桥，甬道可通莲台。园内四周植垂柳、斑竹及各色花卉，间以小形雕塑，清新雅致，有超凡脱俗之意趣。望海楼初建于唐朝，原建筑已毁。现在的望海楼是填海新建的。其地势较高，站在楼上，周边景色及海域尽收眼底，真使人有飘飘欲仙之感，体现了神话景观叙事的情感诱发功能。

牛郎织女神话景观

牛郎织女故事既是神话，也是传说，在全国影响很大，全国有七八处牛郎织女神话景观。此处只论述山东的牛郎织女神话景观。牛郎织女风景区位于山东省沂源县东南部的燕崖镇。有织女洞、牛郎庙、世界爱情邮票博物馆、牛郎织女民俗展览馆、叶籽银杏、织女泉、九重塔、玉皇庙、无声殿、姊妹泉、祈愿阁等人文景观和各种石刻碑林。

牛郎庙

牛郎庙是该景区的主要景点之一。据记载，牛郎庙建于明万历七年（1579），清嘉庆二十年（1815）重修。牛郎庙也是一幢二层阁楼式建筑，青砖碧瓦，彩绘斗拱。位于沂河对岸，与织女洞隔河相望。

据说，庙内塑牛郎及其子女像，旁卧金牛塑像一尊。庙宇与雕像已毁，仅存遗迹。牛郎庙位于牛郎官村，相传牛郎本姓孙名守义。该村人为单姓村，以孙为姓。至今，该村上了年纪的人仍坚持认为自己是牛郎的后人。该村仍保留了养蚕、耕织、"乞巧"、取"双七水"等习俗。与牛郎村隔河相望的是织女洞，位于大贤山北麓。山崖边有一小巧的山门，即是织女洞的院门。门楼内石灰墙上，书有唐代诗人杜牧七言绝句《秋夕》："银烛秋光冷画屏，轻罗小扇扑流萤。天阶夜色凉如水，坐看牵牛织女星。"诗歌将人引入一个神话世界。进入织女洞，只见左侧崖壁缺口处，有一处凌空的高阁坐落其上，下面便是织女洞。织女洞高8米、宽7米、长约10米。洞内建有一幢二层楼阁，朱门绿窗，青砖灰瓦。二层塑织女与王母像。左侧设有织女梳妆台与寝室。楼阁二层前面有一个上圆下方的窗户，与牛郎庙相对。设计者的意思是应该让织女能够凭借这个窗口与牛郎脉脉相望。

综上所述，神话景观叙事已成为当代中国神话活态传承的主体形式；神话的文字传承、口头传承、仪式传承、图像传承往往都要依赖于景观，将景观作为传承的处所。事实上，在当今，这些传承方式已成为神话景观传承的附属部分。这是一个神话景观传承盛行的时代，各类神话景观已遍布中国大地的东西南北中，自成体系、异彩纷呈、影响广泛、引人瞩目。中国各民族古老的神话因景观的传承而再一次焕发青春，再一次掀起传承的高潮！中华民族优秀传统文化因神话景观的传承而在当今得到更为鲜明的彰显；中华民族自神话时代开始就形成延续的伟大民族精神也因神话的景观传承而在当今得以更加发扬光大。

（三）持久性

神话景观传承相对于口头传承而言，具有持久性、长久性的特点。口头传承的神话只能局限于当时当地，具有当下性、在场性，一旦离开特定时间与空间，随即消失。而神话景观则不同，它是一种不易被时间磨蚀的固体存在，可以代代传承。即使由于战乱等原因，神话景观常常遭到毁坏，但是一旦社会秩序恢复，必然会重建，因为在传统社会中，神话景观既表现了民间层面的信仰，也表现了国家层面的信仰，对社会秩序与人心的稳定起着重要作用，必须加以维护。进入当今时代，神话景观对于传承民族优秀文化，增强民众文化自信，弘扬民族精神，推动文化产业发展都具有重要作用，所以也必然成为保护发展的对象。

中国相当一部分神话景观有着悠久的历史，而且屡毁屡建，延绵不绝。河北省邯郸市涉县的女娲庙从建庙到至今，已有1400多年的历史。甘肃省天水市秦安县陇城镇南侧的女娲祠，主要建筑有"娲皇宫"和"女娲祠门牌"，其建造年代，目前可追溯到秦朝，距今已有2000多年的历史。女娲祠历经沧桑，时至今日已经是五次迁建。今日之女娲祠，气势宏伟，塑像庄严。娲皇宫龛位祥座的披发慈容、肃穆祥和的女娲尊像，为1989年雕塑而成。

陕西省延安市黄陵县的黄帝陵景区，由轩辕庙与黄帝陵两部分组成，轩辕庙在桥山山麓，黄帝陵在桥山之巅。轩辕庙有黄帝陵都经历了漫长的修建史。黄帝陵、轩辕庙始建于何时，因历史材料暂付阙如，尚无定论。据《黄陵县志》，两大建筑群始建于汉代。经魏晋南北朝时期战乱，至唐代，黄帝陵与轩辕庙已湮灭无存。唐朝代宗时，重建黄帝庙。宋开宝五年（972），宋太祖赵匡胤降旨，修葺前代帝王祠庙，"坊州黄帝庙，即其一也"（见轩辕庙内碑廊宋朝李昉《黄帝庙碑序》）。原来的黄帝庙地势狭窄，不便尊崇，又常有水患之灾，遂将黄帝庙由桥山西麓迁移到桥山东麓，同时扩大了面积，并扩建了庙院、山门、过亭（今诚心亭）和大殿。元代泰定二年（1325），轩辕庙西院保生宫发生火灾，泰定帝下诏保护黄帝庙，令专人看守。元代至正元年（1341），元惠宗降旨，修复轩辕庙西院保生宫。明代洪武三年（1370），朱元璋下诏修葺年久失修的黄帝陵庙。明代天启元年（1621），遍访全国上等材质，招募优秀工匠，集中大批民工，耗时一年，对黄帝庙进行了大规模的翻修。修整后的大殿"栋宇辉煌"，黄帝塑像熠熠生辉。明崇祯九年（1636），明王朝再次整修，"计补修正殿六楹，葺治大门、二门共八楹，筑垣墙一百一十"（见轩辕庙内碑廊铭《轩辕黄帝庙重修记》）。清世祖登基后，"以帝命肇祀于庙"，即在黄陵庙举行祭祀大典。康熙初年数次下诏，多次整修和维护黄帝陵庙。有清一代，维修黄帝陵庙达十余次。计有康熙六年（1667），"太守王公（廷弼）详请重修"（《重修轩辕黄帝庙碑》）；康熙十九年，"知府王廷弼重修"（《重印陕西中部县志》）；康熙三十四年，"邑侯李暄重修"（《重印陕西中部县志》）；雍正七年（1729），"邑侯何任详请重修"（《重印陕西中部县志》）；雍正十二年，"陕西直隶州知州李如沅详请重修"（《轩辕黄帝庙重修碑记》）；乾隆二十五年（1760），"邑侯巩敬绪详请重修"（《重印陕西中部县志》）；乾隆二十六年，"高麟勋详请重修"（《重建轩辕庙记》）；乾隆三十七年，"邑侯董延楷详请重修"（《重印陕西中部县志》）；乾隆五十五年，"邑侯罗南英详请重修"（《重印陕西中部县志》）；嘉庆十二年（1807），"邑侯丁瀚现在详请重修"（《重印陕西中部县志》）。据碑刻载，康熙六年（1667），下诏整修黄帝陵轩辕庙，除对大殿、两门、碑亭整修外，又于亭中作《唐宋元明碑序》以竖之。乾隆二十六年（1761），对轩辕庙进行了一次更大规模的整修，"采木于山，取水于渊，罗匠氏于他邦。范金合土，以冶以陶，以以筑，以绳以直，以斫以鬻，以黝以垩，以绘以朱。其坏者、缺者、蚀剥者、裂而张、隙而渗者、湫不可足者、凹凸而失平者、横斜偏曲不如法者，莫不一一举而新之。是役也，经始于秋七月之望日，报竣于冬十月二十有一日。于帝所居正殿，易其鸱尾，更其甗；琉璃，分道一色。其间为碑亭三楹，为更衣亭三楹。为大照墙一，衡三丈有奇，高半之。为左右翼墙各一，长各六丈。照墙外为石坊，石有一丈，如其长之数，而作砖栏以卫之。为宫墙一百六十丈有奇，庇之以木，脊其巅以之。门内外暨碑亭南北作中甬道三十余丈，缘之以石，如其长之数，而两之。事皆似因，其功实倍于创"（见轩辕庙内碑廊清《重建轩辕庙记》）。经整修，黄帝庙的规模进一步扩大。民国二十八年（1939），陕西省政府令设黄帝"陵园管理处"，对黄帝陵庙进行了一次大规模的维修,"凡大门、享殿、围墙及瞭缺者,均加葺补"。并对庙产进行了清理,共得庙产地 121 亩。

中华人民共和国建立之后,对黄帝陵和轩辕庙的整修和维护更加重视。1959 年,陕西省人民委员会曾拨款 15.5 万元,用以重修轩辕庙,凡"修建宫室大殿七间、后房七间、碑室五间"(轩辕庙内碑廊《重修轩辕黄帝庙记》)。1992 年又扩建整修轩辕庙建筑。遂成今日之汉代建筑风格,形式结构取法于汉画像石,多为石造建筑或仿石造建筑,古朴庄严、雄伟壮丽。

神话景观中的远古帝王神话景观,表现了中华民族的始祖崇拜,代表了中华史前文化的伟大创造,所以往往始建年代久远,并且在历史上屡屡修葺扩建,而且是屡毁屡建,不断传承发展!远古帝王神话景观的不断传承发展,永葆民族根脉不断,永葆古老文化根脉不断!

远古帝王神话景观,历经千年风雨沧桑,见证王朝兴衰更迭,具有永久的传承性!

(本章景观叙事部分材料采自网络,由于为间接采用,且所采资料涉及的网络机构重叠、多变,难以注明具体网络机构,在此,对所用材料涉及的网络机构,一并表示感谢!)

第五章 中国神话活态叙事史略

中国各民族发端于原始社会的神话，长期保持活态传承状态，随着时代的更迭、文化背景的变迁而不断发展变化，并不断产生新形态、新内容的神话，形成了从远古社会到元明清的完整的神话史。

神话的历史，历来受到了中外学者的关注。英国神话学家凯伦·阿姆斯特朗《神话简史》将神话发展史分为几个阶段：旧石器时代的狩猎神话，新石器时代的农耕神话，早期文明时代的神话，轴心时代的神话，后轴心时代的神话。西方大变革时期为神话的消亡时期。[①] 中国学者张晓松、万水林在阐述早期神话学者谢六逸的相关论述中指出："在神话学研究领域已经有学者注意到：古代神话，虽然是先民原始文化的结晶，但它绝不是（或不仅仅是）在时间、空间、内涵等方面囿于原始时代的产物，它有一个经由野蛮蒙昧时代向文明、理性社会进发、生成——发展的过程。这个过程的'两极'，便是两种不同的神话表象：一是'原始的、单个的神话'，即独立神话；二是'文明的、综合的神话'（所引为谢六逸语），即体系神话。"[②] 鲁刚《神话文化学》将神话的发展分为活物论阶段、有灵观念阶段和人格化神阶段。[③] 陶

[①] ［英］凯伦·阿姆斯特朗：《神话简史》，穆卓芸译，台湾大块文化出版股份有限公司2005年版，第1页。

[②] 张晓松、万水林：《关于体系化神话研究的几点思考》，《贵州教育学院学报》1997年第1期。

[③] 鲁刚：《神话文化论》，社会科学文献出版社2009年版，第6—11页。

阳、钟秀著《中国创世神话》则也将创世神话的发展分为三个阶段。第一阶段是萌芽阶段，大约为旧石器时期晚期，相当于母系氏族社会初期。这一阶段的创世神话还不是真正意义上的创世神话，只是包含了创世神话的因素。第二阶段是创世神话的形成期和发展期，为新石器时期初期和中期，相当于母系氏族社会的中后期，产生了天地万物起源和人类起源神话。第三阶段为创世神话成熟期，为母系氏族社会后期，经父系氏族社会时期到奴隶社会初期，出现了内容复杂的系列创世神话。[①] 笔者认为探讨中国神话的起源及其发展，首先必须明确神话的大致分类，中国神话一般可以分为两大类，一类是创世神话，即解释天地万物、人类的起源及早期文化发明的神话。这类神话肇始于人与自然相抗争的渔猎狩猎、采集经济时期，曲折反映了原始社会人与自然的关系。一类是以氏族、部落或族群首领人物为中心的英雄神话。这类神话产生于氏族、部落形成民族、国家的时期，曲折反映了人与社会的关系。显然，就产生的时间而言，创世神话在前，英雄神话在后。当然，这仅仅是就两者出现的先后顺序而言的，并不是说后者是前者的替代物。事实上，在英雄神话产生后，创世神话并没有因为被替代而自行消亡，而是继续发展演变，或者发展成为自成体系的创世神话，如苗族的《苗族古歌》；或者融入英雄神话的内容，成为创世与英雄复合型的神话，如苗族的《亚鲁王》。另外，在创世神话之后产生的英雄神话则发展成为帝王谱系神话，并同时吸收了创世神话的内容，帝王人物不仅是征战的英雄，也是文化创造的英雄。帝王谱系神话产生于奴隶社会初期，经历了由夏商西周到两汉的发展，渐趋完善。魏晋南北朝时期，佛教、道教兴起，两教又从中国传统神话中吸取营养，创造了一批带有民间性的宗教神灵故事，实则是中国神话宗教化的产物。宗教神灵故事，算不算神话，历来存在争议，赞同者不乏其人，然反对者居多。笔者则将宗教神灵故事中具有民间性的、在民众中口头传承的那一部分，划归为神话的范畴，并将其视为

---

① 陶阳、钟秀：《中国创世神话》，上海人民出版社1989年版，第21—37页。

中国神话发展史中出现的一种现象。这种现象，与《圣经》的情况类似。《圣经》中的故事应该说是宗教故事，但其中不少来自神话，所以我们在论及西欧神话的时候，就不能排除《圣经》中的神话，比如其中著名的洪水神话，我们绝不可能因其为宗教故事而将其排除在神话之外。这也可以成为我们将一部分佛教、道教故事划归神话的理由。唐宋及其以降，随着中国城市化的发展，在传统神灵神话的基础上，又逐渐衍生出一些反映城市居民生活追求的神灵故事，人们依据这些故事，对所叙述的神灵顶礼膜拜。这些表现民众世俗生活信仰的神灵故事也应划归为神话的范围。据上所述，中国神话的起源及其发展经历了如下几个阶段。

一　创世神话

创世神话最初重在解释自然现象，因为当时人们主要依赖自然，人类的思维处在简单、直观的状态；当生产力水平发展到一定程度，人们能够通过人类社会创造性（不同于完全依赖于自然的劳动）劳动来获取物质生活资料的时候，就产生了解释社会现象的神话。社会发展到以原始农业经济为主的时代，综合性劳作锻造了人类复合性思考的能力，就产生了复合型创世神话。进入民族、国家形成阶段，由于凝聚民族成员的需要，就产生了以祖先崇拜为中心的系统神话。创世神话多见于我国少数民族，并多以活态传承形式代代传承。

在早期社会，人类与自然的关系最为直接密切：弱小的人类既依赖自然，又惧怕自然。自然不仅给人类带来生活资料，也给人类带来种种危害。人类从自然界获取衣食，《礼记·礼运》："未有火化，食草木之食，鸟兽之肉，饮其血，茹其毛，未有麻丝，衣其羽皮。"同时，自然界的洪水猛兽、风雨雷电也给人类带来种种伤害，人类又不得不对自然产生畏惧之心、恐怖之情。对自然的依赖与恐惧，导致了早期人类自然崇拜的产生。天体、自然物、自然力都被人格化、神圣化，包括天、地、日、月、星、山、石、海、湖、河、水、火、风、雨、雷、雪、云、虹等，都被视为生命的存在，具有思想、情感、意志和超凡的神力，会对人类产生各种影响，所以人类对其祭祀祈祷，期望获得福祉或消除灾害。自然崇拜形形色色的祭祀仪式，在后世的典籍中还有记载。《礼记·祭法》："燔柴于泰坛，祭天地。瘗埋于泰折，祭地也。祭骍犊。埋少牢于泰昭，祭时也。相近于坎坛，祭寒暑也。王宫，祭日也。夜明，祭月也。幽宗，祭星也。雩宗，祭水旱也。四坎坛，祭四方也。山林、川谷、丘陵能出云为风雨，见怪物，皆曰神。有天下者祭百神。诸侯在其地则祭之，亡其地则不祭。"[1] 费尔巴哈在《宗教的本质》中指出："对于自然的依赖感，再加上那种把自然看成一个任意作为的、有人格的实体的想法，就是献祭这一自然宗教的基本行为的基础。"[2] 自然崇拜直接导致了自然神话的产生，因为生命化的自然，通常都被拟人化了，具有了人的形态、语言与行为，从而形成了神话。如黄河崇拜就产生了河伯及其相关的神话。云崇拜就产生了云中君、风崇拜就产生了风伯、雷崇拜就产生了雷公，凡此种种，都说明自然崇拜产生了自然神话。自然崇拜是最早的宗教，也是神话的源头。神话不仅将自然拟人化，赋予其超自然的神力，而且用幻想的方式解释了自然的起源，我们通常将这种解释自然起源的神话称之为创世神话。

中国的创世神话在自然崇拜的基础上而产生，也伴随着自然崇拜的发展而发展，经历了由独体释源神话到复合释源神话再到系统释源神话的发展阶段。独体释源神话对应原始社会的狩猎、渔猎经济、采集经济时期；复合释源神话对应原始农耕经济时期；系统释源神话则对应早期文明时代及整个文明时代。

（一）独体释源神话

独体释源神话，即只说明一种自然神的神力，或者只解释一种自

---

[1] 杨天宇译注：《礼记译注》下，上海世纪出版股份有限公司、上海古籍出版社2016年版，第744—745页。

[2] ［德］费尔巴哈：《费尔巴哈哲学著作选集》下册，荣震华、王太庆、刘磊译，生活·读书·新知三联书店1962年版，第460页。

然起源的神话，一般只包含一个母题，情节单一，篇幅简短。这类神话主要产生于母系氏族社会，包括旧石器时期晚期至新石器时期早期。一般认为，旧石器时期晚期，原始先民的心智才趋于成熟，才有可能创造出神话。著名学者杨堃、袁珂即持此种观点。旧石器时期晚期有代表性的遗址或文化主要有：

河套文化遗址，即萨拉乌苏遗址发掘出的文化，距今约5万年到3.5万年。河套文化遗址出动物化石有诺氏古菱齿象、野驴、野马、披毛犀、普氏羚羊、河套大角鹿、原始牛、王氏水牛、诺氏驼等。此外，还有一些动物的碎骨，与陶器、碳屑混杂在一起，应该是河套人的生活垃圾。说明动物是河套人重要的食物来源。

峙峪文化遗址，位于山西省朔县城西北峙峪城附近，距今2万多年，动物化石有披毛犀、河套三角鹿、王氏水牛、斑鬣狗等，其中有蹄类动物所占比例较大。说明其为草原环境。工具有石镞，说明当时的人们已经掌握了弓箭，已经能用弓箭捕猎，狩猎经济有了很大发展。

山顶洞人及其文化。山顶洞人遗址位于北京周口店龙骨山北京人遗址的山顶洞，分上室与下室，上室为住人的地方，有烟熏火燎的痕迹。下室为葬所，有三具完整的人头骨和一些躯干骨，人骨周围散布有赤铁矿粉末及一些随品，说明当时的人们已有信仰观念。山顶洞堆积中发现大量的动物化石，脊椎动物54种，其中哺乳动物48种，多数属于华北、内蒙古、东北地区的长期存活的物种，灭绝动物仅有洞熊。说明在山顶洞人的生活中，动物处于极其重要的地位。距今约1.8万多年。

甘肃省庆阳巨家源遗址，位于庆阳县城内。动物化石有野马、披毛犀、河套大角鹿、羚羊、原始牛、虎、鸵鸟等14种。

此外，同一时期的文化遗址还有东北地区的辽宁海城小孤山遗址、黑龙江哈尔滨阎家岗遗址等。南方则有四川省汉源县富林文化遗址、重庆铜梁文化遗址、贵州省兴义市猫猫洞文化遗址。西藏、青海和新疆也发现了旧石器晚期文化遗址的地点。

总体来说，在距今二三万年前的旧石器晚期，先民以采集为主、狩猎渔猎为辅的原始经济已经发展到一定的水平，这个时代有代表性的遗址均发现了大量的兽骨，说明人们享用的动物数量已经相当可观。弓箭的出现，正是狩猎经济大发展的标志。狩猎与采集经济的发展催生了以自然神为中心的创世神话的诞生。由于出现族外婚，形成以一个老祖母为核心的氏族制；同时，在当时存在着自然分工，男子从事狩猎，妇女从事采集，妇女的采集比男子的狩猎较有稳定性，是可靠的生活来源，这也决定了女性在家庭中的中心地位，因而形成了母系氏族制度。同一氏族的成员都是同姓的，子女也从母姓。这一时期还产生了以自然神、女神为中心的原始信仰观念与活动。

新石器早期距今11000年至7500年，仍以打制石器为主，较少的磨制石器也只是局部磨制。出现了粗劣的陶制品，并出现了刀耕火种的农业，即是先将野地的树木用石斧砍倒，然后晒干，烧成灰烬，再在布满灰烬的沃土上播种或用石刀之类的工具挖穴播种。家畜饲养业以羊、牛之类的食草动物为主，猪的数量很少。

旧石器晚期和新石器早期，主要为母系氏族社会，虽然有刀耕火种的原始农业的出现，但主要经济仍处于采集与狩猎经济阶段。这一阶段，以采集为主，狩猎为辅，据考古发现，当时99%以上是植物性食物，肉食不到1%。采集经济有个体性的特点，个体自由劳动，不需他人帮助。因为采集的对象是天然生成的植物的果实、根块、叶茎，只需个人力量就能收获，不需要任何协作，完全可由个人自由行动。这是一种极其简单原始的劳动，不需要进行复杂的思考，与这一经济相适应的只能是简单的直观的思维方式。在这种直观简单的思维方式的支配下，当时的人们思考事物的起源时，也只能对单一的事物的起源作出解释。所以采集经济时代所产生的创世神话只能是单一的独体释源神话。

由采集经济产生的创世神话主要是有关植物变人、生人以及部分粮食作物发明神话。采集经济与瓜果有着密切联系，因为瓜果是常见的植物食物，其中瓜类的葫芦更是与早期的人类结下了不解之缘。葫芦最初是作为人类一种主要的食物进入人们生活的。后世一些文献,还提到了葫芦的食用价值。《管子·立政》说:"六畜育于家,瓜瓠、荤菜、百果备具,国之富也。"① 葫芦与其他食物如六畜、荤菜、百果等一起,被视为国家的财富。在采集经济时代,葫芦在人们生活中占据重要地位。罗桂环用史前文化遗址中的葫芦遗迹证明了葫芦在这一时期的普遍使用:"在我国黄河流域,河南新郑裴李岗距今约七八千年的新石器遗址中,曾出土远古葫芦皮。在长江流域,距今约7000年的浙江河姆渡文化遗址中,也曾发现过小葫芦的种子。另外,湖北江陵阴湘城的大溪文化的文化遗址,以及长江下游的罗家角、崧泽、水田畈等新石器遗址里也发现过葫芦。这种事实表明,我们的先人很可能当时就用葫芦制作器物。因为在一般的情况下,只有用作器物的老葫芦皮方可能长久保存,而食用的嫩果是不可能留存至今的。"② 从古典文献中瓜瓠并称的情况来看,早期人类是将葫芦当作瓜类食物的。当时葫芦的用处是多方面的,比如用作器具,至今农村还有用葫芦做水瓢用的;又比如用作制陶的模具,如裴李岗新石器时期遗址、河姆渡新石器时期遗址、仰韶文化新石器文化遗址、庙底沟新石器时期文化遗址等都出土了葫芦形陶器。葫芦与人们生活密切的关系,使人们对葫芦的形体与习性有了更为细致的观察。葫芦形似母腹,使人们不能不联想到母腹的生殖功能;葫芦多籽,能够繁衍较多的葫芦。这些都容易使人们认为葫芦具有极强的繁殖力,并进而产生崇拜,最后导致葫芦生人神话的产生。

《诗经·大雅·绵》就反映葫芦生人神话的内容:"绵绵瓜瓞。民之初生。"③ 即是说,最初的人是由瓜生出来的。瓜也包括葫芦,可以说,《绵》这首诗较早记录了葫芦生人神话。在我国少数民族还保留大量的口传葫芦生人神话。彝、苗、侗、瑶、畲、布依、壮、白、佤、怒、纳西、哈尼、傈僳、水、黎、仡佬、仫佬、羌、阿昌、布朗、拉

---

① 管子:《管子注释》,广西人民出版社1982年版,第27页。
② 罗桂环:《葫芦史略》,《自然科学史研究》2001年第2期。
③ 袁愈荌译诗,唐莫尧注释:《诗经全译》,贵州人民出版社1981年版,第358页。

祜、德昂、崩龙、高山、傣等30多个民族都有葫芦生人神话。彝族的《创世纪》载：在远古洪水泛滥的时代，从葫芦中走出了一对男女，他们成婚生子，才有了人类的繁衍生息。《巴塔麻嘎捧尚罗》第七章《万物诞生》则说人与万物皆由葫芦所生："大地光秃秃的，什么也没有，只有风，只有水，只有雾，一片凄凉。"造物主布桑该雅桑该破开藏有万物种子的仙葫芦，将万物的种子朝大地抛撒，顿时大地长出各种各样的植物，第二代的人类也是从仙葫芦中出来的。而谷种来自天上，落到地面时，老鼠和麻雀先得到，吃下肚后又出来，掉在树脚下又发出嫩芽。后来才被人类发现，移种在河边，才归人所有。拉祜族神话说：天神厄莎种葫芦，葫芦里爬出男扎笛和女娜笛，是人类始祖。[①] 又说：厄莎天神种了一棵葫芦，从葫芦里出来一男一女，即扎迪和娜迪，他们是拉祜族的始祖。为了繁衍人类，厄莎送来"发情水"，扎迪喝了一碗，娜迪喝了两碗，他俩便结合在一起，生下了13对儿女。[②] 黎族神话说：远古的时候，老宜种瓜，老艾种白藤，结大葫芦，剖开葫芦里面装了许多东西，有人、牛、猪、鸡、飞鸟、蛇、蜈蚣、谷子等。[③] 阿昌族神话说：葫芦里出来9种蛮夷，老大为景颇族和阿昌族，老二为汉族，老三为傣族。[④] 葫芦生人神话还通过绘画得以传承。云南沧源岩画第六地点第五区的主体图像为：一个巨大的三角形、椭圆形相叠合，从这个叠合的图形中走出一个小人来。事实上，这是一个横卧的葫芦，表现的是从葫芦里走出人来的情形。这实际上就是葫芦生人神话的形象化写照，也说明葫芦生人神话产生于原始社会采集经济时期。云南沧源县班洪一带佤族有葫芦生人神话，验证了岩画的内容。[⑤] 我国少数民族葫芦生人神话在传承过程中，多数与洪水神话相结合，变

---

① 陶阳、钟秀：《中国创世神话》，上海人民出版社1989年版，第220页。
② 张福：《从民族学材料寻觅西南民族的远古图腾》，《云南师范大学学报》1997年第1期。
③ 李露露：《海南黎族古老的水上交通工具》，《中国历史博物馆馆刊》1994年第1期。
④ 《民族问题五种丛书》云南省编辑委员会编：《阿昌族社会历史调查》，《民族问题五种丛书》，云南民族出版社1983年版，第90页。
⑤ 《中国各民族宗教与神话大词典》编审委员会编：《中国各民族宗教与神话大词典》，学苑出版社1993年版，第591页。

异为洪水中兄妹二人的救生工具，但仍然表现了葫芦生人神话的繁衍生命的意义，只不过是以象征的方式出现的。这些广泛分布传承的葫芦生人神话，均为采集经济时代的原始文化遗存。

　　桃是果类中早期人类经常用到的食物，与人类关系密切，再加上桃的繁殖能力很强，容易使人联想到人与万物的繁殖，并由此产生桃变万物与人类的神话。苗族《杨亚射日月》说：一棵大桃树上结了很大的桃子，熟透落下来，烂掉，桃水变成江河、大海，蛆虫变成龙、虎、马、牛、羊、猪、狗、鸡、鸭和飞鸟。桃生人神话后来多与女子生人神话相结合，形成了女子吞食桃而生人的神话，从桃生人神话的影响也可反观采集经济时代桃的重要地位。白族神话说：一未婚女子砍柴时，吃下一颗桃子，怀孕生下一个男孩。这孩子后来成了小黄龙。[1] 这个神话又有异文：大理绿桃村一女子因食山水冲来的一颗绿桃而孕，生一男孩，后来男孩入水化为小黄龙，成为绿桃村本主。[2] 食桃生人神话中的桃生殖观念在白族有很大影响，后世还产生了相应的传说：段思平母阿垣无男女，每日焚香告天求嗣后，园中李树结实，夜半坠地而有声，往视之，李实破两半，生一女，收而育之，名曰阿垣。（《南诏通记》）云南普米族神话说：女子吃了红桃受了孕，生下小孩。[3] 土家族神话说："卵玉娘娘"在河边吞吃了八颗桃子和一朵桃花而怀孕3年6个月，生下8男1女，世上才有人。[4] 侗族神话说：女子不育，吃了仙安送的7颗桃，生7子，洪水后剩下张良张妹，经乌龟劝婚、滚磨、烟合拢等后结婚，生肉蛇，剁碎成99姓。[5]

---

[1] 大理白族自治州《白族民间故事》编辑组：《白族民间故事》，云南人民出版社1982年版，第104页。

[2] 杨国才（白族）：《浅论藏族本教和白族本主》，《西藏民族学院学报》（社会科学版）1996年第1期。

[3] 兰坪白族普米族自治县成立庆典编写组：《兰坪白族普米族自治县民间文学选集》（内部发行）1988年，第7页。

[4] 杨昌鑫：《土家族风俗志》，中央民族学院出版社1989年版，第10—12页。

[5] 吴贻刚等讲：《张良张妹》，湖南省民族事务委员会、中国民族会湖南分会湖南民委民族民间文学整理组编：《民族民间文学资料》十四集，《新晃侗族民间传说故事选》，1980刻印本，第1—3页。

植物的叶片也应该是原始人类经常采集的对象，树叶枯荣交替的现象容易使人联想到生命的延续与更新，所以产生了树叶生人神话。德昂族有多种树叶变人神话。一说茶树叶变人：混沌初开时，智慧女神让狂风吹落茶树的叶子，茶树叶单数变成51个精明强干的小伙子，双数变成了51个美丽的姑娘，最小的一个叫亚楞的姑娘，和达楞留在大地上，他们开始繁衍人类。又有神话说一般的树叶变人：很久以前，宇宙间只有田公和地母。一棵大树的树叶被风刮落了一百片，树叶变成100个人。① 又有神话说：茶叶被风吹得在风中转了万年，化出51对男女。洪水之后，结成51对。再后来，50个姐妹被风吹上天，50个兄弟死去。剩下的亚楞和达楞生下儿女。九万年后达楞和亚楞的子孙分成不同民族。② 植物类生人神话还有花生人一类。壮族神话说：花中长出女始祖姆六甲，姆六甲捏尿泥成人。③ 又说：花中生女始祖神米洛甲，她用黄泥造人类。④ 又说：天地分开以后，荒漠长了杂草，草上开花，花里长出姆六甲（被看作生育神）。⑤ 这些都说明壮族始祖母神为花所生。傣族又有荷花生成天地与人类神话：天神混散撒下许多荷花种籽，生根开花。荷花变成天、地。混散造33个宝石蛋，孵化出8个天神，8个天神到大地上开创人类。他们中的4个天神变成了4个女人，与4个男天神匹配为偶，生下儿女。⑥

狩猎经济作为采集经济的辅助形式，也引起了相关的动物创世神话的产生，如动物创世、火的发明等。动物创世包括动物生人、动物变人等。动物生人神话可能与早期人类观察到动物生育繁殖现象有关，

---

① 李仁光、姚世清讲：《百片树叶百个人》，《山茶》1985年第6期。
② 陈志鹏采录：《祖先创世纪》，《中国民间故事集成·云南卷》，云南人民出版社2003年版，第106—112页。
③ 蓝鸿恩整理：《神弓宝剑》，《中国民间文艺》1985年第2期。
④ 蓝鸿恩：《壮族神话简论》，《三月三》1983年第1期。
⑤ 《中国各民族宗教与神话大词典》编审委员会编：《中国各民族宗教与神话大词典》，学苑出版社1993年版，第784页。
⑥ 《中国各民族宗教与神话大词典》编审委员会编：《中国各民族宗教与神话大词典》，学苑出版社1993年版，第82页。

人们由动物的繁殖推及人类的来历，就产生了动物生人神话。哈尼族《那突德取厄玛》说：神奇的祖先金鱼娘生出天和地，生出有、无、黄、红、绿、白、黑、花、生、死、大、小、半等。这则神话是说金鱼生成了天地万物。藏族《化世之龟》则说巨龟生了万物：巨龟为天地的负载者，可分为元素所生，气温所生，胎生和卵生四种，它们孕育时辰、昼夜、星期、月份和年份。①哈尼族《烟本霍本》说：大金鱼扇动鱼鳍，扇出了天和地。哈尼族神话又说：一条大鱼生万物和人。②动物变人与图腾有关，能变人的动物多半是氏族部落的图腾。拉祜族神话说：猴子变成人，成为拉祜人的祖先。猴变人神话又演变为人与母猴成婚生子神话。一则拉祜族神话说：洪水泛滥后，天下仅剩下兄弟俩，没有了人烟。为了繁衍人类，兄弟俩到处找女人。哥哥在枯河头一块玉米地里找到了一个母猴，与其婚配，开始了人类的重新繁衍。这则神话可以看作猴变人神话的遗存。③云南省碧江一区的老母登、普乐、知子乐三乡怒族分属六个家族，相传分别是由蜜蜂、猴子、熊、老鼠、蛇、鸟变来的。④门巴族有猴子变人的神话：很早以前，天上没有日月，地上没有人类。天上只住着猴子与天神。天神命猴子到地上建立人间社会。猴子来到地上，不久，天神又派了个神变成的母猴与其成婚，成婚后生下许多小猴，小猴子长大后成婚又生出许多小猴，但都没有变成人。猴子问天神，怎么才能变成人，天神给了他一粒玉米、一粒谷子，对他说，老是在树上吃野果，怎么能变成人呢？意思是要他种植粮食。猴子照天神的话去做了，结果有了粮食。但是由于是生食，猴子还是没有变成人。后来天神又给了猴子火种，猴子们就有了熟食可吃。由于火种少，只有一部分猴子能吃到熟

---

① 《中国各民族宗教与神话大词典》编审委员会编：《中国各民族宗教与神话大辞典》，学苑出版社1993年版，第746页。

② 史军超：《哈尼族文化英雄论》，《民族文学研究》1998年第3期。

③ 姚宝瑄主编：《中国各民族神话·白族·拉祜族·景颇族》，山西出版传媒集团、书海出版社2014年版，第183页。

④ 《民族问题五种丛书》云南省编辑委员会编：《怒族社会历史调查》，云南人民出版社1981年版，第3—114页。

食。从那时候起，吃熟食的猴子慢慢变成了人，而吃生食的猴子却没有丝毫改变。[①] 此则神话不仅讲述了猴子变成人的过程，还解释了猴子变人的缘由，虽是神话式的解释，却也有几分符合进化论的道理。猴子变人的神话，也表现狩猎时代人们在长期与动物打交道的过程中所得出的朦朦胧胧接近客观真实的认识。动物生人神话后来又发展为人兽婚神话，如著名的盘瓠神话等。人兽婚神话与兄妹婚神话的产生可能已近单一释源神话阶段的末期了。

独体源创世神话的产生，并非原始初民的凭空捏造，而是有着坚实的现实基础，与原始初民的生产、生活、社会形态有着密切的关系：或者是某种生产形式的反映，或者是某种社会形态的产物，或是某种生活习俗的升华。如葫芦生人神话，就与采集经济形式有着密切联系；卵生人神话、兽变人或生人神话与狩猎生产形式息息相关；水生人神话则明显带有原始农耕经济形式的胎记；泥土造人神话是制陶生产活动的产物。女子造人或生人神话带有母系氏族社会的印痕，兄妹婚神话则是血缘婚制的反映。各种单一释源创世神话产生于不同的社会生活土壤，代表了各种不同的创世方式，虽然各不相干，甚至相互矛盾，但又能并行不悖，并且逐渐相互影响、相互融合，这就使得单一释源神话发展为复合释源神话。

（二）复合释源神话

复合释源神话，即是多种独体释源神话融合而成的综合性释源神话。复合释源神话不仅仅只解释一种事物的起源，而是同时解释多种相关事物的起源，将多种事物的起源母题组合成一个有机的复合体。复合释源神话对应的历史阶段主要为父系氏族社会至奴隶社会初期，包括新石器时期中期、晚期与金石并用时期。复合释源创世神话的产生，与原始农业的发展密切相关。

[①] 姚宝瑄主编：《中国各民族神话·门巴族·珞巴族·怒族·藏族》，山西出版传媒集团、书海出版社2014年版，第4页。

新石器中期距今 7500 年至 5000 年。主要有裴李岗文化、大地湾文化、仰韶文化、北辛文化、河姆渡文化、马家浜文化、红山文化、屈家岭文化、大溪文化等。新石器中期以磨制石器为主，打制石器已经退到非常次要的地位。出现了石斧、石锛和数量较多的石铲、石耜、石锄等翻土工具。农业也由刀耕火种发展到锄耕农业阶段，即翻土耕作。黄河流域普遍种植粟，长江流域则普遍种植水稻，而且长江流域已有初级的农业灌溉。猪已成为主要的家畜。新石器晚期距今 5000 年至 4000 年，主要有庙底沟文化、马家窑文化、后岗文化、齐家文化、屈家岭文化、大汶口文化、薛家岗文化、龙山文化、良渚文化等。制陶已有了长足的发展，以灰、黑陶为主，彩陶逐渐衰落。后期还普遍使用轮制法，制作出来的陶器规整、浑圆，胎壁薄，十分美观。出现了大量的孔石刀、石镰等收割工具。太湖流域出现了三角形穿孔石犁。良渚文化遗址出土以玉琮为代表的玉器随葬品上刻绘的神人兽面图，反映了太湖流域统一的神灵信仰。黄河流域、长江流域和华南地区锄耕农业已进入高度发达的阶段。北方荒漠在整个新石器时期农业经济一直处于不发达状态，长期以渔猎经济为主，新石器晚期逐渐进入畜牧经济阶段。铜石并用时代属于新石器时期向青铜时代的过渡期。这一时期已掌握冶炼技术，由于制出的红铜器过于珍贵，不能取代石器，石器仍是主要生产工具，铜器制造只能用来制作小型手工工具和饰品。由此而形成石铜并用时代。农业出现了灌溉，且出现了地区之间的贸易，也是原始国家——城邦形成的时期。

通观新石器中期、晚期至金石并用时期，可以看到随着石器加工技术的不断提高、精进，出现了适宜农业耕种的石器农具，农业生产由此而进入相当发达的锄耕阶段。农业生产是一种综合性的劳作，不仅要借助于生产工具的发展，而且也需要具备多方面的经验与知识。农业生产的耕作、播种、田间管理、收割、种子储藏等与天象、气候、季节、年周期知识等密切相关。据神话传说，这一时期的人们对天象观测方法、天文历法知识已有相当的掌握。伏羲做八卦，用抽象概括的图纹表示了天地万物的形成，其中也包含了对天文的观测。天文观测对于农业生产尤为重要。恩格斯指出："必须研究自然科学各个部门的循序发展。首先是天文学——游牧民族和农业民族为了定季节，就已经绝对需要它。"① 正是在万事俱备的前提下，中国进入农耕经济阶段，这即是父系氏族社会时代，也是神话传说中的炎帝神农时代。炎帝神农被视为中国农业的开创大神。

《史记·五帝本纪》正义引晋·皇甫谧《帝王世纪》："神农氏，姜姓也，母曰任姒，有蟜氏之女，名女登，为少典妃，游华阳，有神龙首，感生炎帝，人身牛首，长于姜水，有圣德，以火德王，故号炎帝。初都陈，又徙鲁。又曰魁隗氏，又曰连山氏，又曰列山氏。《括地志》云：'历山在随州随县北百里，山东有石穴，神农生于历乡，所谓列山氏也。春秋时为历国。'"②

《宋书·符瑞志》："炎帝神农氏，母曰女登，游于华阳，有神龙首感女登于常羊山，生炎帝。人身牛首，有圣德，致大火之瑞。嘉禾生，醴泉出。"③

《史记补·三皇本纪》："炎帝神农氏，姜姓，母曰女登。有娲氏之女，为少典妃，感神龙而生炎帝。人身牛首，长于姜水，因以为姓，火德王，故曰炎帝。以火名官，斫木为耜，揉木为耒，耒耨之用，以教万人，始教耕，故号神农氏。"④

《册府元龟》卷一《帝王部》："炎帝神农氏，姜姓，母曰任巳，有蟜氏女，为少典妃，生帝以炎承木，故为炎帝。教民耕农，故天下号曰神农氏。"⑤

以上典籍说明，炎帝即为神农氏，生于姜水。其母（任姒、任巳、女登）为少典妃，感龙生炎帝神农。当然，在古代文献中，也有

---

① 《马克思恩格斯选集》第三卷，人民出版社 2012 年版，第 865 页。
② （汉）司马迁著，（南朝宋）裴骃集解，（唐）司马贞索引，（唐）张守节正义：《史记》，中州古籍出版社据世纪书局影印本 1991 年影印，第 1 页。
③ （梁）沈约：《宋书》，中华书局 1974 年版，第 760 页。
④ （唐）司马贞：《史记·补三皇本纪》，书林书局 2021 年景印文渊阁四库全书第 244 册，第 973 页。
⑤ （宋）王钦若等编：《册府元龟》第一册，中华书局 1960 年版，第 3 页。

将炎帝与神农当作不同的两个古帝王来看待的，如《礼记·月令》"孟夏之月，……其帝炎帝，其神祝融。"①只将炎帝与南方相联系，当作祝融之帝，似与神农无涉。汉·刘安《淮南子·时则训》仍承接这种说法："南方之极，自北户孙之外，贯颛顼之国，南至委火炎风之野，赤帝、祝融所司者，万二千里。"②汉高诱注则说："赤帝，炎帝，少典之子，号为神农，南方火德之帝也。"至此，炎帝与神农合二为一。炎帝与神农的分合关系，历来争论不休。笔者认为两种称呼实为一个部落联盟的首领的不同时代的称谓，后人则将其并称，视为同一部落联盟首领的通称，于是有炎帝神农氏之说。炎帝神农氏是新石器时期经历了数十代繁衍的一个强大部落，其部落首领不同时代有不同的具体称号，如魁隗氏、连山氏、列山氏、烈山氏、历山氏等，但又有其统一的称号，即炎帝神农。炎帝神农故里有多种说法，如陕西宝鸡、山西高平、河南柘城、湖北随州、湖南会同县连山、湖南株洲炎陵县。这说明炎帝神农部落经历了由北到南的迁徙历程，涉及极为广大的区域，其迁徙所到之地也必然留下有关炎帝神农发祥地、生平及其活动区域的传说与信仰观念、历史遗迹。炎帝神农氏显著的成就是发明了农业，然则从炎帝到神农，实则包含了我国原始农业从山地刀耕火种到低平地区耜耕与犁耕的过程。炎帝时期的农业是山地刀耕火种。《左传·昭公二十九年》："有烈山氏之子曰柱，为稷，自夏以上祀之。周弃亦为稷，自商以来祀之。"③《国语·鲁语上》："昔烈山氏之有天下也，其子曰柱，能植百谷百蔬，夏之兴也，周弃继至，故祀以为稷。"④烈山，即为放火烧山造农田，柱是一种有尖头的木棒，用以在烧过的山田挖坑点种农作物——稷。烈山氏、柱、稷等名称都是与山地刀耕火种农业生产相关的称呼，足见其氏族部落的农业经济属性。烈山氏又称炎帝，炎为两火构成，也与刀耕火种有关。刀耕火种曾是炎帝部落十分盛行的农

---

① 杨天宇译注：《礼记译注》上，上海世纪出版股份有限公司、上海古籍出版社2016年版，第234页。
② （汉）刘安等著，许匡一译注：《淮南子译注》上，贵州人民出版社1993年版，第315页。
③ （春秋）左丘明著，蒋冀骋校点：《左传》，岳麓书社2006年版，第311页。
④ （春秋）左丘明著，鲍思陶校点：《国语》，齐鲁书社2005年版，第79页。

业生产方式，以至于影响到部落首领人物的称谓。到神农氏时期，就进入了低平地耜耕农业阶段。清·马骕《绎史》卷四引《周书》："神农之时，天雨粟。神农遂耕而种之，作陶冶斧金，为耒耜锄耨，以垦草莽。然后五谷兴助，百果藏实。"①《白虎通义》也说："古之人皆食禽兽肉。至于神农，人民众多，禽兽不足，于是神农因天之时，分地之利，制耒耜，教民农耕。"② 可见，神农之时，已经采用耒耕，粮食作物已发展到五谷，产量大幅增加，品种更为丰富。神农之时，已有水利灌溉。《后汉书·郡国志》刘昭注引《荆州记》："神农既育，九井自穿，汲一井则众井动。"③ 其农耕已关涉水利，做到旱涝有收。农业生产是一种复杂的活动，要种植农作物，必须逐步选择无毒合适的植物并将其驯化以使之宜耕种。所以《淮南子·修务训》："于是神农乃始教民播种五谷，……，尝百草之滋味、水泉之甘苦，令民知所辟就。当此之时，一日而遇七十毒。"④ 尝百草之说，反映了寻找作物品种的艰辛。晋·干宝《搜神记》明确说明尝百草目的在于寻找农作物："神农以赭鞭鞭百草，尽知其平毒寒温之性，臭味所主，以播百谷。"⑤ 尝百草是为了寻找无毒无臭味的农作物，以至于顺带也发明了某些草药，所以神农又成为医药的发明者。农业生产离不开农具，于是又有耒耜与牛耕的发明。《史记·五帝本纪》说神农"人身牛首"，正是表现了对牛耕发明者的崇拜。此外，农业生产还要掌握农时、气候、气象等。这些均非一时一地一人所能完成，需要数十代人不断积累不断发展，才能形成完整系统的农业生产方式。炎帝神农氏在漫长的历史发展过程中，创造并发展了中国的原始农业使其达到一个相当高的水平，炎帝神农也因此成为原始农业的一个象征性符号。农业生

---

① （清）马骕撰，王利器整理：《绎史》第一册，中华书局2002年版，第24页。
② （汉）班固撰，（清）陈立疏证，吴则虞校点：《白虎通疏证》上，中华书局1994年版，第51页。
③ （南朝宋）范晔撰，（唐）李贤等注：《后汉书》，《二十四史》，中华书局1997年版，第895页。
④ （汉）刘安著，许匡一译注：《淮南子译注》下，贵州人民出版社1993年版，第1132页。
⑤ （晋）干宝撰，黄涤非译注：《搜神记全译》，贵州人民出版社1991年版，第1页。

产需要考虑到多种多样的因素，诸如种子、田地、农具、生产环节、气候、季节、水利等，是一种综合性的生产活动。正是这种综合性的生产活动，培养了人们综合性思维能力。人们开始从综合的视角来解释世界的起源，把几种事物或更多的事物联系起来进行解释，即对事物起源进行多角度、多途径的想象组合。

由于具备了综合思维的能力，炎帝神农氏时期的人们开始从综合性的层面来探寻世界起源问题，即往往将天地的起源与万物的起源相结合，或是将天地的起源与人类的起源相结合，或是将人类的起源于文化的发明相结合，组合成复合型的创世神话。总之，进入炎帝神农氏时期，人们已不可能单一地解释某种事物的起源了。

复合释源神话，经常将天地的起源与人类的起源结合在一起解释。水族神话《牙巫造人》：牙巫造天，用手扒开天地，天倾斜摇晃，牙巫锻铜柱、炼铁柱，撑住天，天就稳固了。造完天地，又去造人。这是天地起源神话与人类起源神的结合。牙巫用剪纸的方法来造人，剪好的人像被压在木箱里。本来要十天才能复活，牙巫性急，到第七天，就开启盖子，结果造出的人矮小、瘦弱、空胸脯，今后不能劳动，必饿死。牙巫放出老虎吃掉这些人。这次造人，是采用婚配的方法。牙巫与风神成婚，生下十二枚仙蛋。结果孵出雷神、龙神、虎神、蛇、猴、牛、马、猪、狗、凤凰及人（原文脱落一物，只有十一物）。凤凰后来变成美女，与人结婚繁衍人类。此则神话，既讲述天地起源也讲述人类起源，并且将大神造天地、造人神话与婚配生人神话、人兽婚神话等多种原生态神话融合在一起，形成一个较为复杂的创世神话，充分显示了综合性释源神话的特点。[①] 另外，故事中用剪纸造人的方法，显然为后世的说法；另有异文说牙巫掐树叶为人形造人，这恐怕是更为原始的情节，后来才为剪纸情节所代替。

创世神话中的尸体化生神话，是典型综合思维的产物。这类神话将天地万物的起源与人类的起源作为一个整体加以解释，讲述人物躯

[①] 姚宝瑄主编：《中国各民族神话·水族·布朗族·独龙族·基诺族·傈僳族》，山西出版传媒集团、书海出版社2014年版，第11页。

体或动物躯体化生天地万物及人类的故事。这里所表现的是一种综合性的思维，人们将自己的身体看作一个类似天地万物的小宇宙，并以己推物，以自身这个小宇宙去对应客观外界大宇宙，并以自身躯体的各部分去对应世界万物的各部分，得出一种综合性的认识。

布朗族神话《顾米亚》说：没有天地之前，到处是一团团黑沉沉的漂浮的云雾。大神们要开天辟地、创造万物。神顾米亚发现了一只巨大的犀牛，剥下它的皮造天，挖下他的眼睛作星星。犀牛肉作大地，犀牛骨作石头，犀牛血变成水，犀牛毛变成各种花草树木，把犀牛的脑浆变成人，把犀牛的骨髓变成各种鸟兽虫鱼。由于天空悬着，顾米亚又用犀牛的四条腿撑住天，天就稳固了；由于有九个太阳姊妹、十个月亮兄弟，地上的人们酷热难当，顾米亚又射掉了多余的太阳和月亮，从此大地又充满生机与快乐。[①] 这则神话包括了造人神话，化生神话，射日神话，化生神话为主体，均通过创世者顾米亚连接为一个整体。

神人创造神话，由于神人既造天地又造万物与人类，所以就形成了以神人为贯穿线的综合性释源神话。

将多种单一释源神话串联起来，也是综合性释源神话常见的形式。佤族神话《达惹嘎木造人的故事》：很古之时，人与草木鸟兽互通语言，和平相处。一天，人的首领达惹嘎木去赶街，路上遇见青蛙大王。青蛙大王请他带芭蕉。达惹嘎木在卖牛肉的地方分得一份芭蕉，自己舍不得吃，给了青蛙大王。青蛙大王告诉了达惹嘎木一个天大秘密，洪水要淹没天下了，要达惹嘎木准备木船好逃生。没过几天，洪水就暴发了，达惹嘎木来不及造船，就拉着唯一的家当——一头小母牛上了自家的猪槽。他们随着洪水飘，也不知漂流了多久，洪水终于退下去了，天底下就剩下达惹嘎木与这头小母牛。巨人要求达惹嘎木繁衍人类，但是达惹嘎木找不到女子可以结婚。巨人哈哈笑着说，你和母牛结婚就可以繁衍人类啊。巨人说罢一溜烟就不见了。达惹嘎木心想，这巨人莫非是天神吧！于是就照着他的话做了，与小母牛结为夫妻。

[①] 姚宝瑄主编：《中国各民族神话·水族·布朗族·独龙族·基诺族·傈僳族》，山西出版传媒集团、书海出版社2014年版，第90—96页。

不知过了多少年，小母牛怀孕了，最终生下一颗拳头大的葫芦籽。达惹嘎木去问天神，天神叫他将葫芦籽种下。葫芦籽长出两根肥壮的葫芦藤，一根伸向北方，一根伸向南方。达惹嘎木顺着向北的藤蔓寻找，没有发现葫芦；他又顺着藤蔓向南方寻找，走到一个叫司岗里的地方，发现一个小山一样大的葫芦，里面有说话的声音。天神告诉他，用长刀将葫芦砍开，把里面的人和动物放出来。当他举起长刀向下砍时，听到有人喊，别砍，我在这里。他又举起刀另选地方砍，结果，每寻一个地方，都有人喊。天神见他犹豫不决，就说，刀砍下去，总要伤一些人和动物的。达惹嘎木用力砍下去，将葫芦劈成两半，从葫芦里出来很多人和动物。第一个出来的被取名岩佤，就是佤族；第二个出来的被称作尼文，也就是白族；第三个出来的取名叫三木傣，就是傣族；第四个出来的人取名叫赛克，即是汉族；第五个出来的取名为奥面，即是拉祜族。以后出来的就是其他民族了。动物也顺着出来，第一个是老虎，第二个是猫，第三个是老熊……达惹嘎木这一刀，也砍伤了人和动物，首先受伤的是人，人向前一倾，屁股上的尾巴被砍掉了。大象本来有一对美丽的角被砍掉了，再也长不起来。螃蟹的头被砍掉了，所以只有身子没有头。① 显见，这则神话由洪水神话、人兽婚神话、葫芦生人及万物神话串联而成。

云南彝族摩梭人神话说：在于木山石洞里，神鹰下一蛋，神猴吞下后，从肚脐眼里进出，飞到崖壁上撞碎，蛋核变成一位姑娘，便是摩梭人的女始祖，名叫"儿姑咪"，是地上唯一的人种。后来，她与虎、猫头鹰、鱼、蛇、树等相配，生育了许多孩子，这便是大地上的人类。

（三）系统释源神话

在综合释源的基础上，中国创世神话逐渐进入系统释源时期。系

---

① 姚宝瑄主编：《中国各民族神话·佤族·阿昌族·纳西族·德昂族》，山西出版传媒集团、书海出版社2014年版，第40—43页。

统释源，即对整个世界及人类社会的起源做系统完整的解释。系统释源时期主要是指原始社会末期至奴隶社会早期，也是中国华夏族祖先及其他民族与国家形成时期，在这一时期，中国创世神话系统形态基本形成，但是系统化的过程却远未结束，它一直伴随着民族发展的历史而长久延续，有的甚至延续至今。我国很多少数民族将系统形态的创世神话或史诗当作民族的历史、根古、百科全书，也说明创世神话体系化的形成与民族发展历史密切相关。

中国创世神话系统形态的形成与民族、国家的形成相伴相随，这是因为系统形态的创世神话对于民族、国家的形成起着极为重要的作用。恩格斯指出："住得日益稠密的居民，对内和对外都不得不更紧密地团结起来。亲属部落的联盟，到处都成为必要的了；不久，各亲属部落的融合，从而分开的各个部落领土融合为一个民族［Volk］的整个领土，也成为必要的了。"[①] 民族、国家的形成，是部落联盟中的各个部落的人群与领土进一步紧密融合的结果，而要促成这种融合必须要形成共同的信仰认同体系。这个信仰认同体系包括对世界起源、人类及族群起源、文化发明等问题的系统性的完整解释，这就导致了系统创世神话的形成。

可以说，民族的形成是建立在共同的民族信仰认同基础上的，民族共同信仰的主体部分当然是始祖的起源，当然也连带包括关于世界起源与文化发明的内容。在系统释源时期，产生了不少民族始祖起源神话，这些神话与先前产生的世界起源神话、人类起源神话、文化发明神话相黏合，形成了完整的创世神话系统，可以说，民族始祖起源神话是系统创世神话的灵魂，也是系统创世神话的黏合剂。这一时期既产生了五帝起源神话，也产生了夏商周各族起源神话。

原始社会末期是氏族部落联盟之间进行兼并战争并逐渐形成民族与国家的时期，中国的神话反映了两场重要的兼并战争，先是炎帝神农部落联盟与黄帝部落联盟的战争。炎帝败北后，又有黄帝与蚩尤部

[①] 《马克思恩格斯选集》第四卷，人民出版社1995年版，第164页。

落联盟之间的战争，蚩尤部落联盟败北后，迁徙南方，成为南方众多民族的祖先，炎帝神农氏则融入黄帝氏族部落。因此，炎帝与黄帝成为华夏族的前身，后来逐渐发展成为中华民族共同尊崇的祖先。因此必然产生有关炎帝、黄帝来历的释源神话，即帝王诞生神话。炎帝神农的诞生神话上文已有说明，为其母感龙而生，不再赘述。黄帝诞生神话见《帝王世纪》："（黄帝）母曰附宝，……见大电光绕北斗枢星，照郊野，感附宝，孕二十五月，生黄帝于寿丘，长于姬水，因以为姓。以土承火，位在中央，故曰黄帝。龙颜，有圣德，受国于有熊，居轩辕之丘，故因以为名，又以为号。"[1] 黄帝诞生地为姬水，为其母附宝感电光所生。蚩尤虽然也属大的部落联盟，但由于战败后逃往南方，分化为众多民族，所以其诞生神话不见典籍所载，或者说由于其分化，无直系后裔，无人为其编造诞生神话。

从公元前21世纪夏朝建立开始，到公元前476年春秋时期结束，是中国的奴隶社会，也是民族、国家形成时期，分别形成了夏、商、周三个相对统一的王朝，因此分别产生了夏、商、周族祖先诞生神话。

夏朝由禹王的儿子启建立，是中国最早的奴隶制国家。公元前16世纪，夏王桀在位时，被商汤率兵灭亡。夏族的祖先可以追溯至颛顼，典籍多有关于鲧禹为颛顼之后的记载，《墨子·尚贤中》云："伯鲧，帝之元子也。"[2]《世本·帝系》云："颛顼五世而生鲧，鲧生高密，是为禹也。"《大戴礼记·帝系》云："颛顼产鲧，鲧产文命，是为禹。"《礼记·祭法》云："夏后氏亦禘黄帝而郊鲧，祖颛顼而宗禹。"《史记·夏本纪》云："禹之父曰鲧，鲧之父曰帝颛顼。"这些记载虽有出入之处，但却一致说明夏族的祖先为颛顼。因此，颛顼神话即为夏族始祖起源神话。颛顼母亲为女枢。清·马骕《绎史》卷七注引《诗纬·含神雾》："瑶光如蜺，贯月正白，感女枢，生颛顼。"蜺，虹的一种。夏人祖先颛顼是其母女枢感虹所生。

---

[1] （晋）皇甫谧撰，（唐）宋翔凤、钱宝塘辑，刘晓东校注：《帝王世纪·山海经·逸周书》，辽宁教育出版社1997年版，第4—5页。

[2] （清）毕沅校注，吴旭民校点：《墨子》，上海古籍出版社2014年版，第35页。

商朝为公元前16世纪至公元前11世纪，是奴隶社会的发展时期。这一时期的农业、手工业较发达，青铜冶炼和铸造都达到了很高水平。商朝出现了甲骨文，有文字可考的历史从此开始。商纣王统治时，周武王兴兵伐纣，商亡。商族祖先神话最早见于《诗经·商颂·玄鸟》："天命玄鸟，降而生商。"更为详细的记载见于《史记·殷本纪》："殷契，母曰简狄，有娀氏之女，为帝喾次妃。三人行浴，见玄鸟堕其卵，简狄取吞之，因孕生契。"商族的祖先是契，为其母简狄吞食鸟卵感孕而生。

西周为公元前11世纪至公元前771年，是奴隶社会鼎盛时期。西周实施井田制与分封制，加强了统治，扩展了疆域。周厉王时，"国人暴动"，厉王逃跑，政权由周、召二公执掌。公元前771年，西周被犬戎灭亡。周族的祖先诞生神话最早见于《诗经·大雅·生民》："厥初生民，时维姜嫄。生民如何？克禋克祀，以弗无子。履帝武敏歆，攸介攸止。载震载夙，载生载育，时维后稷。"诗的意思是说：当初先民生下来，都是因为姜嫄。先民是怎样生下来的呢？祭祀天神来祈祷，求得生育避免无子。踩上天帝脚趾印，神灵佑护一切吉利。十月怀胎胎儿动，生下孩子勤养育，那个孩子就是周后稷。《史记·周本纪》所记更为详细，但略有差异："周后稷，名弃。其母有邰氏女，曰姜原。姜原为帝喾元妃。姜原出野，见巨人迹，心忻然说，欲践之，践之而身动如孕者。居期而生子，以为不祥，弃之隘巷，马牛过者皆辟不践；徙置之林中，适会山林多人，迁之；而弃渠中冰上，飞鸟以其翼覆荐之。姜原以为神，遂收养长之。初欲弃之，因名曰弃。"周族祖先弃为其母姜原履"践大人迹"感神所生。弃出生后被三弃三收，终成正果。巨人迹，当为熊之脚迹，因为周族属于黄帝后裔，黄帝称有熊氏，以熊为图腾，周人也应是以熊为图腾。这是一则典型的图腾感生神话，所感之物为熊，说明其图腾为熊。

从原始社会末期到奴隶社会，形成了编造始祖起源神话的传统，这种传统一直影响着中国封建社会。在封建社会，编造始祖起源神话的传统被改造为编造开国皇帝神圣诞生神话的新传统，代代传承，直至封建王朝的最后一个朝代——清朝仍有延续。始祖起源神话、开国皇帝诞生神话都起到了维护民族认同、国家认同的作用。

我国少数民族的民族祖先诞生神话呈现出丰富多彩的状况，但是最常见的是洪水遗民神话，洪水过后，剩下兄妹二人，二人成亲繁衍出民族的祖先。彝族创世神话《梅葛》说：洪水过后，世上没有了人烟，天神让兄妹二人成亲，可妹妹怎么也不答应。后来"属狗那一天，哥哥河头洗身子，属猪那一天，妹妹河尾捧水吃，吃水来怀孕"。一月吃一次，吃了九个月才怀孕，却生下个怪葫芦，妹妹心中害怕，就将葫芦丢进河里。后来，天神请兔子、老鹰和虾子捞出葫芦，天神打开葫芦，从中走出汉、傣、彝、僳僳、苗、藏、白、回等九个民族。[①] 神话所说哥哥在上河洗身子，妹妹在下河捧水吃，实际上是对兄妹成婚交合的事实的象征性描写。彝族另一部成体系的创世神话《查姆》讲述了成熟的人种横眼睛祖先在洪水之后的诞生：洪水泛滥之后，只有躲在葫芦里的阿卜独姆兄妹得以逃生。群神让兄妹二人成婚繁衍人类，兄妹二人不肯，神王的次子涅侬撒萨歇以神启来示，兄妹二人通过滚磨盘、滚筛子簸箕、河水里引线穿针等仪式加以验证，方始成婚。婚后生了三十六个小娃娃："十八棵青枫树，十八朵马缨花，两眼横着生，都是小哑巴。"这就是第三代人，横眼睛人。青枫树指男孩，马缨花指女孩。横眼睛人生下来不会说活，兄妹二人在神王的指点下，烧竹子爆裂来治疗哑巴，爆竹的火星溅到哑巴身上，他们都被烫得叫了起来：叫"啊孑孑"（彝语）的后来成了彝家；叫"阿喳喳"（哈尼语）的后来成了哈尼家；叫"阿呀呀"（汉语）的后来成了汉家。"从此各人成一族，三十六族分天下；三十六族常来往，和睦相处是一家。"[②] 成熟的成体系的创世神话一般都包括洪水遗民神话，因为洪水遗民神话的核心情节是民族始祖的诞生。

[①] 云南省民族民间文学楚雄调查队整理：《梅葛》，云南出版集团公司、云南人民出版社2009年版，第46—50页。

[②] 郭思九、陶学良整理：《查姆》，云南出版集团公司、云南人民出版社2009年版，第16—79页。

始祖起源神话是系统创世神话的核心内容，这类神话在实际传承过程中，往往要与世界起源、人类起源、文化起源等内容结合起来，构成一个完整的创世神话体系，成为民族认同、国家认同的信仰体系或民族的百科全书，即成体系的创世神话。在祭祖、节日庆典及各种礼仪活动中，讲述或展演体系创世神话，成为维系民族认同、国家认同的重要方式。如苗族将苗族古歌当作民族的根古，即苗族的历史，多在祭祖、节日等活动中吟唱。《黑暗传》是流传在以神农架为中心的鄂西南和鄂西北地区的创世史诗，史诗主要由"先天"、"后天"、"泡天"和"治世"四个部分组成："先天"以黑暗、混沌、玄黄三位始祖的更替为主线，讲述世界逐渐形成的情景；"后天"以盘古故事为主线，讲述天地形成、日月升空、光明现世的过程；"泡天"以洪水故事为主，讲述了人类再次起源的经历；《治世》则以三皇五帝故事为主，讲述早期文明的创造历程。《黑暗传》是以三皇五帝历史为核心的成系统的创世神话，主要用于祭祖。老人去世后，灵柩停在家中，亲友乡邻要为亡人守灵。孝家要请歌师"打丧鼓""唱夜歌子""打夜锣鼓"。歌师时而坐着吟唱，时而绕灵柩转唱，或者边唱边跳，常常通宵达旦，有时甚至会唱上几夜，往往一两个歌师不能够胜任，要邀请几个演唱班子参加，彼此采用盘问对答的方式演唱。《黑暗传》被称为孝歌、丧鼓歌，实则是通过演唱创世历史来祭奠亡人的祭祀歌。彝族系统型创世神话《梅葛》，没有文字记载，全靠口耳相传得以传承。每逢农历二月初八、六月二十四等民族节日或婚丧嫁娶、起房盖屋等活动，彝族民众都要在三弦、葫芦笙的伴奏下，唱诵《梅葛》，跳彝族歌舞，通宵达旦。传唱《梅葛》起到了维系民族认同、弘扬古老社会传统的作用。

壮族创世史诗《布洛陀》讲述壮民族创世始祖布洛陀故事，在壮语中，"布"是对有崇高威望的老人的尊称，"洛"是知道、知晓的意思，"陀"是指很会创造、很多创造的意思，合起来指受人尊崇、知识丰富、善于创造的老人。《布洛陀》一般在布洛陀诞辰日诵唱。田阳、田林、田东、平果、凌云、靖西、德保、巴马等地的壮族以每年农历二月十九日为布洛陀生日，当地民众从这一天开始到农历三月初九，都会自发前往广西田阳县敢壮山举行祭祀活动，祭祀仪式由麼公主持，祭祀中要诵唱《布洛陀》。祭祀完毕，众人沿着小路上山，一路燃香至祖公庙前，许愿还愿。然后三三两两散布到山坡草地，对唱山歌，常常通宵达旦。此种活动场域，被称为歌圩。据史料记载，田阳敢壮山歌圩形成于隋唐之前。文山州境内壮族民众年年都举行祭祀布洛陀仪式。各村寨祭祀的时间不尽相同，但都有共同的主旨：即祈求风调雨顺、稻谷丰收、人丁兴旺、村寨平安。马关、西畴、富宁等壮族民间有传承《布洛陀经书》的习俗，即口授心记、口耳相传。马关县仁和镇阿峨新寨，每年五月的最后一天，都要祭祀"布洛陀"，诵《布洛陀经书》。该寨东南面有座山被称为"布洛陀"，山上有四棵古栗树，其中一棵栗树被称为"美洛陀"，即"布洛陀神树"，当地村民每年都要到山上举行祭祀神树的活动。

正是在民族认同、国家认同需求的推动下，中国创世神话逐渐发展为体系神话，这一发展过程基本上是在原始社会末期至奴隶社会时期完成的；但是由于创世史诗构建的祖先系统，提供了民族乃至国家的认同依据，整个封建社会时期，已经基本定型的创世神话体系始终没有停止传承与发展。

二 帝王谱系神话

中国帝王谱系神话主要指三皇五帝神话，但是三皇五帝只是所有的神话历史人物的概称，实际上的人数远不止这些，那是一个庞大的系统，只是因应了特殊的模式，才不断淘选出其中的几个神人。这样说来，三皇五帝代表的是史前时代的一个神话人物群。三皇五帝神话以口头形式从远古传来，历经夏商西周的传承，逐渐向谱系方向演化，至司马迁作《史记》，三皇五帝神话已基本构成体系，成为中华史前的神话历史。虽然汉代以后又不断有所增益，但是谱系基本模式已在汉代定型。可以说，三皇五帝神话谱系经历了汉以前的漫长演变，终成谱系。帝王谱系神话大致对应西方神话学所谓英雄神话。

（一）帝王神话群的概称

三皇五帝，是神话历史人物三皇与五帝的合称，大致代表着从旧石器中期、新石器时期至夏朝前的大禹时期中国大地上想象中的主要部落首领人物。中华文明自古就有三皇五帝的说法，但是最早记载三皇名号的却是汉代《史记·补三皇本纪》，有所谓"天皇、地皇、人皇"之说。后人因为事既鸿古，也有所怀疑。《路史》载："前天皇、前地皇、前人皇之事太过久古，杳杳冥冥，所谓事有不可尽究，物有不可臆言。"既有怀疑，就有分歧，三皇五帝于是有多种说法。三皇的主要说法有：《史记·补三皇本纪》载："天皇、地皇、人皇。"《尚书大传》载："燧人、伏羲、神农。"《春秋运斗枢》载："伏羲、女娲、神农。"《三字经》载："伏羲、神农、黄帝。"一般以伏羲、女娲、炎帝神农的说法居多。五帝也有多种说法，一般的说法为：黄帝、颛顼、帝喾、尧、舜。《世本》《大戴礼记》《史记·五帝本纪》所载即为一般说法。《礼记·月令》以大皞（伏羲）、炎帝、黄帝、少皞（少昊）、颛顼为五帝；《尚书序》《帝王世纪》以少昊（少皞）、颛顼、高辛（帝喾）、尧、舜为五帝。三皇五帝说法有差异，说明谱系是逐渐发展而成，因时因地而有所不同，但其中又有通行的说法，说明人们的认识逐渐统一。三皇五帝谱系的形成，主要经历了夏商西周至秦汉这一历史阶段。

三皇五帝的多种说法表明，三皇五帝是一种定型化了的模式，是古人根据口头传承对神话历史的一种高度概括，至于三皇五帝的具体人物，在相当长一段时间是可以替换的。用来替换的人物通常分属于神话中不同部落的首领人物。《山海经》就披露了这种情况，从其中的记载我们可以看到，三皇五帝中的一些人物分属于不同的部落或部族，原本有各自的部族谱系。在此，将典籍中已列入或应该列入三皇五帝框架的人物及其所属部落分述如下：

天皇氏，三皇之一。唐司马贞《史记·补三皇本纪》载："天地初立，有天皇氏十二头，澹泊无所施为，而俗自化。木德王，岁起摄提，兄弟十二人，立各一万八千岁。"天皇为盘古开天辟地之后第一位部落首领人物。

地皇氏，三皇之一。唐司马贞《史记·补三皇本纪》载："地皇十一头，火德王。兄弟十一人，兴于熊耳、龙门等山，亦各万八千岁。"神话传说为盘古氏之孙、天皇氏之子，人皇氏之父。（一说地皇氏即神农氏，与天皇伏羲氏、人皇女娲氏并称为"三皇"）

人皇氏，三皇之一。唐司马贞《史记·补三皇本纪》载："人皇九头，乘云车，驾六羽出谷口，兄弟九人，分长九州，各立城邑，凡一百五十世，合四万五千六百年。"神话传说为人皇氏为地皇氏之子，提挺氏之父。（一说人皇氏即女娲氏，与天皇伏羲氏、地皇神农氏并称为"三皇"）

提挺氏，又号黄神氏。《三坟》载："居方氏没，生子三十二世，强弱相迫，欲生吞害，中有神人，提挺而治，故号提挺氏。"又载："提挺氏生子三十五世，通纪七十二姓，故（提挺氏之子）号通姓氏。"神话传说提挺氏为人皇氏之子，通姓氏之父。另外据传八仙之一的汉钟离即为提挺氏转世。

通姓氏，又号皇覃氏、离光氏，是中国上古时期的一位杰出的部落联盟首领。《三坟》："提挺氏生子三十五世，通纪七十二姓，故（提挺氏之子）号通姓氏。"《路史》："皇覃氏，一曰离光氏，锐头、日角，驾六凤皇，出地衡。在而不治，官天地，府万物。……治二百五十载。"[①]《春秋命历序》载："离光次之，号曰皇谈，锐头、日角，驾六凤皇，出地衡，在位五百六十岁。"又载："次后有人，五色长肘，号曰有巢氏，治五百九十岁。緘温次之，号曰燧皇，……忽彰次之，号曰庖羲。"[②] 神话传说通姓氏乃提挺氏之子，有巢氏

---

① （宋）罗泌撰，周明笺注：《路史笺注》，巴蜀书社2022年版，第49页。
② ［日］安居香山、中村璋八辑：《纬书集成》中，河北人民出版社1994年版，第880页。

之父。

有巢氏，又号巢皇、大巢氏。庄子《庄子·盗跖》载："古者禽兽多而人民少，于是民皆巢居以避之。昼拾橡栗，夜栖木上，故命之曰有巢氏之民。"[①] 神话传说有巢氏为通姓氏之子，燧人氏之父。

燧人氏，又号燧皇。《太平御览》卷八六九引《王子年拾遗记》："申弥国去都万里。有燧明国，不识四时昼夜。其人不死，厌世则升天。国有火树，名燧木，屈盘万顷，云雾出于中间。折枝相钻，则火出矣。后世圣人变腥臊之味，游日月之外，以食救万物；乃至南垂。目此树表，有鸟若鸮，以口啄树，粲然火出。圣人感焉，因取小枝以钻火，号燧人氏。"[②] 传说燧人氏为燧明国国君，为有巢氏之子、华胥氏之夫、伏羲氏与女娲氏之父。燧皇陵位于河南省商丘市睢阳区境内，是中国历史上年代最为久远的帝王陵墓。

华胥氏。神话传说华胥氏为燧人氏之妻，伏羲氏之母。《帝王世纪》载："太皞帝庖牺氏，风姓也，母曰华胥。燧人之世，有大人之迹出于雷泽之中，华胥履之，生庖牺于成纪。"[③]

伏羲氏，又号羲皇、太昊、青帝。神话传说伏羲氏为燧人氏与华胥氏之子、女娲氏的兄长兼夫君。炎帝神农氏的外祖父。在燧人氏之后继位。一说伏羲即为天皇氏。

女娲氏，又号娲皇氏。神话传说女娲氏是燧人氏与华胥氏之女、伏羲氏的妹妹兼妻子。

朱襄氏，有3代朱襄氏担任过炎帝，又号称飞龙氏。

神农氏，有9代神农氏担任过炎帝，又号农皇。

有熊氏，即黄帝，又号轩辕。

青阳（氏）一世，即少昊，又号白帝、金天氏。为黄帝长子（另一说认为少昊是启明星与仙女皇娥的儿子）。

---

① 王世舜注释：《庄子注释》，齐鲁书社1998年版，第411页。
② （宋）李昉等：《太平御览》第四册，中华书局1960年版，第3851页。
③ （晋）皇甫谧撰，（清）宋翔凤、钱宝塘辑，刘晓东校点：《帝王世纪》，辽宁教育出版社1997年版，第3页。

高阳氏，即颛顼，又号黑帝。

高辛氏，即帝喾。帝喾乃白帝少昊之孙，颛顼高阳氏的堂兄。

青阳（氏）二世，即帝挚，帝挚为帝喾长子，即位之后为政不善，让位于四弟陶唐侯伊祁放勋（即帝尧陶唐氏）。

陶唐氏，即尧，帝尧为帝喾第四子，帝挚的四弟。帝挚为政不善，禅位于他。另外，鲧禹治水、后羿射日等神话即形成于陶唐氏时期。

丹朱，丹朱为帝尧长子，帝尧临终前，因丹朱不肖，尧指定有虞氏部落首领姚重华为继承人。帝尧死后，姚重华为其守孝三年，并将皇位让给了丹朱。丹朱为政不善，三年后还位于姚重华。

有虞氏，即舜，帝舜为黄帝裔孙。以孝闻名，是著名的二十四孝之首——"孝感动天"的主人公，继承陶唐氏之皇位。

夏后氏，夏后禹，即大禹。禹为黄帝嫡系裔孙，是鲧的儿子。夏朝奠基人。

大禹崩逝后，子夏后启继位，迁都于安邑（今山西省运城市夏县西）夏朝建立。

至此，中国神话传说中的部落联盟时代结束，也就是中国神话历史结束，进入有史记载的文明时期。

（二）三皇五帝的概称

上述神话历史人物及其部落是三皇五帝形成的神话历史背景，所谓三皇五帝，其实只是人们对上述神话部落首领的概括性简称，并非确指。而对三皇五帝的进一步简称，那就是炎黄二帝的称呼了。可以说，炎黄二帝既是对三皇五帝的概括性简称，更是对史前所有重要部落首领人物的高度概括的简称。

《山海经》中黄帝所属部族，涉及多种神灵，说明黄帝信仰影响广泛。

《山海经·西山经》："丹水出焉，西流注于稷泽。其中多白玉，是有玉膏。其源沸沸汤汤，黄帝是食是飨。是生玄玉。玉膏所出，以灌丹木。丹木五岁，五色乃清，五味乃馨。黄帝乃取峚山之玉荣，而投之钟山之阳。"①

《山海经·大荒东经》："黄帝生禺𧌒，禺𧌒生禺京。禺京处北海，禺𧌒处东海，是惟海神。"②

《山海经·大荒西经》："西北海之外，赤水之西，有先民之国，食谷，使四鸟。有北狄之国。黄帝之孙曰始均，始均生北狄。有芒山。有桂山。有榣山，其上有人，号曰太子长琴。颛顼生老童，老童生祝融，祝融生太子长琴，是处榣山，始作乐风。"③

《山海经·大荒北经》："有系昆之山者，有共工之台，射者不敢北乡。有人衣青衣，名曰黄帝女魃。蚩尤作兵伐黄帝，黄帝乃令应龙攻之冀州之野。应龙蓄水。蚩尤请风伯、雨师，纵大风雨。黄帝乃下天女曰魃，雨止，遂杀蚩尤。魃不得复上，所居不雨。叔均言之帝，后置之赤水之北。叔均乃为田祖。魃时亡之。所欲逐之者，令曰：'神北行！'先除水道，决通沟渎。"④

又："大荒之中，有山名曰融父山，顺水入焉。有人名曰犬戎。黄帝生苗龙，苗龙生融吾，融吾生弄明，弄明生白犬，白犬有牝牡，是为犬戎，肉食。有赤兽，马状无首，名曰戎宣王尸。"⑤

《山海经·海内经》："流沙之东，黑水之西，有朝云之国、司彘之国。黄帝妻雷祖，生昌意。昌意降处若水，生韩流。韩流擢耳、谨首、人面、豕喙、麟身、渠股、豚止。取淖子曰阿女，生帝颛顼。"⑥

"黄帝生骆明，骆明生白马，白马是为鲧。帝俊生禹号，禹号生淫梁，淫梁生番禺，是始为舟。番禺生奚仲，奚仲生吉光，吉光是始

---

① 袁珂译注：《山海经全译》，贵州人民出版社1991年版，第36页。
② 袁珂译注：《山海经全译》，贵州人民出版社1991年版，第270页。
③ 袁珂译注：《山海经全译》，贵州人民出版社1991年版，第298页。
④ 袁珂译注：《山海经全译》，贵州人民出版社1991年版，第319页。
⑤ 袁珂译注：《山海经全译》，贵州人民出版社1991年版，第319页。
⑥ 袁珂译注：《山海经全译》，贵州人民出版社1991年版，第333页。

以木为车，少皞生般，般是始为弓矢。"①

一般认为，黄帝与炎帝神农本为兄弟，后分属两个大的不同部落。事见《国语·晋语四》的记载："昔少典娶于有蟜氏，生黄帝、炎帝。黄帝以姬水（陕西武功漆水河）成，炎帝以姜水（陕西宝鸡清姜河）成。成而异德，故黄帝为姬，炎帝为姜。二帝用师以相济也，异德之故也。"② 炎帝神农作为一个部落首领人物，不仅仅指一代首领，而是许多代首领人物的通称。《尸子》载："神农氏七十世有天下，岂每世贤哉？"这是说炎帝神农部落经历七十代。也有说经历了八代，司马贞《史记·补三皇本纪》载："神农纳奔水氏之女曰听詙为妃。生帝哀，哀生帝克，克生帝榆罔。凡八代，五百三十年。而轩辕氏兴焉。"③ 炎帝神农作为历代炎帝部落首领的通称，也必然汇集众多首领人物的事迹，因此，炎帝神农集众多首领人物功勋为一体，必然事迹众多，居功至伟。炎帝神农有多项伟大的创造，比如农业、农具、医药、弓箭、制陶、五弦琴、衣裳、市场等，其中最重要的创造是农具与农业。这在典籍中多有说明。《易·系辞下》："包牺氏没，神农氏作，斫木为耜，揉木为耒，耒耨之利，以教天下。"④《白虎通义》："古之人民皆，食禽兽肉，至于神农，人民众多，禽兽不足。于是神农因天之时，分地之利，制耒耜，教民农作，神而化之，使民宜之，故谓之神农也。"⑤

在三皇五帝系统漫长的演化过程中，炎黄逐渐脱颖而出成为三皇五帝的代表，被奉为中华民族的人文始祖。炎黄作为三皇五帝象征性符号，产生了巨大的向心力和凝聚力，不断地为想象中国和实体中国提供文化心理认同。

---

① 袁珂译注：《山海经全译》，贵州人民出版社1991年版，第336页。
② （战国）左丘明撰，（三国吴）韦昭注，胡文波校点：《国语》，上海古籍出版社2015年版，第237页。
③ （唐）司马贞：《史记·补三皇本纪》，书林书局2021年影印文渊阁四库全书第244册，第972页。
④ 徐子宏译注：《周易全译》，贵州人民出版社1991年版，第373页。
⑤ （汉）班固撰，（清）陈立疏证，吴则虞校点：《白虎通疏证》，中华书局1994年版，第51页。

（三）三皇五帝的神秘化

两汉产生了大量远古帝王感生神话，进一步突出了帝王的神秘化，仿佛为每一位帝王增添了神圣的光环。帝王感生神话，主要是指三皇五帝及其他帝王感生神话。有关三皇五帝的造神，要早于汉代；但是到了汉代，才为他们编排了神秘的出生。

1. 伏羲出生。华胥履大人迹生伏羲：

《纬书集成·诗含神雾》：大迹出雷泽，华胥履之，生伏羲。宋均注曰：雷泽二名，华胥，伏羲母。①

《纬书集成·孝经钩命决》：华胥履迹，怪生皇犠。迹，灵威仰之迹也。履迹而生，以为奇怪也。②

《纬书集成·河图稽命征》：华胥于雷泽履大人迹，而生伏羲于成纪。③

2. 神农出生。安登感龙生神农。

《纬书集成·春秋元命苞》：少典妃安登，游于华阳，有神龙首，感之于常羊。生神子，人面龙颜，好耕，是为神农。④

《纬书集成·孝经钩命决》：佳姒感龙，生帝鬼魁。鬼魁，神农名。⑤

3. 黄帝出生。附宝感大电光绕北斗枢星生黄帝。

---

① ［日］安居香山、中村璋八辑：《纬书集成》上，河北人民出版社1994年版，第46页。
② ［日］安居香山、中村璋八辑：《纬书集成》中，河北人民出版社1994年版，第1004页。
③ ［日］安居香山、中村璋八辑：《纬书集成》下，河北人民出版社1994年版，第1179页。
④ ［日］安居香山、中村璋八辑：《纬书集成》中，河北人民出版社1994年版，第589页。
⑤ ［日］安居香山、中村璋八辑：《纬书集成》中，河北人民出版社1994年版，第1005页。

《纬书集成·诗含神雾》：大电光绕北斗枢星，照郊野，感附宝而生黄帝。①

《纬书集成·河图始开图》：黄帝名轩，北斗黄神之精。母地神祇之女附宝，之郊野，大雷绕斗，枢星耀，感附宝，生轩，胸文曰：黄帝子。②

4. 颛顼出生。女枢感瑶光如蜺贯月生颛顼。

《纬书集成·诗含神雾》：瑶光如蜺贯月，正白，感女枢，生颛顼。注：星光如虹蜺，往贯月也。③

《纬书集成·河图稽命征》：瑶光之星，如虹贯月，感处女于幽房之宫，生帝颛顼于若水，首戴干戈，有德文也。④

5. 帝喾出生。握衷履大人迹生帝喾。

帝喾的感生神话，不见两汉纬书，只见于宋罗泌《路史·后记》"帝喾高辛氏姬姓，……父侨极，取阵丰氏曰衷，履大迹而伫生喾。方喾之生，握衷莫觉。生而神异，自言其名，遂以名。"⑤

7. 尧帝出生。庆都感龙生尧帝。

《纬书集成·诗含神雾》：庆都与赤龙合昏，生赤帝伊祁，尧也。⑥

《纬书集成·春秋元命苞》：尧火精，故庆都感赤龙而生。⑦

---

① [日]安居香山、中村璋八辑：《纬书集成》上，河北人民出版社1994年版，第461页。
② [日]安居香山、中村璋八辑：《纬书集成》下，河北人民出版社1994年版，第1105页。
③ [日]安居香山、中村璋八辑：《纬书集成》上，河北人民出版社1994年版，第462页。
④ [日]安居香山、中村璋八辑：《纬书集成》下，河北人民出版社1994年版，第1181页。
⑤ 宋罗泌撰：《路史·后记》，书林书局2021年影印上海中华书局据原刻本校刊本，第347页。
⑥ [日]安居香山、中村璋八辑：《纬书集成》上，河北人民出版社1994年版，第462页。
⑦ [日]安居香山、中村璋八辑：《纬书集成》上，河北人民出版社1994年版，第591页。

8. 舜帝出生。握登感大虹生舜帝。

《纬书集成·诗含神雾》：握登感大虹，生大舜于姚墟。①

《纬书集成·尚书帝命验》：姚氏纵华感枢。注曰：纵，生也。舜母握登枢星之精，而生舜重华。枢如虹也。注曰：舜母感枢星之精，而生舜重华。枢如虹也。②

《纬书集成·河图稽命征》：握登见大虹，意感，生舜于姚墟。③

以上为三皇五帝感生神话。三皇五帝原本有多种说法，本书尽量将多种说法涉及的帝王感生神话列于此，以便考察。三皇之中的女娲为造人始祖，为最初的神人，所以没有关于她的感生神话。五帝感生神话涉及的帝王唯独少了帝喾。有可能是因为两汉编纂纬书的作者认同的五帝系列没有帝喾的缘故。但是后来的记载（《路史·后记》）和口头叙事中出现了帝喾感生神话，这可能是后人为帝喾在内的五帝系统所做的补充。但是无论如何，三皇五帝神话谱系强化了感生母题之后，对人间的帝王产生了更大的影响，几乎每一朝新登基的皇帝都要效仿三皇五帝神圣的出生，为自己编排一个非凡的出生，作为其登基的合法性、神圣性的解释。

三 宗教性神话

汉魏晋南北朝至唐宋时期是中国神话发展创造的第二个高峰时期，先秦原始神话在这一时期得到了延伸发展，产生了精怪神话。精怪神话植根于民间信仰基础之上，而民间信仰通常被称为准宗教，因此，精怪神话也属于宗教神话范畴。同时由于佛道盛行于世，又产生了大量与佛道有关的新神话，学界称之为道教神话、佛教神话。我们称之

---

① [日] 安居香山、中村璋八辑：《纬书集成》上，河北人民出版社1994年版，第462页。
② [日] 安居香山、中村璋八辑：《纬书集成》上，河北人民出版社1994年版，第369页。
③ [日] 安居香山、中村璋八辑：《纬书集成》下，河北人民出版社1994年版，第1180页。

为道教世俗化神话、佛教世俗化神话。

先秦时期神话经典《山海经》等中的不少神话在这一时期得到长足发展，除了前文所述具体类别的神话，如嫦娥神话、西王母神话、伏羲女娲神话等之外，还有精怪神话、不死神话等。

（一）精怪神话

什么是精怪呢？精怪一般是指由动植物或自然物变化成人形以迷惑人类的神灵。唐释玄应、释慧琳《一切经音义》卷六载："凡奇异非常者，皆曰怪。"在原始信仰万物有灵观念的支配下，人们认为存在久远的动植物、自然物必然发生怪异的变化，其中之一就是变为人形。王充《论衡·订鬼》："夫物之老者，其精为人，亦有未老，性能变化，象人之形。"葛洪《抱朴子·登陟赋》："万物之老者，其精悉能假托人形，以炫惑人目，而常试人，唯不能于镜中易其真形耳。"[1]可见精怪的特点就是因存在久远而能变成人形，虽是异类所变，但是却能迷惑人。同时，有镜子照着，就不能改变原形而变成人，或者经镜子所照又会显现动植物的原形。《山海经》有不少雏形的精怪神话，只记录了精怪的形态、习性及简单的事迹。汉魏晋南北朝则发展为有情节的神话故事。

其一，蛇精神话的演变。

在先秦典籍《山海经》中已有蛇变人的蛇精神话，不过《山海经》中的蛇精只能变化成半人半蛇的形象。在民间信仰中，蛇为龙的原型，即水神，所以《山海经》中变成的半人半蛇的神灵，往往都是水神。水神有善恶两面，所以有的水神为善神，以至于后来演变为创世大神、祖先神，但有的水神无善也无恶，只是带有地域特色的水神。

《山海经·大荒北经》："赤水之北，有章尾山。有神，人面蛇身而赤，直目正乘，其瞑乃晦，其视乃明，不食不寝不息，风雨是谒。

---

[1] （晋）葛洪撰，顾久译注：《抱朴子内篇全译》，贵州人民出版社1995年版，第424—425页。

是烛九阴，是谓烛龙。"①

《山海经·海外西经》："轩辕之国，在此穷山之际，其不寿者八百。在女子国北。人面蛇身，尾交首上。"②

《山海经·海内北经》："鬼国在贰负之尸北，为物人面而一目。一曰贰负神在其东，为物人而蛇身。"③

人面蛇身的烛龙为创世大神，《山海经·海外北经》："钟山之神，名曰烛阴，视为昼，瞑为夜，吹为冬，呼为夏，不饮，不食，不息，息为风。身长千里。在无䏿之东。其为物，人面，蛇身，赤色，居钟山下。"④烛龙神创造了风、昼夜与冬夏，是为水旱之神，也是创世大神。轩辕氏，即黄帝。《春秋合成图》载："轩辕主雷雨之神也。"《太象列星图》载："轩辕十七星在七星北，如龙之体，主雷雨之神。"可见黄帝蛇身也是因为他原是主雷雨之水神，后成为华夏族祖先，再后成为中华民族人文始祖。鬼国之人则为特殊地方的水神，尽显地域风采，并无善恶。当然，由于蛇龙善恶的两面性，也有少量蛇精变成的半人半神的水神为恶神，及发动洪水之神。

《山海经·中山经》："阳水出焉，而北流注入伊水，其中多化蛇，其状如人面而豺身，鸟翼而蛇行，其音如叱呼，见则其邑大水。"⑤

《神异经·西北荒经》："西北荒有人焉，人面，朱发，蛇身，人手足，而食五谷禽兽，贪恶顽愚，名曰共工。"⑥

《山海经·海外北经》："共工之臣曰相柳氏，九首，以食于九山。相柳之所抵，厥为泽溪。禹杀相柳，其血腥，不可以树五谷种。禹厥之，三仞三沮，乃以为众帝之台。在昆仑之北，柔利之东。相柳者，九首人面，蛇身而青。不敢北射，畏共工之台。台在其东。台四方，

---

① 袁珂译注：《山海经全译》，贵州人民出版社1991年版，第320页。
② 袁珂译注：《山海经全译》，贵州人民出版社1991年版，第204页。
③ 袁珂译注：《山海经全译》，贵州人民出版社1991年版，第253页。
④ 袁珂译注：《山海经全译》，贵州人民出版社1991年版，第213页。
⑤ 袁珂译注：《山海经全译》，贵州人民出版社1991年版，第121页。
⑥ 王国良撰：《神异经研究》，文史哲出版社（台北）1985年版，第90页。

隅有一蛇，虎色，首冲南方。"①《山海经·大荒北经》又载有同一神话的异文："共工之臣名曰相繇，九首蛇身，自环，食于九土。其所歍所尼，即为源泽。不辛乃苦，百兽莫能处。禹湮洪水，杀相繇。其血腥臭，不可生谷；其地多水，不可居也。禹湮之，三仞三沮，乃以为池，群帝因是以为台。在昆仑之北。"②

　　两汉时期，蛇精演变成生育神，这是蛇的繁殖能力的神话化的产物。对蛇的繁殖能力的崇拜，可能源于两个方面的原因，一是人们在山野经常可见蛇卵繁殖新生命的现象，这种非常直观的新生命诞生现象，引起了人们对蛇的生育能力的崇拜。二是当人们认识到男女交媾与生育的直接关系之后，便对蛇交尾现象产生崇拜，因为具有相似律思维方式的古人将蛇交尾与男女交媾视为同类事物。汉代赫然出现了伏羲女娲男女上半部人身，下半部蛇身且交尾的图像，即是用蛇交尾的图像隐喻男女交媾怀孕生子。两汉时期，伏羲女娲人身蛇交尾图像数量较多且分布广泛，反映了两汉时期伏羲女娲生育神崇拜非常盛行。受蛇神生育信仰的影响，在汉画像中，嫦娥也成了人身蛇尾的形象。蛇精生育神崇拜一直影响到魏晋南北朝，到唐宋，情况才发生逆转。因为生育神观世音菩萨的影响已经逐渐取代了伏羲女娲生育神的地位，蛇精地位一落千丈，演变成害人精美女蛇，成为人们谈之色变的对象。

　　其二，狐精神话的演变。

　　早期狐精神话，以九尾狐神话为代表，《山海经》记有九尾狐神话。

　　《山海经·海外东经》："青丘国在其北，其狐四足九尾。一曰在朝阳北。"③

　　《山海经·大荒东经》"有青丘之国，有狐，九尾。"④

　　《山海经·南山经》："又东三百里，曰青丘之山，其阳多玉，其阴多青䕫。有兽焉，其状如狐而九尾，其音如婴儿，能食人，食者不蛊。"⑤

---

① 袁珂译注：《山海经全译》，贵州人民出版社1991年版，第213页。
② 袁珂译注：《山海经全译》，贵州人民出版社1991年版，第319页。
③ 袁珂译注：《山海经全译》，贵州人民出版社1991年版，第225页。
④ 袁珂译注：《山海经全译》，贵州人民出版社1991年版，第270页。
⑤ 袁珂译注：《山海经全译》，贵州人民出版社1991年版，第2页。

早期的狐精九尾狐是祥瑞之兽,郭璞注《山海经图·九尾狐》:"青丘奇兽,九尾之狐;有道翔见,出则衔书。作瑞周文,以标灵符。"① 九尾狐的出现象征国家吉祥,政治祥和。同时九尾狐也是婚姻的征兆。东汉赵晔《吴越春秋·越王无余外传》:"禹三十未娶,行到涂山,恐时之暮,失其度制,乃辞曰:'吾娶也,必有应矣。'乃有白狐九尾造于禹。禹曰:'白者,吾之服也;九尾狐者,王之证也。涂山歌曰:绥绥白狐,九尾庞庞,我家嘉夷,来宾为王。成家成室,我造彼昌。天人之际,于兹则行。明矣哉。'"② 大禹听了涂山氏的歌,知道这是苍天暗示他娶妻,于是娶了涂山氏之女。由此可见,九尾狐象征生殖繁衍,是婚姻的吉祥神。作为吉祥征兆的九尾狐,为什么《山海经》中记载它会吃人呢?这是表明九尾狐对敌方能造成威胁,具有保护本部族成员的神性。

至汉魏晋南北朝,狐精迅速逆向演变,成为妖怪,祥瑞之气荡然无存。这恐与两汉以来鬼神迷信广为流布、道教佛教逐渐盛行而导致了志怪小说的兴起密切相关。鲁迅《中国小说史略》说:"中国本信巫,秦汉以来,神仙之说盛行,汉末又大畅巫风,而鬼道愈炽;会小乘佛教亦入中土,渐见流传。凡此皆张皇鬼神,称道灵异,故自晋迄隋,特多鬼神志怪之书。其书有出于文人者,有出于教徒者。文人之作,虽非如释道二家,意在自神其教,然亦非有意为小说,盖当时以为幽明虽殊途,而人鬼乃皆实有,故其叙述异事,与记载人间常事,自视固无诚妄之别矣。"③ 人们谈玄说怪,对于精灵鬼怪的存在笃信不疑。所以由多年修炼成精的狐精必然被视为异类,当作邪魅之物,并对其恐惧有加。汉许慎《说文解字》释"狐"云:"狐,妖兽也,鬼所乘之。"④ 狐之为怪,在于生存年代久远,而且,狐年岁越长,所化美女就越美丽。《搜神记》:"千岁之狐,

---

① 马昌仪:《古本山海经图说》,广西师范大学出版社2007年版,第33页。
② (东汉)赵晔著,张觉校注:《吴越春秋校注》,岳麓书社2006年版,第161—162页。
③ 鲁迅:《中国小说史略》,北京大学出版社2009年版,第26页。
④ (汉)许慎:《说文解字》,中华书局1963年版,第206页。

起为美女。"①《玄中记》甚至还反映了不同年龄阶段的狐与所幻化之物对应关系的观念:"狐五十岁能变化为妇人,百岁为美女,……为神巫;……或为丈夫,与女人交接;能知千里外事;善蛊惑,使人迷惑失智。千岁即与天通,为天狐。"②狐的年龄段越高,所幻化之物就越是具有变通能力,可化为绝色美女,善蛊惑,甚至可以化为天狐,天狐这可能是幻化之狐的最高境界。其实,无论狐是如何蛊惑人的心智,或是作祟加害于人,人们却总是对狐抱着一种既惧且敬、既恨且爱的态度。《朝野佥载》:"唐初以来,百姓多事狐神,房中祭祀以乞恩,食饮与人同之,事者非一主。当时有谚曰:无狐媚,不成村。"③在古人心中,狐的娇小身材、狡诈性格总是与媚态十足的女人联系在一起,所以人们对狐神总是抱着一种矛盾复杂的心态。

《搜神记》卷十八记"山魅阿紫"故事,阿紫即狐女。"后汉建安中,沛国郡陈羡为西海都尉。其部曲王灵孝无故逃去,羡欲杀之。居无何,孝复逃走。羡久不见,因其妇,妇以实对。羡曰:'是必魅将去,当求之。'因将步骑数十,领猎犬周旋于城外求索。果见孝于空冢中。闻人犬声,怪遂避去。羡使人扶孝以归,其形颇象狐矣。略不复与人相应,但啼呼'阿紫'。阿紫,狐字也。后十余日,乃稍稍了悟。云:'狐始来时,于屋曲角鸡栖间,作好妇形,自称'阿紫',招我。如此非一。忽然便随去,即为妻,暮辄与共还其家。遇狗不觉。'云乐无比也。道士云:'此山魅也。'《名山记》曰:'狐者,先古之淫妇也,其名曰'阿紫',化而为狐。故其怪多自称'阿紫'。"④王灵孝为狐所惑,居然离家出走,与狐同居于坟墓。人们找到他,他已是神情恍惚,状若狐貌,足见陷入狐媚之深。古人认为狐精貌美、性情淫荡,所以成为世间性感而具有诱惑力的美女的代名词,称之为"狐狸精"。应该说,魏晋南北朝时期的狐精形象虽是负面因素居多,但

---

① (晋)干宝撰,李剑国辑校:《搜神记辑校·搜神后记辑校》上,中华书局2019年版,第254页。
② (晋)郭璞:《玄中记》,北方文艺出版社2021年版,第14页。
③ (唐)张鷟:《朝野佥载》,中华书局1979年版,第167页。
④ (晋)干宝著,黄涤明译注:《搜神记全译》,贵州人民出版社1991年版,第500页。

其实也反映当时人们对美色的一种向往。这与当时魏晋风度对人的个性的张扬,道教房中术的影响有着密切关系。人们对于狐妖表面上虽是持贬斥态度,但是于此类故事又津津乐道,正是潜在地对于性、美色的追求的反映。因此可以认定,狐妖的故事含有人性化、人情化的因素,这正是蒲松龄笔下尊重真情、注重友谊的那些美丽的狐仙出现的基础。

狐精也有为男性的,虽然为数较少,但也毕竟构成一个类别。男性狐精多为鬼魅,是人们厌恶的对象。《搜神记》卷十八还记有男性狐精故事:"张华,字茂先,晋惠帝时为司空,于时燕昭王墓前,有一斑狐,积年,能为变幻,乃变作一书生,欲诣张公。过问墓前华表曰:'以我才貌,可得见张司空否?'华表曰:'子之妙解,无为不可。但张公智度,恐难笼络。出必遇辱,殆不得返。非但丧子千岁之质,亦当深误老表。'狐不从,乃持刺谒华。华见其总角风流,洁白如玉,举动容止,顾盼生姿,雅重之。于是论及文章,辨校声实,华未尝闻。比复商略三史,探颐百家,谈老、庄之奥区,披风、雅之绝旨,包十圣,贯三才,箴八儒,擿五礼,华无不应声屈滞。乃叹曰:'天下岂有此少年!若非鬼魅则是狐狸。'乃扫榻延留,留人防护。此生乃曰:'明公当尊贤容众,嘉善而矜不能,奈何憎人学问?墨子兼爱,其若是耶?'言卒,便求退。华已使人防门,不得出。既而又谓华曰:'公门置甲兵栏骑,当是致疑于仆也。将恐天下之人卷舌而不言,智谋之士望门而不进。深为明公惜之。'华不应,而使人防御甚严。时丰城令雷焕,字孔章,博物士也,来访华;华以书生白之。孔章曰:'若疑之,何不呼猎犬试之?'乃命犬以试,竟无惮色。狐曰:'我天生才智,反以为妖,以犬试我,遮莫千试,万虑,其能为患乎?'华闻,益怒曰:'此必真妖也。闻魑魅忌狗,所别者数百年物耳,千年老精,不能复别;惟得千年枯木照之,则形立见。'孔章曰:'千年神木,何由可得?'华曰:'世传燕昭王墓前华表木已经千年。'乃遣人伐华表,使人欲至木所,母空中有一青衣小儿来,问使曰:'君何来也?'使曰:'张司空有一少年来谒,多才,巧辞,疑是妖魅;使我取华表照之。'青衣曰：'老狐不智，不听我言，今日祸已及我，其可逃乎！'乃发声而泣，倏然不见。使乃伐其木，血深；便将木归，燃之以照书生，乃一斑狐。华曰：'此二物不值我，千年不可复得。'乃烹之。"①此中老狐成精幻化为一知书达理少年，虽是善变博学之人，然原本为魑魅魍魉，所以人们终将其从树木藏身之处找出，予以烹杀。杀伐方式何其残忍，但其实是一种误解，因为古人认为成精之物很难致其真正死亡，必须采取烹煮方式，才能使其无法复活。

其三，犬精神话的演变。

犬精在先秦时期有着崇高的地位，既被称为天狗，又被视为族群的祖先。

以犬精为祖先的记载见于《山海经·大荒北经》："有犬戎国。有神，人面兽身，名曰犬戎。"② 犬戎国以犬称其国，显然其国是以犬为图腾。犬戎图腾神话只是简单介绍犬的形态，并无更多说明。至汉魏六朝，犬精图腾神话演变为有故事情节的盘瓠神话。将两者联系起来的记载见于郭璞注《山海经》："狗封氏者：高辛帝有美女，未嫁。犬戎为乱，帝曰：'有讨之者，妻以美女，封三百户。'帝之狗名盘护，三月而杀犬戎，以其首来。帝以为不可训民，乃妻以女，流之会稽东南二万一千里，得海中土，方三千里而封之。生男为狗，生女为美女。封为狗民国。"郭璞记载中所称"盘护"即为"盘瓠"。较早记载盘瓠神话的是应劭的《风俗通义》。其后《水经注》《后汉书》《搜神记》等都有记载。范晔《后汉书·南蛮西南夷列传》："昔高辛氏有犬戎之寇，帝患其侵暴，而征伐不克。乃访募天下，有能得犬戎之将吴将军头者，购黄金千镒，邑万家，又妻以少女。时帝有畜狗，其毛五采，名曰盘瓠。下令之后，盘瓠遂衔人头造阙下，群臣怪而诊之，乃吴将军首也。帝大喜，而计盘瓠不可妻之以女，又无封爵之道，议欲有报而未知所宜。女闻之，以为帝皇下令，不可违信，因请行。帝不得已，乃以女配盘瓠。盘瓠得女，负而走入南山，止石室中。所处险绝，人

---

① （晋）干宝著，黄涤明译注：《搜神记全译》，贵州人民出版社1991年版，第492—493页。
② 袁珂译注：《山海经全译》，贵州人民出版社1991年版，第320页。

迹不至。于是女解去衣裳，为仆鉴之结，著独力之衣。帝悲思之，遣使寻求，辄遇风雨震晦，使者不得进。经三年，生子一十二人，六男六女。盘瓠死后，因自相夫妻。织绩木皮，染以草实，好五色衣服，制裁皆有尾形。其母后归，以状白帝，于是使迎致诸子。衣裳班兰，语言侏离，好入山壑，不乐平旷。帝顺其意，赐以名山广泽。其后滋蔓，号曰蛮夷。外痴内黠，安土重旧。以先父有功，母帝之女，田作贾贩，无关梁符传，租税之赋。有邑君长，皆赐印绶，冠用獭皮。名渠帅曰精夫，相呼为姎徒。今长沙武陵蛮是也。"[1] 武陵蛮包含畲族、瑶族、苗族等，他们视盘瓠为其始祖，奉为至高尊神。三族又各有主体相同略有差异的盘瓠神话。苗族盘瓠神见于多种典籍，清代《峒溪纤志》："苗人，盘瓠之种落也。帝喾高辛氏以盘瓠为纤溪蛮（犬戎）之功，封其地，妻以女，生六男六女，而为诸苗祖，尽夜郎境多有之……。以十月朔为大节（苗年），岁首祭盘瓠，揉鱼肉于木槽，扣槽群号以为礼。"记载中明确说明苗族为盘瓠之后。瑶族《评王券牒》（过山榜）记有盘瓠神话：盘瓠入宫，与女相见交铸成婚。"自后不觉多年，所生六男六女"，"敕令六男六女，婚娶外姓为妻，以成其十二星姓之源也。"又《评王券牒》："后不觉数年，所生六男六女"，长男随父姓盘，其余姓沈、郑、李、赵、胡、冯、蒋、邓、周等。敕令六男六女招赘外人之子为夫，以继其宗。"[2] 瑶族盘瓠神话又略有不同，即盘瓠后人按敕令要求变族内婚为族外婚，也反映出历史发展对神话的影响。畲族也属武陵蛮，所以也奉盘瓠为始祖。畲族祭祖用"盘瓠图"。盘瓠图用一组图像展示盘瓠神圣事迹，是典型的神话图像叙事。

天狗见于《山海经·西山经》的记载："又西三百里，曰阴山。浊浴之水出焉，而南流注于蕃泽。其中多文贝，有兽焉，其状如狸而白首，名曰天狗，其音如榴榴，可以御凶。"[3] 天狗的形状像狐，头部为白色，是御凶的祥瑞之兽。狗是人类较早驯化的动物，与人类关系

---

[1] （南朝宋）范晔撰，（唐）李贤等注：《后汉书》，中华书局1965年版，第2829—2830页。
[2] 赵廷光：《试论盘古和盘瓠与瑶族的关系》，《中央民族学院学报》1989年第2期。
[3] 袁珂译注：《山海经全译》，贵州人民出版社1991年版，第39页。

极为密切，天狗应该是驯养的家狗与野生狗混合神话化的产物。后来，天狗被用指天上的彗星和流星，古人视彗星或流星划过天空而失落为不吉利之事，天狗由此而被视为凶星、灾星。《史记·天官书》："天狗，状如大奔星，有声，其下止地，类狗。所堕及炎火，望之如火光炎炎冲天。"① 大奔星，即彗星，因为其划过天的表象而得名。彗星燃烧并落地的现象是使人们视其为凶星的原因。到了魏晋南北朝，天狗多半就变成了作祟于人间的狗妖了。

《山海经》中还有獭精、龟精、鱼精、木精、石精、鸟精等精怪的神话，到汉魏晋南北朝时期都有不同的演变，当然有些就逐渐消失在历史的深处了。比如鱼精神话在这一时期就再也没有出现过。可能是因为有了蛇精的神话，出现了美女蛇的形象，鱼精的神话就逐渐消失了，最终在中国也没有出现如西方那样的美人鱼的形象。

不死神话。这类神话在《山海经》中有多种记载，反映了早期人类对于生命长久的渴望。但是早期的不死神话情节简单，几乎只是不死愿望的表达。到了汉魏晋南北朝时期，不死神话则发展成为情节完整、富有浪漫色彩的神话故事。如嫦娥奔月神话、西王母不死药神话。

《山海经》所记不死神话情节简单，但是形式多样，不死的对象从动物、植物、自然物到人物，种类繁多：

> 流沙之东，黑水之间，有山，名不死山。（《山海经·海内经》）
> 开明北有……不死树。（《山海经·海外西经》）
> 寿木，……食其食者不死。（《吕氏春秋·本味》高诱注。）
> 开明东有巫彭、巫抵、巫阳、巫履、巫凡、巫相，夹窫窳之尸，皆操不死之药以距之。（《山海经·海外南经》）
> 有不死之国，阿姓，甘木是食。（《山海经·大荒西经》）
> 不死民在其东，其为人黑色，寿，不死。（《山海经·海外南经》）

---

① （汉）司马迁：《史记》，岳麓书社2001年版，第156页。

有人焉，三面，是颛顼之子，三面一臂，三面之人不死。（《山海经·大黄西经》）

这些神话反映了先民对于长生不死的渴望与祈求，是先民通过幻想解除死亡恐惧的产物。有了长生不死的渴望，就会产生关于实施长生不死途径的幻想，这样又形成了多种死而复生神话。

周期性自然复活神话。死者经过一段时间后自然复活，这其中主要的原因是"其心不朽"：

其人穴居，食土，无男女，死即埋之，其心不朽，死百廿岁乃复更生。（《山海经·海外北经》"无臂国"条郭璞注。）

无继民，穴居食土，无夫妇，死则埋之，心不朽，百年复生。（《太平御览》卷七九七引《外国图》）

无启民，穴居，食土，无男妇，死埋之，其心不朽，百年还化为人。（《博物志》卷二）

巫药复生。使用药物使死者复生，这是基于不死药信仰的神话：

开明东有巫彭、巫抵、巫阳、巫履、巫凡、巫相，夹窫窳之尸，皆操不死之药以距之。窫窳者，蛇身人面，贰负臣所杀也。（《山海经·海内西经》）

众巫操不死之药就可以抗拒死亡，使死者复生：

有灵山，巫咸、巫即、巫盼、巫彭、巫姑、巫真、巫礼、巫抵、巫谢、巫罗十巫，从此升降，百药爰在。（《山海经·大荒西经》）

灵山十巫能够在天地之间自如上下，因为"百药爰在"。药物使他们长生不死或死而复生。

变形复活。原始人从月缺月圆、蝴蝶的多种生命形态等现象得出认识，生命的消亡不是真正的消亡，而是从一种生命形式变化为另一种生命形式，于是产生了变形复活神话。有人死后变形为动物而复活的神话。

《山海经·北山经》记女娃死后化为精卫鸟："又北二百里，曰发鸠之山，其上多柘木。有鸟焉，其状如乌，文首、白喙、赤足，名曰精卫，其鸣自詨。是炎帝之少女，名曰女娃，女娃游于东海，溺而不返，故为精卫。常衔西山之木石，以堙于东海。漳水出焉，东流注于河。"①郭璞《山海经图赞》："炎帝之女，化为精卫。沉形东海，灵爽西迈。乃衔木石，以填攸害。"②

《山海经·大荒西经》记颛顼死而化为鱼妇，即半人半鱼的形象："有鱼偏枯，名曰鱼妇。颛顼死即复苏。风道北来，天及大水泉，蛇乃化鱼，是为鱼妇。颛顼死即复苏。"③

有人死变形为植物而复活的神话。

《山海经·中山经》记帝女死后化为瑶草而复活："又东二百里，曰姑瑶之山。帝女死焉，其名曰女尸，化为瑶草，其叶胥成，其华黄，其实如菟丘，服之媚于人。"④

《山海经·海外北经》记夸父死后化为树林而复活："夸父与日逐走，入日。渴欲得饮，饮于河渭，河渭不足，北饮大泽。未至，道渴而死。弃其杖，化为邓林。"⑤邓林，即树林。晋郭璞《山海经图赞》："神哉夸父，难以理寻，倾沙逐日，遁形邓林。"唐韩愈《海水》诗："海水非不广，邓林岂无枝？"清钱谦益《次韵何慈公岁暮感事》之四："闻逐邓林搜弃杖，戏禁沧海学栽桑。"可见，邓林即树林。

《山海经·大荒南经》记蚩尤死后化为枫木而复活："有宋山者，有赤蛇，名曰育蛇。有木生山上，名曰枫木。枫木，蚩尤所弃其桎梏，

---

① 袁珂译注：《山海经全译》，贵州人民出版社1991年版，第81页。
② 马昌仪：《古本山海经图说》上册，广西师范大学出版社2007年版，第432页。
③ 袁珂译注：《山海经全译》，贵州人民出版社1991年版，第301页。
④ 袁珂译注：《山海经全译》，贵州人民出版社1991年版，第142页。
⑤ 袁珂译注：《山海经全译》，贵州人民出版社1991年版，第214页。

是为枫木。"① 桎梏，以局部代替整体，实指蚩尤；桎梏化为枫林，实指蚩尤化为枫林而复活。

《山海经》所记五花八门的不死神话，为后世不死故事的发展提供了肥沃的土壤。到两汉魏晋南北朝，产生了大量的不死神话，见诸《搜神记》《搜神后记》《幽明录》《述异记》《异苑》等书中。更为特别的是，出现了嫦娥奔月神话与西王母神话。前文已有述及，不再赘述。

魏晋南北朝时期引人注目的是宗教神话，即道教神话与佛教神话。宗教故事算不算神话，历来存在分歧。持狭义神话观念的神话学者一向将宗教故事摈弃于神话之外。持广义神话观念的神话学者则将宗教故事纳入神话的范畴。我们则采取折中的方法，将民间广为流传的宗教故事列入神话的范畴。宗教本为个人制造，其神及神的故事也为个人编造，人为编造的神的故事本不应列入神话的范畴。但是，须知中国宗教，包括道教与中国化了的佛教的很多神灵故事都与民间息息相关，虽经宗教人士加工再造，但仍然保持了民间的基本元素；尤其是那些经过加工改造甚或重创的宗教故事，一经传播，又回到民间，又成为大众口口相传的故事，又具有了神话的性质，这就是我们将那些在民间广为流传的宗教故事列入神话范畴的根据。中国宗教神话分为道教神话与佛教神话。

（二）道教世俗化神话

道教神话从本质上来讲是宗教化了的民间神话与传说。道教兴起于东汉末年，是在先秦黄老思想、神仙方术、鬼神迷信基础上形成的本土宗教。构成道教的思想与仪式早已存在，之所以在东汉末年才成为宗教，是因为此时有了佛教的传入，道教才有了宗教模式的借鉴，才好依样画葫芦建成类似的组织及其设施。东汉末年先后出现了五斗米道与太平道，是道教形成的标志。道教在形成过程中及其形成以后，

---

① 袁珂译注：《山海经全译》，贵州人民出版社1991年版，第285页。

都在不断编制神灵谱系，编制神话。《太平经》将神仙编为六个等级："一为神人，二为真人，三为仙人，四为道人，五为圣人，六为贤人。"南朝梁·道士陶弘景著《真灵位业图》，首次将杂乱无章的神灵整理出一个整饬有序的谱系。他将南北朝时期世俗的所谓"朝班之品序"的规则应用于神灵世界，把神灵排成七个阶次，对号入座，等级分明，顺序清晰。张君房《云笈七签》则将神灵分为十个等级。在不断的造神活动中，道教所奉神灵越来越多，但绝大多数都能从本土民间信仰文化中找到源头。不少古老神话传说中的神灵，直接为道教所承袭。多半是在承袭基础上加以改造，使之涂上道教的色彩。当然，也有一部分神灵为道教的新创，如三清、三官、酆都大帝等。即便是新创的神灵，也脱不了民间信仰文化的影响。如道教的三清尊神，有所谓一气化三清之说，一气即古代神话所描绘的天地未开辟时的混沌一气状态。道教的神灵完全植根于本土文化土壤，所以也多为民间传承、尊崇，道教神灵的故事也在中国大地上不胫而走，成为中国神话的重要组成部分。道教神话在民间影响较大的主要有：三清尊神、太上老君、玉皇大帝、西王母、真武大帝、文昌帝君、九天玄女、麻姑、八仙等。

（三）佛教世俗化神话

佛教神话是伴随着佛教传入并逐渐中国化的进程而形成的。佛教何时传入中国，有很多说法。其中较有影响的说法是，佛教在汉明帝时期传入中国，有"汉明感梦，初传其道"的说法。东汉永平七年（64），汉明帝刘庄夜宿南宫，梦一身高六丈、头顶放光的金人自西方而来，于殿庭飞绕。翌日晨，汉明帝告知于大臣，博士傅毅启奏曰："西方有神，其名曰佛，陛下所梦恐怕即是此人。"汉明帝听后非常高兴，就派大臣蔡愔、秦景等十余人出使西域，拜求佛经、佛法。永平八年（65），蔡、秦等人经过"西天取经"的万里跋涉，在大月氏国（今阿富汗境至中亚一带），遇到印度高僧摄摩腾、竺法兰，见到了佛经和释迦牟尼佛白毡像，恳请二位高僧东赴中国弘法布教。永平十年（67），二位印度高僧应邀和东汉使者一道，用白马驮载佛经、佛像同返国都洛阳，受到汉明帝亲自接待。东汉永平十一年（68），汉明帝敕令在洛阳修建中国第一座佛寺，称白马寺，皆因所取佛经系由一白马驮载而来。当然，"汉明感梦"只是一种传说，但它却反映了汉明帝时，朝廷已与佛教有所联系。佛教传入中国的比较翔实的史料，见诸东汉末叶桓灵帝时代（147—189）。其时西域佛教学者如安世高、安玄从安息来，支娄迦谶、支曜从月氏来等，由此佛经翻译渐盛，法事渐兴。所以一般认为，佛教是在东汉末年传入中国的。

  佛教初入中国，因文化背景全然不同，并未广泛传播，仅被当作黄老神仙方术之类在少数王公贵族中通行。魏晋之时，玄学之风盛行。玄学取名，皆因其清谈立意邈玄。其学皆趋附老庄"以无为本"思想，并蔚然成风。此种思想恰与当时佛教般若"性空"之学相契合，又有儒道皆通的道安大师及弟子慧远等的传播，玄谈名士莫不以"性空"之说充实玄学，或是以增清谈之资。于是佛教进入士大夫阶层并迅速传播。东汉以后，军阀混战频仍，民不聊生，平民、士人长期处于生活悲苦、心灵困顿之中，佛教所谓因果观、无常观以及般若的精思正可以用来舒缓情绪，启迪思想。所以这一时期，佛教逐渐由上层遍及民间，并逐渐为越来越多的人所接受。以此可见，佛教在中国的传播并为广大民众所接受，是与佛教的中国化进程相伴相随的。佛教的中国化、大众化的关键性问题，是佛教神灵的中国化，即是要让佛教的神灵赋予中国神灵的色彩，为中国老百姓所喜闻乐见。因此，佛教必然要按中国神灵的模式来改造佛教神灵。

  佛教神灵的中国化导致了中国佛教神话的产生。观音菩萨由男变女并主司送子即是最显著的一例。观音菩萨的中国化即是始于观音神话的产生并流传。观音菩萨在印度佛教中本为男性。敦煌莫高窟壁画和南北朝中的观世音画像，所显示即是男性特征，有的观音像还留有胡须。印度佛教经典所记也为男性。在《法华经》中，观世音先是天竺国转轮王无净念的大王子，转轮王成为阿弥陀佛后，观世音又成为阿弥陀佛的左胁侍。《华严经》描述观世音："见岩谷林中金刚石上有勇猛丈夫观自在，与诸大菩萨围绕说法。"勇猛丈夫观自在，突出了观世音男性性别。观世音由男变女，始于鱼篮观音或马郎观音神话的出现。"鱼篮观音"与"马郎观音"在"观音三十二变相"中分别排在第 10 位和第 28 位。但是根据相关记载，两者实为同源关系。这一神话始见于中唐时期李复言《续玄怪录》"延州妇人"条载："昔延州有妇人，白皙颇有姿貌，年可二十四五，孤行城市，年少之子，悉与之游，狎昵荐枕，一无所却。数年而殁，州人莫不悲惜，共醵丧具为之葬焉。以其无家，瘗于道左。大历中，忽有胡僧自西域来，见墓，遂趺坐具，敬礼焚香，围绕赞叹数日。人见谓曰：'此一淫纵女子，人尽夫也，以其无属，故瘗于此，和尚何敬耶？'僧曰：'非檀越所知，斯乃大圣，慈悲喜舍，世俗之欲，无不徇焉。此即锁骨菩萨，顺缘已尽，圣者云耳。不信，即启以验之。'众人即开墓，视遍身之骨，钩结皆如锁状，果如僧言。州人异之，为设大斋，起塔焉。"① 神话中的观音献身传佛，所以变为女性。宋代又有该故事的翻版，不过有所不同的是突出了观音献身的目的，即是让金沙地方的人"永绝其淫"。北宋叶廷珪《海录碎事》载："释氏书：昔有贤女马郎妇，于金沙滩上施一切人淫。凡与交者，永绝其淫。死，葬后，一梵僧来，云，'求我侣'。掘开，乃锁子骨。梵僧以杖挑起，升云而去。"② 这个神话虽突出了观音普度众生的功德，但与中国人重贞操的观念相悖。到了南宋该神话又发生演变，观音仍是以情动人，但却仅限言语而止于行为，比较符合中国人的道德观念，更易于为中国百姓接受。《佛祖统纪》卷四十二《法运通塞志·第十七》唐宪宗条下有云："马郎妇者出陕右，初是，此地俗习骑射，蔑闻三宝之名。忽一少妇至，谓人曰：'有人一夕通《普门品者》，则吾归之。'明旦，诵彻者二十辈。复授以《般若经》，且

---

① （唐）李复言：《续玄怪录》，《玄怪录·续玄怪录》，中华书局 2006 年版，第 201 页。
② （宋）叶廷珪撰，李之亮校点：《海录碎事》下，中华书局 2001 年版，第 688 页。

通犹十人。乃更授《法华经》，约三日通彻，独马氏子得通，乃具礼迎之。妇至，以疾求止它房，客未散而妇死，须臾烂坏，遂葬之。数日，有紫衣老僧至葬所，以锡拨其尸，挑金锁骨谓众曰：'此普贤圣者，悯汝辈障重，故垂方便。'即凌空而去。"[1] 马郎观音几经演变，终于成为符合中国人道德观念的女神；同时，观音神话的产生及演变，也使观音由男变女，成为中国化的女神，最终还被赋予送子职能，从而代替中国原有的生育神伏羲女娲。观音由男变女，还产生了千手千眼观音神话，这是因为观音的变化必然带来身世的变化，千手千眼观音神话即是讲述观音中国身份的神话。

中国佛教神话形成与唐代变文有着密切联系。佛教的传播，靠翻译佛经、解释佛经或新创佛经，仅仅只是少数上层精英中的传播；而要让佛教深入到广大民众中去，必须找到适宜于民间传播的方式。唐代僧侣讲唱佛理就是当时在民众中传播佛教的最好方式。人们将这种讲唱佛理的文体称作变文。变文所载多是一些通俗易懂的佛理故事。这些故事吸收了中国神话的题材、内容、情节、母题等，所以也具有了中国神话的特点。比较流行的佛教神话有：如来佛、弥勒、文殊、普贤、观世音、地藏菩萨、龙女、天龙八部、地狱阎王、无常等的神话。

四 俗神神话

宋代及其以降，由于市井的繁荣发展，市民生活日益活跃丰富，伴随着世俗生活的发展，逐渐形成了一些为满足人们世俗生活愿望的俗神崇拜。同时，从原始时代延续而来的神灵崇拜也向世俗化方向转化，由此而形成了一批表达人们世俗生活美好愿望和生命追求的神灵及其相关的神话。在传统社会，中国人对美好生活追求的内容向来被概括为"五福"，即所谓"福禄寿财喜"，围绕五福，形成

---

[1]（宋）志磐撰，释道法校注：《佛祖统纪校注》，上海古籍出版社2012年版，第969页。

了相关的神灵及其神话。同时中国人向来注重生育，五福之外又有生育神及其相关神话。中国传统社会是一个宗法社会，向来重视家族、家庭的平安，所以又出现了与其相关的家宅神话，如灶神、门神、厕神等。此外，中国以农业为主的社会也兼有其他手工行业，同样为老百姓看重，有所谓行行出状元的说法，因此又形成了行业神及其相关的神话。世俗神神话五花八门，种类繁多，下面仅举主要的俗神神话加以阐述。

（一）福神神话

福神之福的含义十分广泛，几乎包容了世俗生活一切美好的愿望与目标，即一切吉祥之事。福可以和吉祥互释。《太平御览》引《尔雅》："祥者，福之先见者也。"又引《风角占》："福先见曰祥。"[①] 不同时代的人们对福的内容又有不同的解释。古人曾将福概括为五福。五福所指因时代不同而有所不同。《尚书·洪范》："五福：一曰寿，二曰富，三曰康宁，四曰攸好德，五曰考终命。"[②] 这是将长寿、富裕、健康平安、遵行美德、老而善终作为五福，其中，品德也成为五福之一。说明五福已经融入个人修养的内容。汉代桓谭《新论》："寿、富、贵、安乐、子孙众多。"桓谭所谓五福，将长寿放在首要地位，说明人们已经清醒认识到长寿是一切福祉的基础，所以民间有所谓五福寿为先的说法。另外，由于受到家族制度和儒家伦理思想的影响，儿孙满堂也成为五福的重要内容。五福，民间通俗的说法是"福、禄、寿、财、喜"。这里的五福，其中又包含了福，看起来似乎矛盾，这是福神又分化出其他四神——禄神、寿神、财神、喜神的结果。

五福只是人生追求的大目标，百姓日常生活中的福要丰富得多。

---

① （宋）李昉等：《太平御览》第四册，中华书局1960年版，第3863页。
② 江灏、钱宗武译注，周秉钧审校：《古今尚书全译》，贵州人民出版社1990年版，第245页。

福神既是一种神灵，又是其他神灵的混合体。所以人们在祈求具体的福祉的时候，往往要供奉专职的神灵。福神只是在人们祈求的目标比较宽泛的时候，才成为人们礼拜的对象。每逢新年伊始，正值人们祈求万事如意的时候，所以祭祀福神。但是现在福神的祭祀已经只剩下一种象征性的符号，那就是在各家大门上贴福字。福字虽然只是文字符号，但却包含了福神神话神秘的意蕴，即赐福免灾。有的地方，福字要倒着贴，取其谐音"福到了"，潜含福神临门的意思。也有用蝙蝠图形代替福字贴于门上的，这大概是因为人们想为福神寻找一种偶像。福神本有偶像。他与许多神灵一样，也经历了由自然神到人物神灵的演化历程，流传下来了自然福神与人物福神的神话。

　　福神源自自然神——星神，称木星，也称岁星、福星。也就是说，人们把木星当成了赐福的福神。木星何以会被奉为福星呢？木星成为福星与古代天文历法及相关民俗有关。天文历法是古人根据天体运行规律制定的历法。其中一种就是以木星运行规律制定的历法。木星是五颗特别光亮、运行规律易为观察因而引人瞩目的行星之一。五颗行星在先秦时已为人所注意，称岁星、荧惑、填星、太白、辰星。汉代称木星、火星、土星、金星、水星。古人将木星的运行轨迹，由北向西、再向南、再向东、再向北绕一圈划为十二段，叫十二次。木星每进一段，即一次，代表地球的一年。因此木星又叫岁星。因为岁星标示着旧一年结束新一年开始，所以就成为人们辞旧迎新时遥祭的对象。祭祀岁星时，人们祈望新的一年能获得好运、平安无事，岁星遂成为降福的福星。福星人神化后，大概是因为其神职无法具体化、专职化，所以被附会成多种人形福神，形成了多种福神神话。

　　宋代人们以真武神为福神。真武神是保宅平安的神，大概当时的人们认为家宅平安就是最大的福分吧。《夷坚志》卷二十四载："其妻方挂真武画像于床头。焚香祷请，盖福神之应云。"[1] 福神中影响最大的要算道教的天官神。有所谓天官赐福的神话式的说法。天官为道教

---

[1] （宋）洪迈：《夷坚志》第四册，中华书局1981年版，第1770页。

三官即三神之一，另两官为地官、水官。南北朝时，道教三官崇拜已经盛行。《绘图三教源流搜神大全》载："上元一品天官赐福紫微帝君，正月十五日诞生；中元二品地官赦罪清灵帝君，七月十五日诞生；下元三品水官解厄阳谷帝君，十月十五诞生。"[1] 三官之中，天官最为尊贵，其赐福职掌，也最受民众欢迎，天官遂成为民间广为流传的福神。旧时逢年过节或喜庆的日子，都要祭祀天官以求赐福。传统年画有天官神像为吏部天官模样，一身朝服装束，红色袍服，龙袖玉带，手执大如意，足蹬朝鞋，慈眉善目，五绺长髯，显示出吉祥喜庆、雍容华贵的气象。年画《天官赐福》《指日升高》，衙门壁画《加官晋爵》等都以朝服天官为主体形象，这些都是与道教有关的福神神话。

福神神话也有来自历史人物的。阳城福神神话即为典型一例。阳城为唐朝道州（今湖南道县）刺史，因为反对当时进贡道州矮民的行为，给道州人民带来福祉，所以被道州人民奉为福神，后流传开来，成为普遍信仰的福神。《唐书》载："阳城字亢宗，定州北平人。徙陕州夏县。……至道州，……州产侏儒，岁供诸朝。城哀其生离，无所进。帝使求之，城奏曰：'州民尽短，若以贡，不知何者可贡？'自是罢。州人感之，以'阳'名子。"[2] 元代成书的《三教源流搜神大全》卷四将阳城讹记为杨城，显然是因为音同之故。但是不知何故该书又把唐朝的阳城搬移到了汉朝。阳城为福神的经历表明，能为人民谋求福祉的历史人物就会成为人民心中的福神。旧时又有以祖先神为福神的，在这里，祖先神实际上就是家族、家庭的福神。所以旧时江浙一带将新年祭祖称为祝福。清代范寅《越谚·风俗》："祝福，岁暮谢年，谢祖神，名此。"祭祖完毕，要用煮裹祭物的汁汤烧年糕或煮面吃，叫"散福"，表示祖神所赐之福散给了全家每一个人。

---

[1] 佚名：《绘图三教源流搜神大全》（外二种），上海古籍出版社2012年版，第44页。
[2] （宋）欧阳修、宋祁：《新唐书》，《二十四史》，中华书局1997年版，第1424页。

（二）寿神神话

中国民间历来有"五福寿为先"的说法，表明中国百姓始终是将长寿看作一切幸福的基础，失去了生命，一切身外之物皆化为子虚乌有。为了祈求长寿，人们除了探索种种延年益寿的诀窍、方略之外，还创造了种种寿神及寿神神话。其中，寿星及神话影响最大。寿星源于星宿崇拜。寿星所指星宿有两种说法。其一，寿星为二十八宿中东方苍龙七宿中的头二宿，即角、亢二宿。《尔雅·释天》："寿星，角、亢也。"[1] 郭璞注："数起角亢，列宿之长，故曰寿。"意为角、亢两宿列众星之长，所以主长寿。其二，寿星为西宫的南极老人星。《史记·天官书》："（西宫）狼比地有大星，曰南极老人。老人见，治安，不见，兵起。"唐代张守节正义："老人一星，在弧南，一曰南极，为人主占寿命延长之应。……见，国命长，故谓之寿昌，天下安宁，不见，人主忧也。"[2] 南极老人星最初为掌国运兴衰、国命长久的神灵。由国命之长久转换为人命之长久，南极老人星就成了寿星，形成了寿星神话。司马迁《史记·封禅书》："寿星祠"，司马贞《索隐》："寿星，盖南极老人星也，见则天下理安，故祠之以祈福寿。"张守节正义："角、亢在辰为寿星。"[3] 唐代将角、亢与南极老人星都当作寿星，并合坛祭祀。从此，两种寿星崇拜合而为一。《通典·礼四》："大唐开原二十四年七月，敕宜令所司特置寿星坛，恒以千秋节日，修其祠典。又敕寿星坛，宜祭老人星及角、亢七宿，著之恒式。"[4]

寿星崇拜在发展过程中，逐渐人神化。寿星的人神化与敬老祭祀

---

[1] 胡奇光、方环海译注：《尔雅译注》，上海世纪出版股份有限公司、上海古籍出版社2016年版，第332页。

[2] （汉）司马迁撰，（南朝宋）裴骃集解，（唐）司马贞索隐，（唐）张守节正义：《史记》，《二十四史》，中华书局1997年版，第333页。

[3] （汉）司马迁撰，（南朝宋）裴骃集解，（唐）司马贞索隐，（唐）张守节正义：《史记》，《二十四史》，中华书局1997年版，第350页。

[4] （唐）杜佑：《通典》第三册，中华书局2016年版，第1230页。

寿星习俗有关。东汉每到仲秋之月，都要举行敬老与祭祀寿星活动，《后汉书·礼仪志》："仲秋之月，县道皆案户比民，年始七十者，授之以王杖，哺之于糜粥。八十、九十，礼有加赐。王杖长九尺，端以鸠鸟为饰。鸠者，不噎之鸟也，欲老人不噎。是月也，祀老人星于国都南郊老人庙。"[1] 由于祭祀寿星与敬老活动相结合，寿星遂定格为一柱长杖老人形象。南宋时的寿星形象是"扶杖立"，"杖过于人首，且诘曲有奇相"。明代，寿星长头短身的形象逐渐突出。《通俗编》："世俗画寿星象，头每甚长。"《西游记》：描绘寿星为"手捧灵芝飞蔼，长头大耳短身躯"。近代以来，老寿星形象更具喜庆色彩，深受百姓喜爱。《集说诠真》载："今俗敬寿星者，莫不供一白发老翁象，称之曰老寿星。"寿星白发飘逸，长眉透着慈善，手持龙头拐杖，最突出的是那长而大的光秃秃的脑门，民间称之为"寿星头"。关于寿星的特号大脑门，还有一则传说：寿星的母亲怀上寿星九年，尚不能分娩。母亲十分着急，竟然问腹中的孩子："儿啊，你为什么还不出？"寿星在娘胎中说："如果家门口的石狮双眼出血，我就要出生了。"这话被隔壁的屠夫听到了，就将猪血涂在石狮双眼中，母亲告诉了胎中的儿子。寿星急忙从他母亲的腋下钻了出来。因为未足年份，寿星的头就成为长而隆起了。这则传说编造寿星超乎寻常的怀胎时间，无非是要说明寿星的生命非同一般，所以能够长寿，而且能带给别人长寿。

　　寿星的神话多见于戏曲小说曲艺之中。鼓子曲《白蛇传·盗灵芝》中出现的寿星是一位颇具同情心的老人。白蛇娘子端午饮雄黄酒而现出原形，吓死许仙。白蛇娘子为救许仙，上昆仑山盗灵芝草。"白蛇女，上仙山，去盗灵芝。盗来了灵芝，下了山。白鹤童子拦住路，二人山下排战端。南极仙翁也来到：'白蛇女为何盗仙丹？'白蛇女双膝扎跪苦哀怜：'尊一声寿翁南极仙翁……'"后来，寿星了解到白蛇的遭遇，非常同情，赠给她灵芝。白蛇用这灵芝救活了许仙。寿星善良的性格随着《白蛇传》的广为传播而为世人知晓。民俗年画

---

[1] （南朝宋）范晔撰，（唐）李贤等注：《后汉书》，《二十四史》，中华书局1997年版，第806页。

《寿星图》深受人们喜爱，图上那慈眉善目的寿星老人带给人们长寿健康的美好祝愿，人们视之而心旷神怡。在寿星老人图中还点缀有松、鹤、龟、桃、灵芝、葫芦等象征长寿的吉祥物，更加突出地表现了长寿的主题。还有一些民俗年画将寿神与福、禄二神画在一起，表现出既求长寿，又求官运、福气的意思，称"福禄寿图"。这种"福禄寿图"在过去常挂于住宅中堂，也有人家挂于客厅。

麻姑及麻姑神话在传统社会也有较大影响，传统年画有"麻姑献寿图"叙述麻姑形象：麻姑美若天仙，作腾云驾雾状，或作飘然行走状；或双手托盘作赠予状，盘中一壶美酒，几枚仙桃，酒是自家酿造，桃是王母赏赐；或肩荷一细竹枝，枝头挂一壶美酒，一童子背一枚巨大的仙桃相伴相随，等等。麻姑身世的神话有多种，但却有共同之处，那就是麻姑是由凡人修炼成仙而成为寿神的，这就给普通人获得长寿带来了希望。麻姑事迹最早见于晋葛洪《神仙传》中的《麻姑》。该传由另一神仙与麻姑相会的场面而引出麻姑故事。"汉孝桓帝时，神仙王远，字方平，降于蔡经家，……与经父母、兄弟相见，独坐久之，即令人相访（麻姑）。"后来，"麻姑至，……是好女子，年十八九许。于顶作髻，余发散垂至腰。其衣有文章，而非锦绮，光彩耀目，不可名状。入拜方平，方平为之起立。坐定，召见行厨。……麻姑自说云：'接待以来，已见东海三为桑田。向到蓬莱，水又浅于往者，会时略半也，岂将复还为陵陆乎？'方平笑曰：'圣人皆言，海中复扬尘也。'"两位神仙原来是旧相识，阔别话旧，麻姑说她与王远分别以来，已见过"东海三为桑田"，极言其寿命之长。麻姑被人们奉为寿仙即源于此。两位神仙的清谈还形成了两个著名的成语。"东海三为桑田"引申出了"沧海桑田"，可指世事变化很大。"海中复扬尘也"引申出了"东海扬尘"，后一成语已不为人所用。故事还说麻姑的手似鸟爪，由这鸟爪又引出蔡经心生欲念想入非非而遭罚的情节。"麻姑鸟爪。蔡经见之，心中念言，背大痒时，得此爪以爬背，甚佳。方平已知经心中所念，即使人牵经鞭之。谓曰：'麻姑神人也，汝何思爪可以爬背耶？'但见鞭著经背，亦不见有人持鞭者。""宴毕，方平麻姑，命驾升天而去，箫鼓道从如初焉。"① 同书《王远传》也有同类记载。《神仙传》并没有交代麻姑的身世，后世便有多种说法。

南朝宋·刘敬叔《异苑》说：麻姑为秦代一会道术女子，因违反道规而遭其丈夫诛杀，其尸被投入水中。她死后常常显灵，所以人们在丹阳县湖畔建有庙宇，祭祀梅（一作麻）姑。《太平广记》卷一百三十一引《齐谐记》说：麻姑为东晋孝武帝太元（376—396）时人。"太元八年，富阳民麻姑"。因吃蛇肉，"呕血而死"。《古今图书集成·神异典》引《太平清话》则说麻姑为放逐宫女："麻姑姓黎，字琼仙，唐放出宫人也。"开元年间建庙祭祀，封虚寂冲应真人。同书又引《登州府志》说麻姑为麻秋之女："麻姑，后赵麻秋女。或云建昌人，修道于牟州东南姑余山飞升，政和中封真人。"麻姑父麻秋为胡人，为北朝五胡十六国后赵将军，为人残暴凶狠。他督促民夫修长城，昼夜不息，只有当鸡鸣天亮时才让休息一下。麻姑非常同情民夫，就常常学鸡叫，引得群鸡都叫起来，民夫们便可乘机休息一下。麻秋知道了，要用鞭子抽麻姑，麻姑逃往山中，后修炼成仙，白日飞升了。麻姑父麻胡，历史上实有其人。民间至今还用"麻胡子来了"的话吓唬小孩。麻胡子，即麻秋，因其为胡人，所以有此称呼。至于麻秋女成仙之说，就纯系人们的编造了。麻姑身世的多种说法，系传说变异性所致。多数传说中的麻姑成仙前都有一段曲折甚至是悲惨的经历，反映出封建时代多数女子共同的不幸命运。

麻姑成为寿神，还与西王母有关。传说三月三王母诞辰，举办蟠桃大会，各路神仙齐来祝寿。百花、牡丹、芍药、海棠四位花仙送上了各自的仙花。麻姑无礼物可献，就在绛珠河畔用灵芝酿造寿酒，献给王母。这就是麻姑献寿的来历。麻姑由此被王母封为寿神。麻姑作为女寿星，影响甚广，不少地方都有假托麻姑遗迹的地名。江西南城县有麻姑山。唐代颜真卿《抚州南城县麻姑山仙坛记》载："按《图经》，城南县有麻姑山，顶有古坛，相传云麻姑于此得道。"江西宁国

---

① （晋）葛洪撰，谢青云译注：《神仙传》，中华书局2019年版，第266—271页。

府东也有麻姑山。《古今图书集成·神异典》：麻姑曾在麻姑山修道，"丹灶尚存。又尝居建昌，山故亦号麻姑。"四川鬼城丰都附近有"麻姑洞"。宋洪迈《夷坚丙志》卷四："（四川）青城山相去三十里有麻姑洞，相传云亦姑修真处也。"① 丹阳县有麻姑庙。这些麻姑遗迹，或是由麻姑传说附会而来，或是借麻姑名称本地仙女所致。众多遗迹说明麻姑是受到广泛崇拜的寿神。所有麻姑故事中，以《神仙传》所载历经沧海桑田之麻姑故事最为脍炙人口。

彭祖是以善养生著称的寿神。先秦典籍中已有彭祖神迹叙事。《论语·述而》："子曰：'述而不作，信而好古，窃比于我老彭。'"② 老彭即彭祖，将彭祖与好古联系起来，即包含了彭祖长寿的意思。《庄子》中的诸多篇章都涉及了彭祖养生长寿事迹。《大宗师》讲"得道"的种种玄妙，讲到长寿之道时说："彭祖得之，上及有虞，下及五伯。"③ 彭祖得道后，从有虞活到了五伯时代，即经夏商至周，活了八百岁。那么，彭祖是如何得道的呢？《庄子·刻意》作了回答："吹呴呼吸，吐故纳新，熊经鸟申，为寿而已矣。此道引之士，养形之人，彭祖寿考者之所好也。"④ 原来彭祖得道长寿的秘诀在于采用了导引行气养生的方法。《荀子·修身》也称彭祖为"治气养生"之人。屈原《天问》："彭铿斟雉，帝何飨？受寿永多，夫何久长？"王逸注："彭铿，彭祖也。好和滋味，善斟雉羹，能事帝尧，尧美而飨食之。"⑤ 在先秦典籍中，彭祖是一位靠导引行气而活了八百岁的长寿之人。后来道教将其列为仙真，并为其增添了服药、房中术等道术，其身世、经历也逐渐被编排得更为丰富。

《列仙传》为彭祖增添了食桂枝的养生法。"彭祖者，姓篯名铿，帝颛顼之孙，陆终氏中子，历夏至殷末，寿八百余岁。常食桂枝，善导引行气。历阳有彭祖仙室，前世祷请风雨，莫不辄应。常有两虎在

---

① （宋）洪迈：《夷坚志》第一册，中华书局1981年版，第391页。
② 程昌明译注：《论语》，山西古籍出版社2000年版，第78页。
③ （晋）郭象注，（唐）成玄英疏：《庄子注疏》，中华书局2011年版，第138页。
④ （晋）郭象注，（唐）成玄英疏：《庄子注疏》，中华书局2011年版，第291页。
⑤ 黄寿祺、梅桐生译注：《楚辞全译》，贵州人民出版社1984年版，第76—79页。

祠左右，祠讫，地即有虎迹云。后升天而去。"《神仙传》所记彭祖神话最为丰富，想必是融合多种神话异文并经作者添枝加叶而成。所记神话中，彭祖又增添了服云母粉、食麋鹿角、吞金丹、行房中术等道术。"彭祖者，……少好恬静，不恤世务，不营名誉，不饰车服，唯以养生治身为事。王闻之，拜为大夫。"彭祖平和无为，生活俭朴，出入神秘莫测。其养生之道深得殷王羡慕，殷王亲自去问他养生之道，他不肯告诉殷王。殷王给他送了很多珍宝，他不为所动，并将殷王所送珠宝用来救济穷人。后来，殷王又派采女（宫女）问道于彭祖，彭祖先是托词拒绝，他说："吾遗腹而生，三岁而失母，遭犬戎之乱，流离西域，百有余年。加以少枯，丧四十九妻，失五十四子，数遭忧患，和气折伤，冷热肌肤不泽，荣卫焦枯，恐不度世。所闻浅薄，不足宣传。"后来，经不住采女再三纠缠，彭祖终于告知了养生长寿的秘诀："欲举形登天，上补仙宫者，当用金丹。……其次当爱精养身。服饵至药，可以长生，但不能役使鬼神，乘虚飞行耳。不知交接之道，虽服药无益也。"采女领会了要点，回去教给殷王。殷王试着做了，果然灵验。他就想保守秘密，独享这门技法，下令：凡是传彭祖法者诛。又准备加害彭祖。"彭祖知之，乃去，不知所在。后七十余年闻人于流沙河西见之。"① 彭祖是道教的尊神，也是民间长寿之神，其画像至迟在明代已经出现。彭祖形象为浓眉细眼、秃头黑胡子，手里持一根象征长寿的鸟头长拐，其表情沉静，略显呆滞，符合传说中彭祖清静无为，只重养身的性格。现今为老人祝寿，几乎不用彭祖像，而多用南极寿星像，可能是彭祖像跟南极寿星像相比，缺乏勃勃生机的缘故。看来，中国人追求长寿，并不是只要求死气沉沉地活着，而是要求活得有滋有味，有所作为。如果说彭祖与祝寿活动还有一点联系的话，那就是寿联中有时出现他的名字，如："福禄欢喜，彭祖无极。"

西王母也是寿神，西王母能成为寿神，主要是因为她掌管着不死药和寿桃。人形化后的西王母称王母娘娘，是人们为玉皇大帝配上的

---

① （晋）葛洪撰，谢青云译注：《神仙传》，中华书局2019年版，第46—59页。

一位夫人。王母娘娘30岁左右，雍容华贵，容貌绝世。出门游乘紫车，玉女侍驾，青鸟护卫，如云的青气缭绕四周，一派飘逸逍遥景象。《汉武帝内传》描写了她的外貌："王母上殿，东向坐，著黄金褡属，文采鲜明，光仪淑穆，带灵飞大绶，腰佩分景之剑，头上太华髻，戴太真晨婴之冠……。视之可年三十。"[1] 西王母得名与她最早居住在西方的昆仑山有关。道教称她为金母，尊称"九灵太妙龟山金母"，"太虚九光龟台金母元君"。西王母为长寿之神，主要在于她有两样法宝，一样为不死药，一样为长寿蟠桃。不死药，即能使人长生不死之药，是古人追求长生、升仙而幻想出来的事物。据有关传说，不死药生长于两个地方。一是东方渤海中的三座神山：蓬莱、方丈、瀛洲，一是西方的昆仑山，即西王母诞生之地。显然，西王母拥有的是西方昆仑山的不死药。昆仑山的不死药是从不死树中提炼出来的。昆仑山盛产不死树，故产不死药。《山海经·海内西经》：昆仑山"开明北有视肉、珠树、文玉树、玗琪树、不死树。"又载："开明东有巫彭、巫抵、巫阳、巫履、巫凡、巫相，夹窫窳之尸，皆操不死之药以距之。窫窳者，蛇身人面，贰负臣所杀也"。[2] 这是说蛇身人面的天神窫窳为贰负及其臣子所杀害。巫彭、巫抵、巫阳、巫履、巫凡、巫相等巫师，夹着天神窫窳的尸体，用不死药来救他。这种不死药来自不死树。不死树，又称寿木，能使人不死，或能使人长寿。《吕氏春秋·本味》："菜之美者，昆仑之蘋，寿之木华。"高诱注："寿木，昆仑山上木也；华，实也。食其食者不死，故曰寿木。"[3] 昆仑山西王母便是这种不死药的掌管者。西王母由丑怪之神蜕变为美丽女神之后仍掌管着不死药，而且由此成为赐寿之神。随着西王母由昆仑山神上升为天神，成为玉皇大帝的配偶，不死药的产地也由昆仑山转移到月宫，不死树也有了具体所指，这就是月中桂树。而且人们还为不死药加进了另外一种原料——

---

[1] （汉）班固：《汉武帝内传》（电子图书），天津荣曜文化传媒有限公司授权京东电子版制作与发行，第6页。

[2] 袁珂译注：《山海经全译》，贵州人民出版社1991年版，第244页。

[3] （汉）高诱注，（清）毕沅校，徐小蛮标点：《吕氏春秋》，上海世纪出版股份有限公司、上海古籍出版社2014年版，第276—279页。

灵芝。桂树之实与灵芝都是中医所认定的有延年益寿功效的药物，也是传统信仰中的具有使人长生不死神力的宝物。显然桂实与灵芝神力的信仰是二者药物功效的无限夸大与神秘化的产物。桂的药用价值早就为古人所发现。

《说文解字》："桂，江南木，百药之长。"① 出于对桂树药物功效的崇拜，古人为桂树涂上了种种神秘色彩，编造了种种神话传说。吴刚伐桂传说叙述桂树随砍创口随合，意味着桂树为不死树。唐·段成式《酉阳杂俎·天咫》："旧言月中有桂，有蟾蜍。故异书言，月桂高五百丈，下有一人常斫之，树创随合。人姓吴，名刚，西河人。学仙，有过，谪令伐树。"② 桂树被说成是月中不死树之后，人们又想象出人间的桂树是月中桂树落下的桂子生成，桂树也就成了来历不凡的神树。宋·王象之《舆地纪胜》："月桂峰，在武林山。（僧）遵式《月桂峰诗序》云：'想月中桂子，常坠此峰，生成大木，其花白，其实丹。'"③所以人们又称桂树为月树，相信食桂能长生不死，飞升成仙。《云笈七签》："月中树名骞树，一名药王。凡有八树，得食其叶为玉仙。玉仙之身，洞彻如水精琉璃焉。"④ 桂树如此神奇，所以成为不死药原料。不死药的另一种原料是灵芝。灵芝是珍贵的草药，其治病、滋补的功能早已为古人所知。三国魏曹植《灵芝篇》专赞灵芝："灵芝生王地，朱草被洛滨。荣华相晃耀，光采焕若神。"人们珍视灵芝，视其为驻颜回春、延年益寿的神物。晋代葛洪《抱朴子·仙药》："石芝，石象芝生于海隅名山及岛屿之涯有积石者。其状如肉象。……服方寸匕，日三，尽一斤，则得千岁，十斤，则万岁。"⑤ 灵芝延年益寿信仰在中国源远流长，所以西王母的不死药以灵芝为原料之一。当然，

---

① （汉）许慎：《说文解字》，中华书局1963年版，第115页。
② （唐）段成式撰，张仲裁译注：《酉阳杂俎》，中华书局2020年版，第44页。
③ （宋）王象之撰，李勇先校点：《舆地纪胜》（第一册），四川大学出版社2005年版，第85页。
④ （宋）张君房：《云笈七签》，中央编译出版社2017年版，第75页。
⑤ （晋）葛洪撰，顾久译注：《抱朴子内篇全译》，贵州人民出版社1995年版，第266—267页。

真正使西王母的不死药名声大噪的原因，还在于美妙的嫦娥奔月神话的产生和传播。《初学记》卷一引《淮南子》："羿请不死之药于西王母，羿妻姮娥（即嫦娥）窃之奔月，是为蟾蜍，而为月精。"① 后来汉朝张衡《灵宪》也有类似记载："嫦娥，羿妻也，窃西王母不死药，奔月。将往，枚占于有黄。有黄占之，曰：'吉。翩翩归妹，独将西行，逢天晦芒，毋惊毋恐，后且大昌。'嫦娥遂托身于月，是为蟾蜍。"羿是射杀九日解除天下旱灾的英雄。他射日得罪了东方天帝，亦即太阳神的父亲帝俊，被贬到凡间。羿为了重新回到天上，就向西王母求不死药。结果，羿所求得的不死药被其妻嫦娥偷食了。嫦娥服药后奔月，托身于月宫，变成蟾蜍。蟾蜍为月精，嫦娥即为月精。嫦娥虽然托身蟾蜍，但在传说和人们的心目中常常是美女的形象，月中嫦娥是人们惯用的形容美女的代名词。嫦娥是美丽的象征，也是不死的象征。

西王母的另一长寿法宝是王母桃，也称蟠桃。桃很早就是中国人心目中的神物，先秦时期已用桃木著户驱邪。随着桃的神灵观念的发展，又产生了仙桃令人长寿的传说。《太平御览》引《神异经》："东方有树焉，高五十丈，其叶长八尺，广四五尺，名曰桃。其子径三尺三寸，小狭核，食之令人知寿。"②《神农经》："玉桃服之长生不死，若不得早服之，临死日服之，其尸毕天地不朽。"③ 不知从什么时候开始，仙桃几乎成了西王母的专利。在人们的心目中，仙桃，即王母桃，或王母蟠桃。晋张华《博物志》："汉武帝好仙道，祭祀名山大泽以求神仙。时西王母遣使乘白鹿告帝当来，乃供帐承华殿以待之。七月七日夜漏七刻。王母乘紫云车而至于殿西南面，东向坐，头上戴七胜，青气郁郁如云。有三青鸟，如乌大，侠侍母旁。时设九微灯。帝东面西向。王母索七桃，大如弹丸，以五枚与帝，母自食二枚。帝食桃辄以核著膝前，母曰：'取此核将何为？'帝曰：'此桃甘美，欲种之。'

---

① （唐）徐坚等：《初学记》上，京华出版社2000年版，第7页。
② （宋）李昉等：《太平御览》第四册，中华书局1960年版，第4290页。
③ （宋）李昉等：《太平御览》第四册，中华书局1960年版，第4289页。

母笑曰：'此桃三千年一生实。'"① 王母桃一直为人津津乐道。明·王士贞《宛委余编》："洪武时，出元内库所藏蟠桃核，长五寸，广四寸五分，上刻'西王母赐汉武桃宣和殿'十字。"人们居然为神话传说中的情节附会上了物证，这是王母桃世世代代为人们所崇拜的缘故。西王母拥有长寿蟠桃，便经常在桃熟时节召开蟠桃大会，招待各路神仙。元代无名氏的杂剧《宴瑶池王母蟠桃会》即是取材西王母传说创作而成。此剧多用于庆寿。明代朱有燉《群仙庆寿蟠桃会》等仍是西王母蟠桃会传说的演绎，也是祝寿时经常上演的剧目。明代吴承恩《西游记》写孙悟空偷桃，则用小说的笔法描写了蟠桃盛会。戏曲和小说的传播，使得蟠桃盛会传说影响逐渐扩大，晚近，又出现了表现这一题材的民俗年画，如《瑶池集庆》《群仙拱寿》等，作为寿神的西王母也随着蟠桃故事的传播而广为人知。

（三）财神神话

在世俗生活中，富裕发财是人们普遍追求的生活目标。古往今来，为满足世人对财富的向往，涌现出了不少财神神话，这些神话中的财神往往因时、因地、因行业的不同而各异。《集说诠真》："俗祀之财神，或称北郊祀之回人，或称汉人赵朗，或称元人何五路，或称陈人顾希冯之五子，聚讼纷纭，各从所好，或浑称曰财神，不究伊谁。"财神队伍十分混杂，后来渐渐分出了两大阵营，即所谓文财神、武财神。文财神多来自文官，影响较大的有比干、范蠡；武财神多来自武官，主要有赵公明与关帝圣君。此外还有佛教传到民间的财神，如多宝天王、宝藏神等。

武财神赵公明，是近代以来最为流行的财神。道教封其为"正一玄坛元帅"神号，民间又称其为赵公元帅。在赵公明神话图像叙事中，赵公明武将打扮，顶盔披甲，着战袍，黑面浓须，右手执铁鞭，

---

① （晋）张华撰，祝鸿杰译注：《博物志全译》，贵州人民出版社1992年版，第204—205页。

左手托元宝，身跨黑虎，威风凛凛。也有端坐于地的。神像周边绘有金银珠宝、聚宝盆等，颇有财源滚滚而来的气象。赵公明历史上并无其人，他只是传说中的人物。在神话中，赵公明最早是瘟神、鬼帅，专门统督鬼兵，散布瘟疫，夺取世人性命。晋·干宝《搜神记》载："上帝以三将军赵公明、钟士季，各督数万鬼下取人。"[1] 梁陶弘景《真诰》载："天帝告土下冢中直气五方诸神赵公明等……。"这是将赵公明当作冥神。至明代王士贞《列仙传》，赵公明仍为瘟神、冥神、鬼帅。他为八部鬼帅之一，带领鬼兵，周巡人间，作恶多端。赵公明还专向人间播撒痢疾。后来，太上老君派张天师布龙虎神兵，与八部鬼帅斗法，终使其降服。道教根据民间传说，重新编造了赵公明的完整事迹，并将其由恶神变为善神。据《三教源流搜神大全》：赵公明，姓赵，名公明，终南山人。秦时避乱山中，精诚修道，功成。玉帝下旨，封为神霄副帅。赵公明策役三界，巡察五方，提点九州，后又被封为直殿大将军、北极侍御史。张天师修炼仙丹，玉帝又派赵公明去守护丹炉，封他为正一玄坛元帅，永驻龙虎名山，在历代张天师修炼之地掌管玄坛传度，行赏罚之职。他有多种神职，能驱雷役电，呼风唤雨，除瘟剪疟，治病禳灾；他还能诉冤申屈，公平判案；还能掌管公平买卖，使人宜利和合。其神职庞杂含混，但已从恶神转化为善神了，而且，其掌管买卖公平的神职已初露财神的端倪。至《封神演义》赵公明才演变成真正的财神。该书四十七回、四十八回载，商、周双方交战，姜子牙助周，赵公明以峨眉山道人的身份助商。则赵公明的事迹又前移至商周时代。交战双方各显道法。姜子牙用巫祝术才将赵公明弄死。后来，姜子牙封神，封赵公明为金龙如意正一龙虎玄坛真君，统帅招宝天尊萧升、纳珍天尊曹宝、招财使者陈九公、利市仙官姚少司。赵公明的部下招宝神、纳珍神、招财神、利市神都是各路财神，赵公明就成了掌管天下各种财富的大财神，或可称财神元帅。至此，赵公元帅便成为广为流行的财神。明清及其以降，祭祀赵公明

---

[1] （晋）干宝撰，黄涤明译注：《搜神记全译》，贵州人民出版社1991年版，第138页。

元帅的香火就越烧越旺。至今，祭祀财神，仍有不少以赵公明为偶像。民间财神年画《财神赐福》《招财进宝》《开市大吉》等，除绘赵公元帅外，还绘有他的四位部下。一般是赵公明居中，招宝、纳珍、招财、利市分两边站立，或围绕其前后。赵公明一身戎装骑于虎背，一手执鞭，一手持宝。招宝手捧元宝，纳珍则捧一盛满奇珍的钵子，招财手托一条青龙，或手举成青龙状的一串铜钱，利市举一小令旗，上书"宜利和合"，取买卖求财，公平合理之意，也有和气生财之意。

民间也有将赵公明及四位部下合称为"五路财神"的，并将其一并祭祀，取路路通财，即多种渠道进财之意。俗传农历三月十五为财神生日。清代顾禄《清嘉录》卷二载："（三月）十五日，为玄坛神诞辰，谓神司财，能致人富，故居人塑像供奉。"也有以正月初五为财神生日的。届时，商家都要举行隆重的祭祀仪式。为了抢先接到财神，商家又多于初四晚举行迎神仪式。如今则演化为群众当晚到庙宇举行焚香祭祀神灵以祈财的习俗。商家的祭祀十分隆重，店堂从外到里依次摆上三桌供品。第一桌为果品。有广橘，象征生意门路宽广；蜜橘，象征生活甜蜜；福橘，象征福星高照。第二桌为糕点，多用各式年糕，取年年高之意。第三桌为正席，有猪头、全鸡、全鸭、全鱼等，象征圆满富裕，还要盛一大钵饭，饭上插一根大葱，葱管内插一枝"千年红"，寓意"兴冲冲，年年红。"迎接财神的活动由店老板主持。店老板手持香烛，分别到东、西、南、北、中五方接五路财神，每接一路财神，都要燃放一次鞭炮。五路财神接到后，便挂起木刻的五个神像，点燃香烛，然后由老板率领众伙计行拜祭礼。拜毕，将神像捧到店门口焚化。接下来老板摆酒宴与伙计们聚餐。初五开门营业。武财神还有以关公为偶像的。关公是一位大神，其信仰曾十分盛行，关公庙曾遍布全国各地。到晚近，关公神几乎成了无所不管的神灵，司财只是其神职之一。关公威风凛凛一武将，战死疆场，一生与财富并无关系。将他奉为财神，完全是因为国人对他极其崇拜，以他为全能大神的缘故。国人崇拜关公，奉为关帝圣君，最重要的原因是推崇他的忠义。以忠义之人为财神，也是在警示世人，君子爱财，取之有道。

文财神之一为比干。比干是商纣王的叔父，为人刚直不阿，见纣王荒淫残暴、杀人取乐，常加劝谏，纣王不听。有一次，比干强谏，在朝廷中连站三天不动，非要纣王纳谏不可。纣王早已厌恶了这位好谏的叔父，加上妲己的挑拨，便禁不住大怒说："我听说圣人的心有七个窍，我要挖出来看看。"说罢，就叫人剖开了比干胸膛，挖出了比干的心，十分残忍地杀害了比干。比干虽惨遭横祸，却成了千古传诵的忠臣。大概是由于他坦荡无私，不知是从何时起人们开始奉他为财神，人们相信他掌管财富必定公平可靠。

另一位有影响的文财神是范蠡。范蠡因为善于聚财致富而又乐于施舍，所以被世人奉为财神。范蠡是楚国宛邑三户村的一介平民，后来做了越王勾践的大臣。他有建邦立业之志，有宏才韬略之能，在越王最落魄的时候来到越王身边。他辅佐越王励精图治，雪会稽之耻，终成霸业。霸业已成，但是范蠡却功成身退，舍弃高官厚禄，不辞而别。因为他知道越王可共患难，不可共富贵，身退才可以自保。当越王犒赏功臣的时候，才知道范蠡已经离去了。范蠡临走还给他的好友、越王的另一谋臣文种留下了一封信，信中说："高鸟已散，良弓将藏；狡兔已尽，良犬就烹。夫越王为人，长颈鸟啄，鹰视狼步，可与共患难不可共处乐，子若不去，将害于子。"这些预见颇为中肯，只可惜文种没有听从范蠡的忠告，终为越王所害。范蠡逃离越国后，更名鸱夷子去齐国的海边开荒种地。由于勤劳俭朴，善于经营，几年后便聚财几十万，成为当地最大的富豪。齐王知道范蠡事迹之后，便封他为宰相。后来范蠡交还了相印，把财产全部散发给乡邻好友，带着一家人悄悄离开了。据说范蠡后来到了山东定陶县，更名陶朱公，从事商业贸易。过了几年便聚财亿万，成为天下巨富。陶朱公成为富人的代称。范蠡是淡泊名利的杰出的政治家，其功成身退的事迹，本来就深受人们赞赏；传说他又善于发家致富且乐于施舍，更为人们所喜爱，但是，民间奉他为财神，主要是基于他的善于理财。

（四）灶神神话

灶神，又称"灶王""灶君""灶王爷""灶王菩萨"等，其神话涉及多种神灵。旧时，家家户户都要在灶台上安放灶神神位，全国各地还有大大小小的灶君庙。北京崇文门外花市西大街路北的灶君庙，有数层殿堂，大概是全国规模最大的灶君庙。灶神神话在我国曾十分流行，至今，民间仍有过灶王节的习俗。灶神神话起源甚早，周代已有祀灶神仪式及相关神话。《礼记·曲礼下》："祭五祀。"郑玄注："五祀，户、灶、中溜、门、行也。"[1] 早期，灶神的职司仅仅只是管理灶火，执掌饮食，后来才发展为多种职司。在神话中，关于灶神的来历，从来就有多种说法。早期代表性的说法主要有。其一，灶神为炎帝。《淮南子·氾论训》："炎帝于火，死而为灶。"[2] 其二，灶神为黄帝。《太平御览》引《淮南子》："黄帝作灶，死为灶神。"[3] 这是说，灶为黄帝所发明，所以死后为灶神。其三，灶神为祝融。东汉许慎《五经异文》："颛顼氏有子曰犁，为祝融，祀以为灶神。"灶是烧火的地方，灶神的产生与火崇拜有关。上述灶神都与火崇拜有关。

灶神的性别既有男性，也有女性。《庄子·达生》："灶有髻。"司马彪注："髻，灶神，着赤衣，状如美女。"说灶神是个着红衣的美女，大概是由飘舞的红色火苗所引起的浪漫遐想。《太平御览》卷五百二十九引《五经异义》郑玄注："灶神祝融为老妇。"灶神又由妙龄女子变成了老妇。许慎则认为灶神为男性，"非老妇也"，而且还说"灶神，姓苏名吉利，妇姓王名博颊"。嗣后，灶神男性说逐渐占了上风。但也仍留有女性说的残痕。唐代段成式在称灶神为男性的同时，

---

[1] 杨天宇译注：《礼记译注》，上海世纪出版股份有限公司、上海古籍出版社2016年版，第60页。
[2] （汉）刘安等撰，许匡一译注：《淮南子全译》，贵州人民出版社1993年版，第817页。
[3] （宋）李昉等：《太平御览》第一册，中华书局1960年版，第903页。

又将灶神描写为女性模样:"灶神名隗,状如美女。又姓张,名单,字子郭。夫人字卿忌,有六女,皆名察洽,常以月晦日上天,白人罪状。"①民间则兼顾两说,将灶神一分为二,为男女二神,并配为夫妻神,称灶公、灶母,一并祭祀。灶神的职能是逐渐扩大的。早期,灶神主司守灶。

汉代,增加了稽查人间功过的职能。《礼记·祭法》郑玄注:灶神"居人间,司察小过,作谴告者也"。《太平御览》卷一百八十六引《万毕术》:"灶神晦日归天,白人罪。"②灶神将人间功过善恶报告上天,以供上天或赏或罚。这样,人们便百般讨好灶神,以祈灶神上天多说好话,形成丰富多彩的与灶神有关的习俗。旧时,官方和百姓都要祭祀灶神。官方的祭祀在腊月二十三,百姓在腊月二十四,水上人家则在腊月二十五。早先祭灶要用到肉类。宗懔《荆楚岁时记》:腊日,"其日,并以豚酒祀灶神"。③魏晋以后,多用素食,如果、饼等。这可能是受到佛教素食教规的影响所致。特别有趣的是,祭品还有用糖的,俗信用糖能使灶神嘴甜,在天神那里多说人间的好话。或者用一种饴糖,即麦芽糖,以使灶王吃后粘住牙齿,不能开口说人间的坏话。俗谚:"灶君封住口,四季无灾忧。"明刘侗《帝京景物略》:十二月,"二十四日,以糖剂饼、黍糕、枣栗、胡桃、炒豆祀灶君,以槽草秣灶君马。祝曰:'好多说,不好少说。'"④清代富察敦崇《燕京岁时记》所载灶神祭祀也突出了糖类祭品:"民间祭灶惟用南糖、关东糖、糖饼及清水草豆而已。"⑤晚近,祭灶习俗仍十分盛行。1934年《静海县志》:腊月"二十三日夕,用枣糕、糖瓜等类'祭灶'。主妇祝曰:'黏糕堵你的嘴,糖瓜粘你的舌,今夜上天去,好话要多说。'

---

① (唐)段成式撰,张仲裁译注:《酉阳杂俎》上,中华书局2017年版,第528页。
② (宋)李昉等:《太平御览》第一册,中华书局1960年版,第903页。
③ (南朝梁)宗懔撰,(隋)杜公瞻注:《荆楚岁时记》,中华书局2018年版,第73页。
④ (明)刘侗、于奕正撰,孙小力校注:《帝京景物略》,上海古籍出版社2001年版,第106页。
⑤ (清)富察敦崇,王碧滢、张勃标点:《燕京岁时记》(外六种),北京出版社2018年版,第116页。

祝毕，将灶王像焚化，除夕另贴"。① 1937年《滦县志》：腊月"二十四日，俗传是日灶神籍人功过，上闻于玉皇大帝。先一夕，于灶所为位，设醴焚香，以饧粘于灶口，谓胶之即不言善恶也，名曰'祭灶'。"② 1929年《新河县志》：腊月"二十三日，扫房舍，夜设饴糖以'祀灶君'，以槽草秣灶君马。盖灶君翌日朝天去，白人间一岁事，此盖所以媚之，而塞其口也。又祝曰：'上天言好事，回宫降吉祥。'"③灶神发端远古火崇拜，又与古帝王发生联系，可谓渊源甚远；晚近又因其与百姓日常生活联系紧密，香火十分旺盛。

（五）门神神话

门神崇拜起源于对门的护卫功能的崇拜。殷商时期，已有在门首挂兽头骨以辟除不祥的习俗。殷墟遗址曾出土犀牛头骨，丁山先生根据相关资料推测为宫门辟邪物。这种做法应该与今日门上设兽环习俗有着渊源联系。用兽头辟邪，就是后来门神崇拜的滥觞。至迟到周代，已经有门神祭祀，并被列为与日常生活相关的五种祭祀之一。在历史发展过程中，产生了形形色色的门神。据说，最早的门神是神荼、郁垒。神荼、郁垒是能捉鬼的俩兄弟，被奉为门神，就是利用他们的捉鬼的本事来保护家宅，以使之免遭鬼魅的危害。《风俗通义·祀典》："《黄帝书》：'上古之时，有荼、郁垒昆弟二人，性能执鬼，度朔山上立桃树下，简阅百鬼，无道理，妄为人祸害，荼与郁垒缚以苇索，执以食虎。'于是县官常以腊除夕，饰桃人，垂苇茭，画虎于门，皆追效于前事，冀以卫凶也。"④ 画荼与郁垒并老虎于门，是神话中荼与郁

---

① 丁世良、赵放主编：《中国地方志民俗资料汇编·华北卷》，北京图书馆出版社1989年版，第71页。

② 丁世良、赵放主编：《中国地方志民俗资料汇编·华北卷》，北京图书馆出版社1989年版，第270页。

③ 丁世良、赵放主编：《中国地方志民俗资料汇编·华北卷》，北京图书馆出版社1989年版，第503页。

④ （汉）应劭撰，王利器校注：《风俗通义校注》，中华书局1981年版，第376页。

垒捉鬼饲虎故事的演绎，目的是为了辟邪。后来，只画荼与郁垒像，不画老虎了。《三教源流搜神大全》卷四："东海度朔山有大桃树，蟠曲三千里，其卑枝向东北，曰鬼门，万鬼出入也。有二神，一曰神荼，一曰郁垒，主阅领众鬼之出入者，执以饲虎。于是黄帝法而象之，因立桃板于门户上，画神荼郁垒，以御凶鬼。此门桃板之制也，盖其起自黄帝，故今世画神像于板上，犹于其下书'左神荼'、'右郁垒'，以除日置之门户也。"[1] 神荼、郁垒有多种称呼，神荼、郁垒应该是通行的称呼。在这里，画神荼、郁垒像又与挂桃符的习俗结合起来了。神荼、郁垒门神至唐以后逐渐为钟馗门神和其他武士门神所取代，但在一些贵族之家和少数边远地区，一直有使用神荼、郁垒门神像者。

唐代，出现了钟馗门神。《铸鼎余闻》卷四："唐孙逖、张说文集有《谢赐钟馗画表》，刘禹锡有《代杜相公及李中丞谢赐钟馗历日表》。"这是见于正史的最早有关钟馗的记载。北宋沈括（1031—1095）所撰《梦溪笔谈·补笔谈》，记钟馗故事曲折完整："禁中有吴道子画钟馗，其卷首有唐人题记曰：'明皇开元讲武骊山，岁□翠华还宫，上不怿，因痁作，将逾月，巫医殚伎，不能致良。忽一夕梦二鬼，一大一小。其小者衣绛犊鼻，屦一足，跣一足，悬一屦，握一大筠纸扇，窃太真紫香囊及上玉笛，绕殿而奔。其大者戴帽，衣蓝裳，袒一臂，鞞双足，乃捉其小者，刳其目，然后擘而啖之。上问大者曰："尔何人也？"奏云："臣钟馗氏，即武举不捷之进士也，誓与陛下除天下之妖孽。"梦觉，痁若顿瘳而体益壮。乃诏画工吴道子，告之以梦，曰："试为朕如梦图之。"道子奉旨，恍若有睹，立笔图讫以进。上瞠视久之，抚几曰："是卿与朕同梦耳，何肖若此哉！"道子进曰："陛下忧劳宵旰，以衡石妨膳而痁得犯之，果有蠲邪之物以卫圣德。"因舞蹈上千万岁寿。上大悦，劳之百金。批曰："灵祇应梦，厥疾全瘳。烈士除妖，实须称奖。因图异状，颁显有司。岁暮驱除，可宜遍识，以祛邪魅，兼静妖氛。仍告天下，悉令知委。"'熙宁五年，上令

---

[1] 佚名：《绘图三教源流搜神大全》（外二种），上海古籍出版社2012年版，第155页。

画工摹拓镌板，印赐两府辅臣各一本。是岁除夜，遣入内供奉官梁楷就东西府给赐钟馗之象。"① 这个传说，使得钟馗形象完满清晰起来。关于钟馗的形成，历来多有考证。《陔余丛考》卷三十五："顾宁人谓：'世所传钟馗，乃终葵之讹。'"是书又说："顾宁人乃引马融《广成颂》'挥终葵，扬玉斧'，谓古人以椎逐鬼，如大傩之执戈扬盾，此说近之。盖终葵本以逐鬼，后世以其有辟邪之用，遂取为人名。流传既久，则又忘其为辟邪之物，而意其为逐鬼之人，乃附会为真有是食鬼之姓钟名馗者耳。"② 这是说钟馗源于终葵。终葵原是棒槌的一种，为古人行大傩驱鬼逐疫时所用。终葵作为一种驱邪的工具，在长久的傩事活动中，逐渐成为具有辟邪功能的神物，以至于后来逐渐演化为驱邪之人钟馗。此说法颇有道理，也符合民间信仰对象由物向人演化的规律。在通行神荼、郁垒、钟馗门神的同时，逐渐出现了武士门神。

汉代，已有以武士像为门神的迹象。《汉书·广川王传》："其殿门有成庆画，短衣大绔长剑。"颜师古注："成庆，古之勇士也。"③ 将成庆武士像画于门上，显然有镇宅之功用，成庆应该是较早的武士门神。宋代及其以降，贴武士门神画像渐成风习。秦琼、尉迟恭均为唐初名将，后来成为门神。传说二将为唐玄宗门卫，"太宗又不忍二将辛苦，召巧手丹青，传二将真容，贴于门上。夜间也即无事"。（《西游记》第十回。）《历代神仙通鉴》卷十三也有同类记载："帝（唐太宗）有疾，梦寐不宁，如有祟近寝殿，命秦琼、尉迟恭侍卫，祟不复作。帝念其劳，命图象介胄执戈，悬于宫门。"民间效仿，直接将"秦军、胡帅"字样贴于门上，二将由门卫而成为门神。温峤、岳飞是不同时代的人，也被组合成一对门神。《集说诠真》："门神或又作温、岳二神，想即温元帅、岳鄂王。《吴县志》谓门神彩画五色，多写温、岳二神之象。"温、岳，一般认为是指晋代的温峤和宋代的岳飞。但泰山神也有称温将军者。传说此温将军：姓温，名琼，字子玉，

① （宋）沈括：《梦溪笔谈》，上海书店2003年版，第268—269页。
② （清）赵翼撰、栾保群、吕宗力校点：《陔余丛考》，河北人民出版社1990年版，第632页。
③ （汉）班固撰，（唐）颜师古注：《汉书》，《二十四史》，中华书局1997年版，第620页。

后汉东瓯郡人，即今浙东温州人。《绘图三教源流搜神大全》称温元帅："帅姓温，……东欧郡人，今浙东温州是也，……累朝封爵，血食于温州，东嘉之民敬而畏之。"[①] 王子今认为，由于温将军和岳飞共祀于东岳庙中，所以结为一对门神。这也就是民间将不同时代的人拉在一起做门神的原因。武士门神还有魏征、孙膑、庞涓、萧何、韩信、赵云、赵公明、穆桂英等，神话传说和历史中的许多著名英雄人物，都成了门神。门神还有祈福门神，如福神天官等，其主旨已在祈福纳财，门神的护卫功能已不十分明显了。

（六）其他俗神神话

俗神神话还包括生育神神话和行业神神话。生育神话是对主宰生育诸神的神圣叙事，生育神话中的主要神灵为女性神，但也有少量男性生育神。生育神话可追溯至史前时代。出于繁衍人种的需要，原始人往往将一些对象当作生育神来加以崇拜，并创造了相关神话。生育神神话中的生育神最初涉及对象比较广泛，举凡一切与生命诞生有关的事物，都有可能成为生育神。后来随着人类自我意识的不断觉醒，人们逐渐将生育的目光聚焦到人类自身，在母系氏族社会产生了母腹崇拜、女阴崇拜、女神崇拜及相关神话，在父系氏族社会产生了男根崇拜、男性生育神崇拜及相关神话。在我国，进入封建时代之后，由于受"传宗接代""延续香火"等宗法观念和"多子多福""几世同堂"等伦理观念的影响，繁衍子嗣的要求更为强烈，生育神崇拜愈演愈烈，形形色色的送子神灵满足着中国人祈求子嗣的需要，受到顶礼膜拜。母腹崇拜，在民间表现为洞穴崇拜。女阴崇拜则表现为打儿窝、阿央白、陶壶等的信仰。生育女神崇拜，一部分由一般女神崇拜演化而来，如女娲、西王母、碧霞云君、妈祖、观音娘娘等女神崇拜；一部分则为专设生育女神崇拜，如送子娘娘、催生娘娘崇拜等。男根崇

[①] 佚名：《绘图三教源流搜神大全》（外二种），上海古籍出版社2012年版，第223—224页。

拜如陶祖、石祖、木祖等，生育男神崇拜有张仙、保生大帝等男神崇拜。这些生育神崇拜通过神话多维叙事的形态表达了人们生儿育女，传宗接代的期盼。

　　传统社会除农业生产外，又有各类手工行业及其他行业。为了继承和发展行业技艺、求得行业兴旺，各行各业产生了行业祖神和保护神崇拜。行业神往往是行业创始神，或行业技艺最为精湛者，也是行业的保护神。原始的行业神是各类生产神，如狩猎生产的猎神，捕鱼生产的渔神，桑蚕业的蚕神，农业生产的稷神、社神。后来随着社会的分工，逐渐形成了原始生产之外的各种行业，才出现了各类行业神，如工匠神鲁班、医神华佗、酒神杜康或仪狄，茶神陆羽，娼妓神白眉神等。丰富多彩的俗神神话，既有原始社会的遗存，又有历代社会的累积，在近代社会十分活跃，与民众的民俗生活有着紧密联系，并多以图像景观叙事的形式存在，如年画、雕塑等。

第六章 中国神话活态叙事形式民族文化记忆的功能

中国神话活态叙事形式承载着多方面的文化记忆，包括始祖神话记忆、龙神话记忆、体系神话记忆、上古神话记忆等。这些神话的民族文化记忆在历史与现实社会，都已经发挥或正在发挥着重要的社会功能。

一 始祖神话记忆建构中华民族共有精神家园的功能

中共十七大报告提出了"建设中华民族共有精神家园"的命题，旨在通过弘扬传统优秀文化，增强中华民族的认同意识，具有重要的现实意义和深远的历史意义。所谓中华民族共有精神家园，是指中华民族共有的精神财富与精神依托，是中华民族全体成员寄托心灵、安顿灵魂的安身立命之所，"是民族生命力的精神之母，创造力的精神之源，凝聚力的精神纽带，团结奋进的精神动力"。[①] 中华民族共有精神家园经历了数千年的积淀与发展，其源头可以追溯到中国境内早期时代的神话，其中主要是始祖神话。始祖神话是关于人类祖先创造世界、创造人类与文化的神圣叙事，可以分为创世始祖神话、

[①] 韩振峰：《中华民族共有精神家园及其建构途径》，《中州学刊》2009年第7期。

人文始祖神话、民族始祖神话等。这些神话分别包含了创世始祖、人文始祖、民族始祖的记忆，是氏族、部落、民族成员彼此认同的心理依据，是"象征着群体团结的标志"①。因此，是中华民族共有精神家园最初的源头。始祖神话的记忆奠定了中华民族共有精神家园的依存环境、精神内核、基本框架等，发挥了建构中华民族共有精神家园的功能。

（一）创世始祖神话记忆与共有精神家园的依存环境

共有精神家园是指中华民族全体成员精神安顿的地方、灵魂栖息之所。这一概念既具有比喻和象征的意味，即指涉内容抽象，指中华各民族共同依托并传承发扬的文化精神、价值观念和情感态度的集合体，属于精神层面的文化空间。但同时因为精神家园的建构主体为中华民族共同体，那么就必然涉及共同体主体身处地理范围。从中华民族共有精神家园发生、发展的历程来看，其地域范围必然经历了从模糊到逐渐清晰的过程，最初的地域范围只是盘古神话所描述的盘古所开辟的天地。盘古由开天辟地的大神而逐渐演化为中华儿女共同认可的始祖神，所以人们在追溯时空的起源之时，总是说"自从盘古开天地，三皇五帝到如今"。可见，盘古创世祖先神话所留下的想象的地理空间记忆，作为一种信仰，已经沉淀为中华民族儿女的集体意识，盘古开创天地的记忆已成为人们精神寄托之所或曰精神家园的支撑。

盘古神话最早的记载见于三国·徐整所著《三五历纪》《五运历年记》，原书均佚，原文见于其他著作的引用。唐·欧阳询《艺文类聚》卷一引徐整《三五历纪》：

天地混沌如鸡子，盘古生其中，万八千岁，天地开辟，阳清

---

① ［德］卡尔·赖希尔，陈婷婷译：《迈入21世纪的口头史诗：以柯尔克孜史诗〈玛纳斯〉为例》，《民间文化论坛》2017年第6期。

为天，阴浊为地。盘古在其中，一日九变，神于天，圣于地，天日高一丈，地日厚一丈，盘古日长一丈，如此万八千岁。天数极高，地数极深，盘古极长。后乃有三皇。①

清马骕《绎史》卷一引徐整《五运历年纪》云："首生盘古，垂死化身，气为风云，声为雷霆，左眼为日，右眼为月，四肢五体为四极五岳，血液为江河，筋脉为地里，肌肉为田土，发髭为星辰，皮毛为草木，齿骨为金石，精髓为珠玉，流汗为雨泽，身之诸虫，因风所感，化为黎甿。"②

两则记载，合在一起正好构成盘古开天辟地、创造万物的完整的开辟神话。第一则神话讲述天地、盘古的形成过程，盘古每天长一丈，天与地也长一丈，经过万八千岁，天地形成，盘古也长成天地间的巨人，由于经历了万八千岁的演化，"天去地九万里"。天地形成过程中，盘古发挥了重要作用，他与天地同长的过程，实际上是起到了撑开天地的作用。所以在中国自古有盘古开天地的说法。第二则神话讲述盘古开天辟地之后化生万物，即盘古用他的身体创造了天地之间尚需创造的各类基本事物，从而使天地万物基本形态趋于完善。

盘古神话虽然记载较晚，三国时才见于典籍，但其原型在《山海经·海外北经》中就已出现："钟山之神，名曰烛阴，视为昼，瞑为夜，吹为冬，呼为夏。不饮，不食，不息，息为风。身长千里，在无启之东。其为物，人面蛇身赤色，居钟山下。"③ 后世也记有钟山烛龙神话异文，鲁迅《古小说钩沉》辑《玄中记》："北方有钟山焉，山上有石首如人首，左目为日，右目为月；开左目昼，开右目为夜；开口春夏，闭口为秋冬。"④ 钟山神烛龙已成石头，但仍具有化生昼夜、四季的功能。袁珂《山海经校注》认为烛龙即开天辟地的盘古："说者

---

① （唐）欧阳询：《艺文类聚》，上海世纪出版股份有限公司、上海古籍出版社2013年版，第33页。
② （清）马骕撰，王利器整理：《绎史》，中华书局2002年版，第2页。
③ 袁珂译注：《山海经全译》，贵州人民出版社1991年版，第213页。
④ 鲁迅先生纪念委员会编：《鲁迅全集》第8卷，华夏出版社2021年版，第252页。

谓此神当即是原始的开辟神，征于任昉《述异记》：'先儒说：盘古氏泣为江河，气为风，声为雷，目瞳为电。古说；盘古氏喜为晴，怒为阴。'《广博物志》卷九引《五运历年纪》；'盘古之君，龙首蛇身，嘘为风雨，吹为雷电，开目为昼，闭目为夜。'信然。盘古盖后来传说之开辟神也。"① 也有人不同意袁珂的说法，如何新等人。袁珂将烛龙与盘古的行为进行对比，找出了二者的共同性或相关性，得出的结论不无道理。当然，烛龙不能完全等同于盘古，它只是盘古的原型。

烛龙即烛阴，为钟山山神。其实，烛龙不仅为钟山山神的偶像，也为其他山神的偶像。《山海经·大荒北经》："西北海外，赤水之北，有章尾山。有神，人面蛇身而赤，直目正乘，其瞑乃晦，其视乃明。不食不寝不息，风雨是谒。是烛九阴，是谓烛龙。"② 汉刘安《淮南子》："烛龙在雁门北，蔽于委羽之山，不见日。其神人面龙身而无足。"③ 由这些记载可见，烛龙为龙之一种，人面蛇身或人面龙身，龙蛇互化，说蛇身犹如说龙身。烛龙既是钟山山神的偶像，也是章尾山山神的偶像，还是其他山神如委羽之山的偶像，总之，烛龙是山神。作为山神的烛龙应该是来自山脉的想象，所以身长千里，这是人们所能见到或想象到的巨大的形象。盘古万八千丈的形象正是由烛龙演化而来，是烛龙半人半兽神形象完全人神化的产物。烛龙山神双眼化为白昼、气息化为春夏秋冬的情节，与盘古气息化为风云、双目化为太阳与月亮的情节存在延续演化关系。作为盘古神话雏形的烛龙神话，具备了身体巨大的神灵形象，而且具备了部分化生情节，这些成为盘古神话发展的基础。在盘古神话中，身体巨大的动物神演变为巨大的人物神，并因此而创立开天辟地的伟业；烛龙眼睛、气息部分身体的化生行为，扩大到巨人整个身体的化生，由此构成了完整的天地万物人类起源神话。

---

① 袁珂校注：《山海经校注》，北京联合出版公司1991年版，第320页。
② 袁珂译注：《山海经全译》，贵州人民出版社1991年版，第320页。
③ （西汉）刘安等撰，许匡一译注：《淮南子全译》，贵州人民出版社1993年版，第256—257页。

第六章　中国神话活态叙事形式民族文化记忆的功能

盘古神话经过数千年传承发展，遍布东西南北中，盘古早已成为中华民族儿女共同认可的创世始祖神。在学术界，有不少学者认为盘古神话起源于中原地带，其中心为河南桐柏，河南的泌阳、河北沧州的青县等都属于盘古神话起源范围。桐柏县是河南省南阳市下辖县，位于桐柏山麓，为淮河的发源地。三国徐整记载盘古神话有云："盘古死，……血为淮渎。"是将盘古与淮河发源地桐柏联系在一起了。唐、宋编修的《元丰九域志》曰："桐柏山，淮水所出。淮渎庙，盘古庙。"[①] 明代学者李梦阳《大复山赋》将桐柏山水帘洞以西的一道酷似人形的山脉称为盘古，"昔盘古氏作兹焉，用宅……"。清代学者贡愈淳作《桐柏山赋》曰："盘古开天而首出……"桐柏山有盘古庙，还保留着盘古山、盘古洞、盘古斧、盘古井等与盘古神话相关的地名。桐柏民间流传着许多习俗，可以说是原始盘古神话的遗存。如神话传说中，说人类之初是两条鱼变成了两只猿，这两只猿就是"阴阳之始"的盘古夫妇。盘古崇敬祖先，就有了盘古抱二鱼以示崇敬之说。后来，盘古抱鱼之说就形象地演化成了太极图。人们效仿祖先，就形成了民间挂太极图之俗。桐柏民间自古习惯在门头上、窗户上、院落影壁墙上挂太极图，以示吉利，并有希冀祖先庇佑以辟邪之意。桐柏民间传说中正月初一是盘古的生日，这一天祖先盘古要回来过年，需要清静，所以在桐柏初一到初十不能举行闹新春的游艺活动，以免打搅盘古。正月初十盘古离开后才可以举行娱乐活动。

河南泌阳有盘古乡，位于连绵起伏、林木翁郁的盘古山。山上有一座古朴庄严的庙宇——盘古庙，庙内有一尊盘古大神的神像。《泌阳县志》云："盘古山，县南30里，蔡水出焉。本名盘山，后传为盘古，因立盘古庙于上。"[②] 泌阳盘古信仰历史悠久。北魏郦道元《水经注》早有记载："泌阳故城，城南有蔡水，出南盘石山，故亦曰盘石

[①] （宋）王存撰，王文楚、魏嵩山点校：《元丰九域志》，中华书局1984年版，第552页。
[②] （清）倪明进修，栗郢纂：《泌阳县志》，清道光二年刊本，成文出版社1976年影印，第107页。

川，西北流注沁水。"① 盘古山周围 30 多平方千米的范围内，分布了许多盘古文化遗迹，如盘古庙、盘古井、盘古墓、盘古楼、大磨、百神庙、甜水河以及自古以来文人骚客题写碑刻等。泌阳盘古神话众多，其中一则颇有特色。从前，盘古兄妹（一说是姐弟）出生在泌阳一农户家里，父母亡故。兄妹靠上山砍柴为生。他们每天将自己吃的馍给一位老和尚吃，自己吃野果、野菜。过了一段时间，老和尚出来告诉盘古兄妹：不久会天塌地陷。如果哪一天寺庙门前的石狮子眼睛红了，你们就赶快钻进石狮子的口中，可以躲过这场灾难。这年六月的一天，石狮子的眼睛忽然红了。盘古兄妹就赶快跑到村子里报信。村民都不相信。盘古兄妹无奈，只好钻进石狮子的口中。石狮子的口立即闭上了。突然天地间黑云翻滚，洪水滔天，山崩地陷，天地化为乌有。盘古兄妹在石狮子的肚中发现一堆馍，那是他们平时放在石狮子口里供老和尚食用的馍。原来是老和尚有意为他们备下的干粮。九九八十一天后，雨驻风歇，盘古兄妹出来，天地一片空白，只有盘古兄妹与脚下有一朵祥云。盘古兄妹去找玉帝。玉帝赐给他们一块蓝手帕，他们把蓝手帕抛向太空，成为天空；他们又经过许多灾难，从玉帝那里偷走了"如意球"向下一扔，变成地，盘古兄妹造了天地，又向太白金星要了些彩色碎片，向大地撒下，变成山脉、河流、平原和树林等。但是世界上只有他们兄妹二人。石狮子奉了玉帝之命，令盘古兄妹成婚，盘古兄妹坚决不从，说："我们兄妹本是同根生，怎么能成婚呢？"次日，石狮子拖来两扇石磨，要兄妹各占一山头滚石磨，滚到山下合在一起，两人就要结为夫妻。盘古兄妹照着做了，结果两扇石磨真的合在一起，兄妹于是结为夫妻。盘古兄妹成婚后，生子生孙，繁衍后代。盘古兄妹也因此成为人根之祖，被当地人称为"盘古爷""盘古奶奶"，或称为"人祖爷""人祖奶奶"。显然，盘古神话在泌阳已经完全地方化了，变成了地方传说，情节由盘古初次造天地变成了二次造天地的故事，反映出当地已出现次生形态盘古神话。泌阳盘古

---

① （北魏）郦道元撰，陈桥驿注释：《水经注》，浙江古籍出版社 2000 年版，第 465 页。

神话特点是历史化、地方化色彩较浓。

青县隶属河北省沧州市，位于华北平原东部，南接沧州，北依京津。青县盘古神话传承历史悠久，留下了众多遗迹，有盘古墓、盘古沟、盘古港、盘古里（村）、盘古潭、盘古庙等；《青县志》《河间府志》《天津府志》《畿辅通志》《皇朝通志》等均有涉及青县盘古的记载。青县盘古庙会古今延续，香火甚旺。传说青县盘古庙会是从4000年前禹王设祭开始的。因为祭祀的需要，人们结庐成市，渐成庙会。青县盘古庙会内容丰富。庙会之日，要举行祭祀活动，焚香祭告，祈福保佑，场面宏大，庄严隆重。庙会上还有各种文艺演出，南昆北曲，百戏杂陈，百艺汇集，花样繁多。届时还有经贸活动，店铺摊棚林立，货物繁多，琳琅满目。青县盘古庙至迟在元代已经存在。《元史》载："元世祖十五年夏四月乙卯日修会川县（即今青县）盘古王祠，祀之。"明朝弘治十七年（1504）斥巨资修建盘古殿。青县盘古庙在全国盘古庙中占有突出的地位。青县盘古神话以盘古遗存为依托，以盘古庙会为载体，传承氛围庄重、神圣。

盘古神话也进入东北地区。马卉欣指出："盘古神话传到了东北地区。东三省民间都有流传……，由于盘古神话影响较大，大兴安岭林区有'盘古山'和'盘古庙'的地名。黑龙江省的漠河地区有一盘古镇和一盘古河。"[①] 吉林省盘古神话《谷子和豆子》较为独特：盘古有两个女儿：谷子和豆子。长大后，盘古叫她们到人间闯荡。谷子与豆子牢记盘古的话，比赛生长，后来谷子心野了，不专注生长了。到了秋天，豆子结满了鼓鼓的豆荚，谷子则只长了一个穗，惭愧地低下了头。盘古知道后，就叫人类惩罚谷子，把谷子捆起来，用石碌子压，用木叉打，用铡刀铡碎了给牲口吃。

盘古神话很早就流入南方地区，并为南方少数民族所吸纳。南朝梁人任昉《述异记》记载："吴楚间说盘古氏夫妻，阴阳之始也。今南海有盘古氏墓，亘三百余里，俗云后人追葬盘古之魂也。桂林有盘

[①] 马卉欣编著：《盘古神话》，中国炎黄文化出版社1993年版，第57页。

古氏庙，今人祝祀；南海中有盘古国，今人皆以盘古为姓。"袁珂考证："桂林，秦置郡名，约有广西壮族自治区的全部地方。其后三国也设桂林郡，治所在广西壮族自治区象州。"延绵三百里的盘古墓，其实是象征盘古神话及盘古信仰在南方民族地区的广为传播。

  广西壮族自治区中部的来宾市，人们称之为"桂中腹地"，辖兴宾区、合山、忻城、武宣、象州等地，保留有十分丰富的盘古文化，包括盘古庙、盘古神话传说、盘古歌、盘古师公戏，以及以盘古命名的村庄、山岭、岩洞等，说明盘古神话在地的盛行。来宾壮族民间至今流传着"盘古兄妹"繁衍人类的故事：远古时，水淹天下，人死几尽，只有躲在葫芦里漂浮的两兄妹得以幸存，他俩结婚后生出像一块四四方方的磨刀石一样的肉团，砍碎撒向四野，变成了千千万万的人群，从此人类又繁衍起来。壮语称兄妹俩为"盘勾"。"盘"即砺石（磨刀石），"勾"即葫芦，而采录故事者用近音汉字记作"盘古"。"磨刀石、葫芦"，包含了壮语"盘古"一词最原始的意义。来宾盘古信仰文化圈的特点是历史悠久，其上限可追溯至南北朝时期，同时又具有南方盘古信仰共同的特点，以盘古兄妹为共同人文始祖。

  广州市花都区狮岭镇北部有座盘古王山，气势奇特，清代已是花县八景之一，现已建为盘古王山公园。盘古王山有座盘古王庙。据清末编《花县志》载，盘古王庙神坛重建于清嘉庆十四年（1809），后烧毁，到光绪二十七年（1901）再花巨资重建，保存至今。这里是古代"南海中盘古国"的遗址之一，盘古信仰历史悠久，留下的古迹与神话传说十分丰富。盘古信仰遗迹有盘王古庙、圣龟池、半山亭、试斧石、龙口泉、盘古卧石、石坪、"盘古烟霞"等。民间把每年农历八月十二日定为盘古王诞，人们来到盘古王山公园，举行祭拜盘古的活动。活动分为百狮朝圣、拜祭盘古、歌舞礼赞、祈福传承等部分。在嘹亮的号角声中，百狮齐舞，先迎八方来客，再拜盘古大王。随后是拜祭盘古，由花都各界人士和群众敬献供品，恭读拜文，上香行礼。礼毕，唱响《盘古王颂》，表演大型瑶族风情长鼓舞，颂扬盘古的丰功伟绩，最后是"祈福传承"，由参加活动的嘉宾和群众到盘古王庙

第六章 中国神话活态叙事形式民族文化记忆的功能

前的许愿树下抛挂祈福球。

广东肇庆市有盘古山生态文化景区，位于肇庆市北岭山南麓盘古坑。盘谷风景区正门广场矗立着一尊高大的盘古塑像，面向正南方，背景是美丽的北岭山。塑像表情俊朗，右手执斧刚劲有力地伸向右方，左手托着寓意天的太阳。塑像基座正面刻有篆书"中华始祖盘古"，基座后面刻有屈原的名作《天问》和郭沫若《天问》的译文。风景区内有盘古祖殿。祖殿原址在肇庆市北岭山凤尾拖铃北麓的榄坑园岗仔。始建于北宋大中祥符七年（1014）。元代元统元年（1333）建十皇殿（盘古祖殿）于盘古坑口。20世纪50年代初期还保留着盘古祖殿，1956年被拆毁。原祖殿外观似明清建筑，坐北向南，前有一大平台，背后是庙宇，东侧有庙祝卧室及厨房，面积二百多平方米。正门门头写有"盘古祖殿"四个大字，门面两条石柱，将其分成三跨，上有虾公梁，石柱刻有对联，对联中有"开天垂象物，辟地启鸿蒙"等字样，墙面为青砖勾缝清水墙，青瓦房屋。殿内有一天井，将殿分为前后两进，前低后高，东西两侧均有厢房及走廊，后进有一神台及神龛，龛上立盘古（元始天尊）像一尊，两旁有汉瑶共奉的十位祖先神：伏羲皇（苍帝君）、神龙皇（赤帝君）、轩辕皇（黄帝君）、颛顼皇（黑帝君）、少昊皇（白帝君）、高辛皇（东极清华大帝）、衡山皇（南极长生大帝）、后土皇（西极地祇大帝）、白马皇（北极紫微大帝）、盘瓠皇（瑶族祖先神）。祖殿内香火鼎盛、灵气感人，每逢农历十月十六日盘古诞，民间组织的庙会活动，热闹非常。历史上盘古祖殿经过多次重修，现还保留着重修盘古祖殿碑刻两块，一块是清代康熙二十二年（1683）的"重修盘古祖殿题名记"碑，质地为宋坑砚石，现存博物馆珍藏。另一块是龙飞岁癸巳年的"题名记"碑，质地为宋坑砚石，现存于盘古祖殿，十分珍贵。2003年重修盘古祖殿。

广东连南瑶族自治县，瑶族依山建房，其房屋排排相叠，形成山寨，被汉人叫"瑶排"，所以一部分瑶族被称呼为"排瑶"。八排瑶是对聚居于广东连南瑶族自治县境内排瑶的专称。八排瑶信仰盘古，盘古文化历史悠久，内涵丰富。八排瑶有盘古王女儿的传说：很久以前，盘古王女儿房沙十三妹从天庭下到凡间，热恋勤劳、英俊的阿贵唐冬比，两人结为夫妻。冬比的哥哥是个贪婪狠毒的人，想要害死冬比，霸占房沙十三妹。后来阴谋败露，但十三妹私奔人间的事给盘古王知道了，便责怪她在人间惹事，把十三妹召回天庭。十三妹临别时向冬比传授了上天相会的办法。冬比按照十三妹的嘱咐，不畏艰难险阻，跋山涉水，战胜了途中的毒蛇猛兽，来到南山，寻得琴树，做成长鼓。等到十月十六日盘古王诞辰这一天，他打起长鼓，跳了36个旋圈，终于使自己像山鹰一样向天庭飞去，得与十三妹团圆。从此，人们为了纪念十三妹和冬比的忠贞爱情，把长鼓舞世世代代相传下来。

盘古神话及其景观在中国大地上悠久而广泛的传承，保存了想象中的共同体存在的地理空间记忆，这种记忆是中华民族根深蒂固的天地观，是家国边界观的基础，尽管这种天地观、家国边界观由最初的模糊不清最终演化为清晰的两岸三地的边界观，但是盘古神话所显现的天地空间的原始记忆，仍作为一种集体无意识潜存于中华民族儿女的内心深处，成为共有精神家园永恒的内在原型。

（二）人文始祖神话记忆与共有精神家园的信仰内核

共有精神家园作为家园而言，必然有共同尊崇的祖先，对于中华民族共有精神家园而言，必然有共同尊崇的人文始祖。人文始祖即神话中开拓人文、始创文明的祖先，并不是历史上具体存在的祖先，只是来自神话的记忆。近世以来中华儿女习惯以炎黄子孙自称，炎黄即为中华民族的人文始祖。炎黄最早来自华夏族神话，是华夏族关于本族祖先的记忆。在长期的历史发展过程中，由于文化的交融交流、民族的融合，炎黄逐渐被各族人民尊为共同的人文始祖，华夏族炎黄神话记忆遂成为中华各民族的共同记忆。华夏族本有三皇五帝神话，在传承过程中，其中的炎帝、黄帝神话的影响逐渐超越华夏族地理范围，在中华大地上广为传承，炎黄遂代替其他先祖成为华夏族记忆中的人

第六章　中国神话活态叙事形式民族文化记忆的功能

文始祖。炎黄人文始祖记忆以神话为载体，影响深广，成为中华民族共有精神家园的信仰内核。

炎黄二帝之所以成为中华民族共同体认可的人文始祖，除了民族的融合、文化的交流等原因外，也与炎黄神话含有丰富多彩的炎黄事迹记忆以及这些记忆的广泛影响有着密切联系。

炎帝神话主要保存了想象中的炎帝发明稼穑、开创农业文明的记忆。在神话保留的记忆中，炎帝神农是原始农业的开创者。

《史记·五帝本纪》正义引晋·皇甫谧《帝王世纪》："神农氏，姜姓也，母曰任姒，有蟜氏女登为少典妃，游华阳，有神龙首感，生炎帝，人身牛首，长于姜水，有圣德，以火德王，故号炎帝。初都陈，又徙鲁。又曰魁隗氏，又曰连山氏，又曰列山氏。"①

《宋书·符瑞志》："有神龙首感女登于常羊山，生炎帝。"②

《史记·补三皇本纪》："炎帝神农氏，姜姓，母曰女登。有蟜氏之女，为少典妃，感神龙而生炎帝。人身牛首，长于姜水，因以为姓，火德王，故曰炎帝。以火名官。……始教耕，故号神农氏。……神农本起烈山，故左氏称列山氏之子曰柱，亦曰厉山氏。"③

《册府元龟》卷一《帝王部》："炎帝神农氏，姜姓，母任已，有蟜氏女，为少典妃，生帝以火承木，故为炎帝。教民耕农，故天下号曰神农氏。"④

以上典籍记载的神话说明，炎帝即为神农氏，生于姜水。其母（任姒、任已、女登）为少典妃，感龙生炎帝神农。当然，在古代文献中，也有将炎帝与神农当作不同的两个古帝王来看待的，如《礼记·月令》"孟夏之月，……其帝炎帝，其神祝融。"⑤ 只将炎帝与南方相联系，

---

① （汉）司马迁著，（南朝宋）裴骃集解，（唐）司马贞索引，（唐）张守节正义：《史记》，中州古籍出版社 1991 年版，第 1 页。
② （南朝梁）沈约：《宋书》，《二十四史》，中华书局 1997 年版，第 199 页。
③ （唐）司马贞：《史记·补三皇本纪》，书林书局影印文渊阁四库全书第 244 册第四册，第 972—973 页。
④ （北宋）王钦若等：《册府元龟》第一册，中华书局 1960 年版，第 3 页。
⑤ 杨天宇译注：《礼记》上，上海古籍出版社 2016 年版，第 234 页。

当作祝融之帝，似与神农无涉。西汉《淮南子·时则训》仍承接这种说法："南方之极，自北户孙之外，贯颛顼之国，南至委火炎风之野，赤帝、祝融所司者，万二千里。"① 东汉高诱注则说："赤帝，炎帝，少典之子，号为神农，南方火德之帝也。"至此，炎帝与神农合二为一。炎帝与神农的分合关系，历来争论不休。笔者认为两种称呼实为一个部落联盟的首领的不同时代的称谓，后人则将其并称，视为同一部落联盟首领的通称，于是有炎帝神农氏之说。炎帝神农氏是新石器时期经历了数十代繁衍的一个强大部落，其部落首领不同时代有不同的具体称号，如魁隗氏、连山氏、列山氏、烈山氏、厉山氏等，但又有其统一的称号，即炎帝神农。炎帝神农故里有多种说法，如陕西宝鸡、山西高平、河南柘城、湖北随州、湖南会同县连山、湖南株洲炎陵县。这说明炎帝神农部落经历了由北到南的迁徙历程，涉及极为广大的区域，其迁徙所到之地也必然留下有关炎帝神农发祥地、生平及其活动区域的神话传说与信仰观念、历史遗迹。

  炎帝神农氏的显著成就是发明了农业，然则从炎帝到神农，实则包含了我国原始农业从山地刀耕火种到低平地区耜耕与犁耕的过程。炎帝时期的农业是山地刀耕火种。《左传·昭公二十九年》："有烈山氏之子曰柱为稷，自夏以上祀之。周弃亦为稷，自商以来祀之。"②《国语·鲁语上》："昔烈山氏之天下也，其子曰柱，能植百谷百蔬，夏之兴也，周弃继至，故祀以为稷。"③ 烈山，即为放火烧山造农田，柱是一种有尖头的木棒，用以在烧过的山田挖坑点种农作物——稷。烈山氏、柱、稷等名称都是与山地刀耕火种农业生产相关的称呼，足见其氏族部落的农业经济属性。烈山氏又称炎帝，炎为两火构成，也与刀耕火种有关。刀耕火种曾是炎帝部落十分盛行农业生产方式，以至于影响到部落首领人物的称谓。到神农氏时期，就进入了低平地耜

---

① （西汉）刘安等撰，许匡一译注：《淮南子全译》，贵州人民出版社1993年版，第315页。
② 李梦生译注：《左传译注》下，上海世纪出版股份有限公司、上海古籍出版社2016年版，第1423页。
③ （战国）左丘明撰，（三国吴）韦昭注，胡文波校点：《国语》，上海古籍出版社2015年版，第109页。

耕农业阶段。清·马骕《绎史》卷四引《周书》："神农之时，天雨粟。神农遂耕而种之，做陶冶斧金，为耒耜锄耨，以垦草莽。然后五谷兴助，百果藏实。"①《白虎通义》也说："古之人皆食禽兽肉。至于神农，人民众多，禽兽不足，于是神农因天之时，分地之利，制耒耜，教民农耕。"② 可见，神农之时，已经采用耒耕，粮食作物已发展到五谷，产量大幅增加，品种更为丰富。神农之时，已有水利灌溉。《后汉书·郡国志》刘昭注引《荆州记》："神农既育，九井自穿，汲一井则众井动。"③ 其农耕已关涉水利，做到旱涝有收。农业生产是一种复杂的活动，要种植农作物，必须逐步选择无毒合适的植物并将其驯化，使之适宜耕种。所以《淮南子·修务训》载："神农尝百草之滋味，一日而遇七十毒。"④ 尝百草之说，反映了寻找作物品种的艰辛。晋·干宝《搜神记》明确说明尝百草目的在于寻找农作物："神农以赭鞭鞭百草，尽知其平毒寒温之性，臭味所主，以播百谷。"⑤ 尝百草是为了寻找无毒无臭味的农作物，以至于顺带也发明了某些草药，所以神农又成为医药的发明者。农业生产，离不开农具，于是又有耒耜与牛耕的发明。《史记·三皇本纪》说神农"人身牛首"，正是表现了对牛耕发明者的崇拜。此外，农业生还要掌握农时、气候、气象等。这些均非一时一地一人所能完成，需要数十代人不断积累不断发展，才能形成完整系统的农业生产方式。从炎帝神农一系列神话可见，炎帝神农氏在漫长的历史发展过程中，创造并发展了中国的原始农业使其达到一个相当高的水平，炎帝神农也因此成为原始农业的一个象征性符号。

黄帝神话主要保留了黄帝统一华夏部落、征服东夷、九黎族，全面创造和发展了早期物质文明和精神文明的记忆。

---

① （清）马骕撰，王利器整理：《绎史》，中华书局2002年版，第24—25页。
② （清）陈立撰，吴则虞点校：《白虎通疏证》，中华书局1994年版，第51页。
③ （南朝宋）范晔撰，（唐）李贤等注：《后汉书》，《二十四史》，中华书局1997年版，第895页。
④ （西汉）刘安等撰，许匡一译注：《淮南子全译》，贵州人民出版社1993年版，第1132页。
⑤ （晋）干宝撰，黄涤非译注：《搜神记全译》，贵州人民出版社1991年版，第1页。

《易·系辞下》:"神农氏没,黄帝、尧、舜氏作,通其变,使民不倦。"孔颖达疏:"黄帝,有熊氏少典之子,姬姓也。"

《史记·五帝本纪》:"黄帝者,少典之子,姓公孙,名曰轩辕。生而神灵,弱而能言,幼而徇齐,长而敦敏,成而聪明。"

《通鉴外纪》:"黄帝,有熊国君少典之子,姓公孙,名轩辕,生于寿丘,长于姬水,改姓姬。"

从这些神话中可见,黄帝为有熊国少典之子,原来姓公孙,因为长于姬水而改姓姬。因为居于轩辕之丘而取名轩辕,建都于有熊,乃号有熊,亦称有熊氏。亦有人称之为帝鸿氏。因崇尚图土德,土呈黄色,故称黄帝。《易·系辞》亦《世本·作篇》等各种文献所载神话都反映了黄帝时期有许多发明创造。生产技术方面的发明创造如服牛、乘马、作驾、作舟、穿井、作杵臼、作弓矢等;物质生活方面的发明创造如制衣裳、建筑宫室房屋等;精神文化方面则有作甲子、占日月、算数、调历、造律吕、笙竽、医药、文字等。这其中当然有不少是黄帝以后的发明创造,而把它们均说成是黄帝的创造,表明了人们对黄帝开创文明之功的崇拜。黄帝神话的活态传承形式主要是景观与仪式传承,前文已有论述。

炎黄神话活态传承形式的记忆表明:炎黄二帝及其族群进行了伟大的发明创造,这些伟大的发明创造,使人类彻底摆脱了茹毛饮血的生活方式,告别了原始社会依赖自然的采集、狩猎经济时代,进入自觉地改造自然的农业生产时代。炎黄神话的记忆代代传播,不断扩大影响。以至于原本属于华夏族的民族记忆进而发展成为中华各民族共同的神话记忆,炎黄遂成为中华各族儿女的共同祖先,成为中华民族共有精神家园灵魂的归宿,神话中炎黄二帝筚路蓝缕、以启山林的光辉事迹成为中华民族团结奋进的精神动力。

(三)民族起源始祖神话记忆与共有精神家园基本格局建构

中华民族共有精神家园是包括56个民族在内的大家庭的共有精神

财富，其内部构造呈现出多元一体的格局。中华民族多元一体的格局并不是人们主观的一种设计，而是在漫长、曲折、复杂的过程中逐渐形成的。正如费孝通对中华民族多元一体格局形成过程所描述的那样："许许多多分散孤立存在的民族单位，经过接触、混杂、联结和融合，同时也有分裂和消亡，形成的多元统一体。"① 因此，中华民族共有精神家园是各民族文化兼容汇通、多元融合的结晶，也是所有民族和地区独具特色的优秀文化成果的显现，即鲜明的各个民族文化的个性与共性的交集。我国少数民族口头传承的民族起源始祖神话关于民族关系的记忆则为中华民族共有精神家园的构成提供了原始依据。民族起源始祖神话，即讲述始祖的诞生、出现或创世经过的神话。涉及民族关系记忆的始祖起源神话主要有两种：一是始祖同源神话；二是共祖始祖神话。两类神话的口头活态传承形式包含了各民族之间你中有我、我中有你的民族关系的记忆，从而从文化源头上奠定了中华民族共有精神家园多元一体格局的雏形。

始祖同源神话，即讲述多个民族同出一源的神话。王宪昭指出："这类神话主要有两种叙事结构：一是多个民族具有一母所生的血缘关系，或者表现为其他性质的同源共祖现象；二是多个民族由同一个神、神性人物等同时造出，或由同一种物质化生，或来源于同一个地点，致使这些民族的起源具有同源共时性。尽管一些神话中的'民族'或指'氏族'、'部落'、'部族'等民族的早期形态，但与现代民族的形成与自识仍具有千丝万缕的联系。"始祖同源神话包含了我国各民族的血脉关系的记忆，起到了民族文化之间的融合与民族认同的作用。德昂族口传神话说："'天王'到天上寻找农作物种子，带回包谷、稻子、大豆、小麦、瓜果、葫芦等种子，分别种在平地、山坡和海边。种在海边的葫芦，藤蔓伸到了海中心。后来结了一个葫芦，浮在海上。如山一般大，里面人声鼎沸。一天突然来了一阵暴风雨，电闪雷鸣，劈开了葫芦，里面共有 103 人，有男有女，还有动物。人

---

① 王宪昭：《多民族同源神话：中华民族文化的重要载体》，《中国社会科学报》2012年第356期。

们乘葫芦渡海来到陆地,便从葫芦里出来便各奔东西。这就是汉、傣、回、傈僳、景颇、阿昌、白族等民族。"① 拉祜族创世史诗《牡帕密帕》:天神厄莎造成天地万物后,又来开始造人类,厄莎种下一颗葫芦籽,葫芦成熟后,滚到海里,被螃蟹夹上岸。厄莎将葫芦放到太阳底下晒,晒干后,里面发出人声。经过小米雀鸟啄、老鼠啃,葫芦壳出现两个洞,洞里出来一男一女,即扎笛与娜笛。厄莎将他们养大,二人成亲,生下九男九女。九对男女长大以后又自相婚配,生下九百个孩子。九百个孩子长大了,吃光了住地的食物,用三年时间打得一只老豹子。九百个人来分那豹子的肉,站成九行,分为九个民族。厄莎站在中间来分肉。分了肉烤着吃的就是拉祜族,分了肉煮着吃的就是佤族,分了肉在火塘边烧了吃的,就是爱尼族(疑为哈尼族),把肉刮洗了放在锅里煮了吃的就成为汉族,煮肉吃埋头不说话的就是老缅族,不生不熟烧着吃肉的是傣族。民族分出来了,厄莎分住处,鸭子领着傣族到水边,傣族就住在水边;喜鹊领着汉族走到山腰,汉族就住在半山腰;佤族跟着白鹇走,大山头住佤族;拉祜族跟着骆驼鸟走,山梁子上住着拉祜族。② 这则神话讲述几代人血缘关系的延续,由于生活方式的不同,才形成了民族,所包含的记忆是这些分化出来的民族又本属于一个源头。

阿昌族口传创世史诗《遮帕麻与遮米麻》说:男神遮帕麻创造了天,女神遮米麻创造了地,两人相遇结为夫妻。遮米麻怀孕生下一颗葫芦籽,遮帕麻将种子埋进土里,九年发芽抽藤开花,九年后结了一个大葫芦。遮帕麻用神鞭抽打,打开一个洞,洞里跳出九个娃娃,九个儿女长大成人,成为九个民族的化身。③ 哈尼族口传神话《始祖塔婆然》说:天地分开时,只有一个从天上下来的女人塔婆然。她住在山洞里,以野果充饥,其语只有飞禽走兽才能听得懂。一日,她在树

---

① 《中国各民族宗教与神话大词典》编审委员会编:《中国各民族宗教与神话大词典》,学苑出版社1993年版,第94页。
② 刘辉豪整理:《牡帕密帕》,云南人民出版社1979年版,第10—45页。
③ 张研编著:《遮帕麻与遮米麻》,中州古籍出版社1991年版,第60—67页。

第六章 中国神话活态叙事形式民族文化记忆的功能

根上酣睡,身上吹过一阵冷气,就怀孕了。肚子大起来,有生命在里面活动,连大腿、胳膊、脚趾头、手指头里面都在动。塔婆然突然觉得疼得厉害,睁眼看时,自己的肚子上、大腿上、脚趾上,手指上都爬满了小东西,塔婆然把这些小东西抖落到地上,就成了老虎、野猪、麻蛇、泥鳅……。塔婆然一摇手,它们就跑远了。肚子里也掉下东西,塔婆然睁眼看时,非常喜欢,那些小东西长得非常可爱。一共有七十七个娃娃。她要自己喂养这些娃娃,为了分清楚这些娃娃,就给他们分别起了名字,叫哈尼族、彝族、傣族、白族、汉族……。[①]佤族神话《七兄弟和七个民族》说:从前,世界上只有同一父母所生的七兄弟,他们善良、健壮,但各有各的性格。老大文静,老二活泼,老三善骑马,老四喜欢水,老五、老六、老七喜欢高山,不过,老五喜欢在山坡上栽树,老六喜欢在山坡上放羊,老七则喜欢往山顶上跑。七兄弟长大后,告别父母周游天下。来到一块平地,一个姑娘正为谷子被草淹没发愁,老大留下帮忙拔草。剩下的六兄弟继续往前走,来到一个湖边,一个姑娘正为孤单发愁,老二留下陪她。五兄弟来到一片草坡上,一个姑娘的羊被狼叼走了,老三留下来帮她找羊。四兄弟来到一条河边,一个姑娘的衣服洗不完,老四留下帮她洗。三兄弟来到一座大山,一个姑娘喊他们帮忙采茶,三兄弟都去帮忙。半山上有被老虎困住的两个姑娘喊救命,老六、老七跑去救人,老五留下继续帮助姑娘采茶。结果,老六陪伴一个姑娘留在半山坡上,老七随着一个姑娘追捕受伤的老虎到山顶,后来就留在了山顶上。十年过去了,七兄弟和七个姑娘分别在各地成婚生子。他们带着孩子回家看父母。七个孙子欢天喜地,爷爷给孙子取名。爷爷给大孙子取名叫"汉",二孙子叫"白",三孙子叫"黎",四孙子到七孙子,分别叫"傣"、"哈尼"、"拉祜"和"佤"。七兄弟告别父母,带着孩子回到原来住的地方,逐渐繁衍壮大,成为七个民族,世世代代友好相处,就像亲兄

[①] 姚宝瑄主编:《中国各民族神话·哈尼族·傣族》,山西出版传媒集团、书海出版社2014年版,第67—68页。讲述者:陈布勤,搜集整理者:杨万智,《山茶》1986年第6期。

弟一样，本来嘛，他们自古就是一家人。^① 德昂族口传神话《百片树叶百个人》说：天地初开之时，只有天公和地母，他们结成夫妻，只生了一个女儿，非常孤单。一天，天公到山上去砍柴，一阵狂风吹落一百片树叶。天公说，要是这一百片树叶都变成人就好了。话音刚落，一百片树叶就变成了一百个人，男女各五十。长大后自相婚配。这时候，粮食不够吃了，天公就到天上要来了玉米、旱谷、小麦、大豆、瓜果、葫芦等农作物的种子，洒在平坝、山坡上，就长出了个种粮食和瓜果。突然世上发洪水，这些人躲进葫芦得以逃生。葫芦在水上漂流了很久，一天靠岸，一声巨响，葫芦被撞开一个口，一百零三人才从葫芦里出来，他们就是今天的汉族、傣族、傈僳族、景颇族、德昂族、白族等民族。[②]

上述这些口传民族同源神话，包含了民族同源的多种记忆。其一，动植物或其他自然生出多个民族，最典型的是葫芦破后走出多个民族。其二，两性婚配生出多个民族；又有婚配与自然生人的结合形式，男女婚配生出葫芦，葫芦再生出多个民族。其三，女子感孕生出多个民族，所举例为女子感风生出多个民族。其四，血缘关系的兄妹由于生产生活方式的差异、居住环境的变化而逐渐形成不同的民族。其五，洪水移民再生人类形成多个民族，此类神话尤多，为民族同源神话；其中以兄妹遗民婚配生出的葫芦走出多个民族的情节为典型代表。民族同源神话所包含的多种民族同源形式的记忆，表明这类神话反映了人们对于人类起源现象的多种认识，是不同历史时期的产物，这也说明人们关于民族同源关系的认识经历了漫长的历史时期；同时，神话中关于同一血缘关系的人群分化成不同民族的情节，也表现了人们对于同源关系的多民族逐渐形成的过程中带有客观因素的朦胧认识。

我国口传民族同源神话不仅历史悠久，而其分布广泛。陶阳、牟

---

① 姚宝瑄主编：《中国各民族神话·佤族·阿昌族·纳西族·普米族·德昂族》，山西出版传媒集团、书海出版社 2014 年版，第 32—35 页。
② 姚宝瑄主编：《中国各民族神话·佤族·阿昌族·纳西族·普米族·德昂族》，山西出版传媒集团、书海出版社 2014 年版，第 389—190 页。

第六章 中国神话活态叙事形式民族文化记忆的功能

钟秀《中国创世神话》一书列举了15个民族的洪水型民族同源神话。其中包括。1. 彝族创世史诗《梅葛》：洪水过后，兄妹成婚生怪葫芦，怪葫芦里走出九个民族：汉族、傣族、彝族、傈僳族、苗族、藏族、白族、回族等。① 彝族创世史诗《查姆》：洪水过后，阿朴独姆兄妹从葫芦走出，生出十八对男女，两眼横生，是为彝族、哈尼族、汉族、傣族等。彝族《洪水朝天故事》：洪水过后。居木伍午与天女从木柜走出，结为夫妻，生三子，均为哑巴，用竹烧治愈，即为藏族、汉族、彝族。2. 苗族神话《召亚兄妹》：天发洪水，召亚兄妹乘船得以逃生。结婚生三子，即为苗族、汉族、彝族。3. 瑶族神话《伏羲兄妹》：雷公发洪水，伏羲兄妹躲进葫芦得以逃生，结婚生一肉瘤，伏羲用刀剖碎撒向四方变成人，即为汉族、壮族、瑶族，并有多种姓氏，如李、杨、陶、柳、竹、盘、邓、石、田、牛、马等。4. 侗族神话《侗族祖先哪里来》：雷公发洪水，丈良、丈美兄妹借助于瓜得以逃生。二人成婚，生下一肉团，丈良用刀剖碎，撒向四方变成人，即为苗族、侗族、汉族、瑶族。5. 布依族神话《洪水潮天》：雷公发洪水，伏羲兄妹躲进葫芦逃生，结婚生五子，即为仲人（布依）、汉人、彝人、苗人、藏人。6. 仡佬族神话《阿仰兄妹制人烟》：突发洪水，阿仰兄妹躲进用杉木做的葫芦逃生，结为夫妻，生九子，均为哑巴，爆竹治愈，为苗族、彝族、仡佬族、布依族、侬族、蔡族等。7. 纳西族《人类迁徙记》：兄妹乱伦触发洪水，用牦牛皮鼓逃生后，结为夫妻，生三子，均为哑巴，爆竹治愈，即为藏人、纳西人、民家人（白族）。8. 傈僳族神话《洪水滔天》：大雨造成洪水，勒散、双散兄妹躲进大葫芦得以逃生，婚配生子，其子即为傈僳人、汉人、独龙人、怒人、白人。9. 怒族神话《洪水滔天》：突发洪水，兄妹二人凭借水桶得以逃生，结婚生七子，分别为汉族、白族、傈僳族、怒族等。10. 独龙族神话《洪水滔天》：波与南兄妹在洪水中逃生，结婚生九男九女，为汉族、怒族、独龙族等。11. 哈尼族神话《兄妹传人种》：洪水发生后，莫佐

---

① 云南省民族民间文学楚雄调查队整理：《梅葛》，云南人民出版社2009年版，第50页。
注释：原文为九道出九个民族，但第二道与第九道同为傣族，所以文中只出现了8个民族。

佐龙、莫佐佐梭兄妹躲进葫芦逃生，女子全身怀孕生下许多孩子，是为哈尼族、彝族、汉族、傣族、瑶族等。12. 基诺族神话《玛黑、玛妞和葫芦里的人》：突发洪水，玛黑、玛妞兄妹躲进大木鼓得以逃生，结婚生葫芦，葫芦里有人说话，割开，走出布朗族、基诺族、傣族等。13. 拉祜族神话《古根》：突发洪水，扎罗、扎娜兄妹得以逃生，结婚生九对男女，为傣族、汉族、回族、佤族、哈尼族、拉祜族等。14. 黎族神话《南瓜的故事》：老先、荷发兄妹躲进南瓜中得以逃生，繁衍人类，兄将阳气吹入妹体内，妹怀孕生肉包，砍碎肉包，碎肉即变成人，为黎族、苗族、汉族等。15. 高山族神话《高山族和汉族的来源》：大雨发洪水，人类灭绝。洪水过后，天神将淹死的男人皮肉丢进大海，即变为人，为萨斯特人、汉族等。

陶阳、钟秀还列举了一则汉族神话，讲述不同姓氏同源共祖经历。汉族神话《盘古山》：盘古与玉帝三女互称兄妹，躲过洪水，三女用泥巴造人，造好的人，爬到李树上的姓李、爬到桃树上的姓陶，坐在石头上的姓石，站在河边上的姓何。此则神话虽不是典型的同源共祖神话，但有类似之处，反映了人们不同姓氏的人群同宗共祖的观念。[①] 王宪昭《论我国多民族同源神话的分布与特征》一文，在搜集到的221篇民族同源神话的基础上，对此类神话在我国分布情况进行了分析。文中指出："北方地区民族5篇，西北地区民族9篇，西南地区民族144篇，华南地区民族35篇，中东南地区民族28篇。"[②] 我国民族同源神话涉及民族众多，分布地域广阔，说明这类神话所表现的多民族同源、同宗的观念的记忆，并非个别民族所独有，而是属于众多民族的共识与情感认同记忆，充分展现出多元民族在族源、文化上的共同性、统一性。

民族共同始祖神话讲述多个民族同出一个始祖的过程，包含了多民族对同一始祖认同的记忆。这类神话的产生有两方面的原因：一是华夏族或汉族逐渐成为中华民族的主体民族之时，不少氏族、部落或

[①] 陶阳、钟秀：《中国创世神话》，上海人民出版社1989年版，第262—266页。
[②] 王宪昭：《论我国多民族同源神话的分布与特征》，《内蒙古师范大学学报》2012年第4期。

民族主动向其靠拢,以华夏族的始祖神为本民族的始祖神,从而形成了华夷共祖神话;二是同源民族分化成若干民族后仍尊崇同一始祖,从而保留原有的共同的始祖神话记忆,最典型的是盘瓠神话。

华夷共祖神话,包含了诸夷与华夏以炎黄为共同始祖的记忆。在氏族、部落、民族的融合不断发展、大一统国家逐渐形成之时,诸夷不断融入并认同华夏族,出现了以炎黄为华夷共祖的神话。祝融,本为南方族群首领,《山海经·海外南经》:"南方祝融,兽身人面,乘两龙。"共工,本为被舜帝流放的四凶之一。《尚书·舜典》:"流共工于幽州,放欢兜于崇山,窜三苗于三危,殛鲧于羽山,四罪而天下咸服。"[1] 在民族融合之际,在政治、文化、民族大一统思想盛行情势之下,祝融与共工所属两个南北不同族群,都被说成是炎帝之后。《山海经·海内经》:"炎帝之妻,赤水之子听沃,生炎居,炎居生节并,节并生戏器,戏器生祝融。祝融降处于江水,生共工。共工生术器,术器首方颠,是复土穰,以处江水。共工生后土,后土生噎鸣,噎鸣生岁十有二。"[2] 祝融还被说成是黄帝之后,更能见出族群认同融合之大势。《史记·楚世家》:"楚之先祖出自帝颛顼高阳。高阳者,黄帝之孙,昌意之子也。高阳生称,称生卷章,卷章生重黎。重黎为帝喾高辛居火正,甚有功,能光融天下,帝喾命曰祝融。"不独祝融、共工融入华夏炎黄体系,华夏族以外的其他夷狄戎蛮均被纳入华夏序列。《山海经·大荒北经》:"黄帝生苗龙,苗龙生融吾,融吾生弄明,弄明生白犬,白犬有牝牡,是为犬戎,肉食。"[3] 又《大荒西经》:"黄帝之孙曰始均,始均生白狄。"从来被视为蛮夷之族的犬戎、白狄等由此也被说成黄帝后裔。事实上,在中国大一统的形成过程中,不断有族群主动向炎黄族系靠拢,因此又不断累积华夷同源神话记忆,从而奠定了中华民族同根同族同脉认同的根基,并初步形成了各民族多元一体的格局。

---

[1] 江灏、钱宗武译注:《古今文尚书全译》,贵州人民出版社1990年版,第27页。
[2] 袁珂译注:《山海经全译》,贵州人民出版社1991年版,第336页。
[3] 袁珂译注:《山海经全译》,贵州人民出版社1991年版,第319页。

盘瓠神话，为瑶族、畲族与部分苗族共有的口传神话，反映了苗、瑶、畲三族既自相区别，又互相认同的民族关系记忆。盘瓠，又称盘护、金犬或龙犬之名。盘瓠神话，最早见于东汉应劭《风俗通义》，其后，《后汉书》、《搜神记》、《水经·沅水注》及《太平御览》、《唐书》等均记有此则神话。《后汉书·南蛮西南夷列传》载："昔高辛氏有犬戎之寇，帝患其侵暴，而征伐不克。乃访募天下，有能得犬戎之将吴将军头者，购黄金千镒，邑万家，又妻以少女。时帝有畜狗，其毛五采，名曰槃瓠。下令之后，槃瓠遂衔人头造阙下，群臣怪而诊之，乃吴将军首也。帝大喜，而计槃瓠不可妻之以女，又无封爵之道，议欲有报而未知所宜。女闻之，以为帝皇下令，不可违信，因请行。帝不得已，乃以女配槃瓠。槃瓠得女，负而走入南山，止石室中。所处险绝，人迹不至。于是女解去衣裳，为仆鉴之结，著独力之衣。帝悲思之，遣使寻求，辄遇风雨震晦，使者不得进。经三年，生子一十二人，六男六女。槃瓠死后，因自相夫妻。织绩木皮，染以草实，好五色衣服，制裁皆有尾形。其母后归，以状白帝，于是使迎致诸子。衣裳班兰，语言侏离，好入山壑，不乐平旷。帝顺其意，赐以名山广泽。其后滋蔓，号曰蛮夷。外痴内黠，安土重旧。以先父有功，母帝之女，田作贾贩，无关梁符传，租税之赋。有邑君长，皆赐印绶，冠用獭皮。名渠帅曰精夫，相呼为姎徒。今长沙武陵蛮是也。"①

　　苗、瑶、畲三族也各有此则神话异文。苗族盘瓠神见于《武陵蛮》《蛮书》《唐书》《蛮溪从笑》《苗蛮备防》《峒溪纤志》等。如清代《峒溪纤志》所记："苗人，盘瓠之种落也。帝喾高辛氏以盘瓠为纤溪蛮（犬戎）之功，封其地，妻以女，生六男六女，而为诸苗祖，今夜郎境多有之……。以十月朔为大节（苗年），岁首祭盘瓠，糅以鱼为木槽，扣槽群号以为礼。"所记直接将盘瓠当作苗族祖先。瑶族属于"长沙、武陵蛮"或"五溪蛮"的组成部分，所以也以盘瓠为先祖，其典籍《评王券牒》（过山榜）记有盘瓠神话：盘瓠入宫，与女

---

① （宋）范晔撰，（唐）李贤等注：《后汉书》，《二十四史》，中华书局1997年版，第732页。

第六章 中国神话活态叙事形式民族文化记忆的功能

相见交铸成婚。"自后不觉多年，所生六男六女"，"敕令六男六女，婚娶外姓为妻，以成其十二星姓之源也。"又《评王券牒》："后不觉数年，所生六男六女"，长男随父姓盘，其余姓沈、郑、李、赵、胡、冯、蒋、邓、周等。敕令六男六女招赘外人之子为夫，以继其宗。"①瑶族盘瓠神话在流传过程中又有所变异，盘瓠之后的婚姻生殖在敕令之下由族内婚变为族外婚，这是时代发展留下的痕迹。畲族也由武陵蛮演化而来，同样以盘瓠为始祖，为了祭祖的方便，畲族将盘瓠神话的内容用一组图画来表现，这种图称"盘瓠图"或"祖图"，祭祀的时候既是祭祀对象，又能展示盘瓠的神圣事迹。盘瓠图是在白布条上用黑、红、绿各色绘图而成。各图附有汉字说明，如清乾隆二十四年（1759）处州府丽水县十四都北空庄重新绘制的"盘瓠图"（现存中国历史博物馆），分上下两幅，各有十四场面。上为：（1）三皇；（2）高辛王登基；（3）皇后耳疾，取出黄虫；（4）盘托黄虫奏报高辛王；（5）金盘扣黄虫变龙犬；（6）燕王将起兵战畲国；（7）高辛王丞相授战书；（8）高辛王招贤杀燕王；（9）盘瓠揭榜；（10）盘瓠龙犬过海咬燕王首级而归；（11）盘瓠献燕王首级，自扣金钟之中；（12）七日未到揭开金钟，盘瓠变成犬首人身；（13）盘瓠向高辛王求婚做驸马；（14）盘瓠鼓乐婚娶。下幅也绘有十四个场面，所表现的主要内容为盘瓠夫妇生下三男一女，被高辛王分别赐为盘、蓝、雷、钟四姓氏。高辛王加封盘瓠并授官三子，盘瓠出任广东王。盘瓠死，后人送葬祭祀。为保风调雨顺、岁熟年丰，盘瓠子孙杀牲祭祖。畲族的盘瓠神话也发生了一些变异，盘瓠由犬变为龙犬，形象变成犬首人身，所生子女也由六男六女变成三男一女。显然，这些变化与时代变迁、民族信仰观念的变化有着密切联系。尽管如此，盘瓠神话的基本内容并无改变。②苗、瑶、畲三族的盘瓠神话，在大同的前提下，又表现出民族的差异性，也属于民族文化多元一体的现象。

---

① 赵廷光：《试论盘古和盘瓠与瑶族的关系》，《中央民族学院学报》1989年第2期。
② 《中国各民族宗教与神话大词典》编审委员会编：《中国各民族宗教与神话大词典》，学苑出版社1999年版，第537页。

综上所述，始祖神话包含了多方面的文化记忆：创世神话包含了天地开辟的时空记忆；人文始祖神话包含了共同祖先崇拜的记忆；民族神话包含了中华各民族多元一体格局的记忆。这些记忆，构建了中华民族共有精神家园范围的想象与实体空间，建立了精神家园的核心信仰，确立了精神家园的基本格局。因此，始祖神话通过活态传承的形式——口头传承、民俗传承、仪式传承、图像景观传承等。在历史与现实社会，发挥了并正在发挥着建构传承中华民族共有精神家园的功能。

二 龙神话记忆建构中华民族共同体象征性符号的功能

中国龙神话活态传承，保存了龙的记忆，龙遂成为中国的象征，中华民族的象征，中国文化的象征。龙神话的发展历程，与中华民族多元融合的历史进程同步。龙神话的不同发展阶段，不同方式的叙事，都强化了龙形象的记忆，从而有力促进了中华民族共同体的形成与发展。龙是原始农业社会的产物，最初是作为掌管农业生产需要的适时适量雨水的水神而被创造出来的。龙神话随着先进的农业生产方式从中原向四周作辐射式传播，遍及中华大地及周边边远地区，龙遂成为中华大地人们共同信仰的水神。以龙神记忆为标志的农业生产习俗，是为中华民族共同体最古老的文化之根。在民族、国家形成过程中，龙成为至高无上的神灵，并被说成是神话传说中的三皇五帝的化身，以三皇五帝为人文始祖的中华儿女，遂共同以龙的传人自居。随着龙文化向社会生活各个层面的渗透，衣食住行、岁时节令、婚丧礼仪、工艺美术等都融入了龙文化的记忆。特别是节日文化中的龙神话仪式，最能展现龙的精神与活力，在各民族普遍流行，成为中华民族共同体最鲜活的记忆。古代有"龙生九子，种种不同"的说法[①]，龙作为一

[①] （明）徐应秋：《玉芝堂谈荟·龙生九子》引东阳《怀籙堂集》："龙生九子不成龙，各有所好……。"清光绪元年倩园重修本。

种由鱼、蛇、鳄、牛、马、猪、羊、鸟等动物和云雾、雷电、虹霓等自然天象的局部特征模糊集合为一体的神物,在不同时代不同地域不同民族也会发生变形、置换。然万变不离其宗,龙的基本含义与原型特征却始终以原型记忆的形式不断传承,体现了中华民族共同体多元一体的构成特征。龙作为中华民族共同体的象征,包含了正义、济困、开拓、进取、腾飞、团结、兼容等民族精神的寓意。龙是中华民族共同体内涵十分丰富的符号!

(一) 龙神话的行云布雨记忆——共同体古老的文化之根

在中原地区,自炎帝神农时代开始进入农业社会,神话中的炎帝神农是农业生产的肇始者。《史记·补三皇本纪》:"炎帝神农氏,……人身牛首,长于姜水,因以为姓,火德王,故曰炎帝。以火名官。……始教耕,故号神农氏。"①《册府元龟》卷一《帝王部》也载:"炎帝神农氏,……生帝以火承木,故为炎帝。教民耕农,故天下号曰神农氏。"中国农业发明神话产生于中原,农业的创始大神炎帝神农也出于中原,这就意味着中原代表着当时最先进的农业生产。农业生产的丰歉,对于原始农业而言,完全取决于雨水的适时适量与否。雨水对于农业生产的决定性作用,导致了人们产生了关于操纵雨水神灵的幻想,从而创造了掌管雨水的龙神及龙的神话,向龙祈雨成为农业生产活动最重要的习俗。由于族群的迁徙,人员的流动,中原先进的农耕生产方式向四周辐射式传播,向龙祈雨习俗也随之传播,行云布雨的龙神遂成为中华大地上从事农业生产活动的人们共同信仰的对象。在龙神话信仰记忆的基础上,一个庞大的民族共同体逐渐形成。

在中原地区,伴随着农业生产以及龙神神话的兴起,产生了向龙祈雨习俗仪式。模拟龙的形象是最常见的祈雨方式,因为人们认为龙

---

① (明)徐应秋:《玉芝堂谈荟·龙生九子》引东阳《怀麓堂集》:"龙生九子不成龙,各有所好……。"清光绪元年倩园重修本。

的出现会带来雨水。《山海经·大荒东经》："应龙处南极，杀蚩尤夸父，不得复上。故下数旱，旱而为应龙之状，乃得大雨。"① 又《山海经·大荒北经》："应龙已杀蚩尤，又杀夸父，乃去南方处之，故南方多雨。"② 较早的以龙祈雨是造土龙祈雨。《淮南子》说："用土垒为龙，使二童舞之入山，如此数日，天降甘霖也。"造土龙祈雨仪式至迟在殷商已出现。卜辞中有："直庚【黄火（上下结构）】，又（有）[雨]。其乍龙于凡田。"（《安明．一八二八》）。庚【黄火（上下结构）】，可能指焚九王祈雨；乍龙，即作龙，造龙之意。裘锡圭先生认为："'作龙'卜辞与焚人求雨卜辞同见于一版，卜辞中并明言作龙的目的在为凡田求雨，可知所谓'龙'就是求雨的土龙。《佚'二一九》：'十人又五□□龙田□，又（有）雨。'上引第二辞很可能就是占卜'作龙于某田'之辞的残文。"③ 造土龙祈雨术在汉代大为盛行。汉代造土龙祈雨，还融汇了多种方法。汉人对造龙祈雨的道理也作出了解释。东汉桓谭《新论》说："刘歆致雨，具作土龙，吹律，及诸方术无不备设。谭问：'求雨所以为土龙何也？'曰：'龙见者，辄有风雨兴起，以迎送之，故缘其象类而为之。'"以仿造的龙形来模拟龙的出现而祈雨，正是一种模拟巫术。造土龙祈雨的方法一直延续到宋代。《文献通考·郊社考十》说："内出李邕《求雨法》，以甲、乙日择东方地作坛，取土造青龙。长吏斋三日，诣龙所，汲流水，设香案、茗果、糍饵，率群官、乡老日再至祝酹，不得用音乐、巫觋以致女弃。渎雨足，送龙水中。余四方皆如之，饰以方色，大凡日于及建坛取土之里数、器之大小、龙之广修，皆取五行生成数焉。"看来，宋代基本保留了充满阴阳五行色彩的汉代土龙祈雨方法。蜥蜴祈雨。这是以蜥蜴作为龙的替代物来祈雨的巫术。蜥蜴之所以能够替代龙，是因为古人视蜥蜴之类的爬行动物为龙的同类。《太平广

---

① 袁珂译注：《山海经全译》，贵州人民出版社1991年版，第271页。
② 袁珂译注：《山海经全译》，贵州人民出版社1991年版，第318页。
③ 裘锡圭：《说卜辞的焚巫尪与作土龙》，胡厚宣主编：《甲骨文与殷商史》，上海古籍出版社1983年版。

记》卷四百七十七《蛇医》引唐段成式《酉阳杂俎》说:"王彦威镇汴之二年,夏旱。时表王傅李玘过汴,因宴。王以旱为虑,李醉曰:'欲雨甚易耳。可求蛇医四头,十石瓮二;每瓮实以水,浮二蛇医,覆以木盖,密泥之;分置于闹处,瓮前设席烧香,选小儿十岁以下十余,令执小青竹,昼夜击其瓮,不得少辍。'"蛇医,即蜥蜴。《方言》卷八说:"守宫……南楚谓之蛇医,或谓之蝾螈。"让小儿轮流不停地击瓮,使瓮中蜥蜴不得安宁,不得不降雨,这是一种要挟巫术。《全唐诗》卷八百七十四《歌》所记蜥蜴祈雨法,还配有咒语性质的歌谣。《蜥蜴求雨歌》序:"唐时求雨法,以土实巨瓮,作木蜥蜴;小童操青竹,衣青衣以舞,歌云云。"其歌为:"蜥蜴蜥蜴,兴云吐雾。雨若滂沱,放汝归去。"蜥蜴祈雨法是造土龙祈雨法的变种。

　　唐代出现了画龙祈雨。画龙祈雨是造土龙祈雨的变形形式。郑处诲《明皇杂录》说:"唐开元中,关辅大旱,京师阙雨尤甚。亟命大臣遍祷于山泽间而无感应。上于龙池新舫一殿,因召少府监冯绍正,令四壁各画一龙。绍正乃先于西壁画素龙,奇状蜿蜒,如欲振跃。绘事未半,若风云随笔而生。上及从官于壁下观之,鳞甲皆湿。设色未终,有白气若帘庑间出,入于池中,波涌涛汹,雷电随起。侍御数百人皆见白龙自波际乘之气而上,俄顷阴雨四布,风雨暴作。不终日,而甘露遍于畿内。"所记画龙致雨,不可能是客观事实,只能理解为巧合加虚构的产物,但却反映了唐代存在画龙祈雨的习俗。宋代也用画龙祈雨。唐张彦远《历代名画记》记载了(南朝)宋人用三国时期画师曹不兴所画龙图祈雨的故事:"吴赤乌中,不兴之青溪见赤龙出水上,写献孙皓,皓送秘府。至宋朝,陆探微见画叹其妙,因取不兴龙置水上,应时蓄水成雾,累日滂霈。"画龙祈雨至清代仍有遗存。《帝京景物略》说:"凡岁时不雨,家贴龙王神马于门,瓷瓶插柳枝,挂门之旁,小儿塑泥龙,张红旗,击金鼓,焚香各龙王庙。群歌曰:'青龙头,白龙尾,小孩求雨天欢喜。麦子麦子焦黄,起动起动龙王,大下小下,初一下到十八,摩诃萨。'初雨,小儿群喜而歌曰:'风来了，雨来了，禾场背了谷来了。'"①

　　以展现龙的神姿来祈雨，又出现了舞龙祈雨。舞龙祈雨至少在汉代已盛行。董仲舒《春秋繁露》说："春旱求雨，……暴巫聚尪，……于邑东门之外，为四通之坛，方八尺。……以甲乙日为大苍龙一，长八丈，居中央；为小龙七，各长四丈，于东方，皆东向，其问相去八尺。小童八人，皆斋三日，服青衣而舞之；田啬夫亦斋三日，服青衣而立之。"

　　"夏求雨，……以丙丁日为大赤龙一，长七丈，居中央；又为小龙六，各长三丈五尺，于南方，皆南向，其问相去七尺。壮者七人皆斋三日，服赤衣而舞之；司空啬夫亦斋三日，服赤衣而立之。"

　　"季夏祷山陵以助之。……以戊己日为大黄龙一，长五丈，居中央；又为小龙四，各长二丈五尺，于南方，皆南向，其间相去五尺。丈夫五人皆斋三日，服黄衣而立之。"

　　"秋暴巫尪至九日，……以庚辛日为大白龙一，长九丈，居中央；为小龙八，各长四丈五尺，于西方，皆西向，相去九尺。鳏者九人皆斋三日，服白衣而舞之；司马亦斋三日，衣白衣而立之。"

　　"冬舞龙六日，祷于名川以助之。……以壬癸日为大黑龙一，长六丈，居中央；又为小龙五，各长三丈，于北方，皆北向，其间相去六尺。老者六人皆斋三日，衣黑衣而舞之；尉亦斋三日，服黑衣而立之。"②

　　汉以降，舞龙逐渐由祈雨性质向娱乐性活动方面演化。至宋代，出现了娱乐性的舞草龙活动。南宋·吴自牧《梦粱录》说："以草缚成龙，用青幕遮草上，密置灯烛万盏，望之蜿蜒，如双龙飞走之状。"③龙身内置有灯烛，通体透亮，因此，舞龙又可称为舞龙灯。舞龙灯多在春节期间举行，虽然为娱乐性的活动，但仍包含了人们在新的一年，对风调雨顺、五谷丰收的祈求。以龙祈雨的巫术仪式，发展

---

①（明）刘侗、于奕正撰，孙小力校注：《帝京景物略》，上海世纪出版股份有限公司、上海古籍出版社 2001 年版，第 106 页。
②（汉）董仲舒撰，（清）苏舆义证：《春秋繁露义证》，中华书局 2019 年版，第 378—387 页。
③（南宋）吴自牧：《梦粱录》，黑龙江人民出版社 2003 年版，第 15 页。

第六章 中国神话活态叙事形式民族文化记忆的功能

到晚近,还出现了晒龙王、游龙王等要挟巫术仪式。一些地方遇天旱,人们便把龙王像放在阳光下暴晒,俗信认为龙王受不了烈日暴晒之苦,便会降雨。颇有上古暴巫祈雨韵味。暴晒龙王之后,还要抬着龙王游街。游街之时,既有隆重的护送礼仪,又有群众震耳欲聋的祈雨口号。大概是让龙王倾听一下群众的呼声,不犯众怒,早日降雨。1922年,胡朴安编纂的《中华全国风俗志》记载了天津的求雨风俗:"天津农人遇天旱之时,有求雨之举。求雨者,有抬关壮缪之偶像出送,或抬龙王之偶像出送,前引以仪仗多件,锣鼓喧天聒耳,有如赛会一般。另有一人,身披绿纸制成之龟壳,以墨粉涂面,口中喃喃而语。其余随从之人颇多,大都头戴一柳圈,手持一柳条,亦不知何所取义。每到一处,该处之人皆须放鞭炮,陈列贡品迎接。有街市之处,门口皆插柳枝,用黄纸书'大雨时行'四大字悬之,亦有书'大雨如注',或'大雨倾盆',或'天降大雨'者。另有儿童等用长木板一条,塑泥龙于上,以蚌壳为龙鳞,黏其上,扛之向街中游行,口中喊曰:'滑沥滑沥头咧,滑沥滑沥头咧。家家小孩来求雨咧。'或又喊之曰:'老天爷,别下咧,滑沥滑沥下大咧。大雨下到开洼地,小雨下到菜畦里。'"[①]

中原及汉族地区以龙祈雨习俗源远流长。伴随着中原地区的农耕生产方式的传播,以龙祈雨习俗向边远地区与民族地区广泛传播。在云南雄楚彝族,农历三月的第一个属龙日为祈雨节,彝语称"门捏底"。其时正值干旱少雨季节,彝族村民在毕摩的带领下,选择寨子附近最高的一座山,到山顶向天龙祈雨。彝族村民认为山越高离天龙越近,祈雨越灵。祈雨时,选择山顶一棵大树为龙树。在龙树下设祭坛,祭坛上铺青松毛,摆上酒、茶、米、肉等祭品,点起清香。毕摩选择一个强壮的小伙子,脸抹黑,扮作"龙王爷"模样。龙王爷腰间挎一盛满水的葫芦,爬上龙树,在毕摩念经时向下洒水。仪式开始,所有人在毕摩指挥下跪在龙树下开始默念祈雨。毕摩则身披法衣、头

[①] 胡朴安:《中华全国风俗志》下,河北人民出版社1986年版,第51页。

戴发帽、手摇冲天铃，开始跳神施法，边跳边念祈雨经。念完一段经，树上的"龙王"就向下撒一些"雨水"。毕摩反复念经，"龙王"反复洒雨，直至满意方止。祭毕，大家吃祭餐。然后将"龙王"抬回家。人们认为龙王抬回家了，则来年风调雨顺、五谷丰登。

云南保山潞江坝等地的德昂族，在农历三月要择吉日祭龙。吉日由佛爷择定。是日，村寨老少在佛爷带领下来到龙潭边祭龙。佛爷在一张白纸上画一条龙，点香烛、诵经，并将画有龙的白纸放于水上漂浮，村民随之叩拜求龙王保佑风调雨顺、五谷丰登。

云南宁蒗县。普米族敬畏水潭，认为水潭中有龙神，水潭中的龙神不仅主宰旱涝灾害，而且主宰人们的疾病。因此，普米族有祭祀水潭龙神习俗，分全寨公祭与家庭私祭两种。各村寨共祭的时间不一，有的在三月初五，有的在七月十五日。在龙潭边搭建一座木质高台与六座小台，用作祭祀，也象征龙宫。清晨开始举行祭祀仪式。将各种祭品摆上祭台，巫师登台念经，颂扬龙的恩德与福佑，求其保佑风调雨顺，消灾免祸。入夜，人们在龙潭附近燃起篝火，欢聚对歌。家祭在自家水潭边进行，仪式比较简单。①

云南红河者米拉祜族乡哈备村的哈尼族有祭龙仪式。哈尼族"每年举行祭龙的时间是农历二月、三月和八月。二、三月份是当地水稻正在成长、抽穗的关键时刻，在这期间，举行祭龙仪式，从而乞求神灵保佑，强调风调雨顺，无灾害发生，预祝粮食丰收，就显得非常重要。……八月是粮食收获季节，此时举行祭龙，庆祝丰收，感谢神灵给人类食物。""在苦聪大寨（拉祜族村），祭龙的第二天要举行集体性的撵山活动，虽然狩猎在他们的现代生活中已不是那么重要，他们主要以传统农业为主。但他们的先民的生活主要是依赖于狩猎与采集业。按照其风俗，当天的撵山活动就决定了他们一年中狩猎的好坏。如果这一天能获得猎物，就认为今后一年里每次狩猎或多或少都会有所收获。如果当天没有获得猎物，就认为兽神没有祭好，必须重新举

---

① 《中国各民族宗教与神话大词典》编审委员会编：《中国各民族宗教与神话大词典》，学苑出版社1993年版，第518页。

行祭祀活动，否则来年的狩猎不会顺利。"祭龙仪式中嵌入的狩猎活动，是拉祜族古老的狩猎生产方式的遗存，从中也可见农耕为拉祜族后来接受的一种生产方式。拉祜族在接受农耕生产方式的同时也接受了龙的仪式。①

祭大龙是云南西双版纳一带基诺族传统宗教节日。每年农历七月举行。过去，祭祀仪式主要由卓色（寨父）、卓巴（寨母）主持。届时，要举行剽牛仪式，并停耕三天，其目的是祈求龙王保佑风调雨顺。有的地方的基诺族这天全寨各户都不外出，只在家里娱乐，而长老则要持一只鸡，一盅酒，一升米去莫羊寨祭刀。传说莫羊寨有一把宝刀，能控制天气的变化，旱时，祭刀以求雨，涝时，祭刀以盼晴。祭时，杀鸡后，在鸡头上插三根草，再将鸡燎烧，然后看鸡腿骨的纹路，预卜来年的气候、雨水和收成。

祭龙，是红河州哈尼族和彝族的重大节日。每年3月份准备插秧的时候，各村里的"老贝马"便组织全村人民一起"祭龙"。仪式要求每一户村民平均凑出相同的钱来买一头猪或者牛，然后把牛或者猪赶到村旁边早已选定好的龙树地里当场屠杀，把肉摆在龙树下。"老贝马"点上几炷香，开始祈求风调雨顺，接着把肉按人数切成若干小块，再由"老贝马"亲自把每一块肉分给排队等候的村民们。村民们回家后在把家里最好的饭菜拿出来，在街上一家接一家的摆起来一起吃，还邀请亲朋好友们一起来庆祝，这就是"长街宴"！

苗族为求风调雨顺，定期要举行祭龙仪式。祭龙，又称为祭龙树，即选择某棵树作为龙的偶像进行祭祀。祭龙时要杀猪杀鸡，有时候还要杀狗。各寨轮流由一两户人家准备酒菜，祭祀完毕由参加者分食。费用由全寨人家平均分摊。通常是各家的男性家长一人参加祭龙活动，要自带粮食。祭龙期间三天停止生产劳动，其含义在于三天之内动土会挖到龙门或龙头，从而会给村里的农业生产带来

---

① 杨文安：《祭龙与少数民族传统文化研究》，《北京大学学报》2001年第6期。

灾难。有些地方的苗族在农历二月二举行祭祀龙树的活动，显然赖在汉族的影响。①

随着中原地区农耕生产方式不断向四周扩大传播范围，龙神话的记忆伴随着祈雨仪式也不断波及中华大地上的东西南北中，成为不同民族不同地域共同的文化记忆，从而为中华民族共同体的形成奠定了原始基础。

（二）龙神话的人文始祖记忆——共同体始祖信仰

农业生产与雨水的密切关系，导致了掌管雨水的水神及相关神话的产生。最初的水神是各种与雨水有关联的事物，主要是各种动物：或为水生动物，或与降雨相关的动物，如鱼、蛇、河马、水牛、猪、鳄、蜥蜴等。也有以气候现象为水神的：如云、虹、风、雨、雷、电等。此外，还有其他人们想象到的与雨水相关的事物也可能成为水神，如青蛙、飞鸟、树木等。随着水神崇拜的发展，由于祭祀水神仪式的需要，多种动物水神开始相互组合，这样就产生了幻想中的水神——龙。龙是掌管雨水与水域的集众水神之力为一体的幻想中的神灵，其力量在人们的心目中远远超出了其他所有水神。随着农耕生产的发展，龙的地位越来越高，以至于成为农业社会的至上神。龙的崇高地位，促成了其与远古帝王的联姻。三皇五帝都被赋予了龙的身份，产生了有关三皇五帝龙的身份的神话。在这些神话中，三皇五帝或为龙所生，或具有龙的局部形象等。从此，三皇五帝神话添加了龙的光环的记忆。

三皇之一的伏羲为雷神或虹神，虹神、雷神均为龙神。《帝王世纪》中记载："太昊帝庖牺氏，风姓也，母曰华胥。燧人之世，有大人迹出于雷泽之中，华胥履之，生庖牺于成纪。"②《史记·补三皇本

---

① 《中国各民族宗教与神话大词典》编审委员会编：《中国各民族宗教与神话大词典》，学苑出版社1993年版，第464页。

② （晋）皇甫谧撰，（清）宋翔凤、钱宝塘辑，刘晓东校点：《帝王世纪》，辽宁教育出版社1997年版，第2页。

纪》也载："太皞包牺氏，风姓，代燧人氏继天而王。母曰华胥，履大人迹于雷泽，而生庖牺于成纪。蛇身人首，有圣德。"①伏羲母华胥感雷泽之巨人迹而生伏羲，这是说伏羲为雷神。《拾遗记》载："春皇者，庖牺之别号。所都之国，有华胥之州，神母游其上，有青虹绕神母，久而方灭，即觉有娠，历十二年而生庖牺。"②伏羲母感青虹而生伏羲，这是说伏羲为虹神。虹为龙的原型之一，犹言伏羲为龙神。

女娲既是造人大母神，也是龙神。《山海经·大荒西经》："有神十人，名曰女娲之肠，化为神，处栗广之野，横道而处。"郭璞注："女娲，古神女而帝者，人面蛇身，一日中七十变。其腹化为此神。"③《楚辞·天问》："女娲有体，孰制匠之？"王逸注："传言女娲人头蛇身，一日七十化。其体如此，谁所制匠而图之乎？"④蛇为龙的原型之一，为水神中的主要成员之一，女娲蛇身，犹言女娲为蛇神，也即龙神。

炎帝神农既为龙神，也为牛神，牛神为龙神原型。《帝王世纪》载："炎帝神农氏，姜姓也。母曰任姒，有蟜氏之女，名女登，为少典妃。游于华阳，有神龙首感女登于常羊，生炎帝。人身牛首，长于姜水。因以氏焉。有圣德，以火承木，位在南方，主夏，故谓之炎帝。"⑤《宋书·符瑞志》："有神龙首感女登于常羊山，生炎帝神农。"《路史·后纪三》："炎帝神农氏，姓伊耆，名轨，一曰石年，是为帝皇君，炎精之君也。母安登，感神于常羊，生神农于烈山之石室。"⑥《纲鉴·三皇纪》："少典之君娶有蟜氏女，曰安登，少典妃感神龙而生炎帝。"安登感龙而生炎帝，炎帝是为龙神之子。同时，炎帝神农为"人身牛首"，也为牛神，牛神为龙之原型之一，也可证明炎帝龙神身份。

---

① （唐）司马贞：《史记·补三皇本纪》，书林书局2021年景印文渊阁四库全书第244册第四册，第972页。
② （晋）王子年撰，王兴芬译注：《拾遗记》，中华书局2019年版，第2页。
③ 袁珂译注：《山海经全译》，贵州人民出版社1991年版，第302页。
④ （汉）王逸注，（宋）洪兴祖补注，白文化等校点：《楚辞补注》，中华书局1983年版，第104页。
⑤ （晋）皇甫谧撰，（清）宋翔凤、钱宝塘辑，刘晓东校点：《帝王世纪》，辽宁教育出版社1997年版，第3页。
⑥ （宋）罗泌撰，周明笺注：《路史笺注》，巴蜀书社2022年版，第153页。

黄帝既为雷神，也为龙神。《史记·五帝本纪》正义载："母曰附宝，之祁野，见大电绕北斗枢星，感而怀孕，二十四月而生黄帝于寿丘。寿丘在鲁东门之北，今在兖州曲阜县东北六里。生日角龙颜，有景云之瑞，以土德王，故曰黄帝。封泰山，禅亭亭。亭亭在牟阴。"① 附宝感雷电而生黄帝，此言黄帝为雷神；黄帝"日角龙颜"，则又说黄帝为龙神。

颛顼为龙神之子，即为龙神。《史记·五帝本纪》正义："帝颛顼高阳氏，黄帝之孙而昌意之子也。"②《河图》："瑶光如蜺贯月，正白，感女枢于幽房之宫，生颛顼，首戴干戈，有德文也。"女枢所感瑶光，即为倪虹，为龙神原型。可见，颛顼为龙神之子。

帝喾为黄帝曾孙，其神迹记载极少，零星的记载也表明了其龙神的身份。《太平御览》引《大戴礼》："春夏乘龙，秋冬乘马，黄斧黻衣，执中而获天下。"帝喾骑着龙与马出游，说明他为龙神或马神，马神也为水神。《太平御览》引《史记》："日月所照，风雨所至，莫不服从。"日月风雨都由帝喾调配，说明帝喾为掌管水旱之神。其坐骑为马为龙，可见其龙神身份。

尧为帝喾之子，也为龙神之子。《太平御览》引《春秋合成图》："尧母庆都有名于世，盖天帝之女，……梦食不饥。及年二十，寄伊长孺家，出观三河之首，常若有神随之者。有赤龙负图出，庆都读之，赤受天运，下有图，人衣赤光，面八彩，须鬓长七尺二寸，兑上丰下，足履翼翼。署曰赤帝起，诚天下宝。奄然阴风雨，赤龙与庆都合婚，有娠，龙消不见。既乳，视尧如图表。及尧有知，庆都以图予尧。"尧母庆都为帝喾的第三个妃子，出游观三河，遇赤龙而感孕生尧。这说明尧为龙神。尧的神迹记载较多，如《太平御览》引《淮南子》："尧之时，十日并出，焦禾穗，杀草木，而民无所食，窫窳、九婴、大风、修蛇、封豨、凿齿为民害。尧弋凿齿于畴华之泽，杀九婴于凶水

---

① （汉）司马迁撰，（南朝宋）裴骃集解，（唐）司马贞索隐，（唐）张守节正义：《史记》，《二十四史》，中华书局1997年版，第5页。
② （汉）司马迁撰，（南朝宋）裴骃集解，（唐）司马贞索隐，（唐）张守节正义：《史记》，《二十四史》，中华书局1997年版，第8页。

之上，缴大风于青丘之泽。上射十日，而下杀猰貐。斩修蛇于洞庭，禽封豨于桑林。万民皆喜，置尧为天子也。"尧以水神龙的身份，除掉了为水旱之灾的恶神如猰貐、九婴、大风、修蛇、封豨、凿齿，使万民安居乐业，尧于是被奉为真龙天子。

舜为颛顼后裔，为龙神。《太平御览》引《帝王世纪》："舜，姚姓也。其先出自颛顼。颛顼生穷蝉，穷蝉有子曰敬康，生勾芒。勾芒有子曰桥牛，桥牛生瞽瞍。妻曰握登，见大虹，意感而生舜于姚墟，故姓姚，名重华，字都君。龙颜大口，黑色，身长六尺一寸，有圣德。"舜母握登意感大虹而生舜，可见舜为龙神。帝舜以水神身份命大禹治水，丰功伟绩千古传颂。《淮南子·本经》："舜之时，共工振滔鸿水，以薄空桑，龙门未开，吕梁未发，江淮通流，四海溟涬，民皆上丘陵，赴树木。舜乃使禹疏三江五湖，决伊阙，导瀍涧，平通沟陆，流注东海。鸿水漏，九州干，万民皆宁其性。"[①] 舜帝时期龙神开始展现治水神功。

在漫长的历史发展过程中，三皇五帝逐渐成为中华民族共同的人文始祖，其中的炎黄又通常作为三皇五帝的代表受到人们的顶礼膜拜，中华儿女遂以炎黄子孙自居。而龙又是三皇五帝的统一的化身，所以中华儿女又自称为龙的传人。由此可见，龙神话与三皇五帝神话融合而形成的古帝王龙身份的记忆在中华民族共同体的祖先信仰体系建构中发挥了重要作用。

（三）龙的节日记忆增强了多元一体的中华民族的认同意识

在中华各民族长期交往、交流与交融的历史发展过程中，神话中的龙作为农业生产方式的符号，帝王的化身，逐渐渗透进了各族人民日常生活的方方面面，形成了五花八门的龙的节日。龙的节日是龙神话的活态传承形式，包含着中华民族象征性符号的记忆。各民族龙的

---

① （汉）刘安等撰，许匡一译注：《淮南子全译》上，贵州人民出版社1993年版，第424页。

节日记忆，既有不同民族的特色，又有内在的统一性，比如龙的始祖身份，龙的行云布雨神性等在全国的龙的节日记忆中几乎是完全一致的。龙节日记忆的共享性，促进了各族儿女对中华民族共同体的认同。诚如高丙中所说："现代国家的节假日体系是反映一个国家根本的价值取向和民族精神状态的文化指标。国家对节假日的制度安排应该考虑如何充分利用节假日作为社会文化再生产的机制，以便通过民族文化的生活传习来增强民族认同。"①

我国各民族龙的节日非常丰富。汉族的龙的节日主要有：正月十五舞龙灯节，二月二龙抬头节，端午龙舟竞渡节，五月二十日分龙日，六月六晒龙袍节等，这些节日不仅在汉族地区广为传播，在少数民族地区也有普遍传承，而且形成鲜明的地域特色和民族特色。端午节龙舟竞渡仪式在全国流传最为广泛。几乎凡是有水域的地方，端午节都要举行竞渡活动。龙舟竞渡本为振奋龙的精神，使其担负起行云布雨的职责，但其在各民族的传播，却起到了促进民族认同的作用。居住在贵州凯里清水江流域的苗族，称端午节为龙船节。当地苗族每年要举行两次龙舟竞渡，一次是在农历五月五日，在这一天要划龙舟，当地苗族划龙舟与农事活动密切相关。五月五日正是人们忙着插秧的时候，参加赛事的龙船往往只有十来条。此时举行龙舟竞赛，在竞技娱乐的同时，还带有驱旱祈雨、庆祝插秧成功、预祝五谷丰登的意义。

少数民族龙的节日五花八门，丰富多彩。贵州报京二月二为侗族接龙的日子。在当地侗族，人们认为犀牛是龙的象征，能保佑人间风调雨顺、人畜两旺。在接龙这一天，全寨的人要从一个丰收寨方向进寨，芦笙队簇拥着一条小牿牛，进入寨子后，杀掉小牿牛，把肉平均分给每一户，名曰吃龙肉。其时，寨子里的人要互请喝酒吃龙肉，然后唱"龙王归位"酒歌。最后将一双牛角埋在犀牛潭地下，表示所接之龙归位了。报京侗族二月二接龙节，实际上是由汉族二月二龙抬头节演化而来。湘西苗族从农历三月谷雨始，即开始过看龙节。头次逢

---

① 高丙中：《节日传承与假日制度中的国家角色》，《绍兴文理学院学报》2009年第5期。

辰日为"看头龙";过十二天又逢辰日,为"看二龙";如此继续,直到"看三龙"。每逢看龙日,人们都要休息一天,积极参加看龙活动,即观看舞龙。鄂西土家族有晒龙袍节。时间为农历六月初六。相传为土司覃垕遇难血染龙袍之时。是日,家家户户翻箱倒柜,将所有的衣物拿出来暴晒。又到摆手堂祭祀土王菩萨,蒸饭、杀牛,取牛的肉、舌、肠、心等十物各一份,称十全,用以祭品。随后村民齐聚开怀畅饮。云南河口大瑶山地区的瑶族既有龙母上天节,又有龙公上天节。前者为农历七月十二日,是日当地瑶族村民祭龙,并送龙升天。后者为农历八月二十日,是日瑶族村民祭龙,并送龙公升天。云南独龙族有龙节。独龙族把一年分为十二个节令,即十二种龙。并据此安排农事和其他生产劳动。如第一个节令,称得则卡龙,意为无农活可做。山上有雪,男子打猎,女子织布。第二个节令为阿蒙龙,意为草开始生芽,山上有雪,开始种小麦、小米、青稞。第三个节令为阿暴龙,意为地上有草,砍火山堆,种洋芋。凡此种种,不再赘述。

各民族龙的节日记忆异彩纷呈,却又具有共同的龙文化符号,体现了中华民族共同体多元一体的文化构成,既显示出中华各民族鲜明的特色,又表现出高度一致的共性,有鉴于此,龙是中华民族共同体得以形成和发展的坚实的基础。

(四)龙神话记忆的分布地图——共同体的地理范围

神话中的龙是中华民族统一的符号,在中国广袤的大地上,不同区域、不同民族,都烙上了龙的标志,都保存了龙的记忆。在《山海经》的地理叙事中,龙的形象就已经遍布东西南北中。《山海经》的地理叙事涉及的地域范围已经非常广大,虽多虚幻成分,且也有模糊的真实的存在。关于《山海经》的所述地域范围,有研究者认为:"《南山经》东起浙江舟山群岛,西抵湖南西部,南抵广东南海,包括今浙、赣、闽、粤、湘5省。《西山经》东起山、陕间黄河,南起陕、甘秦岭山脉,北抵宁夏盐池西北,西北达新疆阿尔金山。《北山经》

西起今内蒙古、宁夏腾格里沙漠贺兰山，东抵河北太行山东麓，北至内蒙古阴山以北。《东山经》包括今山东及苏皖北境。《中山经》为中原豫州河南西南巴蜀一带。"① 当然，将《山海经》模棱两可的描述与具体的地理位置相对应，难以令人置信，但是也不能完全否定，诚如叶舒宪所说："由于《山海经》所体现的是古人的神话地理或神话政治地理，其文化功能在于权力叙事和国家版图与物产的掌控确认，它既不可能是完全客观的地理描述，也不是纯粹主观幻想的创作产物，而是依托现实地理山河物产的实际情况加以整合再造的体系。"② 可以说，《山海经》描述的地域模糊反映了华夏及周边早期地域范围。而正是在这一广大的地域范围内，均有龙的神话记忆的分布。说明早在《山海经》的时代，龙已成为连接广袤大地的精神纽带。

《山海经》所涉及地域多有动物组成的龙，有两种、三种及多种动物的组合，但以两种动物的组合居多，说明《山海经》中的龙多半还处于原始状态，因为龙是多种动物的组合体，组合的动物越多，越是趋于成熟；这也间接透露出龙的广泛分布年代甚早。如两种动物组合成的龙。

文鳐鱼。《山海经·西次三经》载："泰器之山。观水出焉，西流注于流沙。是多文鳐鱼，状如鲤鱼，鱼身而鸟翼，苍文而白首赤喙，常行西海，游于东海，以夜飞。其音如鸾鸡，其味酸甘，食之已狂，见则天下大穰。"③ 文鳐鱼的出现能带来天下大穰，说明这种神兽与农业生产所需的风调雨顺有关，是为掌管雨水的龙神。

蠃鱼。《山海经·西次四经》载："蒙水出焉，南流注入洋水。其中多黄贝；蠃鱼，鱼身而鸟翼，音如鸳鸯，见则其邑大水。"④ 蠃鱼的出现会使天下大旱，说明这种鱼为水旱之龙神。

鳛鳛鱼。《山海经·北山经》载："涿光之山，嚣水出焉，而西流

---

① 徐梦媛：《山海经的地域范围》，《中国少儿教育网》2019年1月31日。
② 叶舒宪：《河出昆仑神话地理发微》，《民族艺术》2016年第6期，引自叶舒宪、萧兵等《山海经的文化寻踪》，湖北人民出版社2004年版，第51—74页。
③ 袁珂译注：《山海经全译》，贵州人民出版社1991年版，第37页。
④ 袁珂译注：《山海经全译》，贵州人民出版社1991年版，第54页。

注于河。其中多鳡鳡之鱼，其状如鹊而十翼，鳞皆在羽端。其音如鹊，可以御火，食之不瘅。"① 在古人的观念中，火与旱相通，可以御火的鳡鳡鱼应是具有驱旱神性的龙神。

鲐鲐鱼。《山海经·东次三经》载："有鱼焉，其状如鲤，而六足鸟尾，名曰鲐鲐之鱼，其名自詨。"② 鲐鲐鱼为鱼身鸟尾六足，不取鸟翼而取鸟尾、鸟足，是鱼与鸟组合的变种，为飞天之龙。

马首鱼。郦道元《水经注·温水》载："有鲜鱼，色黑，身五丈，头如马首，伺人入水，便来为害。"③ 马首鱼，实际上就是马首鱼身的龙。

龙马。《渊鉴类函》因《瑞应图》："龙马者，神马也，河水之精。高八尺五寸，长颈，骼上有翼，旁有垂毛，鸣声九音，有明王则见。"④ 马与鸟的组合。马装上鸟的翅膀，便有了飞天的神性，而且被称为龙马，龙马即为龙。凡此种种数不胜数。

《山海经》所属地理范围内不仅遍布龙神，而且所述东南西北中几组山脉之神均为被说成是龙神。《南山经》："凡南次三山之首，自天虞之山以至南禺之山，凡一十四山，六千五百三十里。其神皆龙身而人面。其祠皆一白狗祈，稌用稌。"⑤ 南山系列山神皆"龙身而人面"，均为龙神。《西山经》："西南三百六十里，曰崦嵫之山，其上多丹木，其叶如榖，其实大如瓜，赤符而黑理，食之已瘅，可以御火。其阳多龟，其阴多玉。苕水出焉，而西流注于海，其中多砥砺。有兽焉，其状马身而鸟翼，人面蛇尾，是好举人，名曰孰湖。有鸟焉，其状如鸮而人面，蜼身犬尾，其名自号也，见则其邑大旱。"⑥ 此山神"其状马身而鸟翼，人面蛇尾"，也为龙神。此山为末尾之山，其神可谓西山系列山神之代表。《北山经》："北次三经之首，自太行之山以

---

① 袁珂译注：《山海经全译》，贵州人民出版社1991年版，第62页。
② 袁珂译注：《山海经全译》，贵州人民出版社1991年版，第62页。
③ （北魏）郦道元：《明钞本水经注》第八册，国家图书馆出版社2018年版，第46页。
④ （清）张英、王世禛等：《渊鉴类函》，上海古籍出版社2008年版，第315页。
⑤ 袁珂译注：《山海经全译》，贵州人民出版社1991年版，第15页。
⑥ 袁珂译注：《山海经全译》，贵州人民出版社1991年版，第55页。

至于无逢之山，凡四十六山，万二千三百五十里。其神状皆马身而人面者廿神。其祠之，皆用一藻茝瘗之。其十四神状皆彘身而载玉。其祠之，皆玉，不瘗。其十神状皆彘身而八足蛇尾。其祠之，皆用一璧瘗之。大凡四十四神，皆用稌糈米祠之。此皆不火食。"① 马身人面之山神，为马龙神；彘身而载玉，即是出土文物中猪龙神；"彘身而八足蛇尾"，有蛇、彘形象，也为龙神。《东山经》述东山系列最后一山："又东北二百里，曰太山，上多金玉桢木。有兽焉，其状如牛而白首，一目而蛇尾，其名曰蜚，行水则竭，行草则死，见则天下大疫，钩水出焉，而北流注于劳水，其中多鳡鱼。"② 东山系末尾山之山神，也为龙神，也是整个东山山系的代表。唯《中山经》少有称山神为龙神者，然所属地域也多龙神。

四海海神也被说成是龙神。说明龙已经遍布海内外，龙在中国的传播已经非常广泛。除《山海经》外，其他典籍有关龙的记载，也表明了龙神话记忆的广泛分布。

吴越之地有古越人，以龙为图腾，并保留了断发文身习俗的记忆。《庄子·逍遥游》中有云："越人断发文身。"《左传·哀公七年》："大伯端委以治周礼，仲雍嗣之，断发文身，裸以为饰，岂礼也哉。"《淮南子·原道训》："九疑之南，陆事寡而水事众，于是民人断发文身，以象鳞虫。"《史记·赵世家·正义》记越人文身之法"刻其肌，以青丹涅之"。断发，就是不梳冠，将头发剪短或剪掉，文身是在身上刻下图案，然后用矿物、植物的颜料填充图案。断发文身习俗向来有多种解释：如美饰说、巫术说、成年礼仪说、图腾说等。综合多种说法进行分析，可以认为它是一种具有多种功能的习俗。其中的图腾崇拜功能与龙舟竞渡有关。东汉末期应劭还认为，越人"常在水中，故断其发，文其身，以象龙子，故不见伤害也"，这说明断发、在身上纹上龙的图案是古代越人"习水"而避蛟龙的一种自我保护的方式，同时也是一种龙崇拜形式。当然，如果借助于舟楫习水，便出现

---

① 袁珂译注：《山海经全译》，贵州人民出版社 1991 年版，第 84 页。
② 袁珂译注：《山海经全译》，贵州人民出版社 1991 年版，第 112 页。

了将小舟装扮成龙的模样,来表达对龙的崇拜的行为。鄞州云龙镇石秃山曾出土过一个战国时期的"羽人竞渡"斧形铜钺。器物上刻双龙,下刻龙舟,四人一排,双手持桨,奋力划动。这是关于越人龙崇拜仪式划龙舟的具体描绘。在岭南地区发现的铜鼓上,也发现了一些头戴羽冠的人划龙舟的图案,有可能也是古代越族龙舟竞渡习俗的记录。如石寨山型的铜鼓上的图案就很有代表性。铜鼓上有划船图案,船首为鸟首形,船尾成鸟尾状,船身窄长,船头、船尾高翘。船上人物,头戴羽冠,腰系吊幅,有的上下身裸露,有执羽杖指挥,有划桨、有掌梢、有舞蹈,一般都各有固定的位置和行动的程式。他们前后坐成一列,动作协调一致,并具有强烈的节奏感。船下有鱼,表示船行水中。不少学者认为,铜鼓上的船纹是龙舟竞渡习俗的一种反映。竞渡之俗,在我国长江以南各民族中,甚为流行。岭南的百越,远在原始社会就居住在水地区,善于使舟。赛龙舟,是他们水上生活的演习。写实船纹的铜鼓,多为汉代遗物。百越龙舟竞渡也是端午重要仪式的源头之一。

西南地区,又有关于龙的神话,称之为"九隆神话"。最早记载这个神话的史书是东晋常璩所撰的《华阳国志》。《华阳国志·南中志·永昌郡》说:"永昌郡,古哀牢国。哀牢,山名也。其先有一妇人,名曰沙壶(可能是壹之讹),依哀牢山下居,以捕鱼自给。忽于水中触有一沈木,遂感而有娠。度十月,产子男十人。后沈木化为龙出,谓沙壶曰:'若为我生子,今在乎?而九子惊走。惟一小子不能去,陪龙坐,龙就而舐之。沙壶与言语,以龙以陪坐,因名曰元隆,犹汉言陪坐也。沙壶将元隆居龙山下。(隆)长大,才武。后九兄曰:'元隆能与龙言,而黠有智,天所贵也。'共推以为王。"[①]

南朝刘宋时范晔所撰《后汉书·南蛮西南夷列传》第七十六也记载了这个神话:"哀牢夷者,其先有妇人名沙壹,居于牢山。尝捕鱼水中,触沈木若有感,因怀妊,十月,产子男十人。后沈木化为龙,

---

① (晋)常璩:《华阳国志》,巴蜀书社1984年版,第424页。

出水上。沙壹忽闻龙语曰：'若为我生子，今悉何在'九子见龙惊走，独小子不能去，背龙而坐，龙因舐之。其母鸟语，谓背为九，谓坐为隆，因名子曰九隆。及后长大，诸兄以九隆能为父舐而黠，遂共推之为王。后牢山下有一夫一妇，复生十女子，九隆兄弟皆娶以为妻，后渐相滋长。种人皆刻画其身，象龙文，衣皆著尾。九隆死，世世相继。乃分置小王，往往邑居。绝域荒外，山川深阻，生人以来，未尝交通中国。"①

明代还有关于哀牢国神话的记载，杨鼐《南诏通纪》："其先有蒙伽独，妻摩黎，羌名沙壹。居哀牢山，捕鱼为生。后死哀牢山水中，不获其尸。沙壹往哭，见一木浮触而来，妇坐其上，平稳不动。遂常浣絮其上，若有感，因怀妊，生九子，复立一子。一日，往行池边，见沈木化为龙，忽语曰：'若为我生子，今何在'九子见龙皆惊走，独小子不去，背龙而坐，因舐之，唤其名曰习农乐。母见之，乃鸟语，谓背为九，谓坐为隆，因名九隆。习农乐后有神异，诸兄见其为父所舐，而与名，又有神异，遂推为王，主哀牢山下。"② 哀牢山九隆神话反复见于典籍记载，说明龙的神话在西南地区盛传不衰，龙的影响历久弥深。

龙神话还以传说化的形式广泛传播。从北到南，有秃尾巴龙的故事流传并随着地方移动发生变异。在北方是以龙子为中心的孝子故事记忆，到南方则变为以龙母为中心的女神故事记忆。山东、东北、河北流传着秃尾巴老李的传说。山东不少地方均有秃尾巴老李的传说。

清康熙年间《文登县志》："县南柘阳山有龙母庙。相传山下郭姓妻汲水河崖，感而有娠，三年不产。忽一夜雷雨大作，电光绕室，孕虽娩，无儿胞之形。后，每夜有物就乳，状如巨蛇盘梁上，有鳞角，怪之，以告郭。郭候其复来，飞刃击之，腾跃而去，似中其尾。后，其妻死，葬山下。一日，云雾四塞。乡人遥望，一龙旋绕山顶。及晴，见冢移山上，墓土高数尺，人以为神龙迁葬云。后，秃尾龙见，年即丰。每

---

① （南朝）范晔：《后汉书·南蛮西南夷列传》第七十六，中华书局1965年版，第2848页。
② 杨成彪：《楚雄历代诗文选》，云南人民出版社2006年版，第337页。

见云雾毕集，土人习而知之。因构祠祀之。后，柘阳寺僧取龙母墓石，风雨大作，雹随之，其大如斗，寺中尽黑气，咫尺不见。周围里许，二麦尽伤，独龙母庙内，花木皆无殃焉。"①

四川的龙母故事突出表现母子情深以及龙子报恩尽孝之美德。传说四川灌县都江河边有一座小山包。小山包脚下一间破烂的茅草房里，住着母子俩。母亲起早贪黑地纺线；儿子出去割草卖给人家喂牛。由于近处的草被割得差不多了，儿子有一天就走进背后的大山去割草，在后山，他发现一团郁郁葱葱的嫩草，很快就割了一背篓。第二天，他又去到那座山上，发现昨日割草的地方，又长出了一窝嫩草。他有些惊讶。很快又割了一背篓。临走，他捡来几块小石头放在割完草的地方，作了记号。第三天，他爬上岩，又出现了那窝嫩草，草的侧面，作记号的石头原封不动地在那里。他决定要看个究竟，一口气把草割完，又拿镰刀去挖草根。挖出一颗火红的珠子。珠子刚挖出来，刮起一阵大风，太阳阴沉，雷声隆隆，大雨将临。他抓起红珠，一溜烟跑下山去了。回家后，将红珠藏入米缸，则米缸每天用去的米，第二天又完好如初地被补上了。以后天天都是这样，米缸的白米总是吃不完。母子俩将吃不完的白米拿去卖一点以换回油盐。日子一久，红珠子的事一传十、十传百地传开了。一个员外知道了，带领一批家丁，强行索要红珠。儿子将红珠含在口中，员外一巴掌打在儿子脸上，红珠被吞进肚里去了。员外限娘俩三天交出红珠。儿子吞下红珠后，燥热难耐，喝了一两碗水，解不了渴，喝了一两瓢水，还是解不了渴。喝完了一缸水，还是解不了渴。又到河里去喝，母亲拉住他的腿，突然发现，儿子变了，头上长角，浑身披鳞，成了一条龙。儿子身子越长越大，摆脱了母亲的手，向江河游去。母亲在岸边喊："儿啊，你回来呀！"他掉转头来，又望望母亲。掉头的地方，就成了一个石滩。母亲一喊，他又回头。母亲喊了二十四声，儿子回了二十四次头，河里就添了二十四个滩。这就是有名的二十四个"望娘

---

① （清）李祖年修，于霖逢纂：《文登县志》，1933 年铅印本，第 60 页。

滩"。四川的龙母故事加进了宝物故事，突出了宝物使人变成龙的功能。

　　这个故事流传到岭南地区包括广东、广西，则变为以龙母为中心的故事，即龙母传说。龙母是一位奇特的女子，其父系广西藤县人氏，姓温，名天瑞；母亲系广东德庆县悦城人氏，姓梁。她一生下来，头发一尺长，身体奇伟，脸慈祥。从小喜欢读书，一目十行，过目不忘。长大后，就与自己的姐姐、妹妹以及邻居的四位姑娘结成"金兰七姐妹"。龙母能预知人间祸福，精通各种医术，经常救死扶伤，成为岭南一带人们信仰的女神。传说龙母拾卵豢龙而成名。一日，温氏到江边洗衣服，突然发现水中闪闪发光，细看有一颗像"斗"那么大的巨蛋。非常喜欢，将其抱回家收藏。经七月又二十七天，蛋裂，从中窜出五条活蹦乱跳蛇状蜥蜴，性喜水。温氏如母育儿一样精心喂养，蜥蜴长大后成为五条小龙。小龙为报答养育之恩，常常衔鱼孝敬温妇，并合力帮助温妇与水灾、旱灾、虫灾、兵灾抗争，温妇故事影响极大。西江流域的百姓及远涉东南亚一带的华人，世世代代崇拜龙母，不断建造龙母庙。年年祭祀龙母，祈求风调雨顺、国泰民安。岭南龙母故事，既有表彰龙子感恩孝敬龙母的内容，更有赞美龙母丰功伟绩、表达对龙母崇拜之情的主题。龙母故事从北到南，由讲述龙子报恩的故事发展到表现女神崇拜的故事，表现了南北不同的地域环境与地域文化对世俗化的龙神的略显不同接受，体现了中国龙神世俗性发展过程中所形成的多元一体的特性。

　　综上所述，龙神话的多维叙事记忆对于中华民族共同体的建构发挥了非常重要的作用。龙作为中华民族象征性符号，可谓当之无愧！所以保护传承龙神话文化，是保护民族文化特色的需要，更是铸牢中华民族共同体意识的需要！

三　体系神话记忆传承各民族远古历史文化的功能

　　体系神话主要指各民族的口头传承的创世神话体系和汉族的三皇

第六章　中国神话活态叙事形式民族文化记忆的功能

五帝神话谱系及相关的景观叙事，它们都具有完整、成体系的内容与形式，包含了远古神话历史的完整记忆，而神话历史虽然是用神话的幻想与想象创造出来的历史，但是至少折光地反映了历史，因此，体系神话具有传承远古历史文化的功能。欧赫美尔主义神话学派及其延续者都认为：神话包含了一定的史迹。[1] 神话起源于人类社会早期，反映了人与自然、人与社会的复杂关系，多少折射出人类发展的史影；而且神话在漫长的活态传承过程中，又不断融入了后世的历史文化内容，因此，尽管神话是人类心灵幻想的产物，但仍然蕴含了一定的真实社会生活内容，具有一定的历史真实性。我国不少民族都将神话特别是创世神话当作民族的历史、根谱、古根、百科全书，每逢重大庆典、祭祀活动，都要举行仪式、唱诵民族史诗神话，用于传承民族历史记忆。汉族的三皇五帝神话则以谱系形式反映了华夏族史前的历史，虽然是神话历史，却也反映了一定时期历史的真实。所以即是像司马迁那样严谨的史学家，写作《史记》的时候，也不能不用到这些多少有些虚幻的材料，而将五帝神话写进史书，撰有《五帝本纪》；然三皇神话只是在《秦始皇本纪》中借李斯之口略微提及，并未录用，可能是司马迁觉得三皇神话太过虚缈。但是无论如何，三皇神话与五帝神话一样，在人们心中留下史前史的记忆，而且这段神话历史记忆起到了增强民族向心力、凝聚力的作用。

中国各民族创世神话体系主要包括天地形成、人类形成、民族迁徙、文化发明史等历史记忆，具有传承民族远古历史的功能。

（一）天地形成历史记忆

在我国南方民族口头传承的创世神话中，天地的形成、人类的起源往往不是一蹴而就的，而是要经历复杂、曲折甚至反复的过程，反映了人们对天地形成过程的一种复杂认识。从而留下人们关于天地形

---

[1] 杨利慧：《神话与神话学》，北京师范大学出版集团、北京师范大学出版社2009年版，第197—198页。

成历史认知的记忆。天地开辟神话讲述天地从开辟到稳定的过程，反映了人们对天地形成认识的发展，也表现了人类对自身生存环境与社会环境由混乱到稳定、由无序到有序过程的认识。这类神话反映了先民们朴素的进化论思想，是历代先民智慧的结晶。天地开辟史通常包括天地的开辟、天地分离、天地稳定、天地秩序建立、天地毁灭与重建等。

　　天地开辟主要有自然形成与大神造成两大类，如混沌之气分阴阳形成天地，基诺族始祖阿嫫腰白用泥巴造天地①。最初开辟出来的天地往往是连在一起的，需要将其分开。佤族神话《司岗里》：天地形成之初，天和地是用铁链拴在一起的，里（"磨"的意思，传说中的天神）与伦（"堆"的意思，传说中的地神）派达能用巨斧砍断了拴着天地的铁链，天高高地升上去，地低低地降下来，从此天地分开了。②天地分离后，还需要稳定。彝族史诗《阿细的先基》：云彩形成的天地飘忽不定，阿底神拿来四四一十六根柱子金银铜铁柱，分别竖在东南西北四个方向来撑天，天就稳固了。可是地还在动，原来大地是铺在三条大鱼背上的，鱼动地就动，他又想方设法控制住鱼，地也就稳定了。③天地的稳定还包括天地吻合。彝族《梅葛》：很早以前，盘颇派去造天的九个儿子偷懒，把天造小了，派去造地的七个女儿很勤劳，把地造大了，天地合不拢。被盘颇派去合拢天地的阿文拉起地筋，用力一抖，大地就皱起来缩小了，就能与天相合了，由于大地有了皱褶，就出现了山岭与平川。④天地的稳定实际上也包含了天地秩序建立的意义。天地稳定后，又发生毁灭与重建。女娲补天的神话就是一个典型的天地重建神话，这一神话以天穿节的仪式在民间传承，东晋·王嘉《拾遗记》已有记载。《渊鉴类函》卷一三《岁时部》记载："补天穿。《拾遗记》云：'江东俗称正月二十日为天穿日，以红

---

　　① 《中国各民族宗教与神话大词典》编审委员会编：《中国各民族宗教与神话大词典》，学苑出版社1993年版，第353页。
　　② 尚仲豪、郭思九、刘允褆编：《佤族民间故事选》，上海文艺出版社1989年版，第2页。
　　③ 姚宝瑄主编：《中国各民族神话·羌族·彝族》，书海出版社2014年版，第131—132页。
　　④ 姚宝瑄主编：《中国各民族神话·羌族·彝族》，书海出版社2014年版，第95—96页。

缕系煎饼置屋上,曰补天穿。'相传女娲氏以是日补天故也。"可见,东晋已有天穿节,节日有用红绳系煎饼放置屋顶的习俗,是一种象征女娲补天的巫术仪式。天穿节一直延续到近代社会,清代地方志多有记载,民国地方志仍有记载。清光绪十年(1884)刻本《高陵县志》:正月"二十日,置煎饼屋上,曰'补天'"。[1] 清乾隆四十一年(1776)刻本《临潼县志》:正月"二十日,以薄饼掷屋上,谓之'补天'"。[2] 清乾隆四十三年刻本《富平县志》:正月"二十日,置面饼屋宇上下,曰'补天地'。"[3] 民国二十四年(1935)南京东华印书馆铅印本《重修灵台县志》:正月"二十日,以面做薄饼,其厚如纸,俗称'补天地'"。[4] 民国十六年铅印本《东莞县志》:"以红绳系煎饼置屋上,谓之'补穿天'。今邑俗仍为煎饼祷神,无系置屋上者。"[5] 清光绪十六年刻本《花县志》:"烙糯粉为大圆块,加针线其上,谓之'补天穿'。"[6] 明清穿天节煎饼习俗也略有变化。由于天穿日与雨水节令相邻,节日屋顶置放煎饼习俗在模仿女娲补天意义的基础上,又增添了防屋漏及祈求风调雨顺之意。在这一天,有些地方还要将煎饼撕成小块,向天空和地上分别抛洒,意为补天、补地。广东一带过穿天节,妇女做成大圆饼,然后用针在上面扎,也是补天穿之意。虽然,穿天节在各地渐成淡化之势,象征补天的巫术仪式逐渐消亡,但吃煎饼习俗却仍在传承,这也说明,源自远古神话中天地开辟历史认知记忆仍存在民俗仪式之中。

---

[1] 丁世良、赵放主编:《中国地方志民俗资料汇编·西北卷》,北京图书馆出版社1989年版,第21页。

[2] 丁世良、赵放主编:《中国地方志民俗资料汇编·西北卷》,北京图书馆出版社1989年版,第49页。

[3] 丁世良、赵放主编:《中国地方志民俗资料汇编·西北卷》,北京图书馆出版社1989年版,第47页。

[4] 丁世良、赵放主编:《中国地方志民俗资料汇编·西北卷》,北京图书馆出版社1989年版,第182页。

[5] 丁世良、赵放主编:《中国地方志民俗资料汇编·中南卷》,北京图书馆出版社1989年版,第742页。

[6] 丁世良、赵放主编:《中国地方志民俗资料汇编·西北卷》,北京图书馆出版社1989年版,第685页。

（二）人类与民族起源历史记忆

在口传神话中，人类的形成历史也有着曲折的过程，人类经历了由低级到高级、由蒙昧到文明的蜕变过程。口传人类起源神话，保存了人类进化史的记忆。人类是群居的动物，所以伴随着人类起源及其发展，也逐渐形成了族群。

我国南方众多少数民族口传洪水遗民神话，就保留了人类曲折进化史的记忆。神话基本结构为：

天地开辟、人类诞生后，由于种种原因，其中最主要的原因是人种不好，或者体质不好，或者德行不好，最主要的是后者，天神发动洪水要毁灭人类。临发洪水前，天神或雷公给了善良的兄妹一颗葫芦种子，叫他们种下，嘱咐他们说，葫芦很快会发芽生长开花并结出果实。如果洪水来了，可以躲进葫芦中避灾。洪水发生时，兄妹进入巨大的葫芦，得以逃生。洪水过去后，天下没有了人烟。某神暗示兄妹结为夫妻繁衍人类。最初兄妹因为血缘关系不肯成婚，后来经过滚磨盘、烧黑烟、穿针线或围绕山行走等占卜性质的活动，其合理性得到证实，兄妹终于结为夫妻。不久妹妹生下怪胎，最后变为新一代人。我国南方各民族的洪水神话，从本质上来讲，是神话式的人类进化史。闻一多当年分析了收集到49则洪水神话的异文，认为"造人是整个故事的核心"。[①] 我国南方民族阿昌族、白族、布依族、布朗族、德昂族、侗族、独龙族、傣族、仡佬族、哈尼族、基诺族、景颇族、拉祜族、怒族、黎族、傈僳族、纳西族、苗族、仫佬族、毛南族、羌族、水族、土家族、佤族、瑶族、彝族、壮族、高山族、畲族等都有洪水遗民神话，北方也发现少数量的洪水神话，说明洪水遗民神话是人们关于人类早期发展的一种重要的记忆，这与人类早期逐水居住及原始农业有着密切联系。

[①] 闻一多：《伏羲考》，苑利主编：《二十世纪民俗经典·神话卷》，社会科学文献出版社2002年版，第206页。

苗族在殷商时代形成于洞庭湖一带，其创世史诗《苗族古歌》包含了洪水神话的故事。

彝族主要分布于滇、川、黔、桂四省，长期以农耕经济为主。云南彝族《梅葛》讲述洪水发生的原因是天神觉得人种不好。神话说：天神格滋造了天地万物后，又来造人类。撒下三把盐，换了三次人种，造了三次人，还是不满意，认为这一代人好吃懒做，而且总是找不做事的借口。格滋派武姆勒娃下凡换人种，经过考验，挑中了学博若的的小儿子和女儿做人种。武姆勒娃准备发洪水，他叫大哥打金柜、二哥打银柜、三哥打铜柜、四哥打铁柜，让他们洪水发来时躲进柜里。唯独给了小儿子三颗葫芦籽，叫他种下，说是很快会长出大葫芦，洪水发来时躲进去。这里的洪水不是天神直接发起的，而是四兄弟引发的，更加突出了发洪水的原因是人心太坏。四兄弟打好柜子后，就将武姆勒娃变成的老熊杀害了，结果血流成河，脑袋淌入东洋海，塞住出水洞，大陆上的洪水就涨起来了，普天之下都淹完。四兄弟躲进柜子，结果沉入水底。兄妹二人躲进葫芦得以逃生。在人类反复再生的情节中，显然表现彝族尚德的民族精神，当然这也许是在神话传承过程中，经过了后世润饰的结果。天神在海边找到葫芦，吩咐兄妹成婚繁衍人类："世上的人种子，只剩你两个，兄妹成亲传人烟。"兄妹二人认为兄妹同胞生，不能结成亲。兄妹在高山上滚磨盘，哥在这山，妹在那山。磨盘滚到山沟底，上扇下扇合拢来。兄妹还是不同意。又在高山顶上滚筛子与簸箕，哥在山阳滚筛子，妹在山阴滚簸箕，滚到山沟底，筛子垒在簸箕上。兄妹还是不成亲。天神又用成双的鸟、成对的树、公鸭与母鸭、公鹅与母鹅来作比喻，叫兄妹成婚。兄妹始终不肯，最后没有办法，出于繁衍人类的需要，只好采取这种的办法，实行象征性结合。属狗那一天，哥在河头洗身子。属猪那一天，妹在河尾捧水喝。吃水来怀孕。一月吃一次，吃了九个月，妹妹怀孕了。这实际上一种象征性的结合仪式，结果妹妹靠喝水感生的方法怀孕，但虽是感生，却也和哥哥在河头洗澡有关。正因为事涉兄妹婚，所以生下一个怪胎，即葫芦。葫芦再一次出现，成为人类再一次诞生的载体。妹妹害羞，将葫芦丢弃。天神找到了葫芦，用金锥子锥，用银锥子戳。戳开第一道，出来是汉人，住在坝子里，盘田种庄稼。戳开第二道，出来是傣族。戳开第三道，出来是彝族。戳开第四道，出来是傈僳族。戳开第五道，出来是苗族。戳开第六道，出来是藏族。戳开第七道，出来是白族。戳开第八道，出来是回族。戳开第九道，出来是傣族（第二与第九都为傣族，按原文引用）葫芦的再次生人，则转向了族群的诞生。①

彝族另一部创世史诗《查姆》既有发洪水再造人类的方式，也还用到其他方式，表现了人类艰难成长的历程。史诗说：天地形成后，尚未有人类，龙神的女儿赛依列就叫儿依得罗娃去造人类。造出第一代人叫拉爹，这一代人只有一个眼睛，生在脑门心。独眼睛人不会说话，不会种田，跟野兽硬拼，有时候还吃人。用石头做工具，树叶做衣裳，野果充饥，后来发明了火。仙王让大地长出粮食，但是独眼睛人不愿耕种，不懂感恩，不讲道理，不孝敬父母、喜好吵嘴打架。仙王找众神商量，说独眼睛人心不好，要换掉这代人。仙王下凡扮作讨饭人，来寻找好心人作人种。走了一家又一家，独眼人都是拳打脚踢将他赶出门。遇到一个做活计的好心人，给他凉水和野果。仙王决定发旱灾，渴死天下人，仅留下做活计的人作人种。临别，赠给做活计的一个葫芦，里面有喝不完的水，吃不完的粮食。仙王随后关掉天上的水门，风雨雷电消失得无影无踪，三年没有落下一滴雨水。大地晒干了，天下没有活人了。仙王找到留下的人种，那个靠葫芦里的水和粮食活下来的人。仙王派来仙女撒赛歇来救助他。撒赛歇见到白发丑陋的独眼人，不肯帮忙，很快就飞回天上去了。仙王又派仙女罗塔纪姑娘来帮忙。罗塔纪舀了四瓢水，叫独眼人洗头，白发变黑发；洗手，粗手变细手；洗脚，脚裂合拢了；洗身子，污垢全洗干净了。独眼睛变成直眼睛了，变成了年轻的小伙子。罗塔纪将独眼睛人的变化告诉了撒赛歇。撒赛歇找到了直眼睛人，帮助他穿衣服，帮助他采集食物，

---

① 云南省民族民间文学楚雄调查队整理：《梅葛》，云南出版集团公司、云南人民出版社2009年版，第23—50页。

最后通过对歌，结为夫妻。婚后，直眼睛人又在撒赛歇的帮助下，学会了农业生产。这段描写有母系氏族社会的史影，女性的能力与地位高于男性，男性是在女性的帮助才立足的，这是因为在只知有母不知有父的时代，女子是家庭的主宰，而且最早的农业也是由女性发明的，是女子最早驯化了野生谷物。当然，在女子的帮助下，男子由于体力等方面的原因，最终还是建立父系氏族社会，成了社会的主导者。撒赛歇与直眼睛人婚后生下一个皮口袋。撒赛歇很害羞，拿出剪刀，对着皮口袋上中下剪成三截，三节口袋各跳出一群小蚂蚱，蚂蚱跳三跳，就变成一百二十个胖娃娃。他们都有两只眼睛。其中，儿子有六十个，姑娘有六十个。上节口袋出来的二十对配成二十家，去高山上种桑麻。中节口袋二十家去坝子种谷、种瓜，下节口袋二十家去河边打鱼捞虾。直眼睛这一代人还是不好。喜欢吵闹打架。仙王又要重换一代人，准备发洪水淹掉这一代人。阿扑独姆兄妹俩听说要发洪水，日夜叹息焦虑。仙王知道后给他们一颗葫芦籽，叫他们赶快种下，结出的葫芦可以供洪水到来后躲避。又给了他们粮食种子，让他们洪水退尽后耕种。仙王交代好后事，才发起了大洪水。龙王下大雨，洪水淹到天边。雨点鸡蛋大，雨注似竹竿。仙王召集神仙来治水，疏通水道，太阳考晒。洪水落下九千丈，葫芦也落下九千丈。仙王找到葫芦，打开葫芦，从里面走出阿扑独姆兄妹。世上已无人烟，仙王叫兄妹婚配传人烟。兄妹听了心中急，兄妹怎能做夫妻？仙王就让他们滚筛子与簸箕。哥哥南山滚筛子，妹妹北坡滚簸箕。筛子簸箕滚到沟就合一起，仙王叫他们做夫妻。兄妹二人不肯依，筛子簸箕合一起是碰巧的，兄妹怎能做夫妻？仙王又叫兄妹东山西山滚磨盘。磨盘合在一起，兄妹还是不依。仙王又叫兄妹穿针线，哥哥将针丢进河头，妹妹将线头丢进河尾，线在水里穿进花针里。阿扑独姆兄妹只好做夫妻。二人成亲后不久，生下 36 个小娃娃。18 个男性，18 个女性。他们都是横眼睛，只会烤火不会说话。仙王想出办法治哑巴。把竹子放在火里烧炸，听到竹子啪啪响，娃娃发声会说话。说"阿滋滋"的彝族，说"阿喳喳"的是哈尼族，说"啊呀呀"的是汉族。三十六族分天下，三十六族是一家。

三十六族常来往，和睦相处是一家。《查姆》中的人类起源，经历了独眼睛、直眼睛、横眼睛三代人，可谓曲折艰难；而且在第三代上形成了不同的民族，神话历史与人类发展史也有契合之处。①

（三）民族迁徙历史记忆

神话不等于真实的历史，但没有文字之前的历史，往往是由神话来记忆的，我们称之为神话历史。我国各民族特别是少数民族在历史上的迁徙活动，在神话中也有曲折的反映。神话所反映的民族迁徙，虽不能一一与历史对应，但至少曲折传递了民族迁徙的历史记忆。

在历史上，苗族及其祖先曾经历大大小小的不计其数的迁徙，其中大的迁徙有5次。苗族祖先发源于今四川与重庆的雅砻江、岷江、巴江、嘉陵江上中游。第一次大的迁徙是若干万年前，古羌人南下，迫使苗族祖先东迁，沿长江顺流而下抵达洞庭湖、彭蠡湖之间与江汉平原。苗族祖先长期在长江中游居住，学会了制作兵器，势力逐渐强大，称九黎族，部落酋长为蚩尤。蚩尤率领部落进入中原，这是第二次大迁徙，是由南向北的迁徙，为主动迁徙。蚩尤与黄帝战于涿鹿之野，蚩尤被杀。后来，九黎族各部属经历长途跋涉，回到南方的洞庭湖、彭蠡湖之间，建立三苗部落联盟。这是第三次迁徙。舜即位，立即"分北三苗"，流共工于幽州；放欢兜于崇山；窜三苗于三危；殛鲧于羽山，强大的三苗部落联盟从此分化瓦解。有部分人还逃到了东海。这是第四次迁徙。第五次迁徙，是苗族各部落分途回归及向南流动。达到今湘西、黔东北、川东南和鄂西南以及岭南一带。除了这些大迁徙，还有无数小迁徙。

苗族创世史诗《苗族古歌·跋山涉水》曲折反映了苗族屡经迁徙的历史。史诗说：从前苗族祖先居住在东方，挨近海边。由于人多田地不够种，再加上居住地方狭小拥挤，不得不向西迁徙。奶奶离东方，

---

① 郭思九、陶学良整理：《查姆》，云南出版集团公司、云南人民出版社2009年版，第16—81页。

公公离东方,队伍长又长。后生挑担子,老人背包包,扶老又携幼,跋山又涉水,迁徙来西方,寻找好生活。真是一幅十分壮观的迁徙图。行行重行行,来到天坳口。爬过一座山,绕过一道弯,又爬过一道山,有绕过一道弯。来到细石山,路滑上山难,奶奶没法上。雄公一声喊,后边顶前边,互相推着走,爬上高山顶,回头来拉手。壮年扶老人,大人拉小孩,一个牵一个,攀登细石山。翻过细石山,走到刀石冲,石子像锯齿,鞋子全戳通。东勇真英俊,雄扎真英勇,一个一把刀,割草在山中,镰刀唰唰响,割光五条冲。用割来的草铺路,走过了刀石冲。走上白云山,拐弯又拐弯。白天云雾多,夜里月光暗,白天黑夜行路难。白天摸着走,夜里萤火虫照亮。行行有走走,来到冰山头。奶奶爷爷拿锄头,挖冰开路走。翻过冰山头,来到风雪坳,大雪纷纷飘,北风呼呼叫。奶奶和公公,冰凌结眉梢。头发都白了,大家呵呵笑。行行有走走,遇到三条江,滔滔向东方。三条江水三种色,白、黄、清。白水来自银地方,黄水来自金地方,清水好地方,那里出棉粮。人们舍去了金与银地方,选取了出棉粮的地方。人们砍来桐树造了一百条大船,乘船河中行。一路闯滩,昼夜兼程。来到河的上游,船不能行走,人们弃船翻山,来到一个叫方先的地方,道路一坦平,泥土喷喷香。找到好土地,大家心欢喜。为了分土地,雄公来议椰。椰约这样说:一支住方先,一支住者雄,一支住希陇,一支住春整,分开过生活。五支奶和公,互相来庆贺,找到好地方,找到好生活。我们五支奶,我们六支祖,迁到来西方,创造好生活。①史诗描绘了苗族各支人马不畏艰难险阻、跋山涉水,终于找到肥美土地的情形,形象展现了苗族雄浑悲壮的迁徙史,给后人以无尽的精神鼓舞!

哈尼族历史上也经历了无数次迁徙,哈尼族创世史诗说:"哈尼人最先住在哪个地方?后来为哪样又要搬迁?前前后后在哪些地方栽过磨秋桩?是哪个祖先,给我们找到了这可爱的山乡?"哈尼先民最

---

① 田兵编选:《苗族古歌》,贵州人民出版社1979年版,第287—324页。

早居住在一片金子般的大江畔，因异族人的侵侮、洪水等自然灾害及哈尼与异族联姻后为争夺土地和财富而起的纷争等原因，便开始了大规模的迁徙，其路线是诺玛阿美（古地名，据传是今四川凉山彝族自治州西昌附近）—洪阿（据传今昆明）坝子—窝你（即今开远）—勒昂（即今建水）—腊萨（即今元江）—额咪（水尾的意思，指今红河口）—南洼（在今元江县境）—江外（指红河南岸）—米尼坎（即今红河县境），就此定居下来。

（四）文化发明历史记忆

文化发明神话是关于早期社会人类赖以生存的基本文化事象的发现、创造的故事，既见诸典籍，又多见于各民族口头传承，是人们关于文化发明的历史记忆。主要包括事物的发明、技术的发明、制度仪式发明等的记忆。

1. 事物发明神话记忆。即与早期人类生产、生活密切相关的事物被发现被创造的过程的记忆。如火的发明记忆，燧人氏钻木取火神话。《韩非子·五蠹》载："民食果蓏蚌蛤，而伤害腹胃，民多疾病；有圣人作，钻燧取火，以化腥臊，而民悦之，使王天下，号之曰燧人氏。"[1] 又如住宅发明的记忆，有巢氏教民构木为巢，以防野兽侵袭。《太平御览》载："上古皆穴处，有圣人教之巢居，号大巢氏。"[2]《庄子·盗跖》载："古者禽兽多而人少，于是民皆巢居以避之。昼拾橡栗，暮栖木上，故命之曰有巢氏之民。"[3] 再如农业发明的记忆，炎帝神农发明五谷，并发明农耕生产工具与方法。清马骕《绎史》卷四引《周书》："神农之时，天雨粟。神农遂耕而种之，作陶冶斧斤，为耒耜锄耨，以垦草莽。然后五谷兴助，百果藏实。"[4] 医药发明的记忆也

---

[1] （战国）韩非子撰，（清）王先慎集解，姜俊俊校点：《韩非子》，上海世纪出版股份有限公司、上海古籍出版社2015年版，第536页。
[2] （宋）李昉等：《太平御览》第一册，中华书局1960年版，第363页。
[3] 王世舜译注：《庄子译注》，齐鲁书社1998年版，第411页。
[4] （清）马骕撰，王利器整理：《绎史》，中华书局2002年版，第24—25页。

与神农相关,神农尝百草发明医药。西汉刘安《淮南子》:"神农尝百草之滋味,水泉之甘苦,令民知所辟就,当此之时,一日而遇七十毒。"① 晋·干宝的《搜神记》:"神农以赭鞭鞭百草,尽知其平毒寒温之性,臭味所主,以播百谷,故天下号'神农'。"② 宋·郑樵《通志》:神农尝百药之时,"……皆口尝而身试之,一日之间而遇七十毒……其所得三百六十物……后世承传为书,谓之《神农本草》"。③ 神农尝百草,辨识中药,一日中毒七十次,终于奠定中医药的基础。神农发明以医药的同时,也发明了茶叶,茶叶也具有药用价值,有解毒之功效;另外,茶叶也是早期人类的食物。宋陆羽《茶经·六之饮》:"茶之为饮,发乎神农氏。"陆羽又在《茶经·七之饮》中说"三皇炎帝神农氏"为茶祖。神农尝百草最初是为了发明农业,经常中毒又经常解毒,结果发现其中的一些植物具有药效功能,于是发明了医药。茶叶最初也是被当作食用植物被发现的,后来才发现其提神醒脑功能和一定的药效功能。神农发明谷物、医药、茶叶的神话在不少地方仍有口头传承。在湖北随州炎帝神农主题公园,还设有百草园,以传承神农尝百草神话,讴歌神农为人类谋福不计较个人安危的事迹。弓箭的发明记忆显然出自后羿射日神话。《淮南子·本经训》:"逮至尧之时,十日并出,焦禾稼,杀草木,而民无所食。猰貐、凿齿、九婴、大风、封豨、修蛇皆为民害。尧乃使羿诛凿齿于畴华之野,杀九婴于凶水之上,缴大风于青丘之泽,上射十日而下杀猰貐,断修蛇于洞庭,禽封豨于桑林。"④ 恩格斯说:"弓、弦、箭已经是很复杂的工具,发明这些工具需要有长期积累的经验和较发达的智力,因而也要同时熟悉其他许多发明。"⑤ 后羿神话表明,后羿已经掌握了很好的弓箭制作与运用本领,不仅射掉了多余的太阳,而且射死不少凶狠的水怪。所以说,

---

① (汉)刘向等撰,许匡一译注:《淮南子全译》,贵州人民出版社1993年版,第1132页。
② (晋)干宝撰,黄涤明译注:《搜神记全译》,贵州人民出版社1991年版,第1页。
③ (宋)郑樵:《通志》,中华书局1987年版,第32页。
④ (汉)刘向等撰,许匡一译注:《淮南子全译》,贵州人民出版社1993年版,第423—424页。
⑤ 《马克思恩格斯选集》第四卷,人民出版社2012年版,第31页。

在人们的神话式的文化发明历史记忆中，后羿应该是弓箭的发明者，而且后羿弓箭的威力也留下了深刻的影响。

事物发明神话是讲述与早期人类生活生产活动密切相关的事物被发现或被创造的过程的神话。如火的发明，有燧人氏钻木取火神话；住宅的发明，有有巢氏构木为巢神话；此外，尚有弓箭、谷物、医药等的发明神话。此类神话关涉早期人类衣食住行等基本生活方式，是文化发明神话中的核心部分，其有无也是判断创世神话是否成型的标志之一。

2. 技术发明神话记忆。神话中的这类记忆主要包括各种技艺如养蚕、制陶、纺织等的发明经过。

3. 文化制度发明神话记忆。文化制度发明神话包含的是关于政治、宗教制度以及日常生活礼俗等如何被制定或被创造的记忆。如女娲制造笙簧，就是礼乐政治仪式被制定的神话记忆；伏羲作八卦，是宗教仪式发明神话记忆；伏羲制定俪皮嫁娶之礼，属于日常生活发明神话记忆。

文化发明神话主要应该包含了早期人类赖以生存的基本物质文化的发明与基本社会制度习俗文化的发明的记忆。前者如：火、粮食、居住与服饰、生产工具与器皿等；后者主要包括婚礼、礼乐、宗教仪式等。它们作为远古文化起源的记忆，长久以活态神话的载体形式，保留在中华儿女的心中，并引以为自豪！

四 神话历史人物记忆传承中华民族精神的功能

神话历史包括创世历史与三皇五帝历史，既然称作神话历史，即是说这只是想象中的历史，不能当作真实的历史看待；因此，神话历史人物包括创世人物与帝王人物及其他神话人物也只能是幻想中的人物，不能当作实际人物看待。但是，由于这些幻想出来的神话人物反映了一定的历史史影，且寄托了创造这些人物的民众的追求与理想，因此，神话历史人物的记忆必然包含中华民族的民族精神。在当今，我们主要通过神话景观与仪式等活态传承形式来承载神话历史人物的记忆,以发挥神话历史人物记忆传承中华民族源远流长的民族精神的功能。神话历史人物记忆所包含的民族精神主要有。

(一) 造福人类、勇于献身的民族精神

我国汉族盘古神话景观与少数民族口传创世神话讲述英雄神祇开天辟地、创造万物的故事,就充分体现了创世大神造福人类、勇于献身的民族精神。在完成了天地开辟任务后,英雄神祇为了造万物,不惜奉献出自己生命,用自己的血肉之躯化作天地、日月星辰、山脉河流及花草树木等。浪漫主义的想象,却铸就了民族长存的献身精神。

清·马骕《绎史》卷一引《五运历年纪》:"首生盘古,垂死化生,气为风云,声为雷霆,左眼为日,右眼为月,四肢五体为四极五岳,血液为江河,筋脉为地理,肌肉为田土,发髭为星辰,皮毛为草木,齿骨为金石,精髓为珠玉,汗流为雨泽,身之诸虫,因风所感,化为黎甿。"盘古将死,身体的各个部分,化为风雨雷电、日月星辰、四极五岳、江河山脉、花草树木、金石珠玉以及飞禽走兽等,表现了原始思维中的物我一体、生死互化的观念。同时也表现了盘古的献身精神,为了开创人类世界,不惜肢解自己的器官,让他们化作天地万物,为人类提供生存空间。虽是一种神话想象,却奠定了为人类的幸福敢于自我牺牲的民族精神。我国各地的盘古墓、盘古庙、盘古主题公园神话景观叙事以及盘古文化节仪神话叙事,则以活态形式在当今仍在传承盘古的献身精神。

盘古神话化生记忆,在我国少数民族多以口头等活态形式传承。如布依族口头神话说:布依族创世大神力嘎将隔得很近的天地撑开很远很远之后,天挂不稳,手一松,就会塌下来。力嘎左手撑天,用右手拔出自己的牙齿当钉子,用钉子把天钉稳。钉在天上的牙齿,就成了满天的星星,拔牙流出的血,就成了天上的彩虹。力嘎一直做着钉天的活,累得直喘气,喘出的气,变成了风。累得直流汗,流出的汗就变成了雨。

一不小心，头上的花格帕子掉了，就变成了满天的星星。天地稳了，没有太阳和月亮，他就挖出右眼做太阳，左眼做月亮。最终力嘎造天地因饥饿而死。死后，大肠变成了红水河，小肠变成了花江河，心子变成了鱼塘，嘴巴变成了水井，胳膝和手腕变成了山坡，骨骼变成了石头，头发变成了树林，眉毛变成了茅草，耳朵变成了花，肉变成了田坝，经脉变成了大路，脚趾变成了各种野兽，手指变成了各种飞鸟，身上的虱子变成了牛，跳蚤变成了马。世上样样都有了，人们永远忘不了力嘎的功绩。[1] 壮族跳神时要唱"盘古歌赞"，其歌曰：

　　自我盘古初出世，
　　造化天盘和地盘。
　　左眼化为日宫照，
　　右眼化为月太阴。
　　骨肉化为山石土，
　　肠肚化为江河海，
　　血流是水去无停。
　　手指化为天星斗，
　　毛发化为草木根。
　　只是盘古有道德，
　　开天立地定乾坤。[2]

壮族传唱的盘古神话，是对盘古所体现的民族的献身精神的礼赞。傣族口传神话说：创世男神桑戛西造出天地以后，天地摇摇晃晃不稳定，急得桑戛西不知所措。他的妻子桑戛赛女神告诉她用牙齿作顶天柱。桑戛西听了妻子的话，就从自己嘴里拔出了两颗大牙，五颗小牙，将它们栽在大地四边，牙齿长得又粗又长，将天牢牢地顶住。人们再

---

[1] 姚宝瑄主编：《中国各民族神话·布依族·仡佬族·苗族》，山西传媒出版集团、书海出版社2014年版，第4—6页。

[2] 刘亚虎：《中国南方民族文学关系史》上，民族出版社2001年版，第287—288页。

也不担心天地不稳了。①

创世大神女娲也具为民族造福、甘愿献身的牺牲精神，她在完成了补天、造人的大业之后，也将自己的身体奉献出来，化作万物，其中她的肠子化作了十位创世大神，进一步去做世界的完善工作。事见《山海经·大荒西经》："有神十人，名曰女娲之肠，化为神，处栗广之野，横道而处。"郭璞注："或作女娲之腹。"又载："女娲，古神女而帝者，人面蛇身，一日中七十变，其腹化为此神。"当然女娲化生为女娲之肠的情节，也可以认为是反映了一种生命形式转换为另一种生命形式的观念，但是其潜在的献身精神在后世已经逐渐明朗、彰显，成为人们尊奉的民族精神。女娲神话化生的记忆，也包含在女娲神话的景观传承与仪式传承等活态传承形式中，前者如女娲庙、女娲墓，后者如女娲庙及其相关的祭祀仪式，在当今仍然发挥着弘扬民族献身精神的功能。

三皇之一的炎帝神农为发明农业种植和草药，不惜以身涉险，几经生死，置生死于度外。《淮南子·修务训》载：炎帝神农"尝百草之滋味，水泉之甘苦，令民知所辟就，当此之时，一日而遇七十毒"。神话中的炎帝神农不仅是中国农业文明的偶像式人物，而且也是体现带有农业社会特征的民族精神的人物。数千年来，中华民族儿女在农业生产活动中吃苦耐劳、不畏艰险、勇于献身的民族精神皆源自炎帝神农。

特别是神话中的治水英雄人物大禹，帝尧时代，洪水泛滥，其父鲧领帝命治水，用堵塞之法，历时九年未能平定洪患，为帝所杀。事见《山海经·海内经》："洪水滔天，鲧窃帝之息壤以堙洪水，不待帝命，帝令祝融杀鲧于羽郊。"大禹接任治水大业，改堵塞为疏导来治水，常年与民众一起奋战，置个人生死于度外，三过家门而不入，风餐露宿，艰苦奋斗，耗尽心血，治理天下河道，终成大业。因治水有功，人们尊称禹为大禹，称中国为禹域，即大禹治理过的土地。大禹

---

① 姚宝瑄主编：《中国各民族神话·哈尼族·傣族》，山西出版传媒集团、书海出版社2014年版，第254—255页。

三过家门而不入事迹见于《史记·夏本纪》："禹乃遂与益、后稷奉帝命，命诸侯百姓兴人徒以傅土，行山表木，定高山大川。禹伤先人父鲧功之不成受诛，乃劳身焦思，居外十三年，过家门不敢入。"后世人们用"三过家门而不入"来表示舍小家为大家的精神，也即天下为公的精神。大禹治水所体现出来的艰苦奋斗、公而忘私的精神，是中华民族天下为公精神的源头，在数千年历史长河中闪耀着灿烂的光辉！

（二）披荆斩棘、善于创新的民族精神

中国的神话表现了原始先民从穴居与茹毛饮血的洪荒时代就开始了的伟大的创造活动，反映这种创造活动的神话如盘古开天、女娲补天、燧人氏钻木取火、仓颉造字、神农尝百草、嫘祖发明桑蚕等，都是中华民族创新精神的源头。

五帝神话一以贯之地延续开辟大神的创造、创新精神，每位帝王都有创新之举。黄帝的发明创造几乎囊括了原始人生产生活的所有方面：比如生产方面，发明井田、杵臼、开辟园、圃，种植果木蔬菜，种桑养蚕；服饰方面，发明机杼，制作衣裳、鞋帽、帐幄、毡、盔甲、旗等；家庭生活方面，制造碗、碟、釜、规矩、几案等；居室方面，发明宫室、銮殿、庭、明堂、门、蚕室等；此外还发明了舟楫、兵器等。比较有代表性的发明主要有以下几个。推进了炎帝神农开创的农耕生产，发明井田，规定了新的耕作制度。以步子丈田，画成井字形，中间一块作公田，由部落派人耕种。周围的八块为私田，由八家合种，可以打凿水井，也可以种植粮食，收成要上缴部落，由部落再行分配。将全国的土地进行了这样的安排后，便于管理，也有益于提高生产率。还包括建舟车。黄帝时代已发明车乘。车轮为实心木轮，比较笨重，但是运送货物，比人拉肩扛要轻松得多。黄帝还发明了另外一种车，那就是指南车，似乎比运载的车更有意义。是用于战争中为士兵在雾中作战指明方向的。这就是指南针的前身。黄帝时代另一项了不起的发明——养蚕术，这是他的妻子嫘祖发明的。嫘祖是黄帝的正妃娘娘，

她在山上剥树皮、织麻网的过程中发现了蚕吐丝的现象，她在黄帝的帮助下，教民养蚕、缫丝、制衣。嫘祖因发明桑蚕，被奉为先蚕娘娘。养蚕地域多建有嫘祖庙。当然，嫘祖不仅是养蚕业的始祖神话，也是中华民族始母神。神话中的黄帝还是中医药的发明者。典籍记载说，黄帝与大臣岐伯经常在一起讨论医学，最后写成了中华医学史上第一部医书《黄帝内经》。神话说黄帝在天文方面也有了不起的贡献。他与大臣大挠经常讨论天文地理，创立了天干地支纪年法，用十天干如甲、乙、丙、丁、戊、己、庚、辛、壬、癸，配上十二地支如子、丑、寅、卯、辰、巳、午、未、申、酉、戌、亥，组合成六十甲子，以六十甲子为一个轮回来纪年。至今仍在民间沿用。当然这些发明虚无缥缈，无法证实，但是人们将它们都说成是黄帝的发明，也表明在人们的心目中，黄帝不仅是一位英明的部落联盟的首领，而且也是一位杰出的发明家，在他身上充分体现了中华民族的创新精神！

  颛顼是五帝中的第二位帝王，继承了先辈的创新精神，创立了颛顼历，设立了中国九州建制区划，特别是整顿了宗教秩序，进行了所谓绝地天通的宗教改革。绝地天通这项创造，对后世影响很大。黄帝时代，人与神皆可自由上天下地，人人皆可与神沟通，人人皆可施行巫术，造成社会秩序混乱，也危及最高统治者的权威。针对这种现象，颛顼进行了绝地天通的整顿。《尚书·孔氏传》载："帝命羲、和，世掌天、地、四时之官，使人、神不扰，各得其序，是谓'绝地天通'。"《国语·楚语下》："昭王问于观射父，曰：'《周书》所谓重、黎实使天地不通者，何也？若无然，民将能登天乎？'对曰：'非此之谓也。古者民神不杂。民之精爽不携贰者，而又能齐肃衷正，其智能上下比义，其圣能光远宣朗，其明能光照之，其聪能听彻之，如是则明神降之，在男曰觋，在女曰巫。是使制神之处位次主，而为之牲器时服，而后使先圣之后之有光烈，而能知山川之号、高祖之主、宗庙之事、昭穆之世、齐敬之勤、礼节之宜、威仪之则、容貌之崇、忠信之质、禋洁之服，而敬恭明神者，以为之祝。使名姓之后，能知四时之生、牺牲之物、玉帛之类、采服之仪、彝器之量、次主之度、屏摄之位、坛场之所、上下之神、氏姓之出，而心率旧典者为之宗。于是乎有天地神民类物之官，是谓五官，各司其序，不相乱也。民是以能有忠信，神是以能有明德，民神异业，敬而不渎，故神降之嘉生，民以物享，祸灾不至，求用不匮。及少皞之衰也，九黎乱德，民神杂糅，不可方物。夫人作享，家为巫史，无有要质。民匮于祀，而不知其福。烝享无度，民神同位。民渎齐盟，无有严威。神狎民则，不蠲其为。嘉生不降，无物以享。祸灾荐臻，莫尽其气。颛顼受之，乃命南正重司天以属神，命火正黎司地以属民，使复旧常，无相侵渎，是谓绝地天通。……'"①

　　绝地天通的关键问题是使天地分开、人神隔绝。颛顼命他的孙子"重"用双手托天，奋力朝上举；同时命另一个孙子"黎"用双手按地，尽力往下压。这样，天地之间的距离越来越远，以至于除了昆仑天梯，天地间的所有通道都被隔断，实际上意味着普通人不能再举行与神沟通的巫术活动。颛顼又命直接受命于帝王的专职神职人员巫觋掌管巫术仪式，仅有的昆仑天梯成为颛顼与巫觋专享的通道。这是一种社会秩序化、制度化、体系化的建构，为后来的国家政治体制奠定了基础，可以说是政治制度的发明。

　　五帝中的第三帝是帝喾，据神话传说，帝喾最伟大的贡献是发明了二十四节令，从而揭示了农业生产时间节点的基本规律。帝喾之前，人们只有大致的四季概念，并没有细致地掌握农业生产从春耕到秋收的各个环节的准确时间。帝喾通过观天象考察物候变化规律，将一年划分成二十四个节点，即二十四节令，用于指导人们按节令从事农耕畜牧活动，将炎帝神农开创的农业文明推进到一个崭新的阶段。二十四节令在后世的发展过程中，不断添加新内容，不仅对农业生产具有指导作用，对于人们的日常生活也具有指导作用。时至今日，尽管它已基本上失去了指导农业生产的功能，但是由于在历史上不断地累积了岁时生活的知识，对于现代人的日常生活却具有引导作用。人们参

---

① （战国）左丘明撰，（三国）韦昭注，胡文波校点：《国语》，上海古籍出版社2015年版，第378页。

照二十四节令所指示的气候、饮食、行为的时间特点来安排衣食住行，使中国人的日常生活多了一份情调、一份精致、一份健康。在神话中，尧舜及其以降的人物继续传承古帝王的创新精神，然而有关原始生产生活的创新已告一段落，尧舜等人的创新除了继续完善已有的创新成果外，主要的创新已转向社会制度层面。

中华民族的创新精神在我国多个少数民族的创世神话中也多有表现。阿昌族创世史诗《遮帕麻和遮米麻》说：天公遮帕麻与地母遮米麻为阿昌族的祖先神。叙述祖先神天公地母的创世业绩。遮帕麻率领众神来造天，用金沙、银沙和自己的血肉之躯造成天空、太阳与月亮。遮米麻同时来造地，她摘下喉头档梭子，扯下脸毛织大地，从此女人没有了喉结，没有了胡须。天地造好后，他俩又通过烧火烟、滚磨盘等仪式结为夫妻，繁衍人类。遮帕麻教人们狩猎、捕鱼，遮米麻教人们用火煮食物。不知过了多少年，一天，暴雨倾盆，大地一片汪洋，人类陷入灭绝困境。遮帕麻用从大地抽出的三根线缝好了东、西、北三边的天地，唯有南边天地没缝上，风雨肆虐，南边的人还在受难。遮帕麻和遮米麻决定造一座南天门，用于挡风雨。南天门造好后，四方人们都恢复了正常生活。后来又有火神恶魔来制造灾难，制造九个假太阳，遮帕麻用一张巨大的弓箭射掉了九个太阳，恢复了大地的正常秩序。过了九百九十九代，恶魔复活，变成三嘴怪人，一张嘴吃天，一张嘴吃地，一张嘴吃人。人类又面临灭绝。遮帕麻派腊亮去射杀恶魔，一路上战胜猛虎毒蛇，还射杀了凶恶的大雕。正当腊亮精疲力竭的时候，遮帕麻派人送来一葫芦圣水和一枝开满白花的桑建树枝，腊亮用树枝蘸圣水到处洒去，树木复活，人类复生。最后用桑建树打死三嘴怪人，人们又过上了幸福生活。[①]

傣族创世史诗《巴塔麻嘎捧尚罗》中的神话人物英叭诞生后，要创造天地。英叭苦思冥想造天地之法，后来想出一个办法，要造天地，首先必须要造出一个可以飞的车子。可是两手空空，四周什么都没有，

[①] 赵安贤唱，杨叶生译，兰克、杨智辉整理：《遮帕麻和遮米麻》，云南人民出版社1983年版，第1—73页。

拿什么来造飞车呢？英叭终于想出一个办法，他搓出身上的泥巴来造飞车。可是飞车造好了不会飞。英叭就念咒语，车子就发出嗡嗡的响声，飞了起来。英叭于是坐着飞车来造天地。他"上上下下地飞旋，左右转动，一会儿飞往东边，一会儿飞到南边，一会儿飞向北边，就像大海中的神鱼，自由自在地遨游太空"。英叭遨游太空回来，决心要开天辟地。他用身上的污垢造成了天地。可是天地不稳，他又用身上的污垢捏成撑天的架子，将天撑住，天地就稳当了，再也不摇晃了。此后，英叭又用他的智慧造出了人间万物。[①] 我国少数民族创世神话中的人物，既是民族的始祖神，也是具有开创精神的创造之神。少数民族创世神话闪耀着中华民族的创新精神。

可以说，神话人物奠定了中华民族伟大的创新精神，这种创新精神在后世不断被发扬光大，推动东方文明古国不断推陈出新，在磨难中复兴，浴火重生，创造出了灿烂辉煌的中华民族文化。

（三）不屈不挠、敢于反抗的民族精神

在中国神话中，险恶的自然环境与弱肉强食的社会环境激发了先民不屈不挠的反抗精神，先民们敢于与命运抗争，敢于反抗自然、反抗天帝，并试图征服自然、战胜天帝，即使是牺牲性命也在所不惜。神话人物所表现的这种不屈不挠、敢于反抗的民族精神是中华民族的脊梁精神，就是这种精神，使中华民族在数千年历史中每遇内忧外患都能够克敌制胜，永远立于不败之地！

精卫填海神话反映人与自然的顽强拼搏。《山海经·北山经》："又北二百里，曰发鸠之山，其上多柘木。有鸟焉，其状如乌，文首、白喙、赤足，名曰精卫，其鸣自詨。是炎帝之少女，名曰女娃，女娃游于东海，溺而不返，故为精卫。常衔西山之木石，以堙于东海。漳

[①] 姚宝瑄主编：《中国各民族神话》，山西出版传媒集团、书海出版社2014年版，第263—292页。

水出焉，东流注于河。"① 郭璞注《山海经》写《山海经图赞》"精卫"条："炎帝之女，化为精卫。沉形东海，灵爽西迈。乃衔木石，以填攸害。"精卫本是一位名叫女娃的少女，在东海游玩不慎溺水身亡，反映了自然对人类的威胁。女娃死后化为身上有彩纹、白嘴、赤足的精卫鸟。精卫长年累月从山上衔来石头和草木，投入东海，妄图将海填平，以报溺水身亡之仇。一只小鸟和大海的力量的对比是有巨大悬殊的，但是小鸟明知不可为而为之，这反映了在大自然面前尚处于弱势地位的人类的百折不回、誓死不屈的抗争精神。

刑天神话则是反映了人与命运的抗争。《山海经·海外西经》："刑天与帝至此争神，帝断其首，葬之常羊之山，乃以乳为目，以脐为口，操干戚以舞。"② 刑天为了取得尊神的地位，不惜以命相搏，即使仅剩生命的最后一口气，也要做殊死的抗争，体现了明知不可为而为之的悲壮精神，体现了百折不回、誓死抗争的民族精神。

夸父追日中的夸父追赶太阳也是明知不可为而为之，其抗争精神带有悲壮色彩。《山海经》有几则记载：

> 《山海经·海外北经》："夸父与日逐走，入日。渴欲得饮，饮于河、渭，河、渭不足，北饮大泽。未至，道渴而死。弃其杖，化为邓林。"③
>
> 《山海经·大荒东经》："大荒东北隅中，有山曰凶犁土丘。应龙处南极，杀蚩尤与夸父……"④

《山海经·大荒北经》："大荒之中，有山名曰成都载天。有人珥两黄蛇，把两黄蛇，名曰夸父。后土生信，信生夸父。夸父不量力，欲追日景，逮之于禺谷。将饮河而不足也，将走大泽，未至，死于此。

---

① 袁珂译注：《山海经全译》，贵州人民出版社1991年版，第81页。
② 袁珂译注：《山海经全译》，贵州人民出版社1991年版，第203页。
③ 袁珂译注：《山海经全译》，贵州人民出版社1991年版，第214页。
④ 袁珂译注：《山海经全译》，贵州人民出版社1991年版，第271页。

应龙已杀蚩尤，又杀夸父，乃去南方处之，故南方多雨。"①

神话中夸父的行为是追逐太阳，结果为此而献出了生命。夸父的死在《山海经》中有两种说法，一是渴死，二是为水神应龙杀死。郭璞注释《山海经》说："死无定名，触事而寄，明其变化无方，不可揆测。"认为说法自相矛盾，难以理解。其实，两种死法看似矛盾，实际上是统一的，都是讲夸父因为缺水而死，只是说法不同而已。夸父追日本是一种驱赶旱灾求雨的巫术仪式，这种仪式与后羿射日有异曲同工之妙，后羿射日也是驱赶旱灾的巫术仪式，不过，后羿使用的是弓箭，夸父则完全靠徒步奔走，所以最终献出了生命。夸父追日，有人认为自不量力，实际上反映了一种超越时代的抗争精神。

（四）崇尚道德、注重修为的民族精神

德是指个人的素养、品性、品质等，尚德就是要注重个人的素养、品行、品质的修养，养成高尚的人格。中华民族自古就有尚德、注重个人修为的民族精神。中华民族的尚德精神在一系列远古帝王神话人物身上都有所反映，但是真正集中体现尚德精神的帝王神话人物却是从帝喾算起的，此前帝王少有涉及品德问题。这是因为此前的帝王神话多偏重叙述帝王开创天地、发明文化、四方征战的英雄壮举，少有涉及个人品德。这与社会发展的阶段有关，人们只有在摆脱了茹毛饮血、衣食不保的状况之后，才有可能进入德的层面的诉求。可以说从帝喾时代始就具备了尚德的社会条件。从帝喾开始光大发展的尚德精神，进入后世社会，形成了修身治国平天下的理念，即是以德为先，将修身作为第一要务，要求只有修成了良好的品德，才能够治国，才能够平天下。在几千年历史长河中，"德"就成了选拔人才，臧否人物的一杆标尺。

神话人物帝喾、尧、舜保留了最古老的尚德记忆。帝喾以以德治

---

① 袁珂译注：《山海经全译》，贵州人民出版社1991年版，第318页。

国而闻名于世。《大戴礼记》："宰我曰：'请问帝喾。'孔子曰：'元嚣之孙，蟜极之子也，曰高辛。生而神灵，自言其名；博施利物，不于其身；聪以知远，明以察微；顺天之义，知民之急；仁而威，惠而信，修身而天下服。取地之财而节用之，抚教万民而利诲之，历日月而迎送之，明鬼神而敬事之。其色穆穆，其德俟俟，其动也时，其服也士。春夏乘龙，秋冬乘马，黄黼黻衣，执中而获天下；日月所照，风雨所至，莫不从顺。'"①

三国曹植的《帝喾赞》歌颂了帝喾的功德："祖自轩辕，玄嚣之裔，生言其名。木德治世。抚宁天地，神圣灵宾，教讫四海，明并日月。"

由以上评价可见，神话人物帝喾的尚德主要体现在注重自身的修养，在道德上达到很高的境界，然后才可以治国，对人民施行仁政。

神话人物帝尧也是远古君王道德高尚的楷模，人们通过神话传说，在他身上寄托了明君的想象，千百年来为世人所敬仰。人们总是借助于尧的形象，来衡量历代君王的行为，要求他们养成崇高的品德，以德治国。传统社会将政治的清明总是寄托于君王个人的品德之上，而尧的修为，就是人们衡量君王品德是否高尚的标准。因此，神话人物帝尧对后世的治国安邦产生了非常深远的影响。司马迁在《史记》中对尧帝给予了极高的评价：尧帝"其仁如天，其知如神，就之如日，望之如云。"尧帝的仁义上薄云天，他的智慧犹如神助，走近他如同走向太阳，望见他如同望见灿烂的云霞。他为人简朴，吃粗米饭，喝野菜汤，深受人民爱戴。《击壤歌》赞美了尧帝时代人民安享太平盛世的状况："日出而作，日入而息。凿井而饮，耕田而食。帝力于我何有哉。"尧帝最为人所称道的是他开创了帝王禅让的先河。他在位七十年，打算选择接班人，首先考虑的条件是德行。他没有选择自己的儿子，他早就认为儿子丹朱凶顽，不可以委以治国重任。他到民间选择贤良之才，请四方诸侯推荐人才，大家推荐了舜。大家都认为舜品德高尚，极尽孝道，忍辱负重感化家人，使其弃恶从善。尧帝不光

---

① （东汉）戴德著，（北周）卢辩注：《大戴礼记》，中华书局1985年版，第116页。

是听别人的反映，还亲自去考察舜，还把自己的两个女儿娥皇、女英嫁给舜，让两个女儿观察舜的德行。还安排九个男儿在舜身边，观察他的行为。为了磨砺舜，还将他放置于深山之中，毒蛇猛兽都被他驯服了。舜头脑清醒，在深山迷雾中也不迷失方向，很快就从山里走出来了。尧让舜在朝中先做虞官。三年考察合格后，尧就让舜在文庙里祭拜先祖，代替自己执掌国事。尧退位后二十八年去世，"百姓悲哀，如丧父母。三年，四方莫举乐，以思尧"，可见人们对他爱戴之深。

　　帝舜，以孝闻名天下。《二十四孝图》第一图即是讲述的舜帝孝感天地的故事："虞舜，瞽瞍之子。性至孝。父顽，母嚚，弟象傲。舜耕于历山，有象为之耕，鸟为之耘。其孝感如此。帝尧闻之，事以九男，妻以二女，遂以天下让焉。诗赞：队队春耕象，纷纷耘草禽。嗣尧登宝位，孝感动天心。"舜帝，即虞舜，是盲人的儿子。虞舜本性善良，懂得尽孝。他的盲人父亲性格顽劣，继母性情变态，喜怒无常，同父异母的兄弟的名字叫象，性格傲慢。舜在历山耕田，有大象过来帮他拉犁，小鸟飞来帮他播种，这是因为他的孝道感天动地，才有神助。虽然舜帝品德高尚，对父母恭顺，但是他的盲人父亲还是要加害于他。一次，舜的父亲叫他上仓顶，就在下面放火，要烧死舜。舜用两个斗笠做翅膀，飞下屋顶，才逃过一劫。后来又叫舜掘井，待舜下到井里，就往井里填土。舜从井中事先挖好的地道里逃走了。尧帝打听到舜的孝行之后，还将自己的两个女儿嫁给他，最后将天子之位禅让于舜。舜帝六十一岁正式即位成为天子。即位后回家省亲，对待昔日迫害他的父母非常恭敬，而且还封他的弟弟象为诸侯。父亲瞽叟和弟弟象都被感化。舜在位三十九年，享年一百一十岁。《尚书》载："德自舜明。"《史记·五帝本纪》也载："天下明德皆自虞帝始。"可见古人对舜帝高尚的道德品质做了极高的评价。

　　从帝喾、帝尧、帝舜开始光大发展的尚德精神，进入后世社会，形成了修身治国平天下的理念，即是以德为先，将修身作为第一要务，要求只有修成了良好的品德，才能够治国，才能够平天下。在几千年的历史长河中，"德"就成了选拔人才，臧否人物的一杆标尺。

从神话人物开始形成发展的中华民族精神，世代传承，不断融入不同时代的文化因子，内涵愈加丰富。在当今社会，又被赋予了新时代的文化内涵，从而被提升到一个前所未有的高度！在当今，蕴含伟大民族精神的神话，多以活态叙事形式传承，如大量的帝王神话、创世始祖神话都以景观叙事、图像叙事、仪式叙事、口头叙事等活态叙事形式传承；这些神话叙事形式承载着的伟大民族精神，给当代中华民族儿女巨大的精神动力。只有坚持弘扬中华民族伟大的民族精神，才能使我们全体人民永葆奋发向上的精神动力，为实现中华民族伟大复兴的中国梦而不懈奋斗！

参考文献

一

［美］阿兰·邓迪斯：《西方神话学读本》，朝戈金等译，广西师范大学出版社2006年版。

［德］阿斯特莉特·埃尔、冯亚琳主编：《文化记忆理论读本》，北京大学出版社2012年版。

［英］爱德华·泰勒：《原始文化》，连树声译，上海文艺出版社1992年版。

［英］彼得·伯克：《图像证史》，杨豫译，北京大学出版社2018年版。

［日］大林太良：《神话学入门》，林相泰、贾福水译，中国民间文艺出版社1989年版。

［德］费尔巴哈：《费尔巴哈哲学著作选集》，荣震华、王太庆、刘磊译，生活·读书·新知三联书店1962年版。

［德］汉斯·布鲁门伯格：《神话研究》（上下），胡继华译，世纪出版集团、上海人民出版社2014年版。

［美］雷蒙德·范·奥弗编：《太阳之歌：世界各地创世神话》，毛天祜译，中国人民大学出版社1989年版。

［法］列维-斯特劳斯：《野性的思维》，李幼蒸译，商务印书馆1987年版。

《马克思恩格斯选集》，人民出版社2012年版。

［英］马林洛夫斯基:《巫术·科学·宗教与神话》,李安宅编译,上海文艺出版社1987年版。

［法］莫里斯·哈布瓦赫:《论集体记忆》,毕然、郭金华译,上海世纪出版集团、上海人民出版社2002年版。

［美］浦安迪:《中国叙事学》,北京大学出版社2018年版。

［美］约瑟夫·坎贝尔:《千面英雄》,张承谟译,上海文艺出版社2000年版。

［英］詹姆斯·乔治·弗雷泽:《金枝》,徐育新、汪培基、张泽石译,大众文艺出版社1998年版。

二

（汉）班固:《汉书》,中华书局1962年版。

（清）陈梦雷编:《古今图书集成》,中华书局1934年影印本。

陈桐生注:《国语》,中华书局2013年版。

承载译注:《春秋穀梁传》,上海世纪出版股份有限公司、上海古籍出版社2016年版。

（南朝宋）范晔撰,（唐）李贤等注:《后汉书》,中华书局2000年版。

（唐）房玄龄注,（明）刘绩补注,刘晓艺校点:《管子》,上海世纪出版股份有限公司、上海古籍出版社2015年版。

（唐）房玄龄:《晋书》,中华书局1974年版。

（晋）干宝著,黄涤明译注:《搜神记全译》,贵州人民出版社1991年版。

（晋）葛洪:《神仙传》,商务印书馆1991年版。

黄寿祺、梅桐生译注:《楚辞译注》,贵州人民出版社1984年版。

李梦生译注:《左传译注》,上海世纪出版股份有限公司、上海古籍出版社2016年版。

（汉）刘安著,许匡一译注:《淮南子译注》,贵州人民出版社1993年版。

（汉）刘向集录:《战国策》（上中下）,上海古籍出版社1985年版。

（后晋）刘昫等撰:《旧唐书》,中华书局1975年版。

（秦）吕不韦：《吕氏春秋》，中华书局1954年版。

慕平注解：《尚书》，中华书局2009年版。

（南朝梁）沈约：《宋书》，中华书局1974年版。

（汉）司马迁著，（唐）张守节注：《史记》，中华书局1982年版。

（元）脱脱等：《宋史》，中华书局1985年版。

（晋）王嘉：《拾遗记》，中华书局1981年版。

王世舜注释：《庄子注释》，齐鲁书社1998年版。

（北齐）魏收：《魏书》，中华书局1974年版。

许子宏译注：《周易全译》，贵州人民出版社1991年版。

（战国）荀况著，（唐）杨倞注，耿芸标校：《荀子》，上海世纪出版股份有限公司、上海古籍出版社2014年版。

杨天宇译注：《礼记译注》，上海世纪出版股份有限公司、上海古籍出版社2016年版。

杨天宇译注：《仪礼译注》，上海世纪出版股份有限公司、上海古籍出版社2016年版。

杨天宇译注：《周礼译注》，上海世纪出版股份有限公司、上海古籍出版社2016年版。

袁珂译注：《山海经全译》，贵州人民出版社1991年版。

（清）张英、王世禛等撰：《渊鉴类函》，上海世纪出版股份有限公司、上海古籍出版社2008年版。

（清）赵尔巽等：《清史稿》，中华书局1998年版。

三

朝戈金：《口传史诗诗学：冉皮勒〈江格尔〉程式句法研究》，广西人民出版社2000年版。

陈建宪：《神祇与英雄：中国古代神话的母题》，生活·读书·新知三联书店1994年版。

陈连山：《结构主义神话学——列维·斯特劳斯与神话学问题》，外文出版社 1997 年版。

程憬著，顾颉刚整理，程泳超编订：《中国古代神话研究》，北京大学出版社 2011 年版。

丁山：《中国古代宗教与神话考》，上海文艺出版社 1988 年版。

扶永发：《神州的发现——[山海经]地理考》（修订本），云南人民出版社 2006 年版。

傅小凡、杜明富：《神话溯源》，甘肃人民美术出版社 2007 年版。

金荣权等：《中国古代神话稽考》，中国文联出版社 2000 年版。

冷德熙：《超越神话——纬书政治神话研究》，东方出版社 1996 年版。

李亦园：《宗教与神话》，广西师范大学出版社 2004 年版。

刘城淮：《中国上古神话》，上海文艺出版社 1988 年版。

刘亚虎：《南方史诗论》，内蒙古大学出版社 1999 年版。

刘宗迪：《失落的天书——〈山海经〉与古代华夏世界观》，商务印书馆 2006 年版。

鲁刚：《文化神话学》，社会科学文献出版社 2009 年版。

吕大吉等主编：《中国各民族原始宗教资料集成》，中国社会科学出版社 1996 年版。

吕思勉：《古史辨·三皇五帝考》，上海古籍出版社 1982 年版。

吕薇：《神话何为——神圣叙事的传承与阐释》，社会科学文献出版社 2001 年版。

茅盾：《中国神话研究初探》，上海世纪出版集团、上海古籍出版社 2011 年版。

孟慧英：《活态神话——中国少数民族神话研究》，南开大学出版社 1990 年版。

潜明兹：《中国神话学》，宁夏人民出版社 1994 年版。

陶阳、牟钟秀：《中国创世神话》，上海人民出版社 2006 年版。

田兆元：《神话与中国社会》，上海人民出版社 1998 年版。

王宪昭：《中国神话母题 W 编目》，中国社会科学出版社 2013 年版。

王增永：《神话学概论》，中国社会科学出版社 2007 年版。

闻一多：《神话与诗》，天津古籍出版社2008年版。
吴晓东：《苗族图腾与神话》，社会科学文献出版社2002年版。
萧兵：《楚辞与神话》，江苏古籍出版社1987年版。
谢六逸：《神话学ABC》，知识产权出版社2017年版。
谢选骏：《神话与民族精神》，山东文艺出版社1986年版。
闫德亮：《中古代神话的文化观照》，人民出版社2008年版。
杨利慧：《女娲的神话与信仰》，中国社会科学出版社1997年版。
叶舒宪：《中华文明探源的神话学研究》，社会科学文献出版社2015年版。
叶舒宪主编"神话学文库"第一辑《结构主义神话学》、《现代口承神话的民族志研究——以四个汉族社区为个案》等，陕西师范大学出版总社有限公司2013年版。
尹虎彬：《古代经典与口头传统》，中国社会科学出版社2002年版。
袁珂：《中国古代神话》，华夏出版社2004年版。
袁珂：《中国神话大词典》，华夏出版社2015年版。
袁珂：《中国神话史》，重庆出版集团、重庆出版社2007年版。
苑利主编：《二十世纪中国民俗学经典·神话卷》，社会科学文献出版社2002年版。
张振犁：《中原神话研究》，上海社会科学出版社2009年版。
《中国各民族宗教与神话大词典》编审委员会编：《中国各民族宗教与神话大词典》，学苑出版社1993年版。
朱芳圃遗著，王珍整理：《中国古代神话与史实》，中州书画社1982年版。

后　记

　　岁月匆匆，本书研究的课题从立项到结题，又是四年过去了，阳台上的橘子树都已经结过了四次零零星星的小果实了。原本是三年完成的课题，竟然多用了整整一年时间。这其中的原因，可能有用功不足、勤奋不够的因素，但恐怕主要是因为课题牵涉的领域超出了预期的设想。原本是关于中国神话活态传承形式及其功能的研究，结果涉及与神话活态传承相关的叙事学问题，诸如神话口头叙事、神话仪式叙事、神话图像叙事、神话景观叙事等，都不是我经常研究的领域。特别是神话图像叙事与景观叙事，则更是鲜有涉及。再则关于活态神话的文化记忆功能，涉及民族关系问题，也需要进一步了解。实际的研究超出了预设的范围，就产生了一个补足学术短板的问题，这当然要多耗费一些时日了。当然，完成了本书研究的课题之后，我在神话研究的领域里，似乎又上升了一个平台，视野似乎更加开阔了。

　　回望来路，虽无"八千里路云和月"的豪壮，却也是漫漫长路，一路探索，一路辛劳，一路收获。我的神话研究，起始于20世纪90年代初。当时，担任讲师，上大学语文课，讲授《诗经》中的一些篇章，受孙作云先生《〈诗经〉与周代社会研究》的影响，将《诗经》涉及水滨恋爱篇章与上巳节联系起来进行分析。《诗经》中水滨恋爱习俗源自古代上巳节水滨举行的祓除不祥的祭礼习俗，称之为"祓禊"。因为是在水滨举行的仪式，又引出了关于水崇拜的研究。于是用了几年时间，写成了《中国水崇拜》一书，后来由上海三联书店列为中华本土文化丛书出版。在这本书里面，对涉及水崇拜的水生型创世神话进行了研究，并勾勒出了水生型创世神话群，包括原生态、次生态、再生态水生神话群。这就使我不知不觉地进入了神话研究。可以说，我进入神话研究，完全是误打误撞的结果。水生型创世神话的研究的引发，又使我对土家族始祖神话传说产生了研究兴趣。在差不多同一段时间，对土家族始祖神话传说的层次与历史发展关系进行了研究，写成了廪君神话传说系列论文，涉及土家族祖先不同阶段的神灵崇拜：图腾崇拜、始祖崇拜、天王崇拜、土王与向王崇拜以及土家族洞穴崇拜等。水生神话群分层研究，土家族神话的历史阶段研究，都涉及神话的历史演变问题。这就引发了我对中国创世神话历史发展形态的研究，提出了中国各民族创世神话实际上经历了由零碎、短小到完整系统的发展历程，其间发展的各个阶段对应着相应的社会历史文化背景，并形成不同时期的形态，即所谓单一释源形式，综合释源形式，系统释源形态。同时，对每一个阶段的每一种形态，又进行了分类研究。这些研究，统称为"中国创世神话形态研究"。后来由中国社会科学出版社出版。时间一晃就到了2015年，这一年申报国家社会科学项目"中国神话活态传承形式与民族文化记忆研究"获得批准。接下来的几年时间主要研究中国神话活态传承形式，即中国神话的多维叙事方式，并研究其功能，这就回到了开篇的话题。现在总算了到该课题出书的时候了，谈不上轻松，也早已没有出第一本书时的激动，有的只是平静如水。我这样说，不是说我已经丧失了做学问的激情，激情依旧在，只是不再浮于表面，而是沉淀入心，将做学问的激情融入了自己的生命之中了。在新作即将问世的时候，不说老骥伏枥之类的话，我只想说，岁月沧桑，时光正好，放下所有的坛坛罐罐，恰如一切又回到了原点，向着诗和远方，重新出发！

向柏松

2020年6月20日记于南湖畔书斋